농협은행 최종 합격을 위한
추가  자료 5종

 농협은행 온라인 모의고사
응시권

343F 623C 32C9 3000

 전 회차 온라인 응시 서비스
[교재 수록 1~4회]

이용방법 해커스잡 사이트(ejob.Hackers.com) 접속 후 로그인 ▶ 사이트 메인 우측 상단 [나의 정보] 클릭 ▶ [나의 쿠폰 - 쿠폰/수강권 등록] 에 위 쿠폰번호 입력 ▶
[[마이클래스 - 모의고사] 탭에서 응시

* 전 회차 온라인 응시 서비스 (교재 수록 1~4회) 쿠폰의 경우 교재에 수록된 동일한 문제를 온라인 환경으로 풀이해볼 수 있는 서비스입니다.
* 본 쿠폰은 한 ID당 1회에 한해 등록 및 사용 가능하며, 쿠폰 등록 시점 직후부터 30일 이내 PC에서 응시 가능합니다.

 본 교재 인강
2만원 할인쿠폰

62DB 5FF4 B4DA 8000

이용방법
해커스잡 사이트(ejob.Hackers.com) 접속 후 로그인 ▶
사이트 메인 우측 상단 [나의 정보] 클릭 ▶
[나의 쿠폰 - 쿠폰/수강권 등록]에 위 쿠폰번호 입력 ▶
본 교재 강의 결제 시 쿠폰 적용

* 본 쿠폰은 한 ID당 1회에 한해 등록 및 사용 가능하며, 이벤트 강의 및
프로모션 강의에는 적용 불가, 쿠폰 중복 할인 불가합니다.

 농협은행 인·적성검사 모의테스트
[PDF] 이용권

UT75 4WQ3 24DE 87SA

이용방법
해커스잡 사이트(ejob.Hackers.com) 접속 후 로그인 ▶
사이트 메인 중앙 [교재정보 - 교재 무료자료] 클릭 ▶
교재 확인 후 이용하길 원하는 무료자료의 다운로드 버튼 클릭 ▶
위 쿠폰번호 입력 후 다운로드

 FREE | # 무료 바로 채점 및 성적 분석 서비스

바로 이용 ▶

이용방법 해커스잡 사이트(ejob.Hackers.com) 접속 후 로그인 ▶ 사이트 메인 중앙 [교재정보 - 교재 채점 서비스] 클릭 ▶
교재 확인 후 채점하길 원하는 교재 채점하기 버튼 클릭

쿠폰 관련 문의 02.537.5000

공기업 취업의 모든 것, 해커스공기업 public.Hackers.com

농협 최종 합격!
선배들의 비결 알고 싶어?

자소서&필기&면접 후기까지!
해커스공기업 public.Hackers.com에서 무료 공개!

해커스
농협은행 6급
NCS+직무상식
기출동형모의고사

■ 해커스공기업

농협은행 6급 필기시험,
어떻게 대비해야 하나요?

이번 농협은행 6급 채용은 온라인 필기시험으로 진행되었습니다.

때문에 변경된 시험에 어떻게 대비해야 할지, 경향이 또 바뀌진 않을지 걱정하는 수험생들이 많습니다.

그러한 수험생들의 걱정을 알기에 해커스는 수많은 고민을 거듭한 끝에

「해커스 농협은행 6급 NCS+직무상식 기출동형모의고사」를 출간하게 되었습니다.

「해커스 농협은행 6급 NCS+직무상식 기출동형모의고사」의

최신 출제 경향을 반영한 기출동형모의고사 4회분**으로,**

온라인 시험 환경 적응을 돕는 전 회차 온라인 응시 서비스**와** 농협은행 온라인 모의고사**로,**

고득점 달성, 난도 상승에 대비할 수 있는 고난도 문제**로,**

그리고 직무상식의 주요 개념을 정리한 직무상식 기출&출제예상개념**으로,**

농협은행 6급 필기시험에 확실하게 대비할 수 있습니다.

이 책을 통해 농협은행 6급 채용에 대비하는 수험생 모두 합격의 기쁨을 누리시기를 바랍니다.

해커스 NCS 취업교육연구소

목차

기출동형모의고사 문제

기출동형모의고사 **약점 보완 해설집** (책 속의 책)

 농협은행 인·적성검사 모의테스트 (PDF)

해커스잡 사이트(ejob.Hackers.com) 접속 후 로그인 사이트 메인 중앙 [교재정보-교재·무료자료] 클릭
▶ 교재 확인 후 이용하길 원하는 무료자료의 다운로드 버튼 클릭하여 이용

농협은행 6급 필기시험 합격을 위한
네 가지 필승 비법!

1 최신 경향이 반영된 기출동형모의고사로 전략적으로 대비한다!

기출동형모의고사(4회분)

교재 수록 모의고사는 총 4회분으로, 가장 최근 시험의 출제 경향이 반영된 기출동형 모의고사로 구성하여 실전에 완벽하게 대비할 수 있다.

이 중 2회분은 고난도 문제로 구성하여 고득점 달성은 물론 난도 상승에도 확실히 대비할 수 있다.

기간별 맞춤 학습 플랜

3일 완성 학습 플랜

하루에 2회씩 기출동형모의고사를 모두 풀고 난 후 해설을 통해 틀린 문제와 풀지 못한 문제를 다시 한번 꼼꼼히 확인함으로써 단기간에 효과적으로 농협은행 6급 필기시험을 대비할 수 있다.

	날짜	학습 내용
1일	_월 _일	□ 1회 풀이 및 채점 □ 2회 풀이 및 채점
2일	_월 _일	□ 3회 풀이 및 채점 □ 4회 풀이 및 채점
3일	_월 _일	□ 온라인 모의고사 풀이 및 채점 □ 온라인 모의고사 복습 □ 1~4회, 온라인 모의고사 전체 복습

* 심화 학습을 원한다면, 해커스공기업 사이트(public.Hackers.com)에서 유료로 제공하는 본 교재 동영상강의를 수강하여 심화 학습할 수 있다.

본 교재에서 제공하는 '기간별 맞춤 학습 플랜'에 따라 학습하면 혼자서도 단기간에 기출동형모의고사부터 온라인 모의고사 서비스로 실전 마무리까지 전략적으로 농협은행 6급 필기시험에 대비할 수 있다.

2 상세한 해설로 완벽하게 정리한다!

약점 보완 해설집

문제집과 해설집을 분리하여 보다 편리하게 학습할 수 있으며, 모든 문제에 대해 상세하고 이해하기 쉬운 해설을 수록하여 체계적으로 학습할 수 있다.

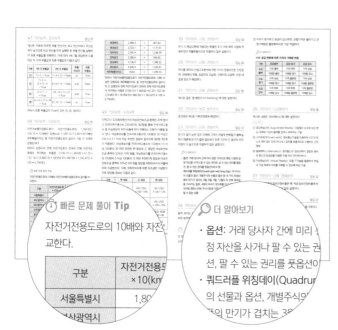

빠른 문제 풀이 Tip & 더 알아보기

복잡한 수치의 계산 문제를 빠르게 푸는 방법을 익힐 수 있는 '빠른 문제 풀이 Tip'과 관련 이론 및 개념까지 폭넓게 학습할 수 있는 '더 알아보기'로 실력을 확실히 높일 수 있습니다.

3 농협은행 6급 필기시험 준비에 최적화된 자료를 활용한다!

---

38. 다음 글의 내용과 일치하지 않는 것은?

스웨덴의 경제학자 구스타프 카셀(Gustav Cassel)은 두 국가의 환율이 각국 통화의 구매력에 따라 결정된다는 구매력 평가설을 주창하였다. 구매력 평가란 국제 상품 거래에서 물가와 환율 간의 관계를 나타내는 것으로, 일물일가 법칙에서 출발한다. 일물일가 법칙은 하나의 재화에는 하나의 가격만 존재한다는 가정에서 시작하는데, 한국에서 거래되는 A 회사의 자동차 가격과 외국에서 거래되는 A 회사의 자동차 가격이 서로 동일하다는 의미이다. 일물일가 법칙이 성립할 경우 외국 화폐 단위로 표시된 가격과 국내 가격을 계산할 수 있다. 이렇게 일물일가 법칙을 가정하고 국내 물가와 환율 간의 관계를 나타내는 것을 절대적 구매력 평가라고 한다.

구매력 평가설에 따르면 구매하고자 하는 제품이 동일할 경우 구매 국가에 상관없이 같은 가치의 통화가 필요하다는 전제가 성립한다. 동일한 제품이 한국에서는 1개당 2,000원에, 미국에서는 1개당 1달러에 거래되고 있다고 가정해보자. 일물일가 법칙에 근거한 절대적 구매력 평가에 따르면야 각 국가에서 판매되는 동일 제품의 가격은 같아야 하므로 환율은 1달러에 2,000원으로 계산되어야 하지만, 실제 원·달러 환율이 1달러에 1,000원이라면, 원화의 가치가 고평가되었다고 해석할 수 있다. 이 경우 해당 제품을 수출입 하는 사람은 영업 이익을 극대화하기 위해 원화를 달러로 바꿔 미국에서 제품을 구입한 다음 이를 한국에 되파는 영업 전략을 펼쳐 제품 1개당 1,000원의 차익을 얻을 것이다. 이와 같은 상황에서는 달러의

전 회차 온라인 응시 서비스

교재 내에 수록된 기출동형모의고사 1~4회를 온라인상으로 풀어 볼 수 있는 온라인 응시 서비스를 통해 온라인 환경에 완벽하게 적응하여 실전에 대비할 수 있다.

- 본 모의테스트를 통해 농협은행 인·적성검사에 출제되는 문제 유형을 익혀보시기 바랍니다.
- 시작과 종료 시각을 정한 후, 실전처럼 풀어보세요.

시 분 ~ 시 분(325문항/45분)

[001-325] 다음 문항을 읽고 ① 아니다. ② 약간 그렇다. ③ 대체로 그렇다. ④ 매우 그렇다 중에서 본인에 해당된다고 생각하는 것을 선택하여 표기하시오.

문항		아니다	약간 그렇다	대체로 그렇다	매우 그렇다
001	나는 인생을 살면서 단 한 번도 거짓말을 한 적이 없다.	①	②	③	④
002	다른 사람을 쉽게 믿지 않는 편이다.	①	②	③	④
003	나는 현재의 나에게 만족하는 편이다.	①	②	③	④
004	주변으로부터 따뜻한 사람이라는 평가를 받는다.	①	②	③	④
005	내가 가장 소중하다.	①	②	③	④

농협은행 인·적성검사 모의테스트

해커스공기업 사이트(public.Hackers.com)에서 제공하는 '농협은행 인·적성검사 모의테스트'로 인·적성검사까지 대비할 수 있다.

직무상식 기출 & 출제예상개념

시험에 출제되었던 개념이나 출제 가능성이 높은 개념을 정리한 '직무상식 기출&출제예상개념'을 교재 내에 수록하여, 출제 범위가 넓어 준비하기 까다로운 직무상식평가도 효과적으로 대비할 수 있다.

4 동영상강의와 온라인 모의고사를 활용한다!

본 교재 인강

해커스공기업 사이트(public.Hackers.com)에서 유료로 제공되는 본 교재 동영상강의를 통해 교재 학습 효과를 극대화할 수 있다.

농협은행 온라인 모의고사

해커스공기업 사이트(public.Hackers.com)에서 제공하는 '농협은행 온라인 모의고사'를 통해 추가적으로 문제를 풀어보며 실전에 대비할 수 있다.

기간별 맞춤
학습 플랜

※ 자신에게 맞는 일정의 학습 플랜을 선택하여 매일 그날에 해당하는 학습 분량을 공부하고, 학습 완료 여부를 □에 체크해보세요.

3일 완성 학습 플랜

하루에 2회씩 기출동형모의고사를 모두 풀고 난 후 해설을 통해 틀린 문제와 풀지 못한 문제를 다시 한번 꼼꼼히 확인함으로써 단기간에 효과적으로 농협은행 6급 필기시험을 대비할 수 있다.

	날짜	학습 내용
1일	__월 __일	□ 1회 풀이 및 채점 □ 2회 풀이 및 채점
2일	__월 __일	□ 3회 풀이 및 채점 □ 4회 풀이 및 채점
3일	__월 __일	□ 온라인 모의고사 풀이 및 채점 □ 온라인 모의고사 복습 □ 1~4회, 온라인 모의고사 전체 복습

* 심화 학습을 원한다면, 해커스공기업 사이트(public.Hackers.com)에서 유료로 제공하는 본 교재 동영상강의를 수강하여 심화 학습할 수 있다.

5일 완성 학습 플랜

하루에 1회씩 기출동형모의고사를 모두 풀고 난 후 해설을 통해 틀린 문제와 풀지 못한 문제를 다시 한번 꼼꼼히 확인하고, 전 회차를 다시 복습함으로써 농협은행 6급 필기시험에 빈틈없이 대비할 수 있다.

	날짜	학습 내용
1일	__월 __일	☐ 1회 풀이 및 채점 ☐ 1회 복습
2일	__월 __일	☐ 2회 풀이 및 채점 ☐ 2회 복습
3일	__월 __일	☐ 3회 풀이 및 채점 ☐ 3회 복습
4일	__월 __일	☐ 4회 풀이 및 채점 ☐ 4회 복습
5일	__월 __일	☐ 온라인 모의고사 풀이 및 채점 ☐ 온라인 모의고사 복습 ☐ 1~4회, 온라인 모의고사 전체 복습

* 심화 학습을 원한다면, 해커스공기업 사이트(public.Hackers.com)에서 유료로 제공하는 본 교재 동영상강의를 수강하여 심화 학습할 수 있다.

농협 소개

1 미션

농협법 제1조

농업인의 경제적·사회적·문화적 지위를 향상시키고, 농업의 경쟁력 강화를 통하여 농업인의 삶의 질을 높이며, 국민경제의 균형 있는 발전에 이바지함

2 비전

농업이 대우받고 농촌이 희망이며 농업인이 존경받는 '함께하는 100년 농협'

· 농업인과 국민, 농촌과 도시, 농축협과 중앙회, 그리고 임직원 모두 협력하여 농토피아를 구현하겠다는 의지
· 60년을 넘어 새로운 100년을 향한 위대한 농협으로 도약하겠다는 의지

3 인재상

시너지 창출가	항상 열린 마음으로 계통 간, 구성원 간에 상호존경과 협력을 다하여 조직 전체의 성과가 극대화될 수 있도록 시너지 제고를 위해 노력하는 인재를 의미한다.
행복의 파트너	프로다운 서비스 정신을 바탕으로 농업인과 고객을 가족처럼 여기고 최상의 행복 가치를 위해 최선을 다하는 인재를 의미한다.
최고의 전문가	꾸준한 자기계발을 통해 자아를 성장시키고, 유통·금융 등 맡은 분야에서 최고의 전문가가 되기 위해 지속적으로 노력하는 인재를 의미한다.
정직과 도덕성을 갖춘 인재	매사에 혁신적인 자세로 모든 업무를 투명하고 정직하게 처리하여 농업인과 고객, 임직원 등 모든 이해관계자로부터 믿음과 신뢰를 받는 인재를 의미한다.
진취적 도전가	미래지향적 도전의식과 창의성을 바탕으로 새로운 사업과 성장동력을 찾기 위해 끊임없이 변화와 혁신을 추구하는 역동적이고 열정적인 인재를 의미한다.

4 5대 핵심가치

농업인과 소비자가 '함께 웃는 유통 대변화'	소비자에게 합리적인 가격으로 더 안전한 먹거리를, 농업인에게 더 많은 소득을 제공하는 유통개혁 실현
미래 성장동력을 '창출하는 디지털 혁신'	4차 산업혁명 시대에 부응하는 디지털 혁신으로 농업·농촌·농협의 미래 성장동력 창출
경쟁력 있는 농업, '잘사는 농업인'	농업인 영농지원 강화 등을 통한 농업경쟁력 제고로 농업인 소득 증대 및 삶의 질 향상
지역과 함께 만드는 '살고 싶은 농촌'	지역 사회의 구심체로서 지역사회와 협력하여 살고 싶은 농촌 구현 및 지역경제 활성화에 기여
정체성이 살아 있는 '든든한 농협'	농협의 정체성 확립과 농업인 실익 지원 역량 확충을 통해 농업인과 국민에게 신뢰받는 농협 구현

5 농협이 하는 일

교육지원 부문	농업인의 권익을 대변하고 농업 발전과 농가 소득 증대를 통해 농업인 삶의 질 향상에 도움을 주고 있다. 또한 '또 하나의 마을 만들기 운동' 등을 통해 농업·농촌에 활력을 불어넣고 농업인과 도시민이 동반자 관계로 함께 성장·발전하는 데 기여하고 있다.
경제 부문	농업인이 영농활동에 안정적으로 전념할 수 있도록 생산·유통·가공·소비에 이르기까지 다양한 경제사업을 지원하고 있다. 경제사업 부문은 크게 농업경제 부문과 축산경제 부문으로 나누어지며, 농축산물 판로확대, 농축산물 유통구조 개선을 통한 농가소득 증대와 영농비용 절감을 위한 사업에 주력하고 있다.
금융 부문	농협의 금융사업은 농협 본연의 활동에 필요한 자금과 수익을 확보하고, 차별화된 농업금융서비스 제공을 목적으로 하고 있다. 금융사업은 시중 은행의 업무 외에도 NH카드, NH보험, 외국환 등의 다양한 금융 서비스를 제공하여 가정경제에서 농업경제, 국가경제까지 책임을 다해 지켜나가고 있다.

농협은행 소개

1 비전

사랑받는 일등 민족은행

사랑받는 은행	고객, 임직원뿐만 아니라 국민 모두에게 사랑받는 신뢰할 수 있는 은행
일등은행	고객 서비스와 은행건전성, 사회공헌 모든 측면에서 일등이 되는 한국을 대표할 수 있는 은행
민족은행	100% 민족자본으로 설립된 은행으로 진정한 가치를 국민과 공유하는 존경받을 수 있는 은행

2 인재상

NH농협은행은 사랑받는 일등 민족은행으로 발돋움하기 위해 다음과 같은 인재상을 추구한다.

최고의 금융전문가	최고의 금융서비스를 제공하기 위해 필요한 금융전문지식을 갖추고 부단히 노력하는 사람
소통하고 협력하는 사람	고객 및 조직 구성원을 존중하고 소통과 협력에 앞장서는 사람
사회적 책임을 실천하는 사람	도덕성과 정직성을 근간으로 고객과의 약속을 끝까지 책임지는 사람
변화를 선도하는 사람	다양성과 변화를 적극 수용하여 독창적 아이디어와 혁신을 창출하는 사람
고객을 먼저 생각하는 사람	항상 고객의 입장에서 고객을 먼저 생각하고 고객만족에 앞장서는 사람

3 경영목표

전략목표	· "금융을 넘어 모든 생활에!" D.I.V.E into NH Life · 지속적인 혁신으로 고객과 함께 성장하는 생활금융 플랫폼 도약
중점 추진 과제	· 안정적인 수익성 강화 · 고객 중심 신뢰경영 실천 · 디지털 혁신 선도 · 미래성장 기반 확대 · 녹색금융 중심 정체성 확립

4 윤리경영

사랑과 신뢰를 받는 일등 민족은행

NH농협은행은 경제적, 법적, 윤리적 책임 등을 다함으로써 모든 이해관계자인 고객, 농민조합원, 협력업체, 지역농(축)협, 직원 등 모두가 함께 성장·발전하여 사랑과 신뢰를 받는 일등 민족은행을 만든다.

5 ESG 경영

비전	농협금융 "ESG Transformation 2025"
목표	녹색 ESG 투자 활성화+친환경 금융그룹 도약
추진방향	· E: 글로벌 기준에 부합하는 친환경 경영체계 구축 · S: 농업·농촌과 지역사회 발전을 주도하여 사회적 가치 창출 · G: 지속가능경영을 위한 거버넌스 구축 및 대외대응 강화

농협은행 6급 채용 소개

1 모집 시기

· 농협은행 6급 채용공고는 차년도 상반기 입행을 목표로, 연말에 전형이 시작된다.

　※ 단, 변동 가능성 있음

2 지원 자격 및 우대 사항

지원 자격	· 연령, 성별, 학력, 전공, 어학 점수에 따른 지원 제한 없음 · 남자의 경우 병역필 또는 면제자 · 신규직원 입행 및 이후 계속 근무가 가능한 자 · 해외여행에 결격 사유가 없는 자(외국인의 경우 한국 내 취업에 결격사유가 없는 자) · 당행 내규상의 신규채용 결격사유가 없는 자
우대 사항	· 「국가유공자 등 예우 및 지원에 관한 법률」에 의한 취업지원대상자 · 「장애인고용촉진 및 직업재활법」에 의거 장애인복지법에 의한 등록 장애인 또는 상이등급이 기재된 국가유공자증서 보유자 · 「N돌핀」·「NH영서포터즈」·「NH해커톤」·「NH농협 New Hope 아이디어 공모전」 수상자 「농협장학생 봉사단」 우수 활동자 · 공고일 현재 농협은행 및 농협중앙회, 농협금융지주, 농협경제지주, 농협생명, 농협손해보험, 농협하나로유통, 농협양곡의 별정직 또는 계약직 (단, 무기계약직, 영업지원직, 사무지원직 제외)으로 재직 중인 자로서 실제 재직기간이 신규계약일로부터 단절없이 1년 이상 경과한 자(징계처분 등 부적격자 제외) · 디지털관련 자격증 보유자: 정보처리기사, 빅데이터분석기사, 사회조사분석사(1·2급), 데이터아키텍처 준전문가(DAsP), 데이터분석준전문가(ADsP), SQL개발자(SQLD) · 자산관리·기업금융 관련 전문 자격증 보유자: 국제공인재무설계사(CFP), 신용분석사, 국제공인신용장전문가(CDCS), 외환전문역(한국금융연수원) Ⅰ종·Ⅱ종 · 기타 금융전문자격증 보유자: 국제재무분석사(CFA Level2 이상), 국제재무위험관리사(FRM: GARP 주관만 해당)

※ 2023년 상반기 채용 기준, 6급 초급 기준

3 채용전형 절차

서류 전형	▶	필기 전형 (온라인)	▶	채용 신체검사	▶	면접 전형	▶	최종 발표

서류 전형

· 채용공고문에 따라 접수 기간에 지원서 및 자기소개서를 작성하여 접수하는 단계이다.

· 지원서 입력 시 응시 지역의 채용 단위 중 하나를 선택해야 한다. (채용 단위별 중복 지원 불가)

· 블라인드 채용을 실시하여, 차별적 요인이 발생할 수 있는 학력, 학점, 어학, 자격증 등의 항목을 입사지원서에 기재하지 않게 하였다.
  단, 필수 응시 자격이 요구되는 일부 직렬 지원자는 학력, 자격증 정보를 기재해야 한다.

· 지원서 접수 후 온라인 인·적성검사(Lv.1)를 시행하며, 서류 전형 및 온라인 인·적성검사 합격자에 한해 필기시험에 응시하게 된다.

필기 전형

· 채용의 적정성 여부 판단 및 직무에 필요한 능력을 측정하기 위한 단계이다.

· 2023년도 상반기 채용의 필기 전형은 온라인으로 시행되었다.

· 필기 전형은 직무능력평가(NCS)와 직무상식평가, 인·적성검사(Lv.2)로 구성되어 있다.

· IT 분야 지원자는 온라인 코딩테스트를 진행한다.

면접 전형

· 적합한 인재 선발을 위한 최종 단계로, 농협이 추구하는 인재상 부합 여부 및 잠재적 역량과 열정 등을 평가하는 단계이다.

· 면접은 집단 면접(공통)과 PT 면접(일반: 마케팅, IT: 디지털)로 나누어 실시한다.

· 집단 면접은 6~7명 내외가 1조를 이루어 多대多로 진행된다.

· PT 면접은 채용 분야 관련 자료분석, 논리력, 기획력, 의사표현능력, 문제해결력 등을 종합 평가한다.

농협은행 6급 필기시험 기출 분석

1 필기시험 구성

교시	지원 자격	문항 수	풀이 시간	출제 범위
1	인·적성평가(Lv.2)	325문항	45분	직업윤리, 대인관계, 문제해결능력 등
2	직무상식평가	25문항	80분	(공통) 농업·농촌상식, 디지털상식 (일반) 금융·경제 분야 용어/상식 (IT) 소프트웨어 설계, 소프트웨어 개발, 데이터베이스 구축, 프로그래밍 언어 활동, 정보시스템 구축관리 등
	직무능력평가(NCS)	45문항		의사소통능력, 수리능력, 문제해결능력, 정보능력

※ 2023년 상반기 채용 기준

2 필기시험 특징

온라인 시험 시행

그동안 오프라인으로 시행되어 왔던 필기시험이 2023년 상반기에 처음으로 온라인으로 시행되었다. 필기시험이 온라인으로 시행됨에 따라 문항 수와 풀이 시간이 줄어들었으며, 난도도 조정되었다.

잦은 시험 구성 변경

농협은행은 6급 채용 필기시험의 문항 수, 풀이 시간 등 시험 구성을 매년 변경해 왔다. 특히 2023년 상반기 채용에서는 필기시험을 온라인으로 시행하면서 시험 구성 및 난이도에 대폭 변화를 주었다.

3 필기시험 대비 학습 전략

출제 범위에 해당하는 문제를 충분히 풀어본다.

최근 3년간 농협은행 6급 채용 필기시험의 출제 경향을 살펴보면 시험 구성, 난도 등은 조정되었으나, 출제 범위는 변동 없이 기존에 출제되었던 범위가 고정적으로 출제되고 있다. 따라서 출제 범위에 해당하는 문제를 중점적으로 학습해야 한다.

다양한 난도의 문제를 풀어 보며, 경향 변동에 대비한다.

농협은행은 6급 채용 필기시험의 문항 수, 풀이 시간 등 시험 구성을, 난도를 매년 변경해 왔고, 이러한 출제 경향은 언제 다시 바뀔지 예측하기 어렵다. 따라서 경향 변동에 대비하여 다양한 난도의 문제를 폭넓게 학습하는 것이 좋다.

시간 관리 연습을 한다.

문항 수 대비 풀이 시간이 짧은 편이기 때문에 실제 시험에서 모든 문제를 풀어내기 위해서는 평소에도 실전처럼 제한 시간을 두고 문제 푸는 연습을 해야 한다. 또한, 취약한 부분이 있다면 반복 학습을 통해 자신만의 풀이법을 터득하여 문제 풀이 시간을 단축할 수 있도록 해야 한다.

온라인 시험에 대비한다.

온라인 시험 특성상 단순히 문제를 풀이하는 것 외에도 여러 가지 변수가 발생할 수 있기 때문에 온라인으로 모의고사를 푸는 연습을 하여 보다 철저히 시험에 대비하는 것이 좋다.

4 직무상식평가 분석

최신 출제 경향

· 용어에 대한 설명을 제시하고 용어를 찾는 문제, 특정 용어에 대한 설명으로 적절한·적절하지 않는 것을 묻는 문제가 출제되었으며, 전반적으로 평이한 난도로 출제되었다.

· 금융·경제상식은 금융 업계에 관심을 가지고 있다면 쉽게 풀 수 있는 수준으로 출제되었다.

· 디지털상식은 혼합현실, 바이러스 종류처럼 전공지식이 없어도 풀 수 있는 수준으로 출제되었다.

· 농업·농촌상식은 농업, 농촌 관련 제도, 협동조합 관련 내용이 출제되었으며, 최신 내용을 정확히 알고 있어야 풀 수 있는 내용이 제시되어 약간 까다로웠다.

기출 핵심 키워드

혼합현실, 피싱, 바이러스, 네그웨어, 휴머노이드, RAM과 ROM, 머신러닝, 클라우드 서비스, 데이터 용량 단위, 엑셀 함수, 지력 증진, 법정 가축 질병, 정밀 농업, 농촌진흥지역, 농촌친환경인증제도, 지력 증진법, 농약규정, 농작물재해보험, 협동조합법, 수요곡선과 공급곡선의 이동, 무차별곡선, 가격상한제, 소비자 잉여와 생산자 잉여, 유동성 함정, 통화스왑, 환율, 절대우위와 비교우위, 경상수지, 신탁, 여신, 사이버 증권 거래 용어, 금융상품 종류, 선도계약, 주식시장, 풋옵션, 양도성예금증서(CD), 고객확인제도 등

5 직무능력평가(NCS) 분석

최신 출제 경향

· 단편적인 지식을 묻는 문제보다는 제시된 자료의 정보를 파악해 문제를 풀어야 하는 유형으로 출제되었으며, 전반적으로 평이한 난도로 출제되었다.

· 의사소통능력은 세부 내용 파악, 업무 행동 파악 등의 독해력 문제 위주로 출제되었고, 농업, 경제, 금융 등 농협과 관련된 지문, 신문기사 등이 자료로 제시되었다.

· 수리능력은 수학 공식을 이용하여 계산하는 응용수리 문제가 다수 출제되었고, 도표자료를 보고 해석하는 자료해석 문제도 출제되었다.

· 문제해결능력은 명제추리, 조건추리와 같이 간단한 유형, 자료를 보고 최단거리, 최소비용, 최적대상을 찾는 복잡한 유형 모두 출제되었으며, 농협과 관련된 자료가 다수 제시되었다.

· 정보능력은 ICT 상식처럼 간단한 유형과 자료를 보고 규칙을 추론하여 정답을 찾는 복잡한 유형 모두 출제되었다.

기출 핵심 키워드

지문 내용과 일치 여부 판단 문제, 공문 내용과 일치 여부 판단 문제, 약관 내용 파악 및 적용 문제, 이자율에 따른 상환액 계산 문제, 거리/속력/시간 방정식 활용 계산 문제, 1차 방정식 활용 계산/비교 문제, 위치·배치 경우의 수 문제, 명제 문제, 조건추리 문제, 제시된 자료를 기반으로 최선 방안 선택하는 문제(승진 대상자 선정, 출장 일정 조정, 소요 시간 계산, 최단거리 계산, 평균 근무 시간 계산, 영업 이익 계산 등), 알고리즘 규칙 분석하여 결과값 구하는 문제, 드론 등 ICT 상식 문제

기출동형모의고사

1회 기출동형모의고사

2회 기출동형모의고사

고난도

3회 기출동형모의고사

고난도

4회 기출동형모의고사

공기업 취업의 모든 것, 해커스공기업

public.Hackers.com

1회 기출동형모의고사

[1] 본 실전모의고사는 직무능력평가(NCS)와 직무상식평가 70문항을 75분 이내에 풀이하는 것으로 구성되었으며, 시험 구성에 따른 출제 범위는 다음과 같습니다.
- 직무능력평가(40문항): 의사소통능력, 수리능력, 문제해결능력, 정보능력
- 직무상식평가(30문항): 금융 · 경제, 디지털, 농업 · 농촌

※ 본 실전모의고사는 2023년 채용 시 치러졌던 직무능력평가 및 직무상식평가에 맞춰 구성되어 있습니다.

24년 신규직원(6급) 채용 공고문에서는 직무능력평가 45문항, 직무상식평가 25문항, 총 70문항을 80분 이내에 풀이하는 것으로 고지되었습니다.

이에 따라 문항 수 및 시간에는 일부 변동이 발생하였으나, 출제 범위는 기존과 동일하므로 본 실전모의고사를 80분 이내에 꼼꼼히 풀이하는 방향으로 연습하시어 실전을 대비하시길 바랍니다.

[2] 문제 풀이 시작과 종료 시각을 정한 후, 실전처럼 모의고사를 풀어보세요.

_____ 시 _____ 분 ~ _____ 시 _____ 분(총 70문항/75분)
- 해커스ONE 애플리케이션의 학습 타이머를 이용하여 더욱 실전처럼 모의고사를 풀어볼 수 있습니다.
- 모의고사 마지막 페이지 또는 해설집의 '무료 바로 채점 및 성적 분석 서비스' QR코드를 스캔하여 응시 인원 대비 본인의 성적 위치를 확인해 보시기 바랍니다.

01. 다음 중 무차별곡선에 대한 설명으로 적절하지 않은 것은?

① 동일한 무차별곡선상에 있는 모든 기대수익–위험의 조합은 투자자에게 동일한 효용을 준다.

② 위험회피자들은 모두 동일한 기울기의 무차별곡선을 가진다.

③ 무차별곡선이 원점에 대해 볼록하다는 것은 한계대체율의 법칙이 성립한다는 것을 의미한다.

④ 위쪽에 위치한 무차별곡선일수록 더 큰 효용을 나타낸다.

⑤ 위험이 증가하면 기대수익도 함께 증가해야 동일한 효용을 유지할 수 있기 때문에 위험회피자의 무차별곡선은 양(+)의 기울기를 가진다.

02. 다음 중 머신 러닝에 대한 설명으로 적절하지 않은 것은?

① 강화 학습 모델에서 제공되는 피드백은 정답 레이블이나 값이 아니라 선택 가능한 행동들 중 보상을 최대화할 수 있는 행동을 측정한 값이다.

② 지도 학습 모델은 입·출력 데이터 쌍으로 구성되며 원하는 값으로 출력 레이블을 지정할 수 있다.

③ 스팸 이메일을 감지하기 위해 사용되는 머신 러닝의 기법은 지도 학습 모델의 이진 분류 기법에 해당한다.

④ 탐색적 데이터 분석을 통해 데이터에 숨겨진 패턴이나 그룹을 찾는 데 사용되는 군집화 기법은 강화 학습 모델의 가장 일반적인 기법이다.

⑤ 안면 인식, 유전자 서열 분석, 시장 조사, 사이버 보안 등에 주로 사용되는 머신 러닝의 학습 모델은 비지도 학습 모델이다.

03. 다음 글이 설명하는 보험의 기본 원칙은?

> 전체 가입자가 납입하는 순보험료 총액과 지급보험금 총액은 같아야 한다는 것을 말하며 지급보험금 총액이 순보험료 총액보다 적으면 보험료는 인하 조정되고, 지급보험금 총액이 순보험료 총액보다 많으면 보험료는 인상 조정된다.

① 급부 반대급부 균등의 원칙
② 수지상등의 원칙
③ 실손보상의 원칙
④ 대수의 법칙
⑤ 이득금지의 원칙

04. 다음 중 경기침체 시 확장적 통화정책에 따른 거시경제 변수의 변동이 잘못 연결된 것은?

① 자본·금융수지 – 감소
② 경상수지 – 감소
③ 물가 – 상승, 명목GDP – 상승
④ 고용률 – 상승, 명목임금 – 상승
⑤ 국내 민간 총투자 – 증가

05. 다음 글에서 설명하고 있는 용어로 적절한 것은?

> 누구나 무료로 사용할 수 있는 소프트웨어이지만, 만약 사용자 등록을 하지 않고 계속 사용할 경우 사용자가 등록하기 전까지 프로그램 시작 및 사용 중간에 반복적으로 사용자에게 경고 메시지를 띄워 사용자 등록을 할 것을 요구하는 소프트웨어를 말한다.

① 프리웨어　　② 셰어웨어　　③ 라이트웨어　　④ 스컴웨어　　⑤ 네그웨어

06. 다음 중 친환경인증제도에 대한 설명으로 적절하지 않은 것은?

① 합성농약을 사용하지 않았더라도 화학비료를 조금이라도 사용하였다면 무농약농산물 인증을 받을 수 없다.

② 현재 시행되고 있는 친환경농산물 인증 종류는 유기농산물인증과 무농약농산물인증 두 가지이다.

③ 무농약원료로 만든 가공식품도 친환경인증 대상이 될 수 있다.

④ 유기축산물 인증을 받으려면 유기농산물 재배·생산 기준에 맞게 생산된 유기사료를 급여해야 한다.

⑤ 최소 수확 전 3년은 합성농약과 화학비료를 전혀 사용하지 않아야 유기농산물인증을 받을 수 있다.

07. 다음 지문의 빈칸에 들어갈 용어로 적절한 것은?

> 백화점은 (   )효과를 노리고 사람들을 모으는 힘이 있는 식품매장을 지하에 배치한다. (   )처럼 지하 식품매장의 고객접객 효과가 위층까지 영향을 미쳐 백화점 전체 매출의 상승을 기대하는 것이다.

① 밴드웨건   ② 분수   ③ 샤워   ④ 채찍   ⑤ 풍선

08. 다음 중 국제 수지의 계정이 다른 것은?

① 서비스 수지   ② 자본 수지   ③ 소득 수지

④ 상품 수지   ⑤ 경상 이전 수지

09. 다음 지문에 나타난 갑국의 X 재 시장에서 발생할 수요와 공급의 변화 양상을 나타낸 그래프로 적절한 것은? (단, X 재는 정상재이며, 지문에 제시되지 않은 다른 요인은 변함이 없다.)

갑국은 X 재 생산에 필요한 원자재인 Y 재를 전량 수입하고 있다. 그런데 최근 지구온난화와 가뭄 등 세계적인 기상 이변으로 인해 Y 재의 작황이 어려워짐에 따라 Y 재의 수입 가격이 급등하고 있다.

①
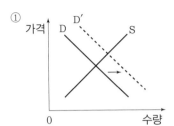

②
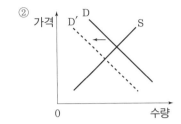

③
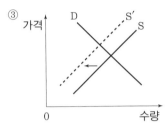

④
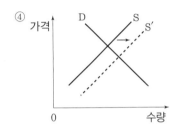

⑤
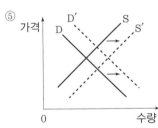

해커스 농협은행 6급 NCS+직무상식 기출동형모의고사

10. 다음 중 비과세 및 세금우대 금융상품에 대한 설명으로 적절하지 않은 것은?

① 대표적인 비과세 상품으로는 개인종합자산관리계좌(ISA)가 있으며, 만 19세(근로소득이 있는 경우 만 15세) 이상이면 누구나 가입 가능하다.

② 개인종합자산관리계좌(ISA)에서 발생한 순수익 중 200만 원까지는 비과세지만, 초과금액에 대해서는 20%의 고율과세를 적용받는다.

③ 청년우대형 주택청약종합저축은 연소득 3,600만 원 이하인 경우 가입이 가능하다.

④ 주택청약종합저축은 매년 납입액 240만 원까지 불입액의 40% 소득공제 혜택이 있다.

⑤ 재외동포와 외국인도 주택청약종합저축에 가입할 수 있다.

11. 다음 각 설명에 해당하는 용어를 순서대로 바르게 나열한 것은?

- 인터넷상의 데이터 서버에 프로그램을 두고 필요할 때마다 사용자의 컴퓨터나 스마트폰으로 불러와서 사용하는 인터넷 기반의 컴퓨터 기술
- 각종 기관과 기업 등에 흩어져 있는 자신의 정보를 한꺼번에 관리 및 통제하고 자신의 신용, 자산 관리 등에 능동적으로 활용하는 것
- 인간 두뇌의 정보처리 방식을 모방해 컴퓨터가 스스로 인지, 추론, 판단하게 학습시키는 기술

① 클라우드 컴퓨팅 – 오픈 API – 데이터마이닝

② 클라우드 컴퓨팅 – 마이데이터 – 딥러닝

③ 그리드 컴퓨팅 – 오픈 API – 딥러닝

④ 그리드 컴퓨팅 – 마이데이터 – 데이터마이닝

⑤ 에지 컴퓨팅 – 오픈 API – 딥러닝

12. 다음은 갑국과 을국이 각각 의자 1개와 책상 1개를 생산하는 데 소요되는 시간을 나타낸 표이다. 이에 대한 설명으로 적절하지 않은 것은? (단, 갑국과 을국만 존재하며, 생산요소는 시간당 동일한 임금이 적용되는 노동밖에 없다.)

재화 \ 국가	갑국	을국
의자	2시간	3시간
책상	5시간	9시간

① 두 국가 중 의자 생산에 절대우위를 가지는 국가는 갑국이다.

② 의자 1개 생산에 대한 갑국의 기회비용은 책상 0.4개이다.

③ 자유무역 시 갑국은 책상을 수출하는 것이 유리하다.

④ 책상 1개의 교역조건은 의자 2~2.5개 사이에서 결정된다.

⑤ 비교우위에 있는 재화를 특화한다면 을국은 24시간 동안 8개의 재화를 생산할 수 있다.

13. 다음 중 기업 공개(IPO)에 대한 설명으로 적절하지 않은 것은?

① 엄격한 상장 심사의 통과로 기업의 신뢰와 평판이 높아질 수 있다.

② 법정 절차와 방법에 따라 기업이 주식을 일반 대중에게 분산하고 재무를 공시하는 것이다.

③ 경영권 분산의 위험이 적다는 장점이 있다.

④ 상장 요건을 갖추지 못한 기업도 기업 공개는 할 수 있다.

⑤ 기업 공개를 하면 주주들로부터 유상증자를 받아 대규모 자금 조달이 가능해진다.

14. 다음 중 한국은행에 대한 설명으로 적절하지 않은 것은?

① 대한민국 유일의 법화 발행기관으로서 은행권과 주화 발행 업무를 담당하고 있다.

② 물가안정을 위해 기준금리와 지급준비율 조절, 공개시장 조작 등의 수단을 통해 통화량을 조절한다.

③ 금융시장에 위기가 발생했을 때 최종적으로 자금을 공급해 주는 최종 대부자의 역할을 한다.

④ 정부와 한국은행은 안정적인 경제 성장이라는 동일한 목표를 추구하기 때문에 한국은행의 금융정책은 정부의 재정정책과 충돌하는 일이 거의 없다.

⑤ 발권은행으로서의 기능, 은행의 은행으로서의 기능, 정부의 은행으로서의 기능을 수행한다.

15. 다음 중 농업진흥지역에 대한 설명으로 적절하지 않은 것은?

① 농지법에 따라 대통령령으로 지정 및 고시하는 지역을 의미한다.

② 농지를 효율적으로 이용·보전하기 위해 지정하는 것으로, 농업진흥구역과 농업보호구역으로 구분된다.

③ 농업진흥지역 내에서 농업과 관련한 행위에 대해서는 조세경감, 지원금 등의 혜택이 있다.

④ 농업보호구역은 농업진흥구역의 용수원 확보, 수질 보전 등 농업 환경 보호를 위하여 필요한 지역을 의미한다.

⑤ 녹지지역, 관리지역, 농림지역 및 자연환경보전지역이 지정 대상이 될 수 있으나, 특별시에 속한 녹지지역은 제외된다.

16. 양도성예금증서(CD)에 대한 설명으로 적절하지 않은 것은?

① 무기명 할인식으로 발행한 정기예금증서이다.

② 가입대상에 제한이 없다.

③ 증서 만기 전에 중도해지가 가능하다.

④ 자유금리상품으로 시장실세금리에 따라 매일 고시한다.

⑤ 예금자보호법에 의한 보호 대상이 아니다.

17. 기초자산의 가격이 크게 하락할 것으로 예상될 경우 취할 수 있는 전략으로 가장 적절하지 않은 것은?

① 불 스프레드 전략   ② 콜옵션 매도 전략   ③ 풋옵션 매수 전략

④ 스트래들 매수 전략   ⑤ 스트랭글 매수 전략

18. 근거리 무선통신 규격의 하나로, 반경 10~100m 범위 안에서 각종 전자, 정보통신 기기를 무선으로 연결하고 제어하여 사진이나 벨소리 등의 파일을 전송하는 기술은?

① 테더링　　　　② 와이브로　　　③ 블루투스　　　④ 와이파이　　　⑤ LTE

19. 다음 중 통화스왑에 대한 설명으로 적절하지 않은 것은?

① 원금의 교환이 발생한다는 점에서 금리스왑과는 다르다.

② 동종통화를 대상으로 하는 금리스왑과 달리 원금과 이자가 상이한 통화로 표시된다.

③ 스왑의 초기와 만기에 원금교환이 이루어지는데 초기 원금교환은 생략 가능하다.

④ 만기 시 원금교환에 적용되는 환율은 만기시점의 현물환율이다.

⑤ 외화강세와 원화의 금리하락이 예상될 경우 외화차입자는 원화 변동금리 지급 통화스왑을 통해 환위험을 회피할 수 있다.

20. 다음 중 마이클 포터의 산업구조분석에 의한 5가지 경쟁요인에 해당하지 않는 것은?

① 진입장벽　　　　　　② 보완재의 위협　　　　　③ 공급자의 교섭력
④ 구매자의 교섭력　　　⑤ 산업 내 경쟁 정도

21. 다음 글에서 설명하고 있는 용어로 적절한 것은?

> 컴퓨터 시스템을 통신 회선으로 연결하여 기업과 금융 기관이 온라인으로 처리하는 은행 업무로, 입·출금, 자동 인출, 예금 잔액 조회, 급여 계산 등의 서비스가 제공된다. 이를 통해 기업은 은행과 관련된 거래를 즉시 확인할 수 있고 경비 절감과 원활한 자금 관리를 이룰 수 있다.

① ATM   ② CMS   ③ 인터넷 뱅킹   ④ 오픈 뱅킹   ⑤ 펌 뱅킹

22. 다음 중 가축전염병 예방법에서 규정하고 있는 제1종 가축전염병에 해당하지 않는 것은?

① 구제역   ② 아프리카돼지열병   ③ 뉴캣슬병
④ 럼피스킨병   ⑤ 광견병

23. 다음 중 옵션에 대한 설명으로 적절하지 않은 것은?

① 다른 조건은 모두 같다면, 콜옵션과 풋옵션 모두 잔존기간이 짧을수록 프리미엄이 높게 형성된다.
② 만기일에 시장가격이 기초자산에 대해 사전에 정한 매입가격보다 낮을 경우, 콜옵션 매수자는 프리미엄만큼의 손실을 본다.
③ 만기일에 행사가격이 시장가격보다 낮을 경우, 풋옵션 매수자는 옵션행사를 포기한다.
④ 우리나라에서는 주가지수 선물과 옵션, 개별주식 선물과 옵션 만기일이 겹치는 3월, 6월, 9월, 12월의 두 번째 목요일을 쿼드러플 위칭데이(Quadruple witching day)라고 한다.
⑤ 기업에서 임직원들의 동기부여를 위해 자사 주식을 시세보다 낮은 가격에 매입하였다가 나중에 팔 수 있도록 하는 제도를 스톡옵션이라고 한다.

24. 다음 중 농작물재해보험에 대한 설명으로 적절하지 않은 것은?

① 이상기후, 자연재해로 인해 발생하는 농작물의 피해를 보호해주는 기능을 한다.

② 장미, 국화, 카네이션 등을 재배하는 농가도 농작물재해보험에 가입할 수 있다.

③ 과수작물의 경우 적과전종합위험 보장, 종합위험 보장, 수확전종합위험 보장 등 세 가지 상품이 운영된다.

④ 벼뿐만 아니라 밀과 보리도 특약에 가입하면 병해충 보장을 받을 수 있다.

⑤ 정부는 물론 지방자치단체로부터도 보험료 지원을 받을 수 있다.

25. 다음과 같은 상황에서 예상되는 쇠고기 시장의 균형가격과 균형거래량의 변화로 가장 적절한 것은?

> • 쇠고기가 뇌 건강에 도움이 되고 치매 예방 효과도 있다는 연구결과가 발표되어, 남녀노소 모두 식사에 쇠고기를 주식으로 먹게 되었다.
> • 럼피스킨병이 발생하여 많은 축산 농가에서 소 살처분이 시행되었다.

① 균형가격: 상승, 균형거래량: 증가

② 균형가격: 상승, 균형거래량: 불분명

③ 균형가격: 불분명, 균형거래량: 감소

④ 균형가격: 하락, 균형거래량: 감소

⑤ 균형가격: 불분명, 균형거래량: 불분명

26. '언제 어디에나 존재한다'는 뜻의 라틴어로, 사용자가 시간과 장소에 구애받지 않고 자유롭게 네트워크에 접속할 수 있는 정보통신환경을 의미하는 용어는?

① 증강현실　　　　　　② 스마트워크　　　　　　③ 유비쿼터스

④ 텔레매틱스　　　　　　⑤ 가상현실

27. 다음 중 대출에 대한 설명으로 적절하지 않은 것은?

① 카드론은 일반적으로 제1금융권 대출 금리에 비해 이자 수준이 높다.

② 수익권 담보대출의 담보인정비율은 예·적금 담보인정비율에 비해 높은 수준이다.

③ 주택 이외의 부동산담보대출은 일반적으로 주택담보대출 금리에 비해 고금리가 적용된다.

④ 역모기지론의 금리는 일반 주택담보대출에 비해 저금리가 적용된다.

⑤ 모기지론의 금리는 일반 주택자금대출 금리에 비해 저금리가 적용된다.

28. 다음 중 선도계약의 특징으로 적절한 것의 개수는?

ⓖ 거래조건이 표준화되어 있다.
ⓛ 일반적으로 만기에 실물인수도가 이루어진다.
ⓒ 장외거래가 중심이 된다.
ⓔ 유동성이 높다.
ⓜ 만기일에 결제하는 것이 일반적이다.
ⓗ 다수의 거래자가 참여하는 것이 특징이다.

---

① 2개   ② 3개   ③ 4개   ④ 5개   ⑤ 6개

29. 다음 중 인플레이션을 완화시키기 위한 정책으로 적절한 것을 모두 고르면?

㉠ 재정지출 축소	㉡ 재정지출 확대
㉢ 조세 감소	㉣ 조세 증가
㉤ 국채매입	㉥ 국채매각
㉦ 중앙은행 여신 증가	㉧ 중앙은행 여신 감소

① ㉠, ㉢, ㉤, ㉦　　　　② ㉠, ㉣, ㉥, ㉧　　　　③ ㉡, ㉢, ㉤, ㉦

④ ㉡, ㉣, ㉥, ㉧　　　　⑤ ㉠, ㉢, ㉥, ㉧

30. 다음 중 농업협동조합법에 대한 설명으로 적절하지 않은 것은?

① 20인 이상의 발기인이 정관을 작성하여 농림축산식품부장관의 인가를 받으면 지역농협을 설립할 수 있다.

② 조합원은 지역농협 구역에 주소, 거소(居所)나 사업장이 있는 농업인이어야 한다.

③ 조합원은 출자액에 따라서 의결권과 선거권을 차등으로 부여 받는다.

④ 조합원은 둘 이상의 지역농협에 가입할 수 없다.

⑤ 농업협동조합중앙회는 전국을 구역으로 하고 둘 이상의 중앙회를 설립할 수 없다.

31. 다음 글을 통해 추론한 내용으로 적절하지 않은 것은?

> 공기 중에 존재하는 모든 오존의 양을 지표면 위의 대기압으로 압축시켜 깊이로 환산해보면 약 0.3cm에 불과하며, 이 중 대략 10%는 대류권에, 90%는 성층권에 포함되어 있다. 오존은 성층권에서도 약 25~30km 높이에 밀집되어 있는데, 이 구간을 오존층이라고 한다. 태양의 자외선이 지표까지 다다르는 것을 차단하는 오존층은 에어컨과 냉장고의 냉매, 스프레이의 분사제, 반도체나 정밀 부품의 세정제 등 다양한 용도로 이용되는 프레온가스의 영향으로 파괴된다. 프레온가스는 염소, 불소, 탄소 세 가지의 원소로 구성된 염화불화탄소로, 화학적으로 상당히 안정적이며 독성이 없고 불에 타지 않아 이상적인 물질로 여겨졌다. 그러나 모순되게도 염화불화탄소는 너무 안정적인 나머지 성층권까지 분해되지 않고 올라가서 오존층을 파괴한다는 사실이 밝혀졌다. 염화불화탄소가 자외선을 흡수하면 반응성이 큰 염소(Cl)를 분리하는데, 이 과정에서 $Cl + O_3 \rightarrow ClO + O_2$ 반응으로 결합력이 약한 오존을 파괴하게 되는 것이다. 염화불화탄소가 성층권까지 올라가면 최대 100년까지 머무를 수 있으며, 오존을 파괴한 염소는 일회성에 그치는 것이 아니라 반복 반응하여 염소 분자 하나가 약 10만 개의 오존을 파괴한다. 만약 오존층이 파괴되어 자외선이 오존층을 거치지 않고 그대로 지표에 도달하면 지구에 엄청난 영향을 미치게 된다. 어느 정도의 자외선은 살균 작용을 하여 유익하지만, 자외선이 과도하게 많으면 수많은 생물이 이를 견디지 못한다. 특히 사람은 자외선으로 인해 면역력이 결핍되어 피부암과 같은 피부 질환과 백내장 등의 안구 질환이 발생할 가능성이 급격하게 증가한다. 실제로 칠레의 도시 푼타아레나스에서는 오존층의 두께가 얇아지는 여름에 백내장에 걸리는 어린이 환자와 피부암 환자의 수가 빠르게 증가하는 것으로 알려졌다. 동식물 또한 자외선의 영향을 받아서 농작물은 말라 죽고 물고기의 알과 갑각류의 새끼가 몰살되기도 하며, 식물성 플랑크톤의 감소로 해양 생태계의 균형이 붕괴된다. 이 상태가 지속될 경우 가까운 미래에 심각한 식량 부족 사태가 초래되어 인류의 생존에 위협이 될 수 있다.

① 자외선을 흡수한 염화불화탄소는 반응성이 작은 염소와 결합하면서 결합력이 약한 오존을 파괴한다.
② 대기에 있는 오존 중 약 90%는 성층권에 포함되어 있으며 나머지 10%가량은 대류권에 포함되어 있다.
③ 푼타아레나스에서는 오존층의 두께가 얇아지는 여름에 백내장과 피부암 환자 수가 급격히 증가한다.
④ 성층권에서 최대 100년까지 머무르는 염화불화탄소는 반복 반응을 일으키며 수많은 오존을 파괴한다.
⑤ 염소, 불소, 탄소로 구성된 프레온가스는 화학적으로 안정적일 뿐만 아니라 불에 타지 않고 독성이 없다.

32. 컵에 들어있는 소금물 200g에 농도 15%인 소금물 20g을 더 부었더니 농도가 5%가 되었다. 처음 컵에 들어있던 소금물의 농도는?

① 4%   ② 5%   ③ 6%   ④ 7%   ⑤ 8%

33. 가로와 세로 길이가 각각 245m, 210m인 직사각형 모양의 땅 테두리에 일정한 간격으로 최대한 적은 수의 나무를 심으려고 한다. 땅의 네 꼭짓점에는 나무를 반드시 심는다고 할 때, 필요한 나무의 그루는?

① 26그루　　　② 27그루　　　③ 28그루　　　④ 29그루　　　⑤ 30그루

1회 2회 3회 4회

34. 다음 글을 근거로 판단할 때, 〈보기〉 중 항상 옳은 것을 모두 고른 것은?

> 농축산물 유통 비용은 농축산물 소비자 가격에서 큰 부분을 차지한다. 생산자와 소비자 간에 중간 유통 단계가 많으면 유통 비용이 높아지고 농축산물 소비자 가격도 높아지기 때문이다. 최근에는 농축산물 생산자와의 직거래를 통해 훨씬 낮은 가격으로 농축산물을 구매하는 소비자가 증가하고 있다.
>
> 이에 따라 정부는 농축산물 소비자 가격 안정을 위해 농축산물 유통 구조 개선에 나서고 있는데, 그 방안 중 하나가 직거래 활성화이다. 실제로 농림축산식품부는 직거래 활성화를 위해 로컬푸드 직매장을 확대해가고 있으며, 이렇게 농축산물 유통 구조가 개선되면 농축산물 유통 비용이 낮아지고 농축산물 소비자 가격도 낮아지게 된다. 로컬푸드 직매장은 생산자가 소비자에게 직접 농축산물을 판매하고 재고 관리까지 하는 새로운 형태의 직매장을 의미하며, 생산자가 로컬푸드 직매장을 이용하면 중간 유통업자에게 판매하는 것보다 더 높은 가격으로 농축산물을 판매함에 따라 농가 실질 소득이 높아진다. 또한, 소비자가 로컬푸드 직매장을 이용하면 일반매장에서 사는 것보다 더 낮은 가격에 농축산물을 구매한다는 이점이 있다.

〈보기〉
㉠ 농축산물 유통 구조가 개선되지 않으면 농축산물 유통 비용은 낮아질 수 없다.
㉡ 생산자와 소비자가 로컬푸드 직매장을 이용하면 일반매장에서보다 낮은 가격의 농축산물이 거래된다.
㉢ 농축산물 중간 유통 단계가 많아지면 농가 실질 소득은 높아진다.
㉣ 농축산물 유통 비용이 낮아지지 않으면 직거래는 활성화되지 않는다.

① ㉠, ㉡　　　② ㉠, ㉣　　　③ ㉡, ㉢　　　④ ㉡, ㉣　　　⑤ ㉢, ㉣

해커스 농협은행 6급 NCS+직무상식 기출동형모의고사

35. △△기업의 월요일 출근 시간은 평소보다 30분 빠른 8시 30분이다. 다음은 △△기업 기획본부 사무실의 A 사원, B 주임, C 주임, D 대리, E 대리, F 과장의 월요일 출근 시간에 대한 내용일 때, 네 번째로 출근한 직원은?

- C 주임은 F 과장보다 8분 늦게 출근하였다.
- B 주임은 8시 40분에 진행되는 월요일 주간회의에 혼자 지각하였다.
- D 대리와 E 대리 사이에 3명의 직원이 출근하였다.
- F 과장은 평소 8시 42분에 출근하지만, 월요일에는 평소보다 26분 일찍 출근하였다.
- A 사원은 C 주임보다 13분 일찍 왔으며, A 사원이 출근했을 때 사무실에 출근한 직원이 있었다.

① A 사원　　　　② C 주임　　　　③ D 대리　　　　④ E 대리　　　　⑤ F 과장

36. 신입사원 A, B, C, D, E 5명은 기획부, 재무부, 법무부, 인사부, 생산부 5개의 서로 다른 부서로 발령받았다. 다음 중 법무부로 발령받은 신입사원은?

- C는 기획부로 발령받지 않았다.
- A 또는 D는 인사부로 발령받았다.
- B는 재무부 또는 생산부로 발령받았다.
- E는 기획부와 법무부로 발령받지 않았다.

① A　　　　② B　　　　③ C　　　　④ D　　　　⑤ E

37. N 은행 인사팀 김 대리는 직원 평가 내용을 엑셀 파일로 정리하고 있다. 〈기존〉 파일을 〈수정〉 파일과 같이 정렬하였다고 할 때, 정렬이 적용된 열과 정렬 방식이 바르게 연결된 것은?

〈기존〉

	A	B	C
1	이름	팀	점수
2	김슬기	인사	17
3	박슬기	재무	15
4	김유진	개발	19
5	송기연	인사	28
6	김보미	재무	22
7	안주희	개발	24
8	정진선	인사	25
9	이혜영	재무	20
10	송선우	개발	23

〈수정〉

	A	B	C
1	이름	팀	점수
2	송기연	인사	28
3	정진선	인사	25
4	안주희	개발	24
5	송선우	개발	23
6	김보미	재무	22
7	이혜영	재무	20
8	김유진	개발	19
9	김슬기	인사	17
10	박슬기	재무	15

	열	정렬 방식
①	이름	오름차순
②	팀	내림차순
③	팀	오름차순
④	점수	내림차순
⑤	점수	오름차순

38. 다음 글의 내용과 일치하지 않는 것은?

스웨덴의 경제학자 구스타프 카셀(Gustav Cassel)은 두 국가의 환율이 각국 통화의 구매력에 따라 결정된다는 구매력 평가설을 주장하였다. 구매력 평가란 국제 상품 거래에서 물가와 환율 간의 관계를 나타내는 것으로, 일물일가 법칙에서 출발한다. 일물일가 법칙은 하나의 재화에는 하나의 가격만 존재한다는 가정에서 시작하는데, 한국에서 거래되는 A 회사의 자동차 가격과 외국에서 거래되는 A 회사의 자동차 가격이 서로 동일하다는 의미이다. 일물일가 법칙이 성립할 경우 외국 화폐 단위로 표시된 가격과 국내 가격을 비교하여 환율을 계산할 수 있다. 이렇게 일물일가 법칙을 가정하고 국내 물가와 환율 간의 관계를 나타내는 것을 절대적 구매력 평가라고 한다.

구매력 평가설에 따르면 구매하고자 하는 제품이 동일할 경우 구매 국가에 상관없이 같은 가치의 통화가 필요하다는 전제가 성립한다. 동일한 제품이 한국에서는 1개당 2,000원에, 미국에서는 1개당 1달러에 거래되고 있다고 가정해보자. 일물일가 법칙에 근거한 절대적 구매력 평가에 따르면 각 국가에서 판매되는 동일 제품의 가격은 같아야 하므로 환율은 1달러에 2,000원으로 계산되어야 하지만, 실제 원·달러 환율이 1달러에 1,000원이라면, 원화의 가치가 고평가되었다고 해석할 수 있다. 이 경우 해당 제품을 수출입 하는 사람은 영업 이익을 극대화하기 위해 원화를 달러로 바꿔 미국에서 제품을 구입한 다음 이를 한국에 되파는 영업 전략을 펼쳐 제품 1개당 1,000원의 차익을 얻을 것이다. 이와 같은 상황에서는 달러에 대한 수요가 증가할 가능성이 커지며, 달러의 가치 또한 상승하게 되지만 원화의 가치는 상대적으로 하락하게 되어 결국 환율은 1달러에 2,000원으로 다시 올라가게 된다. 따라서 환율은 양국 통화의 구매력 비율에 따라 결정된다고 볼 수 있다.

그런데 구매력 평가설은 양국의 물가 수준 작성 차이와 일물일가 법칙의 현실성 등을 반영하지 못한다는 문제점을 내포하고 있다. 이러한 문제점을 해결하기 위해 특정 상품을 선정하여 그 상품의 가격으로 환율을 산정한 후 이를 실제 환율과 비교하는 방법을 이용하는데, 그중 하나가 빅맥 지수이다. 빅맥 지수란 각국 통화의 가치가 적정하게 책정되어 있는지 확인하기 위해 각국의 맥도날드 빅맥 햄버거의 현지 통화 가격을 달러로 환산한 가격으로, 햄버거의 버거와 이코노믹의 노믹을 따 버거노믹이라고 일컬어지기도 한다. 영국의 경제 주간지인 이코노미스트(The Economist)는 1986년 이래로 매년 전 세계 맥도날드 매장에서 판매되고 있는 빅맥 햄버거의 가격을 비교한 빅맥 지수를 발표하고 있다.

만약 미국의 빅맥 가격이 3달러이고, 원·달러 환율이 1,000원이라면 미국의 빅맥 가격은 원화로 3,000원이어야 한다. 동일한 시점에 한국의 빅맥 가격이 2,600원이라면 한국의 빅맥 가격이 미국의 빅맥 가격보다 더 저렴함을 알 수 있는데, 이는 원화의 가치가 저평가되었기 때문이다. 만약 원·달러 환율이 1,000원에서 870원으로 하락하여 원화가 평가절상되면 미국과 한국에서의 빅맥 가격은 비슷해진다. 즉, 구매력 평가에 따른 원·달러 환율이 870원인 데 비해 실제 환율은 1,000원인 것이다. 실제 원·달러 환율은 빅맥 햄버거를 통해 산정한 구매력 평가 환율, 다시 말해 빅맥 지수와 비교했을 때 130원에 해당하는 비율만큼 저평가된 것이다. 이처럼 빅맥 지수는 원화 값이 제값을 받는지, 저평가되었는지 혹은 고평가되었는지를 평가할 수 있는 하나의 기준이 된다.

① 빅맥 지수는 각국의 통화 가치가 적정하게 평가되고 있는지 확인할 수 있는 기준으로 작용할 수 있다.

② 원·달러 환율이 900원일 때 미국에서 5달러에 판매되는 제품이 한국에서 4,000원에 판매된다면 원화의 가치가 고평가되었다고 한다.

③ 일물일가 법칙에 따르면 환율은 동일 제품의 외화 표시 가격과 원화 표시 가격을 통해 계산 가능하다.

④ 달러 대비 원화의 가치가 고평가되면 국내 제품 수출입 기업의 수출입 거래를 통한 영업 이익이 상승한다.

⑤ 구매력 평가설에 의하면 환율의 산정 기준은 두 국가의 구매력 비율에 따라 결정된다.

39. 2020년 1월 A 고객은 정기적금에 가입하기 위해 농협에 방문하였다. A 고객은 5년째 농협과 거래하고 있으며, 전월 급여이체실적은 150만 원이고 아파트 관리비만 농협 통장으로 이체하고 있다. A 고객은 농협 직원의 추천을 받아 ★★적금 상품에 6개월 만기로 가입하여 매월 100만 원씩 적립한다고 할 때, 2020년 7월 A 고객의 만기 지급액은? (단, ★★적금은 일반과세 상품이며, 만기 지급액 계산 시 세금은 고려하지 않는다.)

[★★적금 상품 소개]

• 가입 대상: 제한 없음
• 가입 금액: 월부금 1,000원 이상
• 가입 기간: 6개월~2년(월 단위)
• 기본 금리: 연 2.2%(단리식)
• 우대 금리: 다음 조건을 만족할 경우 우대 금리가 적용됨
  – 농협 3년 이상 거래 고객 : 0.1%
  – 급여이체실적(전월 50만 원 이상) : 0.1%
  – 이동통신요금 이체 : 0.1%

---

① 6,014,400원   ② 6,028,400원   ③ 6,042,000원
④ 6,054,000원   ⑤ 6,082,600원

40. 다음은 A~E 지역의 가축별 축산 귀농 가구 수를 나타낸 자료이다. 제시된 지역 중 전체 축산 귀농 가구 수가 가장 많은 지역과 전체 축산 귀농 가구 수가 가장 적은 지역의 전체 축산 귀농 가구 수 차이는?

[가축별 축산 귀농 가구 수]

(단위: 가구)

구분	A 지역	B 지역	C 지역	D 지역	E 지역
소	4	49	48	18	18
돼지	38	45	11	37	18
닭	9	25	43	42	46
오리	41	15	36	42	19
사슴	29	39	29	25	7
꿀벌	45	35	34	28	12
기타	31	46	50	36	44

① 64가구   ② 75가구   ③ 87가구   ④ 90가구   ⑤ 92가구

41. 호성이는 N 카드를 사용하며 카드사에서 제공하는 할인 서비스에 대해 알아보았다. 호성이의 전월 실적이 55만 원일 때, 호성이가 받을 수 있는 할인 서비스로 적절하지 않은 것은?

[N 카드 할인 서비스]

1. 카드 혜택
   - 할인율: 그린 회원 0.7%, 로얄 회원 1.2%, 골드 회원 1.8%, 탑클래스 회원 2.2% 국내외 가맹점 할인
   - 할인 대상 업종: 쇼핑, 영화, 여행, 커피, 이동통신, 교통 할인 적용
   - 할인 한도 제한 없음

2. 전월 실적에 따른 회원 등급

구분	40만 원 미만	40만 원 이상 ~ 70만 원 미만	70만 원 이상 ~ 100만 원 미만	100만 원 이상
회원 등급	그린	로얄	골드	탑클래스

3. 카드 할인 대상
   - 쇼핑: N 마트, N 몰, G 몰, C 몰
   - 영화: C 영화관, M 영화관
   - 여행: 국내 여행 관광지 입장료
   - 커피: B 커피, H 커피, K 커피, S 커피
   - 이동통신: K 통신사, S 통신사, U 통신사
     - 자동이체에 한하여 할인
   - 교통: 대중교통(버스, 지하철), 택시
     - 시외·고속버스 제외
   - 단, 대학(대학원)등록금, 세금, 사회보험, 공과금, 대출, 임대료, 상품권 구매 금액, 연회비, 거래 취소금액, 무이자 할부 이용 금액 할인 대상에서 제외

---

① 호성이가 이용하는 K 통신사의 요금 7만 5,000원을 자동이체로 납부할 경우 900원이 할인된다.

② 호성이가 9만 원의 신발을 3개월 무이자로 구매할 경우 할인되지 않는다.

③ 호성이의 회원 등급은 로얄 등급이다.

④ 호성이가 10만 원의 상품권을 구매할 경우 1,200원이 할인된다.

⑤ 호성이가 N 마트에서 쇼핑할 경우 이용 금액에 상관없이 할인 혜택을 받을 수 있다.

42. J 씨는 농협에서 직장인 우대 대출 상품의 대출 대상 조건을 충족하여 2년 만기 일시상환 조건으로 8,000만 원을 대출받았다. J 씨가 2년 동안 상환한 총금액은?

[직장인 우대 대출 상품 소개]

- 대출 대상: 일반 기업체에서 정규직으로 1년 이상 재직하고 있는 급여소득자로, 연소득이 2,500만 원 이상인 고객
- 대출 한도: 2억 원 이내
- 대출 기간 및 상환 방법
  - 일시상환: 3년 이내
  - 원(리)금균등할부상환: 5년 이내
  - 종합통장: 2년 이내
- 대출 금리: 연 6%
- 수수료: 대출 금액에 따라 차등 적용되며, 각 50%씩 고객과 농협이 부담함

대출 금액	인지세액	대출 금액	인지세액
5천만 원 이하	비과세	1억 원 초과~10억 원 이하	20만 원
5천만 원 초과~1억 원 이하	7만 원	10억 원 초과	40만 원

① 84,835,000원 ② 88,270,000원 ③ 88,670,000원
④ 89,635,000원 ⑤ 91,285,000원

43. 다음은 스마트상점에 대한 국비지원 안내문이다. 안내문의 내용을 읽고 스마트상점 국비지원에 신청한다고 할 때, 안내문의 내용을 이해한 것으로 옳은 것은?

[스마트상점 국비지원 안내]

1. 스마트상점이란?
- IoT, VR·AR 등 4차 산업혁명 기술을 소상공인 경영현장에 접목하여 서비스 마케팅을 혁신하기 위해 도입된 것으로, 비대면 예약·주문·결제가 가능한 상점

2. 지원 내용(지원 개요) : 소상공인 점포에 도입하는 기술 비용 전부 또는 일부를 바우처 방식으로 보조
- 스마트기술 : 소상공인 업종 및 특성별로 스마트미러, 풋 스캐너 등 서비스 개선, 경영효율화를 위한 스마트기술 도입 지원
- 스마트오더 : 모바일 예약·주문·결제 시스템 등 비대면 주문 결제가 가능한 스마트오더 도입 지원
- 디지털 사이니지 : 상점 위치, 취급제품 및 지역 명소 등을 종합 안내하는 디지털 사이니지 도입 지원

3. 시험 상가별 국비지원 내용

구분	점포별 지원		상가 지원	최대지원금
	집약형상가	일반형상가		
지원 기술	스마트기술 스마트오더	스마트오더	디지털 사이니지	집약형상가 점포당 215백만 원 (스마트기술 + 스마트오더 + 디지털 사이니지)
지원 규모	약 50~70점포	약 50점포	총 5개 상가 내외	
지원 금액	스마트기술 : 500만 원 / 스마트오더 : 30만 원	스마트오더 : 30만 원	100백만 원	일반형상가 점포당 115백만 원 (스마트오더 + 디지털 사이니지)

※ 스마트기술과 스마트오더 도입을 희망하는 집약형상가 상점 복수 지원 가능

4. 참여 주체별 역할

구분	역할
지방자치단체	- 사업계획서 및 사업 참여 신청서 작성 - 시범상가 현황 및 성과, 사후관리
상인회	- 상가 내 참여점포 모집 선정 - 스마트오더 기술보유기업 선정 - 스마트상점 기술 도입 확인 및 현장관리
스마트상점	- 스마트기술 보유기업 계약 및 기술 도입 - 스마트기술 도입 후 운영성과 제출
기술보유기업	- 스마트 시범상가 스마트기술 보급 및 결과(성과)자료 제출

5. 기타사항
- 조직화된 사업 주체가 없는 경우 원활한 사업 운영을 위해 본 사업 신청 전 상인회 조직 구성 필요
- 지원 금액 범위 이상의 기술 도입을 희망하는 경우 스마트기술 도입 희망 상점(소상공인)이 차액분에 대해 자부담으로 진행 가능

※ 출처 : 중소벤처기업부(2020-04-14 보도자료)

---

① 지원 대상으로 선정된 집약형상가 1점포에 대한 최대 국비지원금은 115백만 원이다.

② 지방자치단체에서는 스마트기술 보유기업과 계약을 진행하고 스마트기술을 도입한 뒤에 현장관리를 해야 한다.

③ 일반형상가는 지원 대상으로 선정된다면 스마트기술, 스마트오더, 디지털 사이니지를 모두 지원받는다.

④ 스마트상점은 고객 간 대면 거래 장려를 위해 4차 산업혁명 기술을 소상공인 경영현장에 접목한 상점이다.

⑤ 소상공인은 점포에 지원 금액을 초과하는 스마트기술도 도입할 수 있다.

44. 평균 연령이 33살이던 인사팀에 나이가 각각 27살, 29살인 신입사원 2명이 입사하였다. 이로 인해 인사팀 직원의 평균 연령이 한 살 줄었을 때, 현재 인사팀 직원의 수는?

① 3명   ② 5명   ③ 8명   ④ 10명   ⑤ 11명

45. 어린이 5명과 어른 4명이 택시와 버스에 나누어 타려고 한다. 택시에는 3명, 버스에는 6명이 탈 때, 어른이 적어도 1명 택시에 탈 확률은?

① $\frac{5}{42}$ ② $\frac{13}{42}$ ③ $\frac{1}{2}$ ④ $\frac{37}{42}$ ⑤ $\frac{20}{21}$

46. 카셰어링 시범도시로 선정된 Q 시는 카셰어링 서비스를 제공할 사업장을 선정하려고 한다. 카셰어링 사업 제안서 평가 방법에 따라 사업장을 평가하면서 평가 담당자끼리 나눈 대화로 옳지 않은 것은?

[사업 제안서 평가 방법]

카셰어링 서비스를 제공할 사업장은 최종 심사 점수가 가장 높은 1곳으로 선정되며, 최종 심사 점수는 사업실적 점수와 기술 점수를 합산하여 산정한다. 사업실적 점수는 서비스 운영 기간만으로 산정되며, 기술 점수는 서비스 구축, 차량운영 방안, 주차장 사용 방안, 가격 합리성, 차량 추적 방안의 합산 점수로 산정한다.

1. 사업실적 점수

구분	경험 없음	1년 미만	1년 이상 2년 미만	2년 이상 3년 미만	3년 이상 5년 미만	5년 이상
점수(점)	0	1	2.5	3.5	7	10

2. 기술 점수

구분	세부 평가 항목	점수(점)
서비스 구축	홈페이지	6
	모바일 서비스	6
	콜센터	8
차량운영 방안	차량 운영방식	25
	차량 청소 및 점검	15
	차량 보험	10
주차장 사용 방안	주차 및 차량 배치	3
가격 합리성	이용 요금 및 환불 서비스	12
차량 추적 방안	GPS 및 APP 이용 차량 추적 서비스	5

[사업장별 평가 결과]

1. 서비스 운영 기간

구분	A	B	C	D	E
서비스 운영 기간	5년	운영 경험 없음	3년 6개월	4년	2년

2. 최종 심사 점수

구분	A	B	C	D	E
사업실적 점수	10점	0점	7점	7점	3.5점
기술 점수	72점	85점	60점	52점	82점

① 지민: A~E 중 최종 심사 점수가 80점 이상인 사업장은 총 3곳이네요.

② 대회: A가 기술 점수에서 4점을 더 받았다면 A가 최종 사업장으로 선정되었을 텐데 기술 점수가 조금 부족해서 안타깝네요.

③ 성웅: 서비스 운영 기간이 길다고 해서 무조건 기술 점수가 높은 것은 아니네요.

④ 재현: B는 카셰어링 서비스를 운영한 경험은 없지만 기술 점수가 제일 높아서 결과적으로 최종 사업장으로 선정되겠네요.

⑤ 시윤: C는 기술 점수에서 다른 부분은 모두 완벽했더라도 차량 운영방식, GPS 및 APP 이용 차량 추적 서비스 방안과 관련된 내용을 제출하지 않아서 점수를 받지 못했을 수도 있겠네요.

47. 다음 코드로 작성된 프로그램이 있다. 이 프로그램을 실행한 결과 16이 출력되고 프로그램이 정상적으로 종료되었을 때, 빈칸에 해당하는 값으로 적절한 것은?

```c
#include <stdio.h>
#include <stdbool.h>

int main()
{
    int num1 = 4;
    int num2 = 0;

    while (true)
    {
        num2 = num2 + 2;
        num1 = num1 + num2;

        if (num2==   ㉠   )
        {
               ㉡   ;
        }
    }
    printf("%d", num1);

    return 0;
}
```

① 6, sum   ② 6, break   ③ 6, continue   ④ 10, sum   ⑤ 10, break

48. 다음 글을 읽고 자금세탁 방지제도에 대해 이해한 내용으로 가장 적절하지 않은 것은?

자금세탁 방지제도는 금융기관 등을 이용한 범죄자금의 세탁행위를 예방하여 건전한 금융거래질서를 확립함과 동시에 조직범죄, 마약범죄와 같은 반사회적인 중대범죄의 확산을 막고자 금융제도, 사법제도 및 국제협력을 연계하는 종합관리시스템을 구축·운영하는 것을 의미한다. 우리나라의 경우 자금세탁 과정에서 발생한 수익이 새로운 범죄에 활용되거나 금융기관의 건전성 저해를 막고자 2001년 9월 27일 「특정금융거래정보의 보고 및 이용에 관한 법률」과 「범죄수익 은닉의 규제 및 처벌 등에 관한 법률」을 제정하였다. 전자의 법에 의거해서는 2001년 11월 28일 재정경제부 소속기관으로 금융정보분석원(FIU)이 출범하기도 하였다.

자금세탁 방지제도는 크게 의심거래보고(Suspicious Transaction Report), 고액현금거래보고(Currency Transaction Report), 고객확인의무(Customer Due Diligence)로 구분된다. 의심거래보고는 금융거래와 관련하여 수수한 재산이 불법재산이라고 의심되는 합당한 사유가 있거나 금융거래를 하는 상대방이 자금세탁을 하고 있다고 의심되는 합당한 사유가 있을 때 금융기관이 금융정보분석원장에게 보고하도록 하는 제도이다. 투명한 금융거래를 위해 시행된 제도이나, 금융기관의 주관적 판단에 의거해 보고해야 하기 때문에 보고하지 않을 경우 불법적 거래인지 파악하기 어렵다는 단점이 있다.

이와 같은 제도를 보완하기 위해 도입된 고액현금거래보고는 금융기관이 일정한 금액 이상의 현금거래에 대해 금융정보분석원에 의무적으로 보고해야 하는 제도이다. 우리나라 기준 1거래일 동안 1천만 원의 현금을 입금 또는 출금했을 때 보고해야 하며, 고액현금거래로 추정될 경우 거래자의 신원, 거래일시, 거래금액 등 객관적인 사실을 적어 보고하도록 하고 있다. 고액현금거래보고에 따라 금융정보분석원에 보고된 사항은 자금세탁이 의심될 경우 검·경, 국세청, 관세청 등에 관련 정보를 전달하게 된다. 동일 금융기관에서의 거래만 보고 대상으로 인정된다는 모순은 있으나 객관적인 사실만을 보고해야 한다는 점에서 금융기관의 주관적 기준에 따라 합당한 근거를 적어 보고하는 의심거래보고와는 구분된다.

고객확인의무는 금융회사가 고객과 거래할 때 고객의 성명, 실지 명의, 주소, 연락처 등을 추가로 확인한 뒤 자금세탁과 같은 행위가 우려된다면 실제 당사자 여부와 금융거래 목적을 확인하는 제도이다. 이 제도는 금융기관이 제공하는 서비스가 자금세탁행위 등에 활용되지 않도록 하는 데에 목적을 두며, 우리나라 법률에서는 고객확인의무를 '합당한 주의'로서 행해야 하는 의무사항으로 규정한다. 고객확인의무 대상 거래로는 계좌의 신규개설, 한화 천만 원 이상 또는 미화 1만 불 이상의 일회성 금융거래, 자금세탁의 우려가 있는 경우 등이 포함된다.

한편, 자금세탁 방지제도는 단순히 하나의 국가 내에서만 시행되는 것은 아니며, 이 제도의 원활한 시행을 위해 세 개의 국제기구가 운영 중이다. 국제자금세탁방지기구(FATF), 에그몽 그룹(Egmont group), 아·태 지역 자금세탁방지기구(APG)가 바로 그것으로, 우리나라는 모든 국제기구에 참여하며 자금세탁 방지제도 시행을 위해 노력함과 동시에 기준 금액을 낮추는 등 제도 정비에도 힘쓰고 있다.

① 우리나라는 국제기구인 국제자금세탁방지기구, 에그몽 그룹, 아·태지역 자금세탁방지기구 모두에 회원국으로 속해 있다.

② 하루에 두 개의 은행에서 각각 500만 원의 현금거래를 진행했다면 FIU에 고액현금거래보고가 이루어지게 된다.

③ 우리나라의 FIU는 재정경제부 소속기관으로서 「특정금융거래정보의 보고 및 이용에 관한 법률」을 근거로 만들어졌다.

④ 새로운 계좌를 개설하는 것은 고객확인의무 대상에 해당되는 항목이기 때문에 고객은 금융회사로부터 금융거래 목적 확인을 요청받을 수 있다.

⑤ 금융거래를 하는 상대방이 자금세탁을 하고 있다고 판단될만한 근거가 있더라도 금융기관의 판단에 따라 직접 의심거래보고를 하지 않으면 불법적 거래 여부 판단이 어렵다.

49. 귀하는 가정용 에너지의 수요를 예측하기 위해 최종 에너지원별 가정용 에너지 소비량을 조사하였다. 다음 엑셀 시트에서 최종 에너지원별 가정용 에너지 소비량의 합계가 1,200 이상인 달의 개수를 구하려고 할 때, [G11] 셀에 입력할 함수식으로 가장 적절한 것은?

	A	B	C	D	E	F	G	H
1	최종 에너지원별 가정용 에너지 소비량					(단위: 천 TOE)		
2	구분	6월	7월	8월	9월	10월	11월	
3	석탄	7	5	8	31	84	82	
4	석유	186	160	177	238	278	324	
5	도시가스	320	239	172	220	510	984	
6	전력	453	505	740	550	441	468	
7	열	49	37	25	42	123	230	
8	신재생	21	23	28	23	24	22	
9	합계	1,036	970	1,150	1,104	1,460	2,110	
10								
11	최종 에너지원별 가정용 에너지 소비량의 합계가 1,200 이상인 달의 개수							

① = SUMIF(B9:G9, "< = 1200")

② = SUMIF(G11, B3:G8, "> = 1200")

③ = COUNTIF(B9:G9, "> = 1200")

④ = COUNTIF(G11, "> = 1200", B9:G9)

⑤ = COUNTIF(B9:G9, "< = 1200", B3:G8)

50. 다음은 지역가입자의 건강보험료 관련 자료와 건강보험 지역가입자인 A의 정보를 나타낸 것이다. 건강 보험료 산정 기준에 따른 A의 건강보험료는? (단, 건강보험료는 원 단위 절사하여 계산한다.)

[건강보험료 산정 기준]

- 연 소득 100만 원 이하 세대 건강보험료
  = 소득 최저보험료 + 보험료 부과 점수(재산 점수와 자동차 점수를 합산한 값) × 부과 점수당 금액
- 연 소득 100만 원 초과 세대 건강보험료
  = 보험료 부과 점수(소득 점수, 재산 점수, 자동차 점수를 합산한 값) × 부과 점수당 금액

※ 소득 최저보험료는 13,980원, 부과 점수당 금액은 201.5원(2021. 01. 01. 기준)

[연 소득등급 및 재산등급별 점수]

(단위: 점)

등급	소득금액(만 원)	점수	등급	재산금액(만 원)	점수
1	100 초과~120 이하	82	1	450 이하	22
2	120 초과~140 이하	91	2	450 초과~900 이하	44
3	140 초과~160 이하	100	3	900 초과~1,350 이하	66
4	160 초과~180 이하	109	4	1,350 초과~1,800 이하	97
5	180 초과~200 이하	118	5	1,800 초과~2,250 이하	122
6	200 초과~240 이하	132	6	2,250 초과~2,700 이하	146
7	240 초과~280 이하	150	7	2,700 초과~3,150 이하	171
8	280 초과~320 이하	168	8	3,150 초과~3,600 이하	195
9	320 초과~360 이하	186	9	3,600 초과~4,050 이하	219
10	360 초과~400 이하	204	10	4,050 초과~4,500 이하	244
11	400 초과~440 이하	222	11	4,500 초과~5,020 이하	268
12	440 초과~500 이하	245	12	5,020 초과~5,590 이하	294
13	500 초과~600 이하	281	13	5,590 초과~6,220 이하	320
14	600 초과~700 이하	326	14	6,220 초과~6,930 이하	344
15	700 초과~800 이하	371	15	6,930 초과~7,710 이하	365
16	800 초과~900 이하	416	16	7,710 초과~8,590 이하	386
17	900 초과~1,000 이하	462	17	8,590 초과~9,570 이하	412
18	1,000 초과~1,100 이하	507	18	9,570 초과~10,700 이하	439
19	1,100 초과~1,200 이하	552	19	10,700 초과~11,900 이하	465
20	1,200 초과~1,300 이하	580	20	11,900 초과~13,300 이하	490

[자동차 가격 및 종류에 따른 점수]

(단위: 점)

구분	자동차 가격 및 종류	점수
1	4천만 원 미만 승용자동차	87
2	4천만 원 이상 승용자동차	124

※ 1) 배기량 2,000cc 초과 2,500cc 이하, 사용 연수 3년 이상 6년 미만 기준
　 2) 자동차 가격은 차량의 경과 연수별 잔존가치액을 의미함

[A의 정보]

· 가입자(세대주): A
· 재산: 8,400만 원
· 연 소득: 1,000만 원
· 배기량 2,100cc, 사용 연수 5년인 승용자동차, 경과 연수별 잔존가치액 2,800만 원
※ 가입자와 동거하는 세대원들의 재산 및 소득은 없음

① 174,900원　　② 188,400원　　③ 197,470원　　④ 204,920원　　⑤ 280,100원

51. 다음은 소방공무원 승진 제도와 2022년 9월 1일 기준 소방공무원 5명의 계급 및 입사 정보이다. 제시된 인원 모두 근속 승진 제도를 통해 승진하였고 앞으로도 근속 승진 제도를 통해 승진한다고 가정할 때, 2022년 9월 1일을 기준으로 5명 중 다음 계급으로 가장 먼저 승진하는 사람은? (단, 5명은 모두 소방사시보로 입사하였으며, 제시되지 않은 내용은 고려하지 않는다.)

[소방공무원 승진 제도]

1. 계급 종류

구분	소방청감	소방정감	소방감	소방준감	소방정	소방령
급수	차관급	1급 상당	2급 상당	3급 상당	4급 상당	5급 상당
구분	소방경	소방위	소방장	소방교	소방사	소방사시보
급수	6급 상당(갑)	6급 상당(을)	7급 상당	8급 상당	9급 상당	9급 상당

2. 근속 승진 제도
   – 소방공무원으로서 자신의 입사 연도를 기준으로 근속 연수를 채우면 자동 승진하는 제도로, 소방경 이하 계급으로의 승진 시 적용되며, 특정 계급으로 승진하기 위한 근속 연수는 다음과 같다.

구분	내용
소방사시보 → 소방사	해당 계급에서 6개월 근속
소방사 → 소방교	해당 계급에서 4년 근속
소방교 → 소방장	해당 계급에서 5년 근속
소방장 → 소방위	해당 계급에서 6년 6개월 근속
소방위 → 소방경	해당 계급에서 8년 근속

[2022년 9월 1일 기준 소방공무원 계급 및 입사 정보]

구분	임윤철	김형범	박종원	윤정수	이현철
계급	7급 상당	9급 상당(소방사)	8급 상당	6급 상당(을)	8급 상당
입사 연도	2008. 3. 1.	2020. 12. 1.	2016. 10. 1.	2000. 7. 1.	2014. 3. 1.

※ 5명 중 입사 후 휴직한 사람은 없음

① 임윤철   ② 김형범   ③ 박종원   ④ 윤정수   ⑤ 이현철

52. 다음은 농어업인 복지 정책 수립 및 지원에 대한 기초 자료로 활용되는 농어업인 복지 지원 동향에 대한 자료이다. 자료에 대한 설명으로 옳은 것은?

[연도별 농어업인 복지 지원 동향]

(단위: %, 천 원)

구분	2012	2013	2014	2015	2016	2017
농업인안전보험 가입률	54.2	55.7	55.3	56.4	55.5	54.3
건강보험료 최대 경감지원율	50.0	50.0	50.0	50.0	50.0	50.0
건강보험료 1인당 연간 평균 지원액	780	825	860	888	902	928
국민연금보험료 1인당 연간 최대 지원액	427	427	459	491	491	491

※ 1) 농업인안전보험 가입률(%) = (농업인안전보험 가입자 수 / 농림업 취업자 수)×100
　 2) 1인당 연간 평균 지원액이 증가하는 것은 보험료 지원이 확대됨을 의미함
※ 출처 : KOSIS(국민건강보험공단, 농협, 국민연금관리공단)

① 2017년 농어업인에 대한 건강보험료 1인당 연간 평균 지원액은 5년 전 대비 128천 원 증가하였다.

② 2013년부터 2017년까지 농어업인에 대한 국민연금보험료 지원은 매년 확대되었다.

③ 농업인안전보험 가입률이 전년 대비 감소한 해에 국민연금보험료 1인당 연간 최대 지원액의 합은 918천 원이다.

④ 2013년부터 2017년까지 농어업인에 대한 건강보험료 지원은 매년 확대되었다.

⑤ 2012년부터 2017년까지 농어업인에 대한 건강보험료 최대 경감지원율이 변경된 해가 존재한다.

53. 동현이는 주택을 구매하기 위하여 은행에서 20년 만기로 연 이자율 3%에 5억 원을 대출받았으며, 원리금 균등 상환 방식으로 매년 원리금을 상환하려고 한다. 연 이자율 및 대출 상환 기간에 따른 저당상수표가 다음과 같을 때, 동현이가 매년 상환해야 하는 원리금은?

[연 이자율 및 대출 상환 기간에 따른 저당상수표]

구분	1%	2%	3%	4%	5%	구분	1%	2%	3%	4%	5%
1년	1.010	1.020	1.030	1.040	1.050	11년	0.096	0.102	0.108	0.114	0.120
2년	0.508	0.515	0.523	0.530	0.538	12년	0.089	0.095	0.100	0.107	0.113
3년	0.340	0.347	0.354	0.360	0.367	13년	0.082	0.088	0.094	0.100	0.106
4년	0.256	0.263	0.269	0.275	0.282	14년	0.077	0.083	0.089	0.095	0.101
5년	0.206	0.212	0.218	0.225	0.231	15년	0.072	0.078	0.084	0.090	0.096
6년	0.173	0.179	0.185	0.191	0.197	16년	0.068	0.074	0.080	0.086	0.092
7년	0.149	0.155	0.161	0.167	0.173	17년	0.064	0.070	0.076	0.082	0.089
8년	0.131	0.137	0.142	0.149	0.155	18년	0.061	0.067	0.073	0.079	0.086
9년	0.117	0.123	0.128	0.134	0.141	19년	0.058	0.064	0.070	0.076	0.083
10년	0.106	0.111	0.117	0.123	0.130	20년	0.055	0.061	0.067	0.074	0.080

① 25,000,000원

② 25,750,000원

③ 33,500,000원

④ 40,000,000원

⑤ 45,000,000원

54. 귀하는 공공기관별 청렴도 조사 결과를 보고하기 위해 기관별 청렴등급을 정리하고 있다. 다음 엑셀 시트에서 종합청렴도를 이용하여 다 기관의 청렴등급을 구하려고 할 때, [E5] 셀에 입력할 함수식으로 가장 적절한 것은?

	A	B	C	D	E	F	G
1	공공기관별 청렴도 조사 결과						
2	기관명	외부청렴도	내부청렴도	종합청렴도	청렴등급		
3	가	89	95	92			
4	나	79	87	83			
5	다	77	75	76			
6	라	97	95	96			
7	마	66	62	64			
8	바	85	89	87			
9	사	91	95	93			
10	아	58	52	55			
11	자	82	88	85			
12							
13	표1						
14	등급별 최소 점수	50	60	70	80	90	
15	청렴등급	5	4	3	2	1	

① = HLOOKUP(D3:D11, 3, B14:F15, 0)

② = HLOOKUP(D5, B14:F15, 2, 1)

③ = VLOOKUP(B3:D11, 4, 1)

④ = VLOOKUP(D13, B14:F15, 2, 0)

⑤ = CHOOSE(D5, "5", "4", "3", "2", "1")

55. 다음 보도자료의 주제로 가장 적절한 것은?

자율주행시스템에 탑재되는 인공지능을 향상시키는 데에 필요한 주행 데이터의 축적을 가속화하고, 자율차 상용화 시대에 걸맞은 빅데이터를 구축할 수 있는 데이터 공유사업이 본격 추진된다.

자율주행 기술 개발에는 데이터의 축적이 필수적으로 요구되나, 기업·대학 등이 개별적으로 데이터 확보에 매진할 경우 데이터를 상호 공유하는 것에 비하여 산학연의 시너지 창출이 어려워짐은 물론, 확보되는 데이터의 양도 부족해질 수 있다는 우려가 제기되어 왔다.

이에, 국토교통부(이하 '국토부')는 자율차 산업에 투자하고 있는 30여 개의 기업·대학·연구소 등이 한데 모여 데이터를 나누고 협력할 수 있도록 데이터 공유 협의체를 구성했으며, 그 데이터를 공유하기 위한 데이터 공유센터를 한국교통안전공단 K-City 내에 구축하였다.

1년간의 운영 경험을 바탕으로, 국토부는 협의체에 참여하는 기관을 늘리고 공유 대상이 되는 데이터의 규모를 확대하는 등 데이터 공유사업을 내실화하여 자율주행을 위한 빅데이터를 만들어나갈 예정이다.

이를 위해 국토부는 산학연의 협의체 참여를 독려하기 위한 홍보를 지속하는 동시에, 지자체와 협의를 통해 전국 도로에 대한 주행 데이터를 공유하는 방안을 모색하고 있으며, 수집한 주행 데이터를 인공지능(AI)이 학습할 수 있는 형태로 가공·공유하는 작업도 추진한다.

또한, 주행 데이터 수집을 위해 3.4억 원을 투자하여 제작한 1대의 차량 및 데이터 공유 협의체에 참가한 H자동차가 제공한 1대의 차량 등 총 2대의 데이터 수집차량을 돌아오는 수요일부터 무상으로 대여하는 사업을 실시할 계획이다.

그간 중소·벤처기업 및 대학·연구소 등은 고가의 데이터 수집장비 마련이 어려워 자율주행 분야의 사업 및 연구에 선뜻 뛰어들기 힘들었으나, 이번 국토부 사업을 통해 그러한 진입장벽을 넘어서기가 한층 수월해질 것으로 보인다.

우선은 데이터 공유 협의체에 참여한 기관들의 신청을 받아 기관별로 최대 2주간 대여가 이루어지며, 올가을 전에 데이터 수집차량을 추가 제작·운영하고 대여기관 범위를 넓힐 예정이다.

기관들이 차량 대여기간 동안 수집한 데이터 일부는 데이터 공유센터에 제공되어 산학 연간 데이터 공유도 더욱 활발하게 이루어질 전망이다.

국토교통부 김○○ 자동차관리관은 "자율차 시장에서의 경쟁력을 갖추기 위해서는 데이터 저변을 확대하는 것이 매우 중요하기 때문에 앞으로도 데이터 공유사업을 지속적으로 확대·발전시켜나가겠다"면서, "데이터 수집차량 대여사업 등을 계기로 더 많은 기관이 데이터 공유사업에 관심을 가지게 되어 협의체 참여 및 상호 협력이 늘어나기를 희망한다"고 밝혔다.

※ 출처 : 국토교통부(2020-03-31 보도자료)

① 데이터 공유사업 및 데이터 수집차량 무상 대여사업 실시
② 자율주행 자동차의 원활한 개발을 방해하는 기술적 어려움
③ 데이터 수집차량 무상 대여를 통한 자율주행 분야의 진입장벽 완화
④ 데이터 공유 기반 자율주행 자동차 산업의 지속적인 확대·발전 전망
⑤ 산학연과 지자체의 데이터 공유 협의체 구성을 통한 협력 강화

56. 다음 중 파이썬 3의 출력값으로 가장 적절한 것은?

리스트는 데이터들을 잘 관리할 수 있도록 순서를 정하여 관리하는 데이터 타입의 하나로 0 또는 그 이상의 요소가 포함되어 있는 시퀀스 구조이다. 리스트는 요소를 할당하고, 자유롭게 수정하거나 삭제할 수 있다. 또한, 각 요소를 콤마(,)로 구분하고, 대괄호([])에 둘러싸여 있는 형태로 다음과 같이 선언한다.

리스트 변수 이름 = [요소 1, 요소 2, 요소 3, …]

여기서 리스트의 자리표는 0번부터 시작하며, 리스트 변수 이름이 A인 리스트의 A[0]은 A 리스트의 요소 1을 가리키고, A[1]은 A 리스트의 요소 2를 가리킨다. 이때 선언된 리스트는 덧셈 연산자 '+'를 이용하여 리스트를 이어 붙이거나, 곱셈 연산자 '*'를 이용하여 리스트를 반복하여 나타낼 수 있으며, 숫자로 구성된 리스트의 요소 각각을 출력하는 경우에는 연산자에 따라 요소가 연산되어 출력된다.

[입력값]

A = [1, 2, 3, 4, 5]
B = [7, 13, 8, 4, 3]
C = [6, 18, 4, 12, 16]
print((A[3] + B[2])*C[3])

① 64   ② 144   ③ 156   ④ [3, 13, 4]   ⑤ [4, 8, 12]

57. L 전자에 근무하는 귀하는 상품 안내 업무를 담당하고 있다. 다음 자료를 토대로 판단할 때, 귀하가 고객에게 추천한 최적의 상품은?

[A~E 모니터 사양]

구분	크기	최대 해상도	응답속도(ms)	밝기(cd/m²)	내장 스피커	가격(원)
A 모니터	27인치	1920 × 1080	4	250	없음	154,000
B 모니터	27인치	1920 × 1080	4	200	있음	164,000
C 모니터	27인치	1920 × 1080	3	250	있음	159,000
D 모니터	32인치	2560 × 1440	3	350	있음	229,000
E 모니터	32인치	1920 × 1080	5	250	없음	199,000

고　객: 안녕하세요. 업무용으로 사용할 모니터 한 대를 구매하려고 합니다. 현재 사용하고 있는 모니터의 크기가 24인치인데, 화면이 더 큰 모니터가 있을까요?

귀　하: 네, 반갑습니다. 고객님. 24인치보다 더 큰 모니터를 찾으시는군요. 크기 외에도 밝기, 최대 해상도, 내장 스피커 여부, 응답속도 등 추가로 필요한 사양이 있으시면 말씀해 주세요.

고　객: 우선 밝기는 250cd/m² 이상이면 좋겠습니다. 최대 해상도는 1920 × 1080 이상, 응답속도는 4ms 이내의 모니터로 추천해 주세요. 내장 스피커는 보유하고 있어서 내장 스피커 여부는 크게 중요하지 않을 것 같아요.

귀　하: 네, 고객님. 말씀해 주신 사양에 해당하는 모니터가 있습니다. 혹시 예산은 어느 정도로 생각하고 계신가요?

고　객: 예산은 20만 원 이내로 생각하고 있어요. 이왕이면 말씀드린 사양의 모니터 중 가장 저렴한 모니터를 추천해 주시면 좋겠네요.

귀　하: 네, 답변 감사합니다. 고객님께서 희망하시는 사양의 모니터 중 가격이 가장 저렴한 상품으로 추천해 드리겠습니다.

① A 모니터　　　② B 모니터　　　③ C 모니터　　　④ D 모니터　　　⑤ E 모니터

58. 다음은 농업법인의 정보화 투자 타당성 조사에 대한 기사문의 일부와 조사 결과에 대한 자료이다. 자료에 대한 설명으로 옳지 않은 것은?

> 최근 Smart ICT가 주도하는 시대가 도래하면서 효율적, 생산적, 경제적인 사회 시스템이 강화되고 있다. 이러한 흐름에 발맞춰 농업 분야의 경쟁력 강화를 위해 농업법인의 정보화는 중요한 수단이 되었다. 이에 농림수산식품교육문화정보원에서는 농업법인의 정보화 수준 및 정보 활용 정도를 종합적으로 파악하기 위하여 농업법인의 정보화 추진 계획 수립 여부와 정보화 투자 타당성을 조사하였다. 먼저 조사에 응답한 법인 중 2020년에 정보화 추진 계획을 수립한 법인이 차지하는 비중은 종사자 규모별로 1인 법인 8,200개 중 33.0%, 2~4인 법인 7,600개 중 40.0%, 5~9인 법인 5,100개 중 42.0%, 10~49인 법인 2,300개 중 45.0%, 50인 이상 법인 200개 중 53.0%인 것으로 나타났다. (후략)

[농업법인 종사자 규모별 정보화 투자 타당성 조사]

(단위: %)

구분	2019년		2020년	
	있음	없음	있음	없음
1인	7.4	92.6	9.8	90.2
2~4인	7.1	92.9	12.4	87.6
5~9인	9.4	90.6	16.6	83.4
10~49인	15.2	84.8	17.8	82.2
50인 이상	26.3	73.7	26.4	73.6

※ 출처: KOSIS(농림수산식품교육문화정보원, 농업법인정보화수준및활용도조사)

① 2020년 농업법인의 정보화 추진 계획을 수립한 법인 수는 종사자 규모가 2~4인인 법인이 1인인 법인보다 많다.

② 2019년과 2020년 조사에 응답한 법인 중 종사자 규모가 10~49인인 전체 법인 수가 서로 동일하다면, 2020년 종사자 규모가 10~49인인 법인 중 투자 타당성이 있다고 응답한 법인 수는 전년 대비 50개 이상 증가하였다.

③ 2020년 종사자 규모별 투자 타당성이 있다고 응답한 법인의 비율이 가장 큰 종사자 규모에서 정보화 추진 계획을 수립하지 않은 법인 수는 94개이다.

④ 2020년 조사에 응답한 종사자 규모가 5~9인인 법인 수가 전년 대비 20% 증가하였다면, 2019년 정보화 투자 타당성이 없다고 응답한 종사자 규모가 5~9인인 법인 수는 4,000개 이상이다.

⑤ 2020년 종사자 규모별 투자 타당성이 있다고 응답한 법인 수가 가장 많은 종사자 규모는 2~4인이다.

59. Z 수출회사에서는 미국, 일본, 터키, 프랑스, 러시아 국적의 외국인 바이어 5명에게 식사를 대접할 레스토랑을 선정하려고 한다. 후보 레스토랑 정보를 바탕으로 평가 방법에 따른 평가점수의 총점이 가장 높은 레스토랑에서 식사를 한다고 할 때, 외국인 바이어들과 함께 갈 레스토랑은?

[후보 레스토랑 정보]

구분	터키 레스토랑	일본 레스토랑	중국 레스토랑	한국 레스토랑	러시아 레스토랑
1인당 가격	20,000원	17,000원	25,000원	14,000원	34,000원
분위기	조용함	조금 시끄러움	매우 시끄러움	시끄러움	매우 조용함
할인 여부	O	X	O	X	O

[평가 및 선정 방법]

- 1인당 가격이 낮을수록 평가점수가 높으며, 각 1점부터 5점까지 1점씩 차등을 두고 평가한다.
- 분위기가 조용할수록 평가점수가 높으며, 각 1점부터 5점까지 1점씩 차등을 두고 평가한다.
- 레스토랑의 종류와 같은 국적의 바이어가 있으면 3점의 가점이 있다.
- 평가점수의 총점이 동점인 경우 할인이 되는 레스토랑으로 최종 선정한다.

① 터키 레스토랑 ② 일본 레스토랑 ③ 중국 레스토랑
④ 한국 레스토랑 ⑤ 러시아 레스토랑

60. 다양한 무게의 물품을 보관하는 창고 A, B, C, D는 도로를 따라 일직선상에 순서대로 위치해 있으며, 각 창고 사이의 거리는 40km로 동일하다. 4개 창고의 모든 물품을 하나의 창고로 모으기 위해 각 창고에서 서로 다른 화물자동차 1대로 물품을 한 번만 운송하려고 할 때, 운임 비용이 가장 적게 드는 창고는? (단, 모든 화물자동차는 종류와 관계없이 1대당 최대 100km까지 이동할 수 있다.)

[창고별 물품 무게 및 개수]

구분	A	B	C	D
250kg	2개	3개	1개	3개
500kg	3개	0개	2개	1개
750kg	1개	0개	2개	1개

[화물자동차 종류별 운송 가능 무게 및 운임 비용]

구분	운송 가능 무게	운임 비용
소형	1톤 미만	450원/km
중형	1톤 이상~3톤 미만	800원/km
대형	3톤 이상	1,300원/km

① A   ② B   ③ C   ④ D   ⑤ 모두 동일하다.

61. 다음 글의 내용과 일치하는 것은?

GAP(Good Agricultural Practies)란 농산물의 생산, 수확, 포장, 판매 단계의 전 과정에서 농약, 중금속, 유해 생물 등 농산물에 영향을 줄 수 있는 위해 요소를 종합적으로 관리하고, 전문 인증기관의 기준에 부합하는 농산물에 대해 인증을 부여하는 농산물 우수 관리제도를 말한다. 현대에 접어들면서 농산물이 대량 생산되고, 농산물의 유통 경로가 복잡해짐에 따라 농산물의 식품 안전을 위협하는 각종 위해 요소들이 증가하게 되었다. 뿐만 아니라 농산물에 남아 있는 농약이나 농업용수 등이 원인이 되어 식품에서 중금속, 유해 생물 등이 발견되는 사례가 늘어났고, 농산물의 식품 안전성 관리를 더욱 엄격히 해 줄 것을 요구하는 사회적 목소리가 높아지면서 GAP가 등장하게 되었다.

GAP를 시행하고 있는 국가에는 유럽, 미국, 칠레, 일본, 중국 등이 있는데, 이 중 유럽에는 1990년대 후반부터 유럽 소매상 연합(Eurep)의 주도로 GAP가 도입되었으며, 그 이후로 GAP는 유통업체에서 거래되는 농산물이 지켜야 하는 표준의 의미로 작용했다. 미국은 식품 안전성 문제가 사회적인 큰 이슈로 떠올랐던 1997년에, 일본은 2005년에 GAP를 각각 도입하여 농산물에 적용하기 시작했다. 우리나라도 2003년부터 약 3년간 GAP 시범 사업을 진행한 후 2006년에는 45개 품목에 GAP를 본격적으로 도입 및 시행하였으며, 현재까지도 인증 품목을 꾸준히 늘려나가고 있다.

우리나라에서 특정 농산물에 대한 우수 관리인증을 받고 싶다면 우선 해당 농산물이 축산을 제외한 품목 중 인증기준에 따라 현재 식용을 목적으로 생산 및 관리되고 있는 생육에 해당해야 한다. 농산물 우수 관리인증을 신청하기 위해서는 해당 농산물의 최초 수확 예정일로부터 1개월 이전에 신청서와 농산물 위해 요소 관리계획서 등의 첨부서류를 농산물 우수 관리인증기관에 제출해야 한다. 동일한 작물을 연속 2회 이상 수확하는 경우 또한 우수 관리인증 신청이 가능하지만, 이 경우에는 우수 관리인증 신청일이 파종일부터 수확 완료일까지의 생육기간 중 3분의 2를 경과하지 않은 시점이어야 한다. 우수 관리인증을 신청한 농산물이 생육된 땅과 동일한 땅에서 인증기준에 따라 생육할 계획이 있는 농림산물도 신청 가능하며, 버섯류나 새싹 채소 같은 연중 생산작물은 생육기간과 무관하게 신청이 가능하다. 약용을 목적으로 생산하는 작물이나 인삼류는 3년, 그 외 품목들은 2년의 유효기간을 가진다.

GAP는 농산물 안전성에 대한 소비자의 인식을 높이고, 소비자가 만족할 수 있는 투명한 우수 관리인증 농산물의 생산 체계를 구축함으로써 국산 농산물에 대한 신뢰와 수익성을 제고한다는 점에서 의의가 있다. 소비자에게 GAP는 농산물 생산단계의 안전관리를 인식시켜줌으로써 안전한 농산물을 공급받고 싶어 하는 소비자의 욕구를 해결해준다. 더불어 농가에는 쾌적한 생산 환경 조성 및 생산성 향상을 통해 농가의 경영이 개선될 수 있도록 도움을 준다. 나아가 GAP로 인증받은 국산 농산물은 수출 경쟁력을 확보할 수 있고, 수입 농산물에 대해서도 동등한 수준의 GAP 적용을 요구할 수 있어 국가 간 신뢰를 기반으로 한 거래를 통해 품질을 용이하게 관리할 수 있다는 장점이 있다.

① GAP는 투명한 우수 관리인증 농산물의 생산 체계를 통해 수입 농산물에 대한 소비자의 신뢰도를 높인다.

② 현재 생육 중인 축산물이 식용 목적으로 생산 및 관리되고 있다면 우수 관리인증 조건을 충족한다.

③ 버섯류에 대한 우수 관리인증을 신청하기 위해서는 신청일이 생육기간의 3분의 2를 지나지 않은 시점이어야 한다.

④ 일본이 GAP를 도입하여 시행한 지 2년이 지난 이후에 우리나라는 약 3년간의 GAP 시범 사업을 진행했다.

⑤ 인삼류를 제외한 농산물 중 약용을 목적으로 생산되지 않는 농산물의 우수 관리인증 유효기간은 2년이다.

62. 성적 테이블에서 평균학점이 3점 이상인 과목을 출력하기 위해 조건을 지정하여 SQL명령문을 작성하였을 때, 빈칸에 해당하는 명령어로 적절한 것은?

> SELECT 과목, AVG(학점) AS 평균학점 FROM 성적 GROUP BY 과목 　⊙　 AVG(학점)>=3;

① WHERE　　② HAVING　　③ ORDER BY　　④ INSERT　　⑤ COUNT

63. 화장품 브랜드 가와 나는 새로 출시될 제품의 디자인을 기획하는 과정에서 최근 3년간 개봉한 영화 중 한 편을 선정하여 콜라보레이션을 진행할 예정이다. 후보로 A, B, C, D 영화가 확정되었으며, 가와 나 브랜드는 서로 다른 영화를 선정한다. 후보 영화의 정보 및 영화를 선정하는 기준을 고려하였을 때, 항상 옳은 것은?

[후보 영화 정보]

후보	시청 연령대	개봉 일자	누적 관객 수	상영 횟수
A	15세 이상	2017 – 03 – 16	4,969,735명	118,255회
B	12세 이상	2016 – 02 – 17	4,706,158명	97,314회
C	15세 이상	2016 – 05 – 26	4,692,663명	131,005회
D	15세 이상	2016 – 08 – 03	5,064,796명	101,447회

[영화 선정 기준]

- 가 브랜드는 출시하는 제품의 대상을 고려하여 시청 연령대가 15세 이상인 영화를 선정한다.
- 나 브랜드는 가 브랜드보다 최근에 개봉한 영화를 선정한다.
- 가와 나 중 한 브랜드는 누적 관객 수가 가장 많은 영화를 선정한다.
- 가 브랜드는 나 브랜드보다 상영 횟수가 많은 영화를 선정한다.

① 나 브랜드는 개봉 일자가 가장 최근인 영화를 선정한다.

② 14세는 가 또는 나 브랜드가 선정하는 영화를 시청할 수 있다.

③ 가 브랜드는 상영 횟수가 가장 많은 영화를 선정한다.

④ 가 브랜드가 선정하는 영화는 나 브랜드가 선정하는 영화보다 누적 관객 수가 많다.

⑤ 나 브랜드가 선정하는 영화는 가 브랜드가 선정하는 영화보다 시청 연령대가 높다.

64. 다음은 연도별 건강보험 총진료비 및 총약품비에 대한 자료이다. 자료에 대한 설명으로 옳지 않은 것을 모두 고르면?

[연도별 건강보험 총진료비 및 총약품비]

(단위: 백억 원)

구분		금액	전년 대비 증감량
총진료비	2018	7,257	796
	2019	8,032	775
	2020	( )	80
	2021	8,814	( )
총약품비	2018	1,787	166
	2019	( )	147
	2020	( )	57
	2021	2,121	( )

※ 출처: KOSIS(건강보험심사평가원, 급여의약품·치료재료청구현황)

⊙ 2017년 건강보험 총진료비와 총약품비의 평균은 4,021백억 원이다.
ⓒ 2021년 건강보험 총진료비의 전년 대비 증가율은 10% 미만이다.
ⓒ 2018~2021년 총약품비의 합은 8,000백억 원 이상이다.
ⓔ 2021년 총진료비의 전년 대비 증감량과 같은 해 총약품비의 전년 대비 증감량의 차이는 600백억 원 이상이다.

① ⊙, ⓒ　　　　② ⊙, ⓒ　　　　③ ⓒ, ⓔ　　　　④ ⓒ, ⓔ　　　　⑤ ⊙, ⓒ, ⓔ

65. 다음은 이소령 고객의 2023년 6월분 전기요금 청구서와 주택용 전력 전기요금표에 관한 자료이다. 이소령 고객의 6월분 전기요금 청구금액은?

[6월분 전기요금 청구서]

청구내역(원)		고객 사항		사용 장소	서울특별시 동작구	
기본 요금	( )	계약 종별	주택용 전력	고객 번호	*******	
전력량 요금	( )	정기 검침일	1일	청구금액	( ) 납기일	2023년 7월 30일
역률 요금	0	계량기 번호	345678	사용 기간	2023년 6월 1일~2023년 6월 30일	
대가족 요금	0	계량기 배수	1	고객 전용 지정계좌(예금주 : 한국전력공사)		
다자녀 할인	0	계약 전력	3kWh	AB은행 *****-**-******		
복지 할인	0	가구 수	1가구	CH은행 *****-**-******		
자동납부 할인	0	TV 대수	1대	HJ은행 *****-**-******		
인터넷 할인	0	역률	0	SJ은행 *****-**-******		
모바일 할인	0					
전기요금계	( )					
부가가치세	( )			※ 위 계좌번호는 고유계좌로 청구금액과 동일하게 입금하면 즉시 수납 처리됨		
계기 변상금	0					
연체료	0			계량기 지침 비교		전자 세금계산서
전력 기금	810			당월 지침	******	
가산금	0			전월 지침	******	
원단위 절사	( )	년 월 일 미납 내역		사용량 비교		
당월 요금계	( )	미납 월	금액	당월	210kWh	
미납 요금	0			전월	190kWh	
TV 수신료	2,500	계	미납 금액 없음	전년 동월	195kWh	
청구금액	( )			고객센터	(국번 없이) 000	

※ 1) 전기요금계 = 기본 요금 + 전력량 요금 − (기타 요금 + 기타 할인)
    2) 부가가치세 = 전기요금계 × 10%
    3) 당월 요금계 = 전기요금계 + 부가가치세 + 계기 변상금 + 연체료 + 전력 기금 + 가산금 (단, 계산값은 원 단위 절사한다.)
    4) 청구금액 = 당월 요금계 + 미납 요금 + TV 수신료

[주택용 전력(저압·고압) 전기요금표]

기본 요금(원/호)			전력량 요금(원/kWh)		
구간	저압	고압	구간	저압	고압
200kWh 이하 사용	910	730	처음 200kWh까지	93.3	78.3
201~400kWh 사용	1,600	1,260	다음 200kWh까지	187.9	147.3
400kWh 초과 사용	7,300	6,060	400kWh 초과	280.6	215.6

※ 주택용 고객 중 계약 전력이 3kWh 이하인 고객은 저압 요금을 적용함

① 23,540원   ② 26,850원   ③ 27,660원   ④ 36,540원   ⑤ 48,470원

66. 다음 글의 내용과 일치하지 않는 것은?

전기통신 금융사기는 금융거래에서 전기통신을 이용하여 타인을 기만, 공갈함으로써 이득을 취하려는 불법적인 사기행위이다. 여기에는 자금을 송금, 이체하도록 하는 행위와 개인정보를 알아내어 자금을 송금, 이체하는 행위가 포함된다. 단, 대출의 중개, 제공, 알선을 가장한 행위는 포함되지만, 재화의 공급이나 용역의 제공을 가장한 행위는 제외된다. 전기통신 금융사기는 그 유형이 매우 다양하며, 대표적으로 보이스 피싱(Voice Phishing), 메신저 피싱(Messenger Phishing), 파밍(Pharming), 스미싱(Smishing) 등이 있다.

먼저 보이스 피싱은 전화를 통한 속임수나 거짓말로 피해자에게 개인정보 및 금융거래정보를 알아낸 뒤 범죄에 사용하거나 금전을 갈취하는 특수 사기 범죄로, 국내에는 2006년에 처음 등장하였다. 사기 수법이 날로 진화하면서 연령, 직업, 계층에 상관없이 광범위하게 피해가 발생하고 있어, 사회적으로 큰 문제가 되고 있다. 한편 최근에는 소셜 네트워크가 확산하면서 메신저 피싱이 등장해 관련 피해 사례가 늘어나고 있다. 메신저 피싱은 전화 대신 다른 사람의 인터넷 메신저 아이디와 비밀번호를 해킹해 로그인한 후 메신저에 등록된 가족이나 친구들에게 급하게 금전을 요청하고, 이에 속아 돈을 송금하면 가로채는 사기 수법이다.

다음으로 2014년에 국내에서 큰 문제가 되었던 파밍은 피싱(Phishing)과 조작하다(Farming)의 합성어로, 피해자의 PC에 악성코드를 감염시켜 금융거래정보를 빼내 가는 사기 범죄이다. 악성코드에 감염된 PC는 정상적인 금융회사 사이트에 접속하려고 하더라도 사기범들이 만든 가짜 사이트로 연결된다. 마지막으로 스미싱은 2012년도에 처음으로 국내에 등장한 금융사기로, 문자 메시지(SMS)와 피싱(Phishing)의 합성어이다. 무료 쿠폰이나 모바일 청첩장 등을 가장한 문자 메시지를 발송하여 링크 클릭을 유도하고, 이 링크를 누르면 악성코드가 자동으로 설치되어 소액결제가 이루어지는 사기 범죄이다.

이러한 전기통신 금융사기는 피해가 발생하여도 범인을 잡기 어렵고, 설령 잡는다고 하더라도 보상을 받기 힘들기 때문에 정보 유출 예방에 가장 신경 써야 한다. 우선 인터넷 사이트 회원가입 시에는 가급적 주민등록번호의 대체수단인 아이핀을 이용하고 타인이 유추하기 어려운 영문, 숫자 등을 조합한 비밀번호를 설정하여 보안성을 높여야 한다. 그리고 P2P 서비스나 웹하드, 클라우드 서비스 등 타인과 데이터 공유가 가능한 서비스를 이용할 때에는 자신의 개인정보가 포함된 파일을 업로드하지 않도록 해야 한다. 또한 개인정보의 유출이 걱정된다면 유료 명의도용방지 서비스나 한국 인터넷진흥원에서 무료로 제공하는 주민등록번호 클린센터를 이용하여 주민등록번호 이용내역을 조회해보는 것이 좋다. 만일 실제로 개인정보 유출이 확인된 경우에는 사이트 관리자에게 즉시 삭제를 요청하고, 처리되지 않는 경우에는 개인정보 침해 신고센터에 신고하여 개인정보 유출을 막아야 한다.

① 문자로 전송된 링크를 누르면 스마트폰에 악성코드가 자동으로 설치되는 금융사기가 우리나라에 처음 등장한 시기는 2012년이다.

② 보이스 피싱 수법의 고도화로 인해 피해 범위가 확대되고 그 사례도 증가하는 추세이다.

③ 인터넷 사이트에 회원가입을 할 때 주민등록번호 대신 아이핀을 사용하면 보안성을 높일 수 있어 전기통신 금융사기 예방에 도움이 된다.

④ 스마트폰이 스미싱으로 인해 악성코드에 감염되면 정상적인 금융회사 사이트에 접속하려고 해도 가짜 사이트로 접속하게 된다.

⑤ 전기통신 금융사기에는 재화의 공급을 가장한 행위는 포함되지 않는 반면 대출의 중개 및 제공 등을 가장한 행위는 포함된다.

67. 지원자 테이블에서 등급이 C인 지원자의 결과를 불합격으로 수정하기 위한 SQL명령문으로 적절한 것은?

① UPDATE 결과 = '불합격' FROM 지원자 WHERE 등급 = 'C';

② UPDATE 지원자 SET 결과 = '불합격' WHEN 등급 = 'C';

③ UPDATE FROM 지원자 SET 결과 = '불합격' WHERE 등급 = 'C';

④ UPDATE 결과 = '불합격' SET 지원자 WHEN 등급 = 'C';

⑤ UPDATE 지원자 SET 결과 = '불합격' WHERE 등급 = 'C';

1회 2회 3회 4회

해커스 농협은행 6급 NCS+직무상식 기출동형모의고사

68. 다음은 국가별 환율에 대한 자료이다. 2015년부터 2018년까지 전년 대비 증감 추이가 매년 변하는 국가의 화폐를 이용하여 2014년에 100달러를 구매하였다. 2014년에 100달러를 구매한 동일한 금액으로 2018년에 구매할 수 있는 달러는 약 얼마인가? (단, 환전 수수료는 고려하지 않고 소수점 둘째 자리에서 반올림하여 계산한다.)

[국가별 1달러당 환율]

구분	2014년	2015년	2016년	2017년	2018년
한국(Won)	1,053.12	1,131.52	1,160.41	1,130.48	1,100.58
중국(Yuan)	6.14	6.23	6.64	6.76	6.62
홍콩(HK$)	7.75	7.75	7.76	7.79	7.84
일본(Yen)	105.94	121.04	108.79	112.17	110.42
대만(NT$)	30.37	31.90	32.32	30.44	30.16
베트남(Dong)	21,148.00	21,697.57	21,935.00	22,370.09	22,602.05

※ 출처: KOSIS(한국은행, 환율)

① 95.7달러　　② 95.9달러　　③ 98.9달러　　④ 100.7달러　　⑤ 104.2달러

[69 – 70] 다음은 H 은행 계좌로 거래할 때의 수수료에 대한 자료이다. 각 물음에 답하시오.

[창구 거래]

구분	H 은행으로 송금	타행으로 송금
10만 원 이하		500원
10만 원 초과 100만 원 이하	면제	2,000원
100만 원 초과 500만 원 이하		3,500원
500만 원 초과		4,000원

※ 타행으로 송금 시 1회 송금 최고 한도: 5억 원

[ATM 거래]

구분			영업시간 내		영업시간 외	
			10만 원 이하	10만 원 초과	10만 원 이하	10만 원 초과
H 은행 ATM 이용	출금		면제		400원	500원
	이체	H 은행	면제		면제	
		타행	400원	900원	700원	1,000원
타행 ATM 이용	출금		800원		1,000원	
	이체	H 은행	500원	1,000원	800원	1,000원
		타행				

※ 1) 영업시간 내 기준: 평일 8:30~18:00, 토요일 8:30~14:00
   2) 영업시간 외 기준: 영업시간 내 기준을 제외한 시간 및 일요일(단, 공휴일의 경우 영업시간 내 기준에 해당하더라도 영업시간 외 기준을 적용함)
   3) H 은행 ATM을 이용하여 10만 원 이상의 금액을 동일한 날짜에 3회 이상 출금하는 경우 3회차부터 수수료를 50% 감면함

69. 위 자료를 근거로 판단한 내용으로 옳지 않은 것은?

① 공휴일이 아닌 평일 오전 10시에 타행 ATM을 이용하여 5만 원을 이체할 때 H 은행으로 이체하는 경우와 타행으로 이체하는 경우의 수수료는 동일하다.

② H 은행 창구에서 200만 원을 타행으로 송금하는 경우 수수료는 3,500원이다.

③ 토요일 오후 3시부터 같은 날 오후 10시 사이에 H 은행 ATM을 이용하여 20만 원을 총 3번 출금하는 경우 3번째 출금 시 발생하는 수수료는 200원 할인된다.

④ 공휴일 오전 10시에 H 은행 ATM을 이용하여 12만 원을 타행으로 이체하는 경우 수수료는 1,000원이다.

⑤ 타행 ATM을 이용하여 이체하는 경우 영업시간 외에 발생할 수 있는 최소 수수료는 영업시간 내에 발생할 수 있는 최소 수수료보다 300원 더 비싸다.

70. 다음은 회계팀 직원인 갑의 11월 H 은행 거래 내역이다. 11월 중 공휴일은 없다고 할 때, 갑이 11월에 지불한 수수료의 총액은? (단, 제시되지 않은 내용은 고려하지 않는다.)

[갑의 11월 H 은행 거래 내역]

구분	거래일자	거래시간	거래내용	비고
1	11/7(월)	15:00	5백만 원 출금	H 은행 ATM 이용
2	11/7(월)	22:00	5백만 원 출금	H 은행 ATM 이용
3	11/10(목)	09:00	B 은행 계좌로 1천만 원 송금	S 은행 ATM 이용
4	11/22(화)	10:00	H 은행 계좌 사용 고객사에 300만 원 송금	H 은행 창구 이용
5	11/22(화)	10:10	A 은행 계좌 사용 고객사에 100만 원 송금	H 은행 창구 이용
6	11/27(일)	07:00	10만 원 출금	H 은행 ATM 이용
7	11/27(일)	13:20	10만 원 출금	H 은행 ATM 이용
8	11/27(일)	21:05	10만 원 출금	H 은행 ATM 이용

① 4,000원   ② 4,200원   ③ 4,400원   ④ 4,500원   ⑤ 4,700원

약점 보완 해설집 p.2

무료 바로 채점 및 성적 분석 서비스 바로 가기
QR코드를 이용해 모바일로 간편하게 채점하고 나의 실력이
어느 정도인지, 취약 부분이 어디인지 바로 파악해 보세요!

2회 기출동형모의고사

[1] 본 실전모의고사는 직무능력평가(NCS)와 직무상식평가 70문항을 75분 이내에 풀이하는 것으로 구성되었으며, 시험 구성에 따른 출제 범위는 다음과 같습니다.
- 직무능력평가(40문항): 의사소통능력, 수리능력, 문제해결능력, 정보능력
- 직무상식평가(30문항): 금융 · 경제, 디지털, 농업 · 농촌

※ 본 실전모의고사는 2023년 채용 시 치러졌던 직무능력평가 및 직무상식평가에 맞춰 구성되어 있습니다.

24년 신규직원(6급) 채용 공고문에서는 직무능력평가 45문항, 직무상식평가 25문항, 총 70문항을 80분 이내에 풀이하는 것으로 고지되었습니다.

이에 따라 문항 수 및 시간에는 일부 변동이 발생하였으나, 출제 범위는 기존과 동일하므로 본 실전모의고사를 80분 이내에 꼼꼼히 풀이하는 방향으로 연습하시어 실전을 대비하시길 바랍니다.

[2] 문제 풀이 시작과 종료 시각을 정한 후, 실전처럼 모의고사를 풀어보세요.

　　　시　　　분 ~ 　　　시　　　분(총 70문항/75분)

- 해커스ONE 애플리케이션의 학습 타이머를 이용하여 더욱 실전처럼 모의고사를 풀어볼 수 있습니다.
- 모의고사 마지막 페이지 또는 해설집의 '무료 바로 채점 및 성적 분석 서비스' QR코드를 스캔하여 응시 인원 대비 본인의 성적 위치를 확인해 보시기 바랍니다.

01. 다음 중 금융상품 및 제도와 그에 대한 설명이 잘못 연결된 것은?

① 리볼빙 – 신용 카드 이용 금액의 일정 비율만 갚으면 나머지는 다음 결제 대상으로 자동 연장되어 연체자로 분류되지 않고 계속해서 카드를 사용할 수 있도록 하는 제도

② 카드론 – 신용 카드 회사나 그와 업무 제휴를 맺은 은행에서 자사의 신용 카드를 이용하는 고객에게 신용도와 카드 이용실적에 따라 현금을 빌려주는 제도

③ 한도대출 – 은행 측이 개통한 전용 계좌에 약정을 걸고 한도를 설정해주며 약정금액까지는 잔액이 마이너스로 빠져나가도록 하는 제도

④ 보험계약대출 – 보험 계약상 해약 환급금의 범위 내에서 대출해 주는 제도

⑤ 대환대출 – 소득이 적거나 신용이 낮아 은행에서 대출받기 어려웠던 계층을 위해 별도의 심사기준을 마련하여 대출해 주는 제도

02. 다음 지문의 빈칸에 들어갈 용어로 적절한 것은?

> 스미싱(Smishing)은 휴대폰 문자메시지를 뜻하는 SMS와 (   )의 합성어로, 문자메시지를 이용한 휴대폰 해킹 기법이다. 주로 할인 쿠폰이나 무료 쿠폰으로 사용자들을 유인하는데, 사용자가 웹사이트 링크가 포함된 문자메시지를 클릭하면 트로이 목마가 주입되어 범죄자가 휴대폰을 통제할 수 있게 된다.

① 파밍   ② 피싱   ③ 스니핑   ④ 스푸핑   ⑤ 보이스피싱

03. 다음 중 주가지수에 대해 잘못 설명한 사람을 고르면?

> - 갑: 주가의 변동을 종합하여 나타낸 지수를 주가지수라고 하는데, 기준 시기의 주가를 100으로 두고 비교 시점의 주가 수준과 비교하여 산출해.
> - 을: 주가지수는 다우–존스식과 시가총액식으로 작성할 수 있어.
> - 병: 다우–존스식은 지수 산출에 채용된 종목의 규모에 따라 작성하는 것으로 알고 있어.
> - 정: 시가총액식은 상장 주식 수와 주가를 곱해서 전체를 합산하는 가중 주가 방식이지.
> - 무: 코스피는 증권 거래소에서 산출한 국내 종합 주가 지수로, 시가총액식으로 산출해.

① 갑   ② 을   ③ 병   ④ 정   ⑤ 무

04. 다음 중 용어에 대한 설명으로 적절한 것을 모두 고르면?

> ㉠ 1월 효과: 다른 달보다 1월의 주가 상승률이 더 높게 나타나는 현상
>
> ㉡ 규모 효과: 주식 시장에서 소형주가 대형주에 비해 변동성이 더 크지만, 중장기로 갈수록 변동성은 줄어들면서 수익률이 더 낮게 나타나는 현상
>
> ㉢ 주말 효과: 주말의 다음 날인 월요일의 주가 상승률이 다른 요일에 비하여 더 높게 나타나는 현상
>
> ㉣ 소외 기업 효과: 잘 알려지지 않은 기업의 수익률이 잘 알려진 기업의 수익률보다 더 높게 나타나는 현상

① ㉠, ㉢　　　② ㉠, ㉣　　　③ ㉡, ㉢　　　④ ㉡, ㉣　　　⑤ ㉢, ㉣

05. 초고속 인터넷처럼 IP망을 이용하여 음성 통화를 구현하는 통신 기술은?

① VoIP　　　② IPv6　　　③ IPTV　　　④ VDSL　　　⑤ Ping

06. 다음 중 1998년 9월 10일 국제 외교 회의에서 채택되어 2004년 2월 24일 발효된 협약으로, 특정 유해 화학 물질의 수출입을 통제하기 위한 사전 통보 승인 절차를 다루는 협약은?

① 암스테르담 협약　　　② 로테르담 협약　　　③ 람사르 협약

④ 스톡홀름 협약　　　⑤ 런던협약

07. 다음은 어떤 제품에 가격하한제를 시행하여 가격을 P_1 수준으로 조정했을 때의 그래프이다. 이에 대한 설명으로 옳은 것을 모두 고르면?

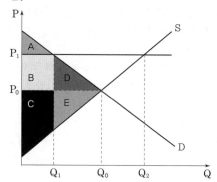

ⓐ 소비자잉여는 $(A + B + D)$만큼 증가한다.
ⓑ $(D + E)$만큼의 사회적 후생 손실이 발생한다.
ⓒ 생산자잉여는 $(C + E)$만큼 감소한다.
ⓓ 순사회편익은 $(A + B + C)$가 된다.

① ㉠, ㉡   ② ㉠, ㉢   ③ ㉡, ㉣

④ ㉠, ㉡, ㉢   ⑤ ㉡, ㉢, ㉣

08. 다음 중 절대우위에 대해 바르게 말하고 있는 사람을 모두 고르면?

- **수민**: 국가 중에서도 석유, 광물자원, 농산물 등 천연자원이 풍부한 국가들은 절대우위에 있어.
- **윤기**: 한 국가가 다른 국가에 비해 더 적은 기회비용으로 어떤 재화나 서비스를 생산하는 경우를 말해.
- **정욱**: 절대우위 품목은 다른 국가에서 만들지 못하는 제품을 월등하게 뛰어난 기술로 만든 제품이야.
- **남수**: 두 국가 사이에 절대우위가 성립되기 위해서는 국가 간 생산 요소의 이동이 없어야 하지.

① 수민, 정욱   ② 윤기, 남수   ③ 수민, 윤기, 정욱

④ 수민, 윤기, 남수   ⑤ 윤기, 정욱, 남수

09. 다음 중 본원통화에 대한 설명으로 옳지 않은 것은?

① 중앙은행이 가진 화폐의 독점적 발행권을 통해 공급되는 통화를 의미한다.

② 본원통화는 민간보유현금과 금융기관의 지급준비금을 합한 것이다.

③ 본원통화에 통화승수를 곱하면 통화량을 산출할 수 있다.

④ 국제수지 흑자 규모가 늘어나면 본원통화가 증가한다.

⑤ 중앙은행이 금융기관에 대출을 실시하면 본원통화가 감소하게 된다.

1회

2회

3회

4회

해커스 농협은행 6급 NCS+직무상식 기출동형모의고사

10. 다음 중 부동산 주요 용어에 대한 설명으로 옳지 않은 것은?

① LTV는 담보인정비율이라고 한다.

② DTI는 총부채상환비율이라고 한다.

③ DSR은 총부채원리금 상환비율로, 대출자의 소득 대비 원리금 상환액의 비율을 말한다.

④ 개별공시지가에 대한 이의 신청을 받은 시·군·구는 신청기간 만료일로부터 30일 이내에 이의신청을 심사해 신청인에게 서면으로 통지해야 한다.

⑤ 표준지공시지가는 토지 관련 국세나 지방세의 부과기준, 개발부담금 등 각종 부담금의 부과기준에 활용된다.

11. 다음 중 RAM과 ROM에 대한 설명으로 적절하지 않은 것은?

① RAM은 기억을 랜덤으로 읽고 쓸 수 있기 때문에 속도가 매우 빠르다.

② ROM은 전원이 끊어지면 기록된 정보가 날아가는 휘발성 메모리이다.

③ RAM의 일종인 DRAM은 집적이 용이하여 기억 용량이 큰 램이 필요할 때 활용된다.

④ ROM은 기억된 정보를 읽을 수 있지만 바꿀 수는 없는 기억 장치이다.

⑤ RAM의 일종인 SRAM은 정보의 판독과 기록을 임의로 할 수 있다.

12. 다음 중 특수은행에 해당하지 않는 것의 개수는?

• NH 농협은행	• IBK 기업은행	• 한국수출입은행
• KEB 하나은행	• KDB 산업은행	• KB 국민은행

① 1개   ② 2개   ③ 3개   ④ 4개   ⑤ 5개

13. 다음 중 개인의 경상소득에 해당하지 않는 것은?

① 상여금 및 수당   ② 기초연금   ③ 임대소득

④ 주식 배당금   ⑤ 결혼 축의금

14. A~C 시장의 공급곡선과 수요곡선 기울기가 다음과 같을 때, 거미집 이론에 따른 각 시장의 모형이 바르게 연결된 것은?

[A~C 시장의 공급곡선과 수요곡선 기울기]

구분	A 시장	B 시장	C 시장
공급곡선 기울기	1.2	0.5	0.8
수요곡선 기울기	−0.7	−0.5	−1.2

	A	B	C
①	수렴형	발산형	순환형
②	순환형	발산형	수렴형
③	발산형	수렴형	순환형
④	수렴형	순환형	발산형
⑤	발산형	순환형	수렴형

15. 다음 중 양곡관리법에 대한 설명으로 적절하지 않은 것은?

① 수급조절이 필요하다고 인정될 때에는 농협중앙회가 공급한 비료대금을 양곡으로 수납할 수 있다.

② 농협으로 하여금 곡가조절업무를 수행할 수 있도록 한다.

③ 최초에 시행된 양곡관리법의 경우 양곡 수출을 금지하는 내용을 담고 있다.

④ 양곡관리법에서 정의하는 '양곡'에는 미곡(米穀)과 맥류(麥類)만 포함된다.

⑤ 농수산부장관은 매년 정부관리양곡의 수급계획을 수립해야 하고, 양곡을 매입할 때에는 국무회의의 심의를 거쳐 대통령의 승인을 얻어야 한다.

16. 다음 중 임금 인상이 GDP와 물가에 미치는 영향에 대한 설명으로 적절하지 않은 것을 모두 고르면?

> ㉠ 인건비 상승으로 기업의 생산이 감소할 경우 물가가 상승한다.
> ㉡ 노동자의 소득 증가로 총수요가 증가하게 된다.
> ㉢ 임금 인상으로 물가가 상승하면 GDP가 낮게 측정된다.
> ㉣ 기업의 인건비 상승으로 총공급이 감소하게 된다.

① ㉠   ② ㉢   ③ ㉠, ㉡

④ ㉢, ㉣   ⑤ ㉡, ㉢, ㉣

17. 다음은 노동만을 생산요소로 하여 직선인 생산 가능 곡선상에서 X재와 Y재만을 생산하는 갑국과 을국의 생산량을 나타낸 것이다. 이에 대한 설명으로 적절하지 않은 것은?

구분	갑국		을국	
	X재	Y재	X재	Y재
생산량(개)	4	16	12	24

① 을국은 X재 생산과 Y재 생산 모두에 절대우위를 가진다.

② X재 1개 생산의 기회비용은 을국이 갑국보다 더 작다.

③ 갑국은 Y재, 을국은 X재를 특화하여 생산해야 교역이 성사될 수 있다.

④ X재와 Y재의 교역 조건이 1:2일 때 갑국과 을국 모두 교역을 통해 이득을 얻을 수 있다.

⑤ 두 나라가 X재와 Y재를 1:2.5로 교환할 경우, 교역 후 갑국은 X재 2개와 Y재 11개를 동시에 소비할 수 있다.

18. 다음 각 설명에 해당하는 용어가 올바르게 연결된 것은?

> ⊙ 13.56MHz 대역의 주파수를 사용하여 10cm 이내의 근거리에서 다양한 무선 데이터를 주고받는 비접촉식 통신 기술
>
> ⓒ 무선 주파수를 이용하여 반도체 칩이 내장된 태그, 라벨, 카드 등의 저장된 데이터를 비접촉 방식으로 읽어내는 인식 기술
>
> ⓒ 약 50~70m 범위 안에 있는 사용자의 위치를 찾아서 메시지 전송, 모바일 결제 등을 가능하게 하는 스마트폰 근거리 통신 기술

	⊙	ⓒ	ⓒ
①	비콘	NFC	RFID
②	비콘	RFID	USN
③	NFC	비콘	USN
④	NFC	RFID	비콘
⑤	NFC	USN	비콘

19. 다음 중 경기변동과 주가에 대한 설명으로 적절하지 않은 것은?

① 경기가 최고조에 달하기 전 주가는 이미 상승세에서 하락세로 접어든다.

② 경기호황이 예상되면 주가는 상승하고, 경기침체가 예상되면 주가는 하락한다.

③ 장기적인 통화량의 증가는 주가를 하락시킨다.

④ 환율이 상승하면 수출기업의 주가는 상승하고, 수입기업의 주가는 하락한다.

⑤ 주가는 건설·기계수주지표와 같은 경기후행지표의 행보에 가장 민감하게 반응한다.

20. 다음 중 예금자보호법상 예금자보호대상을 모두 고르면?

| ㉠ 표지어음 | ㉡ 주택청약저축 | ㉢ 발행어음 |
| ㉣ 원금 보전 신탁 | ㉤ 양도성예금증서(CD) | ㉥ 환매조건부채권(RP) |

① ㉠, ㉢, ㉣ ② ㉠, ㉤, ㉥ ③ ㉡, ㉢, ㉣

④ ㉡, ㉤, ㉥ ⑤ ㉢, ㉣, ㉥

21. 구축효과 및 유동성 함정에 대한 설명으로 가장 적절한 것은?

① 구축효과란 확대통화정책이 이자율을 하락시켜 민간투자를 위축시키는 현상을 의미한다.

② LM곡선이 수평일 때 무 구축효과가 나타난다.

③ 화폐수요가 폭발적으로 증가해 LM곡선이 수직인 경우를 유동성 함정이라고 한다.

④ 유동성 함정에서는 재정정책은 무력한 반면 통화정책이 큰 효과를 볼 수 있다.

⑤ 스태그플레이션이 발생한 원인을 소명할 수 있는 이론이다.

22. 다음 글에서 설명하고 있는 용어로 적절한 것은?

화석연료가 아닌 옥수수, 콩, 목재류 등의 재생가능한 친환경 자원을 원료를 사용하여 바이오 연료나 화학제품을 생산하는 바이오 기술 분야를 의미한다. 생산 과정에서 탄소 배출량이 적으며, 원료가 되는 식물이 이산화탄소를 흡수한다는 장점이 있다. 대표적으로 옥수수나 사탕수수 등에서 추출한 전분을 발효시켜 만든 바이오 에탄올, 일정 기간이 지나면 자연 분해되는 바이오 플라스틱 등이 있다.

① 화이트 바이오 ② 블루 바이오 ③ 레드 바이오

④ 퍼플 바이오 ⑤ 그린 바이오

23. 다음 중 자금세탁방지제도에 대한 설명으로 옳지 않은 것은?

① 의심거래보고제도에서 의심에 대한 합당한 근거의 판단주체는 금융위원회이다.

② 1거래일 동안 1천만 원 이상의 현금을 입출금한 경우, 고액현금거래보고제도에서는 거래자의 신원 등 객관적 사실을 전산으로 자동 보고하도록 하고 있다.

③ 1백만 원 이상의 전신송금, 외국통화로 표시된 1만 달러 이상의 외국환 거래는 고객확인제도 적용대상이다.

④ 강화된 고객확인제도는 위험중심 접근법에 기초한다.

⑤ 자금세탁의 범죄화는 자금세탁범죄가 본 범죄와 별개로 처벌되는 것을 말한다.

24. 다음 중 작물의 생산성을 높이거나 유지하기 위한 지력 증진 방법으로 적절하지 않은 것은?

① 볏짚 썰어넣기   ② 깊이갈이   ③ 객토
④ 온탕침법   ⑤ 화학비료 사용

25. 신탁에 대한 설명으로 가장 거리가 먼 것은?

① 신탁재산은 물상대위성을 갖는다.

② 신탁의 설정으로 수탁자에게 이전된 재산은 대내외적으로 수탁자 명의의 재산이 된다.

③ 신탁재산은 위탁자의 채권자에 의하여 강제집행될 수 있다.

④ 수탁자에게 이전된 신탁재산은 수탁자의 고유재산과는 구분 관리된다.

⑤ 신탁재산에 속한 채권과 신탁재산에 속하지 아니하는 채무와는 상계할 수 없다.

26. 다음 중 1GB의 데이터를 MB로 단위 변환하였을 때의 데이터 양으로 적절한 것은?

① 0.000977   ② 1   ③ 1,000   ④ 1,024   ⑤ 1,048,576

27. 다음 중 프로젝트 파이낸싱(Project Financing)에 대한 설명으로 적절하지 않은 것은?

① 대출기관이 프로젝트 자체의 수익성을 근거로 차입자에게 자금을 제공하는 금융기법이다.

② 차입한 원리금에 대한 상환은 사업 진행 중에 유입되는 현금흐름을 통해 이루어진다.

③ 금융구조의 원칙은 소구 금융방식이지만, 제한적 소구 금융방식을 차용하기도 한다.

④ 모회사와 독립적으로 설립된 프로젝트 회사에 구체적인 투자가 제공된다.

⑤ 대출기관은 채권자와 프로젝트 이해관계자의 성격을 동시에 가진다.

28. 다음 중 가격 상한제에 대한 설명으로 적절한 것을 모두 고르면?

> ⊙ 가격 상한제가 시행되면 단기적으로 초과 수요가 발생하여 거래량이 증가한다.
> ⓒ 정부가 고시한 가격보다 더 높은 가격에 물건을 거래하는 암시장이 나타날 수 있다.
> ⓒ 정부는 가격의 상한선을 시장 가격보다 높은 수준에서 정한다.
> ㉣ 물가 안정을 위한 제도로, 아파트 분양가 상한제, 이자율 상한제 등이 있다.

① ⊙, ⓒ   ② ⊙, ㉣   ③ ⓒ, ⓒ   ④ ⓒ, ㉣   ⑤ ⓒ, ㉣

29. 소득과 소비지출 관련 이론에 대한 설명으로 적절하지 않은 것은?

① 케인즈가 제시한 절대소득가설에 의하면 개인의 소비는 그들이 가지고 있는 현재의 절대적인 소득에 의해 결정되며 한계소비성향과 평균소비성향은 항상 일치한다.

② 톱니효과와 전시효과는 재무설계 과정에서 지출통제가 필요한 고객들의 행동변화를 이끄는 것이 힘든 상황을 뒷받침하는 이론적 배경이 될 수 있다.

③ 톱니효과는 소득이 증가할 때 소비도 함께 증가하지만 소득이 감소하는 경우 소비는 함께 감소하지 않는 것을 말한다.

④ 항상소득가설에서는 임시소득과 임시소비는 서로 독립적이라고 가정하며, 실제 소비에 영향을 미치는 소득은 항상소득이고 임시소득은 소비에는 영향을 미치지 않는다고 본다.

⑤ 생애주기가설에 의하면 전 생애에 걸쳐 소비수준을 일정하게 유지하려는 경향 때문에 소비에 비해 소득이 적은 생애주기에는 대출이 이루어지고, 소득이 많은 생애주기에는 저축 또는 부채상환이 이루어지게 된다.

30. 다음 중 정밀농업을 현장에 적용시키기 위해 필수적으로 구축되어야 하는 네 가지 시스템에 해당한다고 보기 어려운 것은?

① 제어 시스템(Control system)

② 지도화 시스템(Mapping system)

③ 센싱 시스템(Sensing system)

④ 환경관리 시스템(Environmental management system)

⑤ 위치정보 시스템(Global positioning system)

31. 다음 글의 중심 내용으로 가장 적절한 것은?

> 농림축산식품부(이하 농식품부)는 지난해 4월 '스마트팜 확산 방안'을 발표하며 2022년까지 전국에 혁신밸리 4곳을 조성한다고 밝혔다. 혁신밸리란 스마트팜에 청년인력 양성과 기술혁신 등의 기능을 집약시켜 농업과 전후방 산업의 동반 성장을 도모하는 정보통신기술(ICT) 기반의 농산업 클러스터이다.
>
> 농식품부는 지난해 1차 공모에서 경북 상주와 전북 김제를 선정하였고, 올해 평가위원회의 3단계 평가를 거쳐 전남 고흥과 경남 밀양을 2차 지역으로 선정하였다. 두 지역은 혁신밸리 조성 취지에 대한 이해도를 바탕으로 계획의 실현 가능성, 구체성과 타당성, 지역 자원 활용을 통한 차별성 등에서 상대적으로 높은 평가를 받았다.
>
> 전남 고흥은 남방형 스마트팜이라는 비전을 토대로 아열대 작물 위주의 수입 대체 품목을 육성하고 그동안 수입에 의존해 왔던 양액과 시설을 국산화하는 모델을 제시했다. 이곳에는 인근 선도 농가와 함께 1.5ha의 육묘장과 6ha 상당의 주민참여형 단지를 조성하고, 지역 농업인이 청년 농업인과 상생할 수 있는 혁신밸리를 조성할 계획이다. 아울러 인근에는 30ha 규모의 예비 농촌 창업 단지를 조성하고, 지역 멤버십 카드 등을 통합 연계해 청년 농업인이 임대형 스마트팜을 졸업한 이후에도 지역에 정착할 수 있도록 뒷받침할 계획이다.
>
> 경남 밀양은 시설 원예 주산지로 조성해 수출 중심의 혁신밸리로 거듭나게 된다. 또한 인근의 나노 국가산업 단지와 부산·경상대학교 등과 협력하여 지역의 주력 산업인 나노 산업을 혁신밸리에 접목해 새로운 산업 생태계를 조성할 방침이다. 더불어 인근 하수처리장의 방류수 폐열을 활용해 에너지 절감 모델을 제시하고, 기존의 낡은 시설을 스마트팜으로 점차 전환하는 확장 가능성을 담고 있다.
>
> 농식품부는 지자체가 제출한 예비 계획을 보완하여 올해 8월까지 기본 계획을 수립하고, 내년 초부터 빠르게 핵심시설이 착공될 수 있도록 2021년까지 청년 창업보육센터와 임대형 스마트팜, 실증단지 등 핵심시설을 조성하고 연계사업으로 패키지를 지원할 방침이다. 농식품부 관계자는 "현장 농업인들이 스마트팜을 체감할 수 있도록 컨설팅과 농가 단위 보급을 계속해서 확대하고, 축산·노지 등 농업 전 분야에 스마트팜 모델을 발굴하고 확산해 나가겠다"고 밝혔다.

※ 출처 : 농림축산식품부, 2019-03-29 보도자료

① 경남 밀양에서 시설 원예를 활용한 스마트팜 혁신밸리를 조성하여 수출 증대에 크게 기여하였다.

② 농림축산식품부에서 정보통신기술 기반의 혁신밸리 발전을 위해 지역 주민의 관심과 지원을 호소하고 있다.

③ 전남 고흥에서 아열대 작물 육성을 통해 관련 작물의 수입 감소 및 매출 상승에 공헌하였다.

④ 농업인들의 주도하에 청년 농업인 창업 교육 및 스마트팜 기술 개발 관련 사업이 시행될 예정이다.

⑤ 농림축산식품부는 고흥과 밀양에 스마트팜 혁신밸리를 조성하여 기술혁신의 거점을 육성할 예정이다.

32. 규빈이는 집에서 회사를 향해 속력 60km/h의 버스로 15분 동안 회사까지 거리의 절반만큼 이동하였으나, 중요한 서류를 두고 온 것이 생각나 8시 20분에 속력 75km/h의 택시를 타고 집으로 다시 출발했다. 집에 도착하여 서류를 찾아 다시 승용차로 출발하기까지 3분이 걸렸다. 규빈이가 9시까지 지각하지 않고 회사에 도착할 때, 승용차의 최소 속력은? (단, 버스나 신호를 기다리는 시간은 고려하지 않는다.)

① 72km/h　　　② 75km/h　　　③ 80km/h　　　④ 85km/h　　　⑤ 90km/h

33. 일반매장에서 바 아이스크림은 콘 아이스크림의 80% 금액으로 판매하고 있다. 할인매장에서는 일반 매장의 판매 금액에 콘 아이스크림 30%, 바 아이스크림 40%의 할인을 적용하여 판매한다. 지빈이가 할인매장에서 콘 아이스크림 16개와 바 아이스크림 14개를 구매한 금액이 26,880원일 때, 지빈이가 할인매장에서 할인받은 금액은?

① 8,850원   ② 11,200원   ③ 13,920원   ④ 16,650원   ⑤ 18,850원

34. 다음 글을 근거로 판단할 때, 〈보기〉 중 항상 옳은 것을 모두 고른 것은?

> 농작물의 생육에 영향을 미치는 가장 기본적인 환경 요인 중 하나는 온도이다. 농작물은 생육 단계에 따라 적합한 온도 내에서 관리가 필요하며, 대체로 온도가 높아짐에 따라 대사 작용이 촉진되고 성장도 가속화된다. 하지만 한계 온도를 벗어나면 생리대사에 이상이 생겨 정상적인 생육을 하지 못하고 저온 또는 고온 장해 증상을 보인다.
>
> 농작물이 저온에 노출되면, 양분 흡수 속도가 감소하며, 대표적인 장해 증상으로는 냉해와 동해가 있다. 냉해는 작물의 생육에 지장을 줄 정도의 저온이 오래 지속될 때 나타나며, 착색 불량, 잎과 과실에 반점이 생기는 증상을 보인다. 동해는 어는점 이하의 온도에서 나타나며, 세포가 수분을 잃으면서 결과적으로 세포 조직이 괴사하게 된다. 반대로 농작물이 고온에 노출되면, 양분 흡수 속도가 증가하고 호흡이 왕성해지면서 양분의 소모가 많아지게 된다. 이에 따라 효소 활성이 떨어져 각종 대사 작용이 교란되면서 발아 불량, 결구 장해, 품질 저하 등의 증상을 보인다.
>
> 이 외에 농작물의 광합성도 온도에 크게 영향을 받는다. 온도가 높아짐에 따라 광합성의 속도가 급격하게 증가하는데, 이때 한계 온도를 벗어나면 호흡이 왕성해지면서 광합성의 양은 감소하게 된다.

〈보기〉

㉠ 농작물의 잎과 과실에 반점이 생기지 않거나 세포 조직이 괴사하지 않으면 동해에 걸린 것이 아니다.
㉡ 농작물의 생육에 영향을 미치는 모든 환경 요인은 농작물의 광합성에도 영향을 미친다.
㉢ 저온에 노출된 농작물 중 일부는 착색 불량 증상이 나타날 수 있다.
㉣ 대사 작용이 교란되지 않은 농작물은 고온에 노출된 것이 아니다.

---

① ㉠, ㉣   ② ㉡, ㉢   ③ ㉢, ㉣   ④ ㉠, ㉡, ㉣   ⑤ ㉡, ㉢, ㉣

35. 지역농협에 근무하는 어떤 사무 직원은 이번 달에 접수된 총 7건의 고객 불만 사항에 대해 보고서를 작성하려고 한다. A, B, C, D, E, F, G 고객의 불만이 접수된 순서가 아래의 정보를 모두 만족할 때, 불만 사항이 가장 마지막으로 접수된 고객은?

- B 고객의 불만은 가장 마지막에 접수되지 않았다.
- G 고객의 불만은 C 고객의 불만보다 먼저 접수되었다.
- A 고객의 불만은 B 고객의 불만보다 먼저 접수되었다.
- B 고객의 불만은 E 고객의 불만보다 나중에 접수되었다.
- D 고객과 E 고객의 불만은 연달아 접수되었다.
- C 고객의 불만은 다섯 번째로 접수되었다.
- A 고객과 B 고객의 불만 접수 사이에 한 건의 불만이 접수되었다.

① A   ② B   ③ D   ④ F   ⑤ G

36. A, B, C, D 4명은 카페에서 커피, 주스, 케이크, 머핀 중 서로 다른 메뉴를 한 가지씩 주문한 후 원형 테이블에 같은 간격으로 둘러앉아 있다. 다음 조건을 모두 고려하였을 때, 4명이 각자 주문한 메뉴를 바르게 연결한 것은?

- A와 D는 서로 이웃하여 앉아 있지 않다.
- C는 커피 또는 주스를 주문하였다.
- 머핀을 주문한 사람과 커피를 주문한 사람은 서로 마주 보고 앉아 있다.
- 케이크를 주문한 사람은 C의 바로 왼쪽에 앉아 있다.

① A – 머핀   ② B – 케이크   ③ C – 커피
④ D – 커피   ⑤ D – 머핀

37. 다음 빈칸에 들어갈 단축키를 바르게 연결한 것은?

> 단축키를 사용하면 작업 속도를 높일 수 있기 때문에 유용한 단축키를 암기해 놓을 경우 업무 처리에 큰 도움이 된다. 우선 작업을 수행하는 과정에서 여러 애플리케이션을 동시에 사용하게 되는 경우가 많은데, 열려 있는 애플리케이션을 전환할 때는 (㉠) 키를 사용하면 편리하다. 그리고 윈도우 사용자들이 자주 활용하는 기능 중 하나인 작업 관리자는 (㉡) 키를 눌러서 실행하는데, 작업 관리자에서 애플리케이션을 모니터링하고 사용 중이거나 멈춘 프로그램을 종료시킬 수 있다. 그리고 선택한 항목의 이름을 바꾸고자 할 때는 (㉢) 키를 누르면 된다.

	㉠	㉡	㉢
①	Alt + Tab	Ctrl + Esc	F2
②	Alt + F4	Ctrl + Esc	F3
③	Alt + Tab	Ctrl + Shift + Esc	F5
④	Alt + F4	Ctrl + Shift + Esc	F3
⑤	Alt + Tab	Ctrl + Shift + Esc	F2

38. 김 대리는 한글 프로그램을 사용하여 김 사원이 작성한 문서에서 (가)~(마)에 해당하는 문단 모양을 다음과 같이 수정하려고 한다. 문서의 〈수정 전〉과 〈수정 후〉를 비교했을 때, 김 대리의 수정사항이 올바르게 적용된 것은?

	문단 모양	수정사항
(가)	여백	왼쪽: 10.0pt
(나)	첫 줄	들여쓰기: 10.0pt
(다)	첫 줄	내어쓰기: 10.0pt
(라)	간격	줄 간격: 글자에 따라 200%
(마)	줄 나눔 기준	최소 공백: 100%

〈수정 전〉

귀 시의 무궁한 발전을 기원하며, 대중교통과 ○○(2018.11.12)호, ○○(2018.11.24)호 관련입니다. △△로 철거는 기존 도로를 이용하는 주민들에게 최대한 불편이 없도록 검토 후 시행할 예정임을 알려드립니다.

〈수정 후〉

　귀 시의 무궁한 발전을 기원하며, 대중교통과 ○○(2018.11.12)호, ○○(2018.11.24)호 관련입니다. △△로 철거는 기존 도로를 이용하는 주민들에게 최대한 불편이 없도록 검토 후 시행할 예정임을 알려드립니다.

① (가)　　② (나)　　③ (다)　　④ (라)　　⑤ (마)

39. 다음 글의 내용과 일치하지 않는 것은?

기원전 6세기 후반에서 5세기 사이의 고대 그리스에서는 철학과 관련된 여러 주장이 펼쳐진다. 이 철학 사상들은 소크라테스 이전 주요 철학 사상으로 활약하였는데, 지역과 이론을 기준으로 크게 두 가지로 구분되었다. 소아시아 서쪽 해안의 이오니아 지방 밀레투스에서 발생한 자연 철학 중심의 분파를 밀레투스 학파라 불렀으며, 이탈리아 남부 엘레아를 근거로 나타난 사상 중심의 분파를 엘레아학파라고 칭했다.

이오니아 지방에 근거지를 두었다는 점 때문에 이오니아학파라고도 불리는 밀레투스학파는 소크라테스 이전 시기의 그리스 철학 중에서 가장 오래된 것으로 평가받는다. 이 학파에서는 자연현상과 주기의 변화를 설명하고자 신화적 상상이나 종교적 세계관에서 벗어나 자연 내부의 원리 및 근원이 되는 물리적 법칙을 찾기 위해 유물론적 자연 철학을 성립하였다.

밀레투스학파의 대표적인 학자로는 탈레스, 아낙시만드로스, 아낙시메네스가 꼽힌다. 그중 고대 그리스 7대 현인의 최초 인물로도 여겨지는 탈레스는 물을 만물의 근원으로 여겨, 땅은 물 위에 떠 있는 것이고 모든 것은 물로부터 나온다고 주장하였다. 즉, 하나의 근원 물질이 변화하여 다른 사물을 만들고 다시 이 것이 소멸과 생성을 반복한다고 생각하였다.

이와 달리 엘레아의 제논, 사모스의 멜리소스로 대표되는 엘레아학파의 경우 자연 철학에 기반을 두기보다는 신비주의적이고 형이상학적 철학을 중심으로 하는 분파로 알려져 있다. 이들은 불변하는 하나의 실재가 존재한다고 믿었으며, 감각이나 경험이 아닌 추상적이고 합리적인 사고가 이루어져야만 실재에 가까워질 수 있다고 여겼다.

또한 절대로 변하거나 사라지지 않는 실재가 세계의 원리이므로 모든 감각이 받아들이는 변화와 차이는 단순히 잘못 인지한 것에 불과하다고 주장했다. 이 과정에서 변증법을 반대하는 주장을 펼치며 오히려 변증법 발전에 영향을 미치기도 하였다. 엘레아학파는 존재론의 기원으로도 여겨진다는 데 의의가 있으며 오늘날까지 심리학, 물리학 등에서 쓰이고 있다.

① 엘레아학파는 자연 철학이 아닌 형이상학적이고 신비주의적인 철학을 중심으로 하는 분파이다.
② 소크라테스 이전 시기의 그리스 철학 중 이오니아학파는 가장 오래된 철학 분파로 여겨진다.
③ 변증법 발전에 공헌한 엘레아학파는 역설적이게도 변증법을 반대하는 주장을 펼친 바 있다.
④ 밀레투스학파의 탈레스는 하나의 근원 물질인 땅이 변화하여 다른 사물을 만들어 낸다고 주장하였다.
⑤ 밀레투스학파와 엘레아학파 모두 소크라테스 이전의 주요 철학 사상으로 활약하였다.

40. 다음은 인천공항 화물 물동량에 대한 자료이다. 제시된 기간 중 국내선 화물 물동량이 가장 적은 해의 환적률과 국내선 화물 물동량이 가장 많은 해의 환적률의 차이는? (단, 소수점 둘째 자리에서 반올림하여 계산한다.)

[인천공항 화물 물동량]

구분	2013년	2014년	2015년	2016년	2017년	2018년
국제선(천 톤)	2,464	2,558	2,596	2,714	2,922	2,952
국내선(천 톤)	0.255	0.156	0.124	0.124	0.056	0.054
환적화물(천 톤)	1,056	1,039	1,033	1,073	1,131	1,162
환적률(%)	( )	( )	39.8	( )	( )	( )

※ 환적률(%) = (환적화물 물동량 / 국제선 화물 물동량) × 100

① 3.2%p   ② 3.5%p   ③ 3.9%p   ④ 4.2%p   ⑤ 4.8%p

41. 다음은 서울–평창 구간의 열차 승차권 운임 관련 정보 및 구매 상황에 대한 내용이다. 다음 내용을 토대로 판단할 때, 갑이 환불받은 금액은? (단, 제시되지 않은 내용은 고려하지 않는다.)

[열차 승차권 운임 요금]

구분	특실			일반실		
	어른	어린이	경로자	어른	어린이	경로자
요금	83,700원	53,800원	65,800원	59,800원	29,900원	41,900원

※ 일반실 승차권 20매 이상 구매 시 일반실 승차권 요금의 10% 할인

[열차 승차권 환불 위약금]

구분	출발 전		출발 후		
	출발 2일 전	1일 전~출발 전	20분	20분 경과~60분	60분 경과~도착
주중 승차권	400원 × 인원수	10%	15%	40%	70%
주말 승차권	500원 × 인원수	15%	20%	50%	80%

※ 주중: 월~금, 주말: 토, 공휴일 전일(全日)

A 스타트업은 이번 주 목요일에 정기 워크숍을 가기로 결정하였다. 이번 워크숍은 자사 직원의 가족도 함께할 예정으로, 가족 중 일부는 직원들과 같이 출발할 예정이었다. 총무팀 직원인 갑은 서울에서 워크숍 장소인 평창으로 가기 위해 열차의 일반실 승차권 30매, 특실 승차권 5매를 구매했으며, 직원 개개인이 선호하는 방법으로 돌아올 수 있도록 출발 승차권만 구매하였다. 직원들과 함께 출발하는 인원 중 어린이나 경로자는 없었다. 그러나 갑작스럽게 워크숍 일정이 변경되어 미리 구매했던 승차권을 출발 2일 전에 전부 취소하였고, 환불 위약금을 제외한 금액을 환불받게 되었다.

① 2,015,600원
② 2,018,100원
③ 2,019,100원
④ 2,021,100원
⑤ 2,033,100원

42. 1월 1일에 지민이는 1년 만기 복리 예금 상품과 단리 예금 상품에 각각 가입하여 300만 원씩 입금했다. 예금 상품의 월 이자율은 둘 다 3%이고 이자는 월 단위로 적용될 때, 1년 뒤 지민이가 받을 두 상품의 원리금 차이는 약 얼마인가? (단, $1.03^{12} ≒ 1.4$이다.)

① 9만 원   ② 12만 원   ③ 15만 원   ④ 18만 원   ⑤ 21만 원

43. A 비커 12.5%의 소금물 300g, B 비커에는 15%의 소금물 350g, C 비커에는 150g의 물이 있다. B 비커에 있는 소금물 200g을 C 비커로 옮긴 후 A 비커에 있는 소금물을 B 비커와 C 비커에 각각 100g, 200g씩 옮겼을 때, 마지막에 들어있는 B 비커와 C 비커의 소금물의 농도 차는?

① 2.5%   ② 4%   ③ 7.5%   ④ 12%   ⑤ 15%

44. J 기업은 대학생을 대상으로 광고 아이디어 공모전을 개최하였고 대상 1팀, 최우수상 1팀, 우수상 1팀, 장려상 2팀을 선정하였다. 가, 나, 다, 라, 마 5팀이 입상하였을 때, 우수상을 받은 팀은?

[수상 내역]

구분	상금	혜택
대상(1위)	500만 원	J 기업 인턴십 기회 부여
최우수상(2위)	200만 원	
우수상(3위)	100만 원	J 기업 채용 서류전형 면제
장려상(4위)	각 50만 원	

[입상 현황]

• '라'팀이 받은 상금은 '다'팀이 받은 상금의 두 배이다.
• '가'팀과 '라'팀의 순위 차이는 '다'팀과 '마'팀의 순위 차이와 같다.
• '나'팀 또는 '라'팀은 J 기업 인턴십 기회를 부여받았다.

① 가   ② 나   ③ 다   ④ 라   ⑤ 마

45. 대학생인 호수가 현재 거주하고 있는 원룸은 이번 학기를 끝으로 계약이 만료된다. 계약을 연장하려고 했지만 집주인이 임대료를 50% 인상하겠다는 의사를 밝혀, 호수는 이사 갈 집을 알아보고 있으나 생각보다 비싼 임대료에 걱정이 크다. 집 문제로 고민하는 호수를 보고, 동기인 현진이가 학생처에서 주거 문제를 상담해보는 것이 어떻겠냐고 제안했다. 학생처 직원과의 상담 내용에 따라 주거 문제를 해결하고자 할 때, 적절하지 않은 것은?

[상담 내용]

호　수: 안녕하세요. 재학생 주거 문제를 상담할 수 있다고 해서 방문했습니다. 지금 살고 있는 집의 계약이 이번 학기까지인데요. 혹시, 다음 학기에 기숙사에 입주할 수 있나요?

학생처: 네, 잘 오셨어요. 그런데 기숙사는 다음 학기까지 만실이어서 입주하실 수 없어요. 혹시 갑자기 기숙사에 들어가셔야 하는 상황이 생겼나요?

호　수: 현재 살고 있는 집의 계약이 이번 학기에 만료되고, 학교 주변의 원룸이 임대료가 많이 비싸서요.

학생처: 아 그렇군요. 그렇다면 현재 ○○시에서 진행하고 있는 청년희망하우스를 신청해보시는 건 어떠세요? 재학생에게 대학 인근 지역 주택을 임대해주는 사업이에요. 월 임대료는 주변 시세보다 30% 정도 저렴하고, 보증금도 100만 원 정도예요. 그리고 학교에서 재학생 임대료 지원 사업도 진행하고 있어요. 교내 기숙사, 청년희망하우스 모두 입주 신청을 했으나 입주자로 선정되지 못한 학생을 대상으로 재학생 임대료 지원 사업을 진행하고 있으니 청년희망하우스 신청 후, 탈락하신다면 학생처로 다시 방문해주시면 돼요.

호　수: 저도 청년희망하우스에 신청할 수 있나요?

학생처: 네, 모집 공고문을 드릴 테니 신청 자격을 확인하신 후 자격에 부합한다면 신청해보세요. 그리고 지금 바로 기숙사 입주 대기자 명단에 이름 올려드릴게요. 현재 기숙사 입주 대기자는 9명이고, 퇴소자 발생 시에 대기자 순서대로 기숙사에 바로 입주하실 수 있어요. 만약에 입주 대상자로 선정되지 않더라도 재학생 임대료 지원 혜택을 받으려면 기숙사 입주 신청 기록이 필요하니까 대기자 명단에 꼭 이름 올리셔야 돼요.

[☆☆도시공사, 대학생 임대주택 공급 공고문]

1. 사업명칭
   - 청년희망하우스

2. 공급개요
   - 신청자의 학교 인근 주택 공급
   - 주거형태: 원룸(1호당 1인 거주), 다가구 주택(1호당 2인 거주)
     ▶ 임대료
       - 면적에 따라 88,800~223,100원(월 기준)으로 상이함, 별첨 1 참조
       - 면적, 층, 지역 등의 차이로 인해 임대료 차이 발생함
       - 관리비가 있는 경우 임대료와 별개로 추가 납부해야 함
     ▶ 임대 기간: 2년
       - 입주 자격을 유지하는 경우 1회에 한하여 재계약 가능(최장 4년)

3. 신청자격
   - 현재 ○○시 소재 대학교 및 전문대에 재학 중인 학생
   - 신청자의 부모 양쪽 모두의 주민등록상 거주지가 △△지역이 아닌 학생

4. 신청절차
   - 인터넷접수 → 1차 당첨자 발표 → 서류제출 → 최종 입주 당첨자 발표 → 계약 → 입주
   - 서류제출은 1차 당첨자에 한함

① 호수 어머니의 주민등록상 거주지가 △△지역이라면 호수는 청년희망하우스를 신청할 수 없지만 재학생 임대료 지원 혜택은 받을 수 있다.

② 호수가 월 임대료가 가장 낮은 청년희망하우스 입주 당첨자로 선정된 경우와 가장 높은 청년희망하우스 입주 당첨자로 선정된 경우 월 임대료 차이는 134,300원이다.

③ 호수가 청년희망하우스 입주자로 당첨된다면 학교 인근 원룸에서 거주할 수 있다.

④ 호수가 주거 문제를 겪고 있는 동기 1명과 같이 청년희망하우스 다가구 주택을 신청하여 둘 다 입주 당첨자로 선정된다면 다가구 주택에서 거주할 수 있다.

⑤ 기존 기숙사 입주자 중 10명이 퇴소했다면 호수는 기숙사에 입주할 수 있다.

46. 다음은 단리식 A 정기예금상품의 만기지급 이자율 및 중도해지 이자율에 대한 자료이다. 갑 사원은 가입기간이 2년인 A 정기예금상품에 만기일시지급식으로 가입하고, 2,000만 원을 예치하였다. 갑 사원이 10개월 경과 후 상품을 중도해지했을 때, 환급받는 총금액은? (단, 이자 과세는 고려하지 않는다.)

[만기지급 이자율]

구분	가입기간	기본이율(%)
만기일시지급식	1개월 이상 3개월 미만	1.50
	3개월 이상 6개월 미만	1.77
	6개월 이상 12개월 미만	2.27
	12개월 이상 24개월 미만	2.62
	24개월 이상	3.10
월이자지급식	1개월 이상 3개월 미만	1.40
	3개월 이상 6개월 미만	1.67
	6개월 이상 12개월 미만	2.17
	12개월 이상 24개월 미만	2.52
	24개월 이상	3.00

※ 신규일부터 해지 전일까지의 기간에 대하여 약정이율로 계산한 이자금액을 합산하여 지급함

[중도해지 이자율]

경과기간	적용이자율(%)
3개월 미만	0.1
3개월 이상 6개월 미만	중도해지 기준이율 × 50% × 경과율
6개월 이상 9개월 미만	중도해지 기준이율 × 60% × 경과율
9개월 이상 11개월 미만	중도해지 기준이율 × 70% × 경과율
11개월 이상	중도해지 기준이율 × 80% × 경과율

※ 1) 중도해지 이자율은 소수점 넷째 자리에서 반올림하여 계산함
2) 중도해지 기준이율은 예금 가입 당시 고시된 기본이율을 의미함
3) 경과율은 경과월수를 계약월수로 나눈 값이며, 소수점 넷째 자리에서 반올림하여 계산함
4) 경과월수는 계약월수를 초과할 수 없으며, 월 미만의 일수는 버림하여 계산함

① 20,084,310원　　　　② 20,150,667원　　　　③ 20,181,000원
④ 20,287,690원　　　　⑤ 20,313,233원

47. 귀사는 거래처로부터 외화를 송금받기로 하였다. 거래처가 K 은행 계좌에서 귀사의 N 은행 계좌로 EUR 5,000유로와 JPY 60,000엔을 송금했을 때, 귀사가 원화로 출금할 수 있는 총금액은? (단, 수취은행 수수료는 송금액에서 차감한다.)

[N 은행 외화 송금 수수료]

구분	USD 5,000 이하	USD 5,000 초과 USD 10,000 이하	USD 10,000 초과
당발/타발송금 수수료	5,000원	7,000원	10,000원

※ 1) 당발송금은 당행에서 타은행으로 송금하는 것을, 타발송금은 타은행에서 당행으로 송금받는 것을 의미함
  2) 수수료는 통화별로 발생하고, 송금은행 수수료는 송금 신청인이, 수취은행 수수료는 송금 수취인이 각자 부담함

[통화별 송금 환율]

구분	미국 USD	유럽연합 EUR	일본 JPY
송금할 때	1,250원/달러	1,450원/유로	1,150원/100엔
송금받을 때	1,210원/달러	1,400원/유로	1,110원/100엔

※ 미화 환산율: 미국 USD 1.00, 유럽연합 EUR 1.16, 일본 JPY 0.92(100엔 기준)

① 7,554,000원 ② 7,651,000원 ③ 7,654,000원
④ 7,666,000원 ⑤ 8,210,000원

48. 다음 글의 중심 내용으로 가장 적절한 것은?

4차 산업혁명은 인공지능, 빅데이터, 클라우드, 사물인터넷과 같은 첨단 기술의 융·복합을 통해 인간과 기계의 잠재력을 극대화하는 산업 시스템을 의미한다. 다보스 세계경제포럼에서는 4차 산업혁명이 가져올 미래를 초연결, 초지능 사회로 정의하였다. 여기서 중요한 키워드는 융합과 공유로, 각 분야의 데이터를 융합하고 공유하며 각 분야의 기술을 이어주는 사물인터넷은 4차 산업혁명의 10대 핵심 기술로 꼽힌다.

IoT(Internet of Things)라고도 불리는 사물인터넷은 발전된 인터넷 기술을 기반으로 현실 세계에 존재하는 사물과 사이버 환경에 존재하는 사물들이 인터넷을 통해 서로 연동되어 다양한 서비스를 제공하는 인프라 기술이다. 사물인터넷은 가전, 모바일, 웨어러블 디바이스, 제조 운영시설 등 여러 임베디드 시스템을 연결한다. 기존에 제어와 모니터링을 주로 하던 사물인터넷은 인공지능 기술이 발전함에 따라 학습, 추론, 판단 등 인지 기술에 기반한 지능형 사물인터넷으로 발전하고 있다.

사물인터넷 기술의 발전에 따라 사물인터넷으로 연결되는 사물의 수가 증가하고 사물과 인터넷의 연결 속도가 빨라지면서 관련 데이터도 기하급수적으로 늘어나고 있다. 이러한 사물과 데이터의 폭증은 디지털 복잡도를 높여 기존의 클라우드 중심 중앙 처리 시스템의 부담 증가 및 실시간 대응의 한계를 보완할 수 있는 대안을 요구한다. 그 결과 방대한 데이터를 분산된 소형 서버를 통해 실시간으로 처리하는 에지 컴퓨팅의 중요성이 점차 높아지고 있다.

게다가 사물인터넷은 사물에 내장된 칩을 통해 정보를 수집하며 그 활용 분야가 점차 확대되고 있다는 점에서 다양한 수요 분야에 최적화된 마이크로프로세서의 개발에도 큰 영향을 미친다. 또한, 사물인터넷을 기반으로 한 데이터 폭증은 데이터에 대한 관심을 불러일으켜 데이터 분석 기술의 발전을 이룩하고 데이터의 가능성을 더욱 확장하였다. 이에 따라 기업에서는 현실 세계를 가상 디지털 공간에 복제하여 다양한 사회·경제적 효과를 창출하는 디지털 트랜스 포메이션이 필수 요소가 되었다. 이러한 기술의 흐름은 이제 사물인터넷을 단순히 산업 간의 융합이 아니라 기술 간의 융합으로 바라봐야 한다는 점을 시사한다.

1~3차 산업혁명을 거쳐 현재에 도달하기까지 인류는 매번 낯선 환경 속에서 발전을 거듭해왔으며, 그 변화의 주기는 점차 짧아지고 있다. 또한, 데이터의 가치가 점점 더 중요해지는 4차 산업혁명 시대에서 사물인터넷을 바탕으로 한 데이터 확보와 분석은 점차 기업의 경쟁력으로 자리매김하고 있다. 이러한 시대적 흐름 속에서 기업이 살아남기 위해서는 디지털로의 전환을 피할 수 없으며, 그 성공의 핵심 요소는 사물인터넷임이 자명하다.

① 지능형 사물인터넷 기술이 발전하기 위해서는 인공지능 기술 개발이 반드시 선행되어야 한다.
② 사물인터넷은 4차 산업혁명의 핵심 기술로써 관련 기술의 발전을 견인하고 기업 경쟁력의 바탕이 된다.
③ 4차 산업혁명에서 사물인터넷이 제 기능을 다 하기 위해서는 접목 분야의 다양화가 전제되어야 한다.
④ 사물인터넷 발전으로 인해 발생하는 데이터 복잡도 증가 문제를 해결하기 위한 방안이 필요하다.
⑤ 4차 산업혁명 기술 간의 융합을 촉진할수록 사물인터넷 산업 성장 속도가 가속화될 것이다.

49. N 은행에서 근무하는 박 사원은 팀 공용 노트북 2대를 구매하기 위해 A~E 노트북의 사양을 비교하여 표로 정리하였다. 팀장님께 전달받은 구매 기준을 토대로 판단할 때, 박 사원이 구매할 노트북은?

[A~E 노트북 사양]

구분	A 노트북	B 노트북	C 노트북	D 노트북	E 노트북
CPU	i5	i3	i7	i3	i7
화면 크기	16인치	17.3인치	17인치	16인치	17인치
디스플레이 특징	광시야각	광시야각	눈부심 방지	광시야각	눈부심 방지
무게	1.15kg	1.17kg	1.15kg	2.03kg	998g
운영 체제	윈도우10	미포함	윈도우11	윈도우10	윈도우11
메모리 용량	32GB	16GB	64GB	8GB	32GB
저장 용량	512GB	256GB	256GB	128GB	1TB
카메라	1080p	720p	1080p	720p	1080p
가격	1,314,000원	992,000원	1,999,800원	798,000원	1,638,000원

※ E 노트북 2대 이상 구매 시 노트북 1대당 10% 할인된 가격으로 구매 가능함

박 사원, 노트북 구매 시 메모리 용량은 16GB 이상, 저장 용량은 256GB 이상인 제품으로 선택해 주세요. 윈도우는 반드시 포함되어 있어야 하고, 화상 회의를 위해 카메라 화소는 720p 이상인 제품으로 구매해야 해요. 주로 회의실에서 사용할 용도이기는 하지만 가끔 외부 미팅에서도 사용할 수 있으므로 편의성을 고려해 1.2kg이 넘지 않는 제품이 좋겠고, 총예산은 300만 원이므로 그 한도 내에서 결제해 주셔야 해요. 아! 디스플레이는 눈부심 방지 기능이 있는 제품이 좋을 것 같은데, 해당 기능이 없는 제품을 구매하는 것이 30만 원 이상 더 저렴하다면 눈부심 방지 기능이 없는 제품으로 구매 부탁드려요.

① A 노트북   ② B 노트북   ③ C 노트북   ④ D 노트북   ⑤ E 노트북

50. 다음 EAN-13 코드 생성 방식을 이용하여 바코드를 생성한다고 할 때, 프랑스 ◇◇공장에서 생산된 유통기한 최대 2주의 코티지 치즈의 바코드로 가장 적절한 것은?

[EAN-13 코드 생성 방식]

국제 상품 번호라고도 불리는 EAN-13 코드는 미국에서 개발된 세계 상품코드 시스템의 일부인 13자리 바코드의 표준을 말한다. EAN-13 코드는 국가코드 3자리, 업체코드 4자리, 제품코드 5자리의 12개 번호와 체크섬이라고 불리는 상품 검사 코드 1자리를 포함하여 총 13개의 번호로 이루어져 있다.

[국가코드(3자리)] [업체코드(4자리)] [제품코드(5자리)] [체크섬(1자리)]
예 한국 ○○공장에서 생산된 유통기한 최대 1개월의 가염 버터

8 801011 024311

생산코드				제품코드				체크섬
국가코드		업체코드		상품코드		유통기한		
110	미국	1011	○○공장	011	고단백 우유	17	최대 1주	바코드 짝수 자리 숫자의 합에 3을 곱한 값과 홀수 자리 숫자의 합을 더한 후, 그 값이 10의 배수가 되기 위해 추가로 더해야 하는 최솟값
		1012	□□공장	012	저지방 우유			
		1013	△△공장	013	무지방 우유	27	최대 2주	
397	프랑스	1135	◇◇공장	021	코티지 치즈			
		1145	♧♧공장	022	리코타 치즈			
735	스웨덴	1210	♤♤공장	023	발효 버터	31	최대 1개월	
		1211	◆◆공장	024	가염 버터			
880	한국	1310	■■공장	055	레드와인	36	최대 6개월	
				056	화이트와인			
				057	라거 맥주			
				058	에일 맥주	88	6개월 이상	
				060	보드카			
				065	위스키			

①

8 801135 022279

②

3 791135 022315

③

3 971135 021277

④

1 101210 065366

⑤

7 351013 011174

51. 다음 코드로 작성된 프로그램이 있다. 이 프로그램을 실행하였을 때, 출력되는 값은?

```
#include <stdio.h>

int main()
{
int a = 0, b = 15, num = 7;

for(a = 1; a < 7; a ++)
{
  b = b + a;
}
num = num + b;
printf("%d", num);

return 0;
}
```

① 28   ② 35   ③ 36   ④ 43   ⑤ 50

52. 제주도의 △△매장 매니저인 귀하는 매장 내 화장실에 물비누를 비치하기 위해 A~D 업체의 물비누 정보를 정리하여 비교해본 뒤 구매하려고 한다. 총 3,000ml의 물비누를 구매하고자 할 때, 가장 저렴하게 구매할 수 있는 업체는?

[A~D 업체별 물비누 정보]

구분	가격	용량	배송비	이벤트
A	1통당 2,250원	1통당 150ml	• 제주/도서 산간 지역 : 2,000원 • 그 외 지역 : 무료	없음
B	1통당 3,800원	1통당 250ml	무료	없음
C	1통당 11,400원	1통당 500ml	• 제주/도서 산간 지역 : 3,000원 • 그 외 지역 : 무료	2통 구매 시 1통 무료 증정
D	1통당 5,400원	1통당 300ml	무료	3통 구매 시 1통 무료 증정

① A   ② B   ③ C   ④ D   ⑤ 모두 동일하다.

53. 다음은 안면도의 월별 평균 총 자외선지수와 월별 총 자외선지수의 최솟값 및 최댓값을 나타낸 자료이다. 평균 총 자외선지수의 전월 대비 감소량이 가장 큰 달에 총 자외선지수의 최댓값은 최솟값의 몇 배인가?

[월별 총 자외선지수]

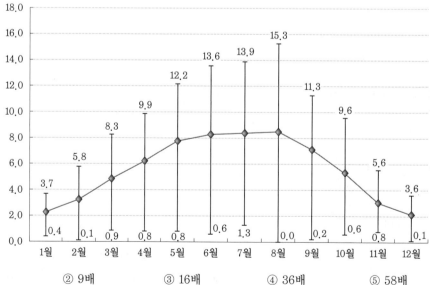

① 7배   ② 9배   ③ 16배   ④ 36배   ⑤ 58배

54. 다음은 연도별 논벼 면적 및 볏짚 생산량을 나타낸 자료이다. 자료에 대한 설명으로 옳지 <u>않은</u> 것은?

[연도별 논벼 면적 및 볏짚 생산량]
(단위: 천 ha, 천 톤)

구분	2015	2016	2017	2018	2019	2020
논벼 면적	798	778	754	737	730	726
볏짚 생산량	4,808	4,794	4,717	4,566	4,495	4,125

[연도별 논벼 천 ha당 볏짚 생산량]

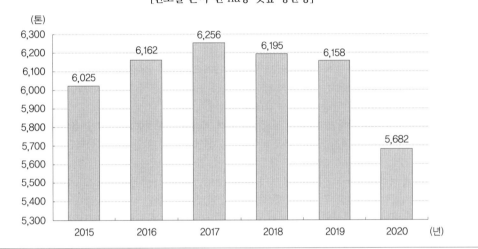

※ 출처: KOSIS(통계청, 농작물생산조사)

① 2016년 이후 논벼 면적과 볏짚 생산량의 전년 대비 증감 추이는 매년 동일하다.

② 2017년 논벼 천 ha당 볏짚 생산량은 전년 대비 1.5% 이상 증가하였다.

③ 제시된 기간 동안 연평균 볏짚 생산량은 약 4,584천 톤이다.

④ 2018년 논벼 면적은 3년 전 대비 61천 ha 감소하였다.

⑤ 2016년 이후 논벼 면적이 전년 대비 가장 많이 감소한 해에 논벼 천 ha당 볏짚 생산량은 전년 대비 137톤 증가하였다.

55. 다음 글의 내용과 일치하지 않는 것은?

양적 완화란 정부가 낮은 금리를 유지하고 있는 상황에서도 경기가 회복되지 않아 국채, 공채 등 다양한 자산을 매입해 시중에 통화량을 증가시켜 경기를 부양하는 정책이다. 그리고 이러한 양적 완화 정책의 규모를 점진적으로 축소해 나가는 일종의 출구 전략을 테이퍼링(Tapering)이라고 한다. 본래 테이퍼링은 마라톤이나 수영 선수 등 지구력이 필요한 운동선수들이 시합을 앞두고 본인의 훈련량을 점차 줄여나가는 과정을 의미하는 스포츠 용어였지만, 과거 2013년도에 미 연방준비제도(Fed) 의장인 벤 버냉키(Ben Bernanke)가 'Taper'라는 단어를 사용하여 양적 완화 축소 가능성을 시사한 이후로 경제적 용어로도 쓰이게 되었다.

양적 완화를 축소하는 테이퍼링이 시행되면 시중에 공급되던 통화가 줄어들면서 가장 먼저 금리 인상이 따라오게 되는데, 그에 따른 영향으로 테이퍼 탠트럼(Taper Tantrum)이 발생할 수 있다. 테이퍼 탠트럼 역시 큰 경기를 앞두고 운동선수가 겪는 심각한 심리적 불안을 뜻하는 스포츠 용어였지만, 테이퍼링과 마찬가지로 버냉키 의장의 2013년 발언을 계기로 경제적 용어로 쓰이게 되었다. 긴축발작으로 불리기도 하는 테이퍼 탠트럼은 선진국의 테이퍼링으로 인하여 신흥국에 유입되었던 자본이 다시 선진국으로 회귀하면서 겪게 되는 금융시장의 충격을 의미한다.

투자자들은 선진국의 양적 완화 정책으로 인해 제로금리 수준으로 빌린 돈을 경제 성장 속도가 빠른 신흥국에 투자한다. 하지만 선진국이 테이퍼링을 선언하고 금리 인상이 예상되면 투자자들은 이에 대한 우려로 인해 신흥국에 투자한 돈을 회수하게 되며, 결국 신흥국은 자금이 급격히 유출돼 통화 가치와 주가가 함께 폭락하게 되고 이로 인해 테이퍼 탠트럼이 발생하게 된다. 실제로 2013년도에 미 연방준비제도에서 테이퍼링을 선언한 후 테이퍼 탠트럼이 발생하였는데, 당시 외환 보유액이 부족하여 재무 건전성이 취약했던 인도, 인도네시아, 터키, 브라질, 남아프리카공화국 등 5개국은 외환위기 우려까지 언급될 정도로 세계 금융시장은 크게 흔들렸다.

한편 코로나19 유행으로 인한 경기 침체에 대한 대응으로 시행되던 미국의 양적 완화 정책이 축소될 것이라는 전망이 나오자 일각에서는 테이퍼 탠트럼 재현에 대한 우려가 나오고 있다. 하지만 다수의 전문가들은 2013년과는 전개가 다를 것이라 예측하고 있다. 우선 미 연방준비제도나 시장 투자자들은 2013년에 한 차례 위기를 겪어본 경험이 있기 때문에 그에 대한 대응도 보다 원활할 것이라고 이야기한다. 그리고 지난 2013년에 발생한 테이퍼링 직전의 상황에 비해 전반적으로 자본 유입과 경기 과열 징후가 낮은 수준을 보이기 때문에 신흥국이 받을 충격이 거의 없을 것이라고 전망하였다. 저명한 국제신용평가사인 A 사에서도 주요 신흥국들이 2013년보다 경상수지 적자 규모가 줄었고 금리 인상에 따른 신흥국의 자금 유출 리스크도 낮은 수준으로 보이고 있다고 하며, 테이퍼링으로 인해 신흥국에서 문제가 발생할 가능성은 거의 없을 것이라는 전망에 힘을 실어주고 있다.

① 정부가 경기를 활성화할 목적으로 시중의 통화량을 늘리는 방법 중 하나는 국채와 같은 자산을 매입하는 것이다.

② 테이퍼링 후 신흥국에서 자금이 급격히 유출되는 원인 중 하나는 테이퍼링과 동반되는 금리 인상 때문이다.

③ 테이퍼링과 테이퍼 탠트럼 모두 본래는 스포츠 용어였지만, 버냉키의 2013년 발언 이후로 경제적인 용어로도 사용되고 있다.

④ 국제신용평가사 A 사에서는 최근 재정환경을 2013년과 비교하며 테이퍼링으로 인한 신흥국 충격이 클 것이라는 점을 시사했다.

⑤ 선진국이 경기 부양을 위해 시행했던 양적 완화 정책을 종료하면 일부 국가는 재정에 부정적인 영향을 받을 수 있다.

56. 다음은 지역별 농업기계 보유 대수를 나타낸 자료이다. 제시된 지역 중 전체 농업기계 보유 대수가 가장 많은 지역에서 농업기계 한 대를 뽑았을 때, 그 농업기계가 동력경운기일 확률은 약 얼마인가? (단, 소수점 첫째 자리에서 반올림하여 계산한다.)

[지역별 농업기계 보유 대수]

(단위: 대)

구분	A 지역	B 지역	C 지역	D 지역
동력경운기	1,636	2,489	2,456	1,203
농용트랙터	1,236	383	1,045	1,920
동력이앙기	2,930	852	963	2,682
건조기	711	1,750	257	1,037
기타	2,487	3,326	3,679	158

① 17%　　② 18%　　③ 20%　　④ 22%　　⑤ 25%

57. 다음은 A, B 2개의 작업 라인에서 동일한 제품을 생산하고 있는 라 공장의 생산 라인별 제품 생산 비율과 불량품 발생 확률에 대한 자료이다. 라 공장에서 생산된 제품 중 한 개가 불량품이었을 때, 이 불량품이 A 라인에서 생산된 제품일 확률은?

[라인별 생산 정보]

(단위 : %)

구분	A 라인	B 라인
제품 생산 비율	70	30
불량품 발생 확률	6	4

① $\frac{3}{500}$　　② $\frac{21}{500}$　　③ $\frac{3}{5}$　　④ $\frac{7}{9}$　　⑤ $\frac{21}{25}$

58. 다음은 양궁 게임에 대한 규칙이다. 제시된 규칙에 따라 가영이와 동수가 게임을 진행할 때, 가능한 결과로 옳지 않은 것은?

[양궁 게임 규칙]

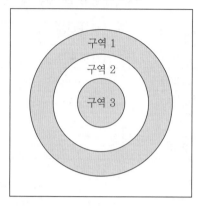

구역 1
구역 2
구역 3

- 게임은 총 3회차까지 진행되며, 회차별로 각자 두 번씩 화살을 쏜다.
- 점수 산정 방식에 따라 최종 점수가 높은 사람이 승리한다.
- 점수 산정 방식은 다음과 같다.
    - 과녁에 화살을 맞춘 구역에 따라 구역 1은 1점, 구역 2는 2점, 구역 3은 3점을 얻고, 그 외 구역에 화살을 맞추거나 과녁에 화살을 맞추지 못하면 0점으로 처리한다.
    - n회차의 점수는 (n회차에서 두 번의 화살을 쏘아 얻은 점수의 합) × n이다.
    - 최종 점수는 1,000보다 작은 수이며, 백의 자리 수는 3회차, 십의 자리 수는 2회차, 일의 자리 수는 1회차의 점수를 각각 10으로 나눈 나머지이다.

① 가영이의 1회차 점수가 짝수라면 최종 점수는 짝수이다.
② 최종 점수의 백의 자리 수가 9이기 위해 3회차에서 얻을 수 있는 점수로 가능한 경우의 수는 4가지이다.
③ 두 사람의 2회차 점수는 모두 짝수이다.
④ 각 회차의 점수를 모두 더해서 만들 수 있는 최고 점수는 23점이다.
⑤ 최종 점수의 각 자리에 들어갈 수 있는 수로 가능한 경우가 가장 적은 자리는 십의 자리이다.

59. A~E는 육아기 근로시간 단축 제도에 따라 다음 달부터 단축 근무를 할 예정이다. A~E가 육아기 근로시간 단축을 신청한 기간에 국가로부터 지원받게 될 지원금의 총액으로 옳은 것은?

[육아기 근로시간 단축 제도 개요]

1. 정의
   - 근로자가 육아휴직을 대체하여 육아기 근로시간 단축을 신청하면 단축된 근로시간에 비례하여 급여를 지급받고, 급여 감소분의 일부는 국가로부터 지원받는 제도

2. 대상
   1) 만 8세 이하 또는 초등학교 2학년 이하의 자녀를 가진 근로자
   2) 1)의 대상자 중 같은 자녀에 대해 배우자가 같은 기간 육아휴직을 부여받지 않은 근로자

3. 기간 및 근로시간
   - 육아휴직 기간과 합산해 1년 이내
   - 단축 후 근로시간은 주당 15시간 이상 30시간 이하

4. 월 지원금 계산식
   - 월 통상임금의 80%(하한액 50만 원, 상한액 150만 원) × $\dfrac{\text{단축 전 주당 근로시간} - \text{단축 후 주당 근로시간}}{\text{단축 전 주당 근로시간}}$

5. 육아휴직과 육아기 근로시간 단축의 사용 형태
   - 육아휴직의 1회 사용
   - 육아기 근로시간 단축의 1회 사용
   - 육아휴직의 분할 사용 (단, 1회만 분할 가능)
   - 육아기 근로시간 단축의 분할 사용 (단, 1회만 분할 가능)

① A: 720만 원
   - 신청기간: 9개월
   - 월 통상임금: 160만 원
   - 단축 전 주당 근로시간: 40시간
   - 단축 후 주당 근로시간: 15시간

② B: 550만 원
   - 신청기간: 6개월
   - 월 통상임금: 240만 원
   - 단축 전 주당 근로시간: 40시간
   - 단축 후 주당 근로시간: 20시간

③ C: 720만 원
   - 신청기간: 12개월
   - 월 통상임금: 180만 원
   - 단축 전 주당 근로시간: 40시간
   - 단축 후 주당 근로시간: 20시간

④ D: 120만 원
   - 신청기간: 3개월
   - 월 통상임금: 200만 원
   - 단축 전 주당 근로시간: 40시간
   - 단축 후 주당 근로시간: 30시간

⑤ E: 450만 원
   - 신청기간: 10개월
   - 월 통상임금: 220만 원
   - 단축 전 주당 근로시간: 40시간
   - 단축 후 주당 근로시간: 25시간

60. 다음 글의 내용과 일치하는 것은?

유동성이란 자산을 유동적 형태로 전환할 수 있는 정도를 나타내는 경제학 용어로, 유동성 선호는 말 그대로 자산을 보유할 때 투자의 형태가 아닌 화폐, 당좌예금 등의 형태로 가지고자 하는 욕구이다. 유동성 선호설이란 영국의 경제학자인 케인스가 전개한 이자율 결정 이론이다. 이는 화폐가 보유하는 가치의 안정성 및 편리성이 상실되는 데에 대한 보상으로 지급되는 것이 이자이며, 이자율은 사람들의 유동성 선호와 화폐 당국에 의하여 결정되는 화폐 공급량이 균형을 이루는 곳에서 결정된다고 하는 설이다.

케인스는 화폐 보유의 동기로서 거래적 동기, 예비적 동기, 투기적 동기 세 가지 동기를 주장하였다. 거래적 동기는 일상생활에 필요한 거래를 위해 화폐를 보유하고자 하는 동기이고, 예비적 동기는 장래에 예측하지 못하는 상황에 대비하여 화폐를 보유하고자 하는 동기를 말한다. 소득이 높아지면 거래적 동기와 예비적 동기에 의한 화폐 수요가 많아지고, 소득이 낮아지면 화폐 수요도 함께 낮아짐에 따라 거래적 동기와 예비적 동기는 모두 소득 정도와 비례한다고 볼 수 있다. 동시에 경제 주체들이 거래 매개수단으로써 화폐를 중요시한다는 것 또한 알 수 있다.

화폐는 어떠한 가치를 보장할 수 있는 하나의 자산이기 때문에 사람들은 소비 외의 목적으로도 화폐를 보유하는 경향이 있다. 이것이 바로 투기적 동기인데, 다른 자산과 비교하여 화폐를 보유하는 것이 가장 유리하다고 판단될 때 화폐를 보유하는 것이다. 예를 들어 주식, 사채 등 투자 형태의 자산 대신 화폐를 보유하게 되면 이자를 포기할 수밖에 없기 때문에 이자 수입이 커진다면 투기적 동기에 의한 유동성 선호는 작아진다.

이에 대해 케인스는 화폐에 대한 수요는 실제 이자율이 아니라 기대되는 예상 이자율에 의하여 결정된다고 하였다. 사람들은 실제 이자율이 정상 이자율보다 높으면 이자율이 내릴 것으로, 실제 이자율이 정상 이자율보다 낮으면 이자율이 오를 것으로 예상한다. 결국 실제 이자율이 정상 수준보다 낮으면 화폐를 보유함에 따라 희생해야 하는 이자가 적어져 채권을 구입하는 대신 화폐를 보유하는 것이 더 매력적인 선택으로 여겨진다. 또한, 추후 이자율 상승 가능성이 매우 크므로 채권 가격의 하락이 예상되어 자본 손실을 피하기 위해서라도 화폐 선호도가 커질 수밖에 없다. 결국 화폐는 거래 매개수단일 뿐만 아니라 가치 저장수단의 역할을 한다는 것을 보여준다.

만일 경기가 침체된 상태라면 정부는 금리를 일정 수준 이하로 내려 시중에 화폐의 유동성을 공급하는 경기부양책을 취할 것이다. 이로 인해 통화 공급이 증가하면 가계는 소비를 늘리고, 기업은 투자를 확대할 것이다. 그러나 가계는 경기가 침체된 상태에서 이자율이 매우 낮으면 가까운 미래에 이자율이 다시 상승할 것으로 기대하여 미래에 가격이 낮아진 채권을 구입하기 위해 현재 보유하고 있는 화폐를 계속해서 증가시키고, 기업 역시 미래의 경제 상황을 낙관하지 못하기 때문에 생산을 줄이고 투자를 미루게 된다. 결론적으로 정부는 경기부양 효과를 얻지 못하는 것이다.

이처럼 금리가 매우 낮아 통화 공급의 증가가 지출 증가로 연결되지 않고 사람들의 화폐 보유만 늘어나는 상태를 유동성 함정이라 칭한다. 이러한 유동성 함정에 갇히게 되면 화폐는 개인이나 기업의 수중에만 머물러 순환하지 않아 결국 정부의 경기부양책은 실물경제에 아무런 영향을 미치지 않는 결과를 낳게 된다. 즉 유동성 함정 상태에서는 모든 유휴자금의 증가분이 투기적 화폐 수요로 흡수되기 때문에 정부의 통화정책이 효과를 발휘하기 어려워지는 것이다.

① 정상 이자율이 실제 이자율보다 높으면 채권 가격이 상승할 것으로 예상되어 화폐를 보유하고자 하는 욕구가 줄어든다.

② 경기 성장세가 둔화되면 기업은 경기 악화를 우려하여 화폐를 최대한 적게 보유하려는 모습을 보인다.

③ 소득 정도와 특정한 화폐 보유 욕구가 비례 관계에 놓이는 것을 통해 화폐가 거래 매개체의 역할을 하는 중요한 수단이라는 것을 알 수 있다.

④ 투기적 동기는 소비를 목적으로 하는 경제 주체가 화폐의 가치를 다른 자산과 비교하여 보유 여부를 결정하는 동기이다.

⑤ 현금이 필요한 경우를 대비하여 지갑에 지폐를 넣고 다니는 것은 거래적 동기에 의한 것으로 볼 수 있다.

61. 다음 SQL명령문에서 DISTINCT의 의미로 적절한 것은?

> SELECT DISTINCT 가격 FROM 의류;

① 검색 결과를 가격 필드 기준으로 내림차순 정렬

② 가격이 중복되는 레코드만 검색

③ 가격 필드를 제외하고 검색

④ 검색 결과를 가격 필드 기준으로 오름차순 정렬

⑤ 가격이 중복되는 레코드는 하나만 검색

62. A 발전은 임직원의 청렴도 향상을 도모하기 위해 청렴마일리지 제도를 도입하였다. 다음 적립 기준을 바탕으로 청렴마일리지를 부여할 때, A 발전의 임직원이 받게 될 청렴마일리지에 대한 설명으로 가장 적절하지 않은 것은? (단, 모든 직원은 제시된 활동 외에 다른 활동은 하지 않았다.)

[청렴마일리지 적립 기준]

분야	항목 (항목점수)	세부 내용	점수	비고
임직원 행동 방침	공익신고 (50)	본인이 금품 또는 선물 수령 후 반환 사실 신고	50	연합하여 신고한 경우 대표자 1명만 인정
		임직원의 금품 또는 선물 청탁 사실 신고	40	
		임직원의 금품 또는 선물 수령 사실 신고	35	
청렴 활동	윤리활동 (30)	언론 홍보(방송, 신문, 인터넷 등)	4/회	
		청렴 행사 참여(캠페인, 워크숍, 회의 등)	3/회	
		청렴 경진 대회 참가	1/회	수상 시 최대 10점 인정
	공익신고 (20)	청탁금지법에 위배되는 상황 신고 (임직원 행동 방침으로 규정한 상황 제외)	20	
	윤리교육 (15)	인재개발원 청렴 교육 오프라인 수강	10	정규교육만 인정
		권익위 청렴연수원 교육 온라인 수강	5	
		사내 감사실 청렴 교육 온라인 수강	5	
	사회봉사 (10)	사내·외 사회봉사 참여	1/시간	연간 최대 10시간 인정

※ 항목별 총점수는 항목점수를 초과할 수 없음

① B 대리는 1년 동안 매달 마지막 주 토요일에 1시간씩 사내 어린이 재단에서 사회봉사를 하였으므로 총 10점을 받을 수 있다.

② C 상무는 연구개발 소속의 최 전무가 거래처로부터 1,000만 원 정도의 금품을 받은 것을 신고하였으므로 총 35점을 받을 수 있다.

③ D 인턴은 인재개발원, 권익위 청렴연수원, 사내 감사실에서 주관하는 정규 윤리교육을 모두 수강하였으므로 총 20점을 받을 수 있다.

④ E 팀장은 청렴 워크숍에 2회 참석하였고 그중 하루는 청렴 경진 대회에 참가하였으나 입상하지 못하였으므로 총 7점을 받을 수 있다.

⑤ F 전무는 G 전무가 대표로 있는 조직원들과 함께 청탁금지법에 위배되는 상황과 김 팀장이 거래처에 500만 원 상당의 선물을 한 사실을 신고하여 총 20점을 받을 수 있다.

63. 다음은 연도별 학생 및 교원 수에 대한 자료이다. 자료에 대한 설명으로 옳은 것은?

[연도별 학생 및 교원 수]

(단위: 명)

구분	2019		2018		2017		2016	
	학생 수	교원 수	학생 수	교원 수	학생 수	교원 수	학생 수	교원 수
서울특별시	1,507,375	94,010	1,546,841	95,398	1,587,612	95,770	1,629,305	96,185
부산광역시	592,113	34,555	610,226	35,125	627,615	35,475	648,857	35,752
대구광역시	411,916	27,488	426,210	27,691	440,003	27,199	453,771	27,306
인천광역시	421,065	27,999	431,117	28,177	439,657	27,994	449,670	28,026
광주광역시	313,463	19,159	323,605	19,375	331,665	19,324	341,377	19,330
대전광역시	330,007	20,254	340,763	20,411	351,283	20,230	364,388	19,981
울산광역시	182,827	13,091	188,030	13,144	193,894	13,210	199,674	13,224

※ 출처: KOSIS(통계청, 교원 1인당 학생 수)

① 2017년부터 2019년까지 인천광역시 교원 수의 전년 대비 증감 추이와 대전광역시 교원 수의 전년 대비 증감 추이는 동일하다.

② 2019년 교원 1인당 학생 수는 부산광역시가 울산광역시보다 많다.

③ 2017년부터 2019년까지 광주광역시의 평균 학생 수는 324,000명 이상이다.

④ 2016년 서울특별시와 대구광역시 교원 수의 합은 123,291명이다.

⑤ 제시된 기간 중 인천광역시 교원 수가 가장 적은 해에 광주광역시의 학생 수는 전년 대비 5% 이상 감소하였다.

64. 다음은 특·광역시 및 전국의 예금은행 예금액에 대한 자료이다. 자료에 대한 설명으로 옳은 것은?

[특·광역시별 예금은행 예금액]

(단위: 백억 원)

구분	2016년	2017년	2018년	2019년	2020년
서울	62,807	66,469	72,876	79,116	89,837
부산	7,993	8,177	8,098	9,014	10,106
인천	4,027	4,301	4,434	4,676	5,195
광주	2,407	2,424	2,410	2,526	2,857
대전	2,861	3,060	3,091	3,391	3,873
대구	4,716	4,836	4,844	5,211	5,716
울산	1,608	1,590	1,589	1,665	1,823
세종	571	774	1,186	1,165	1,403

[연도별 전국 예금은행 예금액]

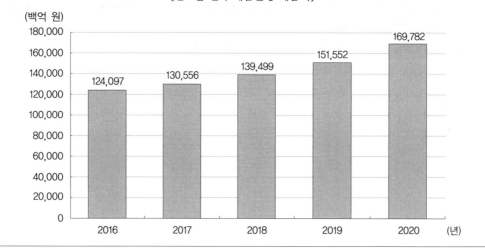

※ 출처: KOSIS(한국은행, 통화금융통계)

① 2017년부터 2020년까지 예금은행 예금액의 전년 대비 증감 추이가 전국과 매년 동일한 특·광역시는 총 5곳이다.

② 2018년 예금은행 예금액의 전년 대비 증가량은 서울이 세종보다 6,005백억 원 더 많다.

③ 2017년 전국 예금은행 예금액에서 부산 예금은행 예금액이 차지하는 비중은 약 6.3%이다.

④ 제시된 기간 중 인천과 대전의 예금은행 예금액의 차이가 가장 큰 해는 2020년이다.

⑤ 제시된 기간 중 대구 예금은행 예금액이 가장 많은 해에 전국 예금은행 예금액은 대구 예금은행 예금액의 30배 이상이다.

65. 다음은 N 은행의 청년희망적금 상품설명서이다. 청년희망적금 상품설명서 내용을 토대로 판단한 내용으로 옳지 않은 것은? (단, 제시되지 않은 내용은 고려하지 않는다.)

[청년희망적금 상품설명서]

1. 상품 개요

구분	내용
상품 설명	• 청년 고객을 대상으로 저축 장려금과 비과세 혜택을 제공하는 저축 상품
대상 요건	• 나이 요건: 가입일 현재 만 19세 이상 만 34세 이하인 사람 • 소득 요건: 가입일 현재 직전년도 총 급여액이 3,600만 원 이하인 사람 또는 직전 과세 기간의 종합소득과세표준에 합산되는 종합소득금액이 2,600만 원 이하인 사람 • 제외 요건: 가입일이 속한 과세 기간의 직전 3개 과세 기간 중 1회 이상 금융소득종합과세대상자에 해당하는 사람
계약 기간	• 24개월
적립 방법	• 매월 최소 1천 원 이상 50만 원 이하(1천 원 단위) 적립 ※ 만기일 전일까지 저축 가능
기본 이율	• 연 5.0%(만기일시지급식)
저축 장려금	• 13개월 미만: 적금 납입 원금의 2%, 최대 12만 원 • 13개월 이상: 적금 납입 원금의 4%, 최대 24만 원

2. 우대 이율

구분	제공 조건	우대 이율
급여이체 우대 이율	신규일이 포함된 월부터 만기 전전달까지 급여이체실적에 해당하는 월 합산금액이 50만 원 이상인 월이 6개월 이상인 경우	연 0.5%p
자동이체 우대 이율	신규일이 포함된 월부터 만기 전전달까지 자동이체 등 창구 이외의 채널을 이용하여 N 은행 입출금통장에서 적금으로 납입된 월이 6개월 이상인 경우	연 0.3%p
첫 거래 우대 이율	신규일 기준 N 은행 예·적금 상품을 보유하지 않은 경우	연 0.5%p

※ 1) 우대 이율은 최대 2개까지 중복 적용 가능하며, 우대 이율이 높은 이율부터 우선 적용함
   2) 급여이체 우대 이율: 급여이체 계약에 따른 급여성 선입자, 기업인터넷뱅킹 등에 의한 급여이체
   3) 첫 거래 우대 이율: 주택청약종합저축, 청약저축, 청약예금 제외

3. 유의 사항

– 병적증명서로 현역병, 사회복무요원, 장교의 병역 이행이 증명되는 경우 그 기간(6년 이내)을 가입일 현재의 만 나이에서 빼고 계산한 나이가 만 34세 이하인 경우 나이 요건에 충족하는 것으로 간주함

① 매월 저축할 수 있는 최고 한도까지 저축한다면 1년간 최대 600만 원을 저축할 수 있다.

② 상품설명서에 제시된 모든 우대 이율 조건에 부합하는 사람에게 적용되는 최종 이율은 최대 연 6.0%이다.

③ 올해 1월 적금에 가입한 사람이 가입달부터 같은 해 10월까지 매월 N 은행 입출금통장에서 자동이체로 적금을 납입하였고, 적금 만기 달인 12월에 적금을 해지하였다면 연 0.3%p의 우대 이율이 적용된다.

④ 현역병으로 근무한 2년의 기간이 병적증명서로 증명된 만 35세인 자는 나이 요건을 충족한다.

⑤ 중도해지 없이 계약 기간 동안 매월 15만 원씩 적립한 사람은 만기에 저축 장려금으로 72,000원을 받는다.

[66-67] 지하철 유실물 센터로 발령난 신입사원 A는 1호선과 2호선 도시철도 유실물 반환 건수를 엑셀 시트로 정리하는 업무를 진행 중이다. 각 물음에 답하시오.

	A	B	C	D	E	F	G
1					(단위: 건)		
2		구분	합계	1호선	2호선		
3		휴대폰	475	210	265		
4		시계	346	157	189		
5		지갑	395	134	261		
6		가방	391	180	211		
7		의류	452	207	245		
8		서류	304	104	200		
9		외국인 유실물	469	253	216		
10							
11		반환 건수가 두 번째로 큰 값					
12							
13		외국인 유실물 총 반환 건수					
14							

66. '외국인 유실물 총 반환 건수'를 찾기 위해 [E13] 셀에 입력할 함수식으로 가장 적절한 것은?

① = HLOOKUP(C2, C2:E9, 1, 0)

② = HLOOKUP(C2, B2:E9, 2, 1)

③ = VLOOKUP(B9, C2:E9, 1, 0)

④ = VLOOKUP(B9, B2:E9, 2, 0)

⑤ = LOOKUP(B9, B3:B9, D3:D9)

67. 1호선과 2호선의 도시철도 유실물 반환 건수에서 '반환 건수가 두 번째로 큰 값'을 찾기 위해 [E11] 셀에 입력할 함수식으로 가장 적절한 것은?

① = MAX(D3:E9, 2)

② = MIN(D3:E9, 2)

③ = LARGE(D3:E9, 2)

④ = SMALL(D3:E9, 2)

⑤ = MID(D3:E9, 2)

68. 다음 글을 통해 추론한 내용으로 적절하지 않은 것의 개수는?

여기 한 개인이 자신의 돈으로 집 앞에 정원을 아름답게 꾸몄다고 가정해보자. 아름다운 정원은 다른 사람들에게 시각적 즐거움을 제공하고 공기를 정화하는 등 긍정적인 영향을 미치지만 그에 대한 금전적인 보상은 발생하지 않는다. 반대로 강의 상류에 위치한 공장이 폐수를 방류한다고 가정해보자. 폐수는 강의 하류에 거주하는 사람들에게 두통, 악취 등 부정적인 영향을 미치게 되지만 이 또한 금전적인 보상이 발생하지 않는다. 경제학에서는 이처럼 어떠한 경제 주체의 행위가 다른 경제 주체에게 영향을 미쳐도 그에 대한 보상이 이루어지지 않는 것을 외부효과라고 하며, 정원과 같은 사례를 긍정적 외부효과, 폐수와 같은 사례를 부정적 외부효과라고 한다. 외부효과는 시장에 의한 통제가 쉽지 않기 때문에 정부의 개입으로 해결하려 하는 것이 일반적이다. 그러나 민간 경제 주체들이 협상을 통하여 외부효과의 비효율성을 해결할 수 있다는 주장이 1937년에 등장하는데, 그것이 바로 코즈의 정리이다.

코즈의 정리를 주장한 경제학자 로널드 코즈(Ronald H.Coase)는 재산의 소유권이 잘 확립되어 있고 거래 비용이 적거나 발생하지 않는 상태라면, 정부의 개입 없이도 민간 경제 주체들의 자발적인 협상을 통해 외부효과로 인한 비효율성을 해결할 수 있다고 이야기하였다. 앞서 제시된 강의 상류에 위치한 공장의 사례를 다시 살펴보자. 강의 상류에서 공장을 운영하는 A는 공장 폐수를 하천에 방류하고 있으며, 하천의 하류에서 양어장을 운영하고 있는 B는 공장 폐수로 인해 양어장이 오염되는 피해를 받고 있다. 공장에서 폐수를 정화하여 배출하려면 월 400만 원이 소요되고 오염된 양어장을 정화하는 데에는 월 1,000만 원이 든다고 하였을 때, 폐수를 어떻게 처리하는 것이 가장 적절할까? 코즈의 정리를 적용해보자.

만약 하천의 소유권이 공장 주인 A에게 있다면, 양어장 주인 B는 1,000만 원을 들여 오염된 양어장을 정화하기보다는 A에게 공장의 폐수 정화 비용 400만 원을 지불하면서 폐수 정화를 요청할 것이다. 반대로 하천의 소유권이 양어장 주인 B에게 있다면, 공장 주인 A는 스스로 400만 원을 들여 폐수를 정화하여 배출할 것이다. 하천의 주인 B가 양어장 정화 비용 1,000만 원에 대한 보상 소송을 걸 가능성이 높기 때문이다. 결과로 알 수 있듯이 하천의 주인이 누구든 소유권만 명확하다면 400만 원을 들여 공장에서 폐수를 정화하여 하천의 오염을 예방하는 바람직한 결과가 도출되며, 정부의 개입 없이도 민간 경제 주체들 간의 협상을 통해 외부효과가 사라진다.

이러한 코즈의 정리는 정부의 시장 개입에 대한 불필요성을 강조하며 당사자 간의 자발적인 협상을 통해 시장 스스로 외부성을 해결할 수 있을 것이라는 가능성을 제시하여 경제학에서 높은 평가를 받고 있다. 실제로 코즈의 정리는 정부의 개입을 축소해야 한다는 신자유주의자들의 주장을 뒷받침하는 논거로 활용되기도 했다. 하지만 코즈의 정리는 현실에서의 적용이 힘들다는 한계점을 가지고 있다. 오염 문제와 같은 외부효과는 경제 주체를 정확하게 판별하기란 불가능에 가까우며, 판별된다고 할지라도 다수가 참여하는 협상 과정에서 거래 비용이 과다하게 발생하거나 비용을 지불하지 않고 협상에 대한 결과만을 누리려는 무임승차의 문제가 발생할 수 있기 때문이다. 또한, 경제 주체 간의 정보 비대칭으로 인해 상대방의 의도 파악이 어렵다면 외부효과의 효율적 처리가 쉽지 않다는 문제가 뒤따를 수 있다.

㉠ 코즈는 거래 비용만 없다면 경제 주체 간의 협상이 외부효과로 인한 문제를 해결할 수 있다고 본다.
㉡ 외부효과는 다른 사람에게 어떤 영향을 미치는지에 따라 그 유형을 두 개로 나눌 수 있다.
㉢ 코즈의 정리는 정부 도움 없이 시장 스스로 외부효과 해결이 가능함을 시사한다.
㉣ 공장 주인과 양어장 주인의 사례에서 공장 주인이 하천 소유주라면 외부효과 해결 가능성이 더 높다.
㉤ 코즈의 정리는 외부효과의 효율적 해결을 위해 각 경제 주체의 정보력에 차이가 있어야 한다고 본다.

① 1개   ② 2개   ③ 3개   ④ 4개   ⑤ 5개

69. N 은행 인사팀에 근무하는 박 차장은 신입사원 면접 일정을 수립하기 위해 면접관들의 일정을 확인하였다. 실무진 면접 공지 및 면접관 일정을 모두 고려하여 면접관 3명 전원이 참석할 수 있는 면접 일정을 결정해야 할 때, 박 차장이 결정할 면접 요일과 시간대는?

[실무진 면접 공지]

- 소요 시간: 2시간
- 면접관: 면접관 1, 면접관 2, 면접관 3
- 면접자: 김○○, 박○○, 유○○, 이○○, 최○○
- 면접은 12/5(월)~12/9(금) 중 오후 시간대(13:00~18:00)에 진행해야 함

[면접관 일정]

구분	12/5(월)	12/6(화)	12/7(수)	12/8(목)	12/9(금)
면접관 1	• 14:00~15:00 정기회의	• 13:00~15:30 HRM 교육	• 14:00~15:00 팀 회의	• 14:00~15:00 정기회의	• 15:00~17:00 경력직 면접
면접관 2	• 16:00~17:00 업무 보고	• 10:00~12:00 거래처 미팅		• 휴무	• 13:00~14:00 직책자 교육
면접관 3	• 9:00~11:00 HRD 교육	• 오전 반차	• 13:00~17:00 외부 교육	• 9:00~10:00 직책자 교육	

※ 제시된 시간은 모두 이동 시간을 포함한 시간임

① 12/5(월) 13:00~15:00
② 12/6(화) 16:00~18:00
③ 12/7(수) 15:00~17:00
④ 12/8(목) 15:30~17:30
⑤ 12/9(금) 17:00~19:00

70. 다음과 같이 갑의 보험 선택 기준이 일부 수정되었을 때, 맹견 보험 종류별 보장 내용 및 수정된 보험 선택 기준을 토대로 갑이 선택할 보험은? (단, 제시되지 않은 내용은 고려하지 않는다.)

[맹견 보험 종류별 보장 내용]

구분	보험료	보장 기간	보상 한도액	
			대인(1인)	대동물(1사고)
A 보험	연 13,050원	3년(소멸성)	사망: 최대 8,000만 원, 부상: 최대 1,500만 원	피해: 최대 300만 원
B 보험	월 1,080원	5년(소멸성)	사망: 최대 6,000만 원, 부상: 최대 1,500만 원	피해: 최대 200만 원
C 보험	월 1,210원	해지 전까지	사망: 최대 1억 원, 부상: 최대 1,000만 원	피해: 최대 100만 원
D 보험	연 8,910원	1년(소멸성)	사망: 최대 5,000만 원, 부상: 최대 1,000만 원	피해: 최대 300만 원
E 보험	연 15,150원	해지 전까지	사망: 최대 1억 원, 부상: 최대 3,000만 원	피해: 최대 500만 원

[갑의 보험 선택 기준]
- 대동물 사고로 인한 피해 발생 시 사고당 300만 원 이상의 보상을 받을 수 있는 보험으로 선택한다.
- 보장 기간이 1년 이하인 보험은 선택하지 않는다.
- 대인 사망 시 인당 8,000만 원 이상의 보상을 받을 수 있는 보험으로 선택한다. 다만, 대인 사망 시 인당 1억 원 이상의 보상을 받을 수 있으면서 대인 부상 시 인당 3,000만 원 이상의 보상을 받을 수 있는 보험이 있다면 그 보험으로 선택한다.
- 위 조건을 충족하는 보험 중 연 보험료가 가장 저렴한 보험으로 선택한다.

① A 보험　　　② B 보험　　　③ C 보험　　　④ D 보험　　　⑤ E 보험

약점 보완 해설집 p.16

무료 바로 채점 및 성적 분석 서비스 바로 가기
QR코드를 이용해 모바일로 간편하게 채점하고 나의 실력이 어느 정도인지, 취약 부분이 어디인지 바로 파악해 보세요!

3회 기출동형모의고사

고난도

---

[1] 본 실전모의고사는 직무능력평가(NCS)와 직무상식평가 70문항을 75분 이내에 풀이하는 것으로 구성 되었으며, 시험 구성에 따른 출제 범위는 다음과 같습니다.

- 직무능력평가(40문항): 의사소통능력, 수리능력, 문제해결능력, 정보능력
- 직무상식평가(30문항): 금융 · 경제, 디지털, 농업 · 농촌

※ 본 실전모의고사는 2023년 채용 시 치러졌던 직무능력평가 및 직무상식평가에 맞춰 구성되어 있습니다.

24년 신규직원(6급) 채용 공고문에서는 직무능력평가 45문항, 직무상식평가 25문항, 총 70문항을 80분 이내에 풀이하는 것으로 고지되었습니다.

이에 따라 문항 수 및 시간에는 일부 변동이 발생하였으나, 출제 범위는 기존과 동일하므로 본 실전모의고사를 80분 이내에 꼼꼼히 풀이하는 방향으로 연습하시어 실전을 대비하시길 바랍니다.

[2] 문제 풀이 시작과 종료 시각을 정한 후, 실전처럼 모의고사를 풀어보세요.

　　　　시　　　분 ~ 　　　시　　　분(총 70문항/75분)

- 해커스ONE 애플리케이션의 학습 타이머를 이용하여 더욱 실전처럼 모의고사를 풀어볼 수 있습니다.
- 모의고사 마지막 페이지 또는 해설집의 '무료 바로 채점 및 성적 분석 서비스' QR코드를 스캔하여 응시 인원 대비 본인의 성적 위치를 확인해 보시기 바랍니다.

01. 완전 경쟁 시장에서의 단기균형을 나타내는 그래프가 다음과 같을 때, A~E 중 조업중단점은?

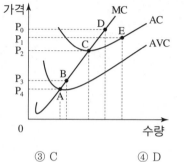

① A   ② B   ③ C   ④ D   ⑤ E

02. 다음 지문의 빈칸에 들어갈 용어로 적절한 것은?

> IT 기술을 기반으로 새로운 금융 서비스를 제공하는 (   )은/는 금융회사가 금융을 IT 기술에 접목해 활용한 서비스를 제공하는 것과 달리 IT 기업이 IT 기술에 금융을 접목한 금융 혁신이다. 알리바바 창업자인 마윈 회장이 2016년 한 세미나에서 알리바바가 금융 혁신을 이끌 수 있다는 비전을 제시하려는 의도를 가지고 처음 언급한 개념이다.

① 핀테크   ② 마이데이터   ③ 오픈뱅킹   ④ 오픈 API   ⑤ 테크핀

03. 다음 중 밀턴 프리드먼의 항상소득가설에 대한 설명으로 적절하지 않은 것은?

① 호황기에는 실제소득이 항상소득보다 높으며, 침체기에는 항상소득이 실제소득보다 높다.

② 소득을 항상소득과 일시소득으로만 구분할 때, 소득에서 일시소득이 차지하는 비율이 항상소득이 차지하는 비율보다 더 높을수록 소비성향이 높아지고 저축성향이 낮아진다.

③ 개인의 소비는 주로 개인의 항상소득에 의해 결정된다.

④ 일시소득과 일시소비가 서로 독립적이라고 가정한다.

⑤ 장기에는 임시소득이 0이므로 모든 소비자의 한계소비성향은 그들의 평균소비성향과 일치한다.

04. 다음 중 솔로우(Solow)의 경제성장모형에 대한 설명으로 적절하지 않은 것의 개수는?

> ㉠ 인구증가율이 감소하면 균제상태에서 일시적으로 1인당 산출량도 감소한다.
> ㉡ 생산함수에서 노동량을 내생변수로 취급한다.
> ㉢ 1인당 소비를 극대화하는 1인당 자본량을 황금률자본량이라고 한다.
> ㉣ 균제상태에서 1인당 소득증가율은 100%이다.

① 0개   ② 1개   ③ 2개   ④ 3개   ⑤ 4개

05. 다음 중 공동인증서에 대한 설명으로 적절하지 않은 것은?

① 전자서명법의 개정안이 통과되면서 공인인증서가 폐지되고 공동인증서가 도입되었다.

② 참조 번호와 인가 코드를 입력한 후에 인증서 프로그램을 다운로드받아 설치할 수 있다.

③ 공인인증서는 공동인증서가 도입된 날부터 유효기간이 만료되어 사용할 수 없다.

④ 인터넷상에서 공동인증서를 사용하여 거래할 경우에는 법적으로 보장된 본인 확인이 가능하다.

⑤ 서명자는 본인의 서명에 대하여 부인할 수 없다.

06. 다음 중 국제협동조합연맹의 협동조합 7대 원칙에 해당하지 않는 것은?

① 조합원의 정치적 참여

② 자발적이고 개방적인 협동조합

③ 조합원에 의한 민주적 관리

④ 교육, 훈련 및 정보 제공

⑤ 지역사회에 대한 기여

07. 다음 중 무차별곡선에 대한 설명으로 적절하지 않은 것은?

① 일반적으로 원점에 대해 볼록하다.

② 원점에서 멀리 떨어진 곡선일수록 낮은 효용수준과 대응한다.

③ 무차별곡선끼리는 서로 교차하지 않는다.

④ 기울기가 음(−)의 값을 가진다.

⑤ 소비자에게 동일한 만족을 주는 재화의 조합을 나타낸다.

08. 다음 설명에 해당하는 다이어그램으로 적절한 것은?

나이팅게일은 1854년에 일어난 크림 전쟁에서 간호사로 활동하며 많은 병사들의 죽음에 의문점을 가지고 약 2년간 병원의 입원, 부상, 질병, 사망 데이터를 수집하여 분석한 결과, 전투보다 전염병과 영양실조 등으로 사망하는 경우가 더 많다는 것을 알게 되었다. 이후 사람들에게 병원의 위생 상태의 중요성을 쉽게 이해시키기 위하여 분석 결과를 시각화한 다이어그램을 만들었다.

① 클래스 다이어그램   ② 벤 다이어그램   ③ 보로노이 다이어그램
④ 로즈 다이어그램   ⑤ 생키 다이어그램

09. 가전제품 생산 업체인 A 전자는 생산 비용을 절감하기 위해 로봇 기술을 개발하였다. A 전자의 로봇 기술 개발이 가전제품 시장에 미치는 직접적인 파급 효과로 가장 적절한 것은?

① 수요곡선이 우측으로 이동하고, 가전제품의 가격이 하락한다.

② 수요곡선이 좌측으로 이동하고, 가전제품의 가격이 상승한다.

③ 공급곡선이 좌측으로 이동하고, 가전제품의 가격이 하락한다.

④ 공급곡선이 우측으로 이동하고, 가전제품의 가격이 하락한다.

⑤ 공급곡선이 우측으로 이동하고, 가전제품의 가격이 상승한다.

10. 다음 ⑦~②에 들어갈 말이 올바르게 연결된 것은?

> • 지니계수의 값이 클수록 소득 분배가 (⑦)하다는 것을 의미한다.
> • 10분위 분배율의 값이 클수록 소득 분배가 (ⓒ)하다는 것을 의미한다.
> • 앳킨슨 지수의 값이 클수록 소득 분배가 (ⓒ)하다는 것을 의미한다.
> • 로렌츠 곡선은 대각선에 가까워질수록 소득 분배가 (②)하다는 것을 의미한다.

	⑦	ⓒ	ⓒ	②
①	평등	불평등	불평등	불평등
②	평등	평등	불평등	불평등
③	불평등	평등	불평등	불평등
④	불평등	평등	불평등	평등
⑤	불평등	불평등	불평등	평등

11. 다음 각 설명에 해당하는 용어가 바르게 연결된 것은?

> ⑦ 머리에 장착하여 사용하는 디스플레이 디바이스인 HMD를 통해 컴퓨터로 만든 가상의 세계를 실제처럼 체험할 수 있는 기술
> ⓒ 실제 환경에 컴퓨터 그래픽으로 만든 가상의 객체를 혼합하여 사용자가 가상 세계에 더욱 몰입할 수 있도록 만든 기술
> ⓒ 현실 세계에서와 같은 사회·경제·문화 활동이 아바타를 통해 이뤄지는 3차원 공간 플랫폼

	⑦	ⓒ	ⓒ
①	증강현실	가상현실	메타버스
②	증강현실	확장현실	메타버스
③	가상현실	증강현실	메타버스
④	가상현실	확장현실	디지털 트윈
⑤	가상현실	증강현실	디지털 트윈

12. 다음 중 자산유동화증권(ABS)의 내부 신용보강 방법에 해당하지 않는 것은?

① 초과 담보 설정

② 지급보증

③ 유보금 적립

④ 후순위증권 발행

⑤ 현금흐름 차액 적립

13. 다음 중 애로우의 불가능성 정리에서 사회효용함수가 지녀야 할 속성에 해당하지 않는 것은?

① 완비성　　　　② 이행성　　　　③ 파레토 원칙

④ 독립성　　　　⑤ 극대성

14. 다음 중 수요견인 인플레이션의 원인에 해당하지 않는 것은?

① 원자재의 가격이 상승하는 경우

② 정부가 지출을 늘리는 경우

③ 통화량이 과도하게 증가하는 경우

④ 가계가 소비를 증가시키는 경우

⑤ 기업이 투자를 증가시키는 경우

15. 다음은 농협이 선포한 비전 2025의 미래상에 대한 자료이다. ㉠~㉢에 들어갈 용어가 올바르게 연결된 것은?

㉠	㉡	㉢
• 혁신을 통해 경쟁력 있는 농업을 이끌어가는 농업인 • 식량의 안정적인 공급, 생태·환경보전, 전통문화 계승 등 농업의 공익적 가치 창출을 통해 국민들로부터 인정받는 농업인	• 농업인이 안심하고 생산에만 전념할 수 있는 유통체계 구축 • 국민들에게 고품질의 안전한 농축산물 공급 • 농업인·소비자 모두가 만족하는 합리적 가격으로 농축산물 공급	• 스마트팜 등 혁신 기술에 기반한 비즈니스 기회가 제공되는 농촌 • ICT 기술 등을 통해 살기 좋은 정주 여건을 갖춘 농촌 • 일터, 삶터, 쉼터로서 도농간 교류가 활성화되는 농촌

	㉠	㉡	㉢
①	존경받는 농업인	대우받는 농업	희망이 있는 농촌
②	존경받는 농업인	발전하는 농업	희망이 있는 농촌
③	존경받는 농업인	대우받는 농업	소통이 있는 농촌
④	상생하는 농업인	발전하는 농업	소통이 있는 농촌
⑤	상생하는 농업인	대우받는 농업	소통이 있는 농촌

16. 다음 중 자본자산가격결정모형(CAPM)에 대한 설명으로 적절하지 않은 것은?

① 모든 투자자는 위험회피형이며 기대효용을 극대화할 수 있도록 투자한다고 가정한다.

② 증권시장선보다 위쪽에 위치한 증권은 과소 평가되어 있고, 아래쪽에 위치한 증권은 과대 평가되어 있다.

③ 자본시장선은 체계적 위험인 베타와 모든 자산의 기대수익률과의 선형관계를 나타낸다.

④ 자본시장이 균형인 상태에서는 증권시장선과 자본시장선 모두 기대수익률이 위험과의 선형관계를 가지고 결정된다.

⑤ 시장포트폴리오의 수익률과 자본시장선상에 있는 포트폴리오 수익률 간 상관계수는 항상 1이다.

17. 다음 중 비용함수에 대해 적절하게 설명한 사람을 모두 고르면?

> - 갑: 총비용은 총가변비용과 총고정비용의 합과 같으며, 총고정비용은 장기 비용함수와 단기 비용함수 모두에서 존재해.
> - 을: 한계비용곡선은 평균가변비용곡선의 최저점과 총평균비용곡선의 최저점을 모두 지나게 돼.
> - 병: 장기평균비용곡선과 장기한계비용곡선이 접하는 점에 해당하는 생산량은 평균비용을 최소화하는 생산량이야.
> - 정: 그리고 그 생산량을 기준으로 왼쪽은 장기평균비용이 감소하는 구간으로 생산량을 늘리는 것이 더 유리한 규모의 경제를 달성할 수 있는 구간이야.

① 갑, 을   ② 갑, 병   ③ 을, 정   ④ 갑, 병, 정   ⑤ 을, 병, 정

18. 다음 중 운영체제에 대한 설명으로 적절하지 않은 것은?

① 사용자 인터페이스를 제공한다.

② 컴퓨터 시스템의 자원을 관리한다.

③ 컴퓨터 하드웨어를 제어한다.

④ 입·출력에 대한 보조역할을 수행한다.

⑤ 원시프로그램을 목적프로그램으로 변환시킨다.

19. 다음 ㉠~㉣에 들어갈 말이 바르게 연결된 것은?

> - 인플레이션이 발생하면 수출은 (㉠)하고, 수입은 (㉡)한다.
> - 인플레이션이 발생하면 실물 자산 소유자는 상대적으로 (㉢)해진다.
> - 인플레이션이 발생하면 실질 소득이 (㉣)하고, 이에 따라 구매력도 변화하게 된다.

	㉠	㉡	㉢	㉣
①	감소	증가	불리	감소
②	증가	감소	불리	증가
③	감소	증가	유리	증가
④	증가	감소	유리	증가
⑤	감소	증가	유리	감소

20. 다음 중 주가연계증권(ELS)에 대한 설명으로 적절하지 않은 것은?

① 기초자산의 가격변화에 따라 투자수익이 결정된다.

② 투자금의 일부를 주식 등의 파생상품에 투자하여 초과이익을 추구한다.

③ 예금자 보호 대상 금융 상품이다.

④ 원금보존 비율을 낮추면 수익률을 높일 수 있다.

⑤ 증권회사가 발행하는 금융 상품이다.

21. 다음 중 평가절하정책을 시행했을 때 나타나는 특징으로 적절하지 않은 것의 개수는?

⊙ 자국 화폐의 가치가 하락한다.
ⓒ 국내 물가가 하락한다.
ⓒ 수출은 감소하고 수입은 증가하여 경상수지가 악화된다.
ⓔ 외채 상환에 대한 부담이 감소한다.
ⓜ 환율이 상승한다.

① 1개   ② 2개   ③ 3개   ④ 4개   ⑤ 5개

22. 다음 중 협동조합 기본법에 대한 설명으로 적절하지 않은 것은?

① 총 출자좌수가 200좌일 경우 협동조합원 1명의 출자좌수는 60좌를 넘어서는 안 된다.

② 협동조합은 정기총회일 일주일 전까지 사업보고서 등의 결산보고서를 감사에게 제출해야 하며, 해당 결산보고서와 감사의 의견서를 정기총회에 제출하여 승인받아야 한다.

③ 협동조합 및 협동조합연합회 등은 공직선거에서 특정 정당을 지지하는 행위를 해서는 안 된다.

④ 국가는 협동조합에 대한 이해 증진 및 협동조합의 활동 장려를 위해 매년 8월 첫째 토요일을 협동조합의 날로 지정한다.

⑤ 협동조합원의 의결권 또는 선거권은 협동조합원의 대리인이 행사할 수 있으며, 대리인이 행사한 경우라도 해당 협동조합원이 출석한 것으로 본다.

23. 다음 설명에 해당하는 자본예산편성기법은?

> 자본예산편성과 관련하여 투자 시 발생하는 현금흐름 총유입액의 현재가치에서 현금흐름 총유출액의 현재가치를 차감한 가치를 기준으로 투자안의 수익성을 평가하는 방법이다. 현금흐름의 시간 가치를 반영할 수 있을 뿐만 아니라 가치 가산 성립의 원칙, 유일 해(unique solution)의 존재 등을 확인할 수 있어 자본예산편성기법 중 가장 뛰어난 방법으로 평가받는다.

① 회수기간법   ② 내부수익률법   ③ 순현재가치법

④ 회계적이익률법   ⑤ 수익성지수법

24. 완전 경쟁 기업의 단기 생산함수(Q)는 $565L - 5L^2$이고, 노동의 한계생산성(MP_L)은 $565 - 10L$, 생산물의 가격(P)은 2만 원, 임금(W)은 10만 원일 때, 이윤극대화 고용량(L)은?

① 42   ② 46   ③ 50   ④ 56   ⑤ 65

25. A 기업의 총비용(TC)함수가 $Q^2 - 6Q + 30$일 때, 다음 ㉠~㉢에 들어갈 숫자가 올바르게 연결된 것은?

[A 기업의 생산량에 따른 비용]

구분		총비용(TC)	한계비용(MC)	평균비용(AC)
생산량(Q)	3	21	㉡	7
	6	㉠	6	㉢

	㉠	㉡	㉢
①	20	0	0
②	20	3	5
③	30	0	5
④	30	3	5
⑤	30	0	0

26. 다음 각 설명에 해당하는 용어를 순서대로 바르게 나열한 것은?

> - 암호키를 외부에 공개하며 송신자는 공개된 암호키를 이용해 정보를 보내고, 수신자는 자신만이 가지고 있는 복호키를 이용해 정보를 해독하는 정보 암호화 방식
> - 전자 상거래나 인터넷 뱅킹 등에서 컴퓨터와 같은 디지털 기기를 이용하여 신원을 파악할 때 사용되는 전자적 형태의 정보
> - 긴 길이의 데이터를 짧은 길이의 값이나 키로 변환하여 레코드가 저장되어 있는 주소에서 하나의 문자열을 보다 빨리 찾을 수 있도록 하는 연산기법

① 공개키 암호화 방식 – 전자 서명 – 해시 함수
② 공개키 암호화 방식 – 전자 서명 – 블록체인
③ 공개키 암호화 방식 – OTP – 해시 함수
④ 비밀키 암호화 방식 – 전자 서명 – 블록체인
⑤ 비밀키 암호화 방식 – OTP – 블록체인

27. 국내의 명목 이자율은 4%이고, A 국의 명목 이자율은 3%이다. 양국의 실질 이자율은 동일하며 구매력 평가설이 적용된다고 할 때, 피셔 방정식을 이용한 설명으로 가장 적절한 것은?

① 국내의 기대 인플레이션이 A 국의 기대 인플레이션보다 1%p 더 높고, 국내의 통화 가치는 A 국의 통화 가치에 비해 1%p 올라갈 것으로 기대된다.

② 국내의 기대 인플레이션이 A 국의 기대 인플레이션보다 1%p 더 낮고, 국내의 통화 가치는 A 국의 통화 가치에 비해 1%p 올라갈 것으로 기대된다.

③ 국내의 기대 인플레이션이 A 국의 기대 인플레이션보다 1%p 더 높고, 국내의 통화 가치는 A 국의 통화 가치에 비해 1%p 떨어질 것으로 기대된다.

④ 국내의 기대 인플레이션이 A 국의 기대 인플레이션보다 1%p 더 낮고, 국내의 통화 가치는 A 국의 통화 가치에 비해 1%p 떨어질 것으로 기대된다.

⑤ 국내의 기대 인플레이션과 A 국의 기대 인플레이션에는 차이가 없으나, 국내의 통화 가치는 A 국의 통화 가치에 비해 1%p 떨어질 것으로 기대된다.

28. 다음 중 총수요(AD)-총공급(AS)곡선에 대한 설명으로 적절한 것을 모두 고르면?

> ㉠ 총수요-총공급곡선은 모든 상품의 개별적인 수요-공급을 수평으로 합하여 얻어진다.
> ㉡ 실제 물가와 예상 물가 수준이 같으면 총공급곡선은 자연실업률하의 국민소득 수준에서 수직으로 나타난다.
> ㉢ 물가 수준이 상승하면 총생산량이 감소하게 되므로 단기 총공급곡선이 왼쪽으로 이동한다.
> ㉣ 노동공급의 결정에 있어 여가가 정상재인 경우에 임금 변화에 따른 소득효과와 대체효과가 항상 상쇄된다면 총공급곡선은 우상향한다.
> ㉤ 정부가 확장적 재정정책을 펴는 경우 총수요곡선은 오른쪽으로 이동한다.

① ㉠, ㉡   ② ㉠, ㉢   ③ ㉡, ㉤   ④ ㉢, ㉣   ⑤ ㉣, ㉤

29. 다음 중 BIS가 제시한 글로벌 금융위기의 거시적 요인에 해당하는 것은?

① 위험자산에 대한 투자 확대
② 오랫동안 지속된 낮은 실질금리
③ 정책당국의 적절한 규제 미수행
④ 위험선호의 확산
⑤ 리스크 평가 및 관리 부실

30. 다음 중 NH농협은행에 대한 설명으로 가장 적절하지 않은 것은?

① NH농협은행의 출범 연도는 2012년이다.
② 2015년 NH농협은행은 은행권 최초로 핀테크 오픈 플랫폼 서비스를 출시하였다.
③ 종이 없는 미래형 금융점포를 개설한 이듬해 P2P 금융 증서 블록체인 서비스를 출시하였다.
④ NH농협은행의 대주주는 농협금융지주의 지분을 100% 소유하고 있는 농협중앙회이다.
⑤ NH농협은행의 비전은 사랑받는 은행, 일등은행, 민족은행이다.

31. 다음 글의 내용과 일치하지 않는 것은?

NFT는 대체 불가능한 토큰을 뜻하는 'Non-Fungible Token'의 약자로, 블록체인 기술을 적용한 디지털 토큰이다. 각 토큰이 모두 동일한 가치를 지니고 있어 일대일 교환이 가능하다는 이유로 '대체 가능한 토큰'이라고 불리는 비트코인과 달리 NFT는 각 토큰마다 고유한 인식 값이 부여되므로 토큰의 교환과 복제가 불가능하다는 것이 가장 큰 특징이다. 소유권, 판매 이력 등의 정보가 모두 저장되어 있는 블록체인 기반의 NFT는 세상에 단 하나밖에 없는 무언가를 만들어내는 방식으로서 사람들의 많은 관심을 받고 있다. 초기 산업임에도 불구하고 NFT 시장이 빠르게 진화할 수 있었던 이유 역시 NFT가 사람들의 이목을 끌었기 때문일 것이다. NFT가 적용되었다는 사실만으로 가치가 치솟고 있으며, 메타버스, 게임, 엔터테인먼트, 예술 등 다양한 분야에 활용되면서 NFT는 2020년 6,756만 달러에서 2021년 112억 9,738 달러까지 최근 1년간 약 170배 성장하는 결과를 불러왔다.

NFT 산업의 빠른 성장은 우리 삶에 많은 변화를 가져왔다. 특히 NFT는 예술계에 큰 영향을 미치고 있으며, 대중 사이에 널리 퍼져 친숙한 암호화폐 중 하나로 자리매김하고 있다. NFT 대중화에 기여한 작품에는 블록체인 스타트업인 대퍼 랩스가 개발한 크립토키티가 있다. 유저가 NFT 속성을 가진 고양이 아이템을 구매해 잘 키운 다음 교배시켜 자신만의 고양이를 만들고, 이를 가상 공간 속 유저끼리 암호화폐를 통해 사고파는 게임이다. 당시 600이더리움으로 가장 비싸게 거래되었던 고양이 캐릭터 '크립토키티 드래곤'의 가격이 약 13억 원에 달한 것으로 밝혀져 화제를 모은 바 있다. 또한, 원화로 약 42억 원에 낙찰되었던 트위터 창업자 잭 도시의 첫 번째 트위터 게시물과 바둑기사 이세돌이 인공지능 알파고를 유일하게 이긴 경기의 기보 등도 NFT로 발행된 대표적인 예술 거래품으로 손꼽힌다.

NFT 작품의 가치가 이같이 높아질 수 있는 이유는 NFT가 작품의 원본을 보장해 주기 때문이다. NFT로 생성된 저작물은 복제가 불가능하기 때문에 저작권 침해로부터 창작자를 보호할 수 있다. 비트코인과 마찬가지로 NFT는 블록체인에 소유권과 출처가 기록되고 암호화되어 변경되지 않기 때문에 NFT 소유자들은 블록체인에서 자신의 자산을 쉽게 확인할 수 있다는 사실도 NFT의 장점 중 하나이다. 일반 고가의 제품을 사고팔 때는 거래 전문 기업이나 협회 서비스를 이용해야 하지만, NFT는 제품의 공급량, 판매방법, 결제 방법 등 모두 개인이 결정할 수 있어 디지털 자산 거래소를 통해 쉽고 자유롭게 거래할 수 있다. 이뿐만 아니라 양도 가능한 NFT 소유권은 전 세계 누구에게나 재판매할 수 있어 소유권의 거래 가치역시 높다. 최근에는 연봉을 암호화폐로 받거나 자신의 NFT를 발행하는 운동선수가 증가하는 등 NFT는 예술 분야를 넘어 스포츠 분야에도 그 영향력을 넓혀 나가고 있다.

① 스포츠 선수가 고유의 인식 값을 부여받은 토큰으로 연봉을 받는 것도 NFT를 이용한 사례라고 할 수 있다.

② 일대일로 교환할 수 있다는 특징을 가지고 있는 비트코인은 NFT에 비해 상대적으로 고유성이 적다.

③ 가장 고가로 거래된 크립토키티 캐릭터보다 트위터 창업자가 NFT로 발행한 첫 번째 게시물이 더 비싸게 판매되었다.

④ 단순 고가의 작품과 달리 값비싼 NFT 작품을 거래하는 경우에는 거래 전문 기업을 필수로 이용해야 한다.

⑤ NFT와 비트코인은 블록체인에 기록된 출처와 소유권이 암호화되어 변경되지 않는다는 공통점이 있다.

32. 다음 자료를 바탕으로 화물 관리 코드를 생성한다고 할 때, 2023년 금강상선의 131항차 선박에 실려있는 컨테이너 중 금강3 43번 컨테이너 속 8번째로 적하 신청한 여성 화주의 출항 화물 관리 코드로 가장 적절한 것은?

[화물 관리 코드 생성 방식]

[적하 목록 관리 코드(11자리)] – [선사별 컨테이너 코드(4자리)] – [화주별 코드(4자리)]

예 2023년 대현상선의 17항차 선박에 실려있는 컨테이너 중 대현2 5번 컨테이너 속
21번째로 적하 신청한 남성 화주의 입항 화물

23DHJM0017I – 0005 – 0121

적하 목록 관리 코드				선사별 컨테이너 코드		화주별 코드
제출 연도 코드	운항선사 코드		항차 코드	적하 목록 구분 코드		
20XX년 → XX	대현상선 DHJM		0001~0015		대현1 0001~0004	• 앞 2자리: 성별 코드 남성 → 01 여성 → 02 • 뒤 2자리: 01번부터 시작하여 화물의 적하 신청 순서대로 2자리의 번호가 매겨지며 제출 연도에 따라 번호가 갱신됨
			0016~0030		대현2 0005~0010	
			0031~0045		대현3 0011~0025	
	화진상선 HJTE		0050~0062	• 입항(I) • 출항(E) • 생성(C) • BWT(B)	화진1 0001~0003	
			0063~0078		화진2 0004~0015	
	금강상선 KKCM		0115~0120		금강1 0001~0023	
			0121~0128		금강2 0024~0040	
			0129~0141		금강3 0041~0045	
			0142~0156		금강4 0046~0050	
	별내상선 BLTJ		1121~1129		별내1 0001~0025	
			1130~1140		별내2 0026~0029	
			1141~1150		별내3 0030~0050	

① 23KKCM0131I – 0043 – 0208
② 23KKCM0043E – 0131 – 0208
③ 23KKCM0131E – 0043 – 0802
④ 23KKCM0131E – 0043 – 0208
⑤ 23KKCM0043I – 0131 – 0802

33. A컵에 15% 농도의 소금물이 들어있고, B컵에 21% 농도의 소금물이 들어있었다. 미진이는 두 컵에 들어있던 소금물을 모두 섞은 후, 가열하여 36% 농도의 소금물 300g을 만들었다. 가열한 후 소금물의 양이 가열하기 전 두 컵을 섞은 소금물의 양보다 300g 줄어들었을 때, 처음 B컵에 들어있던 소금물의 양은?

① 100g   ② 200g   ③ 300g   ④ 400g   ⑤ 500g

34. A~E 5개 국가의 대표가 한자리에 모여 국제회의를 진행한 후 결과를 발표하기 위해 기자회견을 열었다. 각 국가의 대표는 기자회견에서 탁자에 일렬로 앉아 기자들의 질문을 받았으며, A 국가와 B 국가의 대표는 이웃하여 앉았고 A 국가와 C 국가의 대표는 이웃하지 않고 앉았을 때, 각 국가의 대표가 탁자에 앉을 수 있는 경우의 수는?

① 12가지   ② 36가지   ③ 48가지   ④ 60가지   ⑤ 120가지

35. NCS 문제를 출제하는 A 위원은 오지선다로 옳은 선택지의 총 개수를 구하는 문제를 제작하고 있다. 다음 조건을 모두 고려하였을 때, A 위원이 제작한 문제의 정답이 되는 총 개수는?

- 1번과 2번은 모두 정답이거나 모두 정답이 아니다.
- 4번이 정답이 아니라면 1번이 정답이고, 3번은 정답이 아니다.
- 1번이 정답이 아니라면 5번도 정답이 아니다.
- 오답이 적어도 1개 존재한다.
- 2번이 정답이면 3번이 정답이거나 1번이 정답이 아니다.
- 1번이 정답이 아니라면 4번도 정답이 아니다.
- 5번이 정답이라면 4번은 정답이 아니다.

① 0개   ② 1개   ③ 2개   ④ 3개   ⑤ 4개

36. N 은행은 지점을 방문한 고객들의 대기 시간을 줄이기 위해 번호표 발행 앱을 개발하여 서비스하고 있으며, 오늘 오전에 갑, 을, 병, 정, 무, 기, 경 7명의 고객이 순서대로 각각 번호표를 발행받았다. 다음 조건을 모두 고려하였을 때, 항상 옳은 것은?

> - 두 명은 앱으로 번호표를 발행받았으며, 나머지는 지점에서 번호표를 발행받았다.
> - 정은 두 번째 순서로 번호표를 발행받았고, 무가 번호표를 발행받은 순서는 가장 마지막이 아니다.
> - 을은 지점에서 번호표를 발행받았으며, 경보다 늦은 순서로 번호표를 발행받았다.
> - 갑과 경은 무보다 먼저 번호표를 발행받았다.
> - 경이 번호표를 발행받은 순서는 네 번째가 아니다.
> - 앱으로 번호표를 발행받은 사람은 모두 경보다 먼저 번호표를 발행받았다.
> - 정은 기와 연달아 번호표를 발행받았으며, 경이 번호표를 발행받은 순서와 이웃하지 않는다.
> - 앱으로 번호표를 발행받은 사람들 사이에 한 명이 지점에서 번호표를 발행받았다.
> - 기는 앱으로 번호표를 발행받은 두 명보다 먼저 번호표를 발행받았다.

① 갑은 기보다 먼저 번호표를 발행받았다.

② 갑과 무는 지점에서 번호표를 발행받았다.

③ 정과 경 사이 순서로 번호표를 발행받은 사람은 세 명이다.

④ 갑이 지점에서 번호표를 발행받았다면, 병은 앱으로 번호표를 발행받았다.

⑤ 을은 여섯 번째 순서로 번호표를 발행받았다.

37. 다음은 N 은행 △△대출 상품 안내문의 일부이다. 채무자 A의 상황이 다음과 같을 때, 연체가 발생한 지 73일째 되는 날 A가 납부해야 할 지연배상금은?

[N 은행 △△대출 상품 안내문]

- **원금 및 이자상환 안내**
  - 원금균등분할상환: 대출 원금을 대출 개월 수만큼 균등하게 분할하고 이자를 더하여 매월 상환하는 방식
  - 원리금균등분할상환: 대출 원금과 이자의 합계 금액을 대출기간 동안 균등하게 분할하여 매월 상환하는 방식

- **연체이자(지연배상금) 안내**
  - 이자, 분할상환금, 분할상환원리금을 납부일에 상환하지 않은 경우, 상환하여야 할 금액에 대하여 그 다음 날부터 지연배상금이 부과됨
  - 대출기간 만료일에 채무를 이행하지 않은 경우, 그다음 날부터 대출금 잔액에 대하여 지연배상금을 부과하되, 지연배상금률이 연 15%를 초과하는 경우에는 연 15%를 적용함
  - 지연배상금률(%) = 연체일수 × (채무자 대출금리 + 3%) / 365

[채무자 A의 상황]

- 원금 또는 이자상환 방식: 원리금균등분할상환
- 대출기간: 3년
- 대출금액: 7,200만 원
- 대출금리: 연 4.5%
- 대출 후 35회 채무를 이행하였으나 36회차 납부일 이후 73일 동안 채무를 이행하지 못함

---

① 30,000원   ② 34,050원   ③ 46,050원   ④ 64,050원   ⑤ 82,050원

38. 철승이는 미국으로 여행을 떠나기 전 원화 580만 원을 달러로 환전하였다. 이후 미국 여행에서 3,325 달러를 사용한 뒤 한국에 돌아와 남은 달러를 다시 원화로 환전하였을 때, 철승이가 한국에 돌아와 달러를 환전하여 받은 원화는? (단, 철승이가 원화를 달러로 환전할 때의 환율은 1달러당 1,450원이고, 달러를 원화로 환전할 때의 환율은 1달러당 1,425원이며, 환전 수수료는 고려하지 않는다.)

① 961,875원   ② 978,750원   ③ 994,505원

④ 1,061,875원   ⑤ 1,080,504원

39. 다음 글의 내용과 일치하지 않는 것은?

크라우드 펀딩(Crowd funding)이란 군중으로부터 자금을 조달받는다는 뜻으로, 자금이 필요한 개인, 단체, 기업이 온라인 플랫폼을 통해 불특정 다수로부터 자금을 모으는 것을 말한다. 모금자가 펀딩의 모금 취지 및 기간, 목표 금액, 투자 보상 내용 등을 게시하면 참여자는 자신이 원하는 프로젝트에 돈을 모금한다. 목표 금액을 달성하는 데 성공하면 모금자는 수수료를 차감한 모든 금액을 전달받고, 만일 목표 금액을 달성하지 못하면 참여자는 모금한 돈을 모두 돌려받는다. 세계 최초의 크라우드 펀딩은 2005년 영국에서 시작한 대출형 크라우드 펀딩으로 이후 투자형, 후원형, 기부형이 차례로 도입되었고, 우리나라의 경우 2011년 후원형, 기부형, 대출형을 시작으로 크라우드 펀딩이 정착되었으며 2016년에 투자형이 도입되었다.

크라우드 펀딩은 투자 방식 및 목적에 따라 크게 후원형, 기부형, 대출형, 투자형 네 가지 형태로 구분할 수 있다. 먼저 후원형과 기부형은 금전적 기대를 하지 않는 형태로 대중의 후원에 의해 목표 금액에 도달하면 프로젝트에 성공하는 방식이다. 후원형은 자금 조달이 필요한 신생 기업이나 영화, 연극, 전시회 등의 예술 분야에서 주로 활용되고 있으며 기본적으로 펀딩 후원에 대한 보상 의무는 없지만, 모금 활성화를 위해 일정 금액 이상을 후원하면 후원금에 따라 보상해주는 것이 보편적이다. 예를 들어 사회 공익 프로젝트에 자금을 후원하면 후원 기여자 명단에 이름이 올라가는 등의 보상을 받을 수 있다. 기부형은 말 그대로 보상을 조건으로 하지 않고 공익 목적으로 순수하게 기부하는 형태이다.

다음으로 대출형과 투자형은 모두 금전적 보상을 기대하는 펀딩 방식이다. 대출형은 개인과 개인 사이에 이루어지는 P2P 금융 방식의 일종이다. 자금이 있는 개인은 돈을 빌려줌으로써 이자를 받아 수익을 올릴 수 있고, 자금이 필요한 개인은 절차가 까다로운 제도권 금융기관 대신 쉽고 간단하게 돈을 빌리는 것이 가능하여 금융기관으로부터 대출받기 어려운 사람들이 주로 이용하는 방식이기도 하다. 마지막으로 투자형은 이윤 창출을 목적으로 비상장 주식 혹은 채권에 투자하는 것으로 신생기업, 벤처기업 등의 사업 목표를 확인하고 성장성이 높을 것으로 예상되는 기업의 비상장 공모주를 구매하는 방식이다. 대출형과 마찬가지로 자금 수요자는 은행을 통하지 않고 쉽게 투자금을 조달할 수 있고, 투자자는 투자에 따른 지분 획득 등을 통해 수익을 낼 수 있다.

자금 수요자는 펀딩의 목표 금액을 달성하기 위해 자신이 전달하고자 하는 메시지를 확실하게 전달하여 후원자의 공감을 이끌어야 한다. 그러나 이야기만으로 펀딩에 성공하기는 어렵다. 펀딩에 대한 진입장벽을 낮추기 위해 펀딩 가격을 낮게 설정하고, 빠른 시일 내로 자금을 조달할 수 있도록 먼저 참여한 투자자에게 얼리버드 혜택을 주는 등 투자할 동기를 부여해야 한다. 즉, 후원자가 펀딩에 참여할 때 얻고 싶은 가치를 전달하는 펀딩이 되어야 하며 확실한 보상도 뒷받침되어야 한다는 것이다. 크라우드 펀딩을 시작할 때 이러한 전략을 잘 파악하여 사용한다면 목표 달성은 물론, 브랜드 메시지의 홍보 효과로 이어져 성장의 발판이 될 수 있을 것이다.

① 신규 펀딩 참여자가 펀딩에 쉽게 참여할 수 있도록 가격을 낮추는 것도 펀딩을 성공시킬 수 있는 하나의 전략이다.

② 크라우드 펀딩 방식 중 상업적 목적으로 진행되는 투자형과 대출형은 모두 펀딩 참여자들이 투자 수익을 낼 수 있는 형태이다.

③ 전 세계적으로 가장 먼저 시행된 크라우드 펀딩은 개인과 개인을 직접 연결하는 P2P 금융 방식의 일종인 대출형이다.

④ 펀딩에 참여한 투자자들은 모금자가 제시한 목표 금액만큼 자금이 조달되지 않으면 투자한 금액을 모두 돌려받는다.

⑤ 기부형은 펀딩 후원에 따른 보상 의무가 없는 형태이지만 후원형은 펀딩 금액별로 보상 의무가 있는 것이 일반적이다.

40. 다음 중 파이썬 3의 출력값으로 가장 적절한 것은?

> While문은 파이썬에서 문장을 반복하여 수행해야 하는 경우에 사용되는 가장 간단한 루핑 메커니즘으로, 반복문이라고도 부른다. 이는 특정 조건을 설정하여 조건의 부울값이 True라면 while문 내의 코드를 반복하여 실행하고, 조건의 부울값이 False가 되면 while문 내의 코드를 실행하지 않는다. while문의 특정 조건이 항상 성립될 때에는 무한 반복이 만들어지므로 특정 조건 외에 다른 제어 구조를 통해 while문을 끝내기도 하는데, 이 경우 break문을 사용하기도 한다.

[입력값]

```
sum = 0
count = 1

while count < 20 and sum < 30:
    sum = sum + count
    count +=3
    if sum == 25:
        print(sum)
        break
print(sum)
```

① 16 ② 22 ③ 25 ④ 32 ⑤ 35

해커스 농협은행 6급 NCS+직무상식 기출동형모의고사

41. 다음은 2023년 쌀과 귀리 생산량의 전년 대비 증감률과 생산 비율을 나타낸 자료이다. 2023년 쌀과 귀리의 총생산량이 2t일 때, 2022년 쌀과 귀리의 생산량을 구하면?

[2023년 생산량의 전년 대비 증감률 및 생산 비율]

구분	쌀	귀리
생산량의 전년 대비 증감률	20%	−20%
생산 비율	75%	25%

	쌀	귀리
①	1,100kg	625kg
②	1,100kg	900kg
③	1,250kg	600kg
④	1,250kg	625kg
⑤	1,250kg	900kg

42. K 회사에서는 서류 전형을 통과한 지원자 12명의 면접을 진행하였다. 면접은 가~마 면접관 5명이 참석하였으며, 면접 전형은 서류 전형을 통과한 지원자의 50%가 합격한다. 평가 방법과 지원자별 면접관 점수를 모두 고려하였을 때, 면접에 합격한 지원자 코드를 높은 순위부터 차례로 나열한 것은?

[평가 방법]

- 면접관 5명의 점수 중 최고 점수와 최저 점수를 제외한 평균 점수를 면접 점수로 한다.
- 동일한 최고 점수 및 최저 점수가 있는 경우에는 동일한 점수 중 하나의 점수만 제외한다.
- 면접 점수와 보훈 점수를 합한 점수를 최종 점수로 하며, 최종 점수가 높은 순으로 순위를 매겨 합격자를 결정한다.
- 최종 점수가 동일한 경우, 면접 점수가 높은 지원자에게 더 높은 순위를 부여한다.

[지원자별 면접관 점수]

지원자 코드	보훈 점수	가 면접관	나 면접관	다 면접관	라 면접관	마 면접관
A0823	3점	80점	95점	90점	83점	82점
B0915	8점	79점	81점	83점	91점	82점
A1017	5점	75점	83점	69점	73점	87점
C0530	10점	65점	69점	74점	80점	79점
A0715	8점	90점	81점	87점	75점	75점
B0321	3점	89점	85점	79점	90점	93점
B0930	5점	83점	78점	85점	78점	90점
C0518	0점	78점	84점	93점	81점	77점
A0810	1점	95점	89점	88점	81점	84점
C1205	0점	74점	92점	80점	83점	68점
B1121	10점	58점	75점	69점	78점	81점
C1211	3점	71점	69점	80점	81점	80점

① A0823 − A0715 − B0915 − B0321 − A0810 − B0930
② B0915 − A0715 − A0823 − B0321 − A0810 − B1121
③ B0915 − B0321 − A0810 − A0823 − B0930 − A0715
④ B0321 − B0915 − A0715 − A0823 − A0810 − B0930
⑤ B0321 − B0915 − A0715 − A0810 − A0823 − B0930

43. 다음은 정 대리가 작성한 N 은행의 기업 분석 보고서이다. 김 팀장이 보고서를 토대로 N 은행에 대한 SWOT 분석을 하였을 때, 분석 결과에 대응하는 전략으로 가장 적절한 것은?

[SWOT 분석 기법]

SWOT 분석이란 기업의 내부환경과 외부환경을 분석하여 강점(Strength), 약점(Weakness), 기회(Opportunity), 위협(Threat) 요인을 규정하고 이를 토대로 경영전략을 수립하는 기법으로, SWOT 분석의 가장 큰 장점은 기업의 내·외부환경 변화를 동시에 파악할 수 있다는 것이다. 기업의 내부환경을 분석하여 강점과 약점을 찾아내고, 외부환경을 분석하여 기회와 위협을 찾아낼 수 있다. SO 전략은 강점을 살려 기회를 포착하는 전략, ST 전략은 강점을 살려 위협을 회피하는 전략이고, WO 전략은 약점을 보완하며 기회를 포착하는 전략, WT 전략은 약점을 보완하여 위협을 회피하는 전략이다.

내부환경 외부환경	강점(Strength)	약점(Weakness)
기회(Opportunity)	SO 전략(강점 – 기회 전략)	WO 전략(약점 – 기회 전략)
위협(Threat)	ST 전략(강점 – 위협 전략)	WT 전략(약점 – 위협 전략)

[N 은행의 기업 분석 보고서]

1. 외부환경 분석

최근 금융당국이 마이데이터 정보 제공 범위를 확대하기 위해 이용자의 구매명세 정보를 12개의 카테고리로 나누어 제공하는 기존 방안에서 카테고리의 범주를 넓히고, 하위 카테고리를 신설하기로 하였다. 이에 따라 은행, 카드, 핀테크 등 다양한 분야의 마이데이터 사업자들이 더욱 정교한 분석을 토대로 완성도 높은 개인화 서비스를 제공할 수 있을 것으로 기대된다. 또한 대출 수요가 꾸준하고 시장금리도 상승세를 보이고 있어 은행들의 핵심 수익원 중 하나인 이자이익은 상승세를 이어갈 가능성이 높다는 것이 은행권의 중론이다. 그러나 대출금리 상승으로 인해 가계대출 자산이 감소하고 있으며, 대출 영업의 기반이 되는 예금 등 수신 규모 역시 감소 추세에 진입한 상황이다. 나아가 고난도 금융상품 녹취·숙려제도로 인해 판매가 중단된 상품 및 기존 상품에 대한 보완책도 필요하다.

2. 내부환경 분석

N 은행의 순이자 마진은 시중은행 평균인 1.44%보다 높은 1.6%를 기록하였다. 국내 은행 중 가장 많은 영업점포를 기반으로 전국적인 영업망을 구축하고 있어 평균 대출금리가 비교적 높은 수준에 형성되었기 때문이다. 또한 그간 신탁, 투자금융, 방카슈랑스 등으로 적극적인 포트폴리오 확장 전략을 펼치면서 비이자이익이 전년 대비 약 20% 증가하였다. 반면 기본자본비율은 전년 대비 1%p 떨어진 것으로 집계되었으며, 이는 시중은행과 지방은행의 평균보다 하회하고 있는 수준이다. 그뿐만 아니라 이자이익이 영업이익에서 차지하는 비중은 약 11%로, 5대 은행 중 가장 높은 수치를 기록하였다. 수익 포트폴리오의 상당 부분을 이자이익에 의존하고 있어 안정적인 수익성 확보를 위해서는 수익 구조의 다변화가 필요할 것이다.

① SO 전략: 구축된 영업망을 이용하여 고난도 금융상품에 대한 판매를 촉진한다.

② ST 전략: 예금 이자율을 높이며 신규 가입을 유도함으로써 내부 유보금을 마련한다.

③ ST 전략: 높은 대출금리를 통해 확보된 이자 마진으로 다양한 마이데이터 사업을 추진한다.

④ WO 전략: 고난도 금융상품에 대한 프로모션을 진행하며 영업이익을 다각화한다.

⑤ WT 전략: 대출 상품의 한도를 높여 가계대출 자산을 확대하고, 해당 자산을 통해 기본자본을 확충한다.

44. 다음은 주가순자산비율과 A~E 기업의 주가 및 1주당 거래 지표에 대한 자료이다. 2023년 자산가치가 주가순자산비율을 기준으로 증시에서 고평가되고 있는 기업 중 2023년 주가수익률이 가장 높은 기업의 주가수익률은 약 얼마인가? (단, 소수점 셋째 자리에서 반올림하여 계산한다.)

> 주가순자산비율은 주가를 1주당 순자산가치와 비교하여 나타낸 비율로, PBR(Price Book-value Ratio)이라고도 한다. 주가순자산비율은 주가가 순자산에 비해 1주당 몇 배의 가격으로 거래되고 있는지를 측정하며, 회사를 청산할 때 주주가 배당받을 수 있는 자산의 가치를 의미한다. 주가순자산비율이 1인 기업의 경우 해당 시점의 주가와 기업의 1주당 순자산가치가 같다고 해석하며, 주가순자산비율이 1보다 큰 기업의 경우 해당 기업의 자산가치가 증시에서 고평가, 주가순자산비율이 1보다 작은 기업의 경우 해당 기업의 자산가치가 증시에서 저평가되고 있는 것으로 해석한다.

※ 주가순자산비율 = 주가 / 1주당 순자산가치

[2023년 기업별 주가 및 1주당 거래 지표]

(단위: 원)

구분	주가	1주당 순자산가치	1주당 순이익
A 기업	56,200	55,610	5,700
B 기업	48,800	49,180	4,100
C 기업	72,400	71,020	6,900
D 기업	66,500	66,000	6,700
E 기업	80,300	81,300	7,200

※ 주가수익률 = 주가 / 1주당 순이익

① 10.49   ② 11.23   ③ 11.55   ④ 11.90   ⑤ 12.31

45. 수학 학원에서 모든 수강생이 한 번에 들어갈 수 있는 강의실이 없어 수강생 수가 동일하게 여러 개의 반으로 나누고 각 반은 하나의 강의실에서 수업하려고 한다. 한 반에 수강생을 70명씩 나누었더니 10명이 강의실에 들어갈 수 없어 한 반에 85명씩 다시 나누었다. 하나의 강의실에는 60명만 있고 다른 하나의 강의실은 비어있을 때, 수학 학원의 총 수강생은?

① 560명   ② 570명   ③ 580명   ④ 590명   ⑤ 600명

46. 다음은 ○○은행 퇴직연금 정기적금 약관의 일부이다. 다음 약관에 대해 이해한 내용으로 가장 적절하지 않은 것은?

제3조(계약 기간 등)

① 이 적금의 계약 기간은 12개월 이상 36개월 이내에서 저축은행과 고객이 별도로 정한 기간으로 합니다.

② 이 적금은 월정액 납입식으로 하며 매월의 계약일 상당일에 저축금을 납입합니다. 다만, 상당일이 없는 경우에는 그 월의 말일을 저축금 납입일로 합니다.

③ 제3조 제2항에도 불구하고 매월 상당일에 저축금을 납입하지 않고 입금한 경우 입금된 날을 납입일로 산정합니다.

제6조(적용이율 공시 및 통보)

퇴직연금 정기적금의 신규 적용이율은 매월 1일의 3영업일 전에 영업점 및 인터넷 홈페이지에 고시하고 퇴직연금 사업자에게 문서 또는 전자적 방법(팩스, 이메일 등)으로 통보하며, 고시 및 통보된 이율은 매월 1일부터 적용됩니다.

제9조(만기해지)

이 적금은 모든 회차의 저축금 납입 여부와 상관없이 만기일에 해지 처리하며 만기일이 휴일인 경우에는 익영업일에 해지합니다.

제11조(일반중도해지)

중도해지 시는 신규일로부터 지급일 전일까지의 기간에 대하여는 신규일 당시 영업점 및 인터넷 홈페이지에 고시된 기간별 중도해지이율을 적용하여 이자를 지급합니다. 이 적금은 「적립식 예금 약관」 제6조 제5항은 적용하지 않고 다음의 경우에만 적용하기로 합니다. 단, 만기 앞당김 지급에 의한 해지는 제외하기로 합니다.

　　1. 만기일 전에 해당 상품을 해지하는 경우

제12조(특별중도해지)

제11조에도 불구하고 퇴직연금제도에서 인정하는 다음의 각호의 어느 하나에 해당하는 사유에 의해 중도해지 하는 경우 제1호부터 제8호까지는 신규일 당시 결정된 퇴직연금 정기적금의 특별중도해지이율을 적용하고, 제9호는 신규일 당시 결정된 퇴직연금 정기적금의 약정이율을 적용합니다.

　　1. 퇴직급여지급 및 연금지급의 사유가 발생하는 경우

　　2. 근로자퇴직급여 보장법 제22조, 제24조 및 동법시행령 제14조, 제18조에 해당하는 경우

　　3. 사업자의 합병 또는 영업양도로 인하여 사용자가 근로자 대표의 동의를 얻어 해지 요청하는 경우

　　4. 관련 법령의 변경으로 해지가 불가피한 경우

　　5. 수탁자의 사임

　　6. 위탁자가 영위하는 사업장의 파산 또는 폐업

　　7. 퇴직연금제도의 동일 자산관리기관 내의 제도 전환 및 급여 이전

　　8. 퇴직연금 가입자의 사망

　　9. 수수료의 징수

적금 만기 이전의 특별중도해지 시 적용되는 특별중도해지이율은 신규일 이후 예치기간에 따라 다음과 같이 적용합니다.

　　1. 예치기간 1년 미만: 가입 당시 6개월제 일반정기적금의 약정이율

　　2. 예치기간 1년 이상 2년 미만: 가입 당시 1년제 이 적금의 약정이율

　　3. 예치기간 2년 이상 3년 미만: 가입 당시 2년제 이 적금의 약정이율

---

① 이 적금은 모든 회차에 납입하지 못하였더라도 만기일에 해지 처리되며 만기일이 휴일인 경우에는 그 다음 영업일에 해지된다.

② 위탁자의 사업이 폐업했을 경우 적금을 중도해지 할 수 있으며 이때 신규일에 정해진 적금의 약정이율을 적용하여 이자를 지급받을 수 있다.

③ 7월 29일이 월요일이라면 영업점 또는 인터넷 홈페이지에서 이 퇴직연금 정기적금의 신규 적용이율을 확인할 수 있다.

④ 이 적금은 1년 이상 3년 이하의 계약 기간 동안 매달 계약일 상당일에 저축금을 납입해야 하지만 해당 날짜가 없는 달에는 말일에 납입하면 된다.

⑤ 이 적금의 가입자가 신규일로부터 만 2년을 한 달 남기고 특별중도해지 할 경우 가입 당시 1년제 이 적금의 약정이율을 적용받을 수 있다.

47. 다음은 비교 연산자와 부울 연산자에 대한 설명이다. 다음 중 'x = 7'일 때, 최종 부울값이 True인 것을 모두 고르면?

> 파이썬 3에서 흔히 사용되는 연산자에는 비교 연산자와 부울 연산자가 있다. 비교 연산자는 크기를 비교할 때 사용하는 것으로, 결괏값으로 부울값 True 또는 False를 반환한다. 만약 동시에 여러 개의 식을 비교해야 하는 경우 최종 부울값을 반환하기 위하여 or, and와 같은 부울 연산자를 사용한다. 이때, 부울 연산자는 비교 연산자보다 우선순위가 낮으므로 비교 연산을 먼저 실행한 후 부울 연산을 실행하여 도출되는 최종 부울값을 반환한다.

[연산자]

비교 연산자		부울 연산자	
연산자	의미	연산자	의미
==	같다.	and	모든 식의 부울값이 True인 경우에는 True, 그 외의 경우에는 False 반환
!=	다르다.		
<	보다 작다.		
<=	보다 작거나 같다.	or	식 중 하나라도 부울값이 True인 경우에는 True, 그 외의 경우에는 False 반환
>	보다 크다.		
>=	보다 크거나 같다.		

㉠ x != 5 or x + 4 < 10
㉡ x + 3 >= 2x − 4 and 8 + 6 != 14
㉢ 0 == x − 7 and 29 − 4x <= 3
㉣ 23 + 2x != 39 or 23 − 8 = 12

① ㉠, ㉢   ② ㉠, ㉣   ③ ㉡, ㉢   ④ ㉡, ㉣   ⑤ ㉠, ㉢, ㉣

48. 다음은 2021년 지역별 자전거도로 현황에 대한 자료이다. 자전거보행자겸용도로가 자전거전용도로의 10배 이상인 지역 중 자전거전용도로의 길이가 가장 긴 지역의 전체 자전거도로가 전국의 전체 자전거도로에서 차지하는 비중은 약 얼마인가? (단, 소수점 둘째 자리에서 반올림하여 계산한다.)

[2021년 지역별 자전거도로 현황]

(단위: km)

구분	자전거전용도로	자전거보행자겸용도로	자전거전용차로	자전거우선도로
전국	3,683.70	18,954.93	867.82	1,742.67
서울특별시	180.96	843.46	75.51	190.45
부산광역시	44.62	444.80	0.64	1.25
대구광역시	118.51	936.37	13.09	3.56
인천광역시	267.72	772.62	11.84	2.70
광주광역시	128.64	510.60	12.58	11.68
대전광역시	126.77	655.67	0.00	0.00
울산광역시	125.22	529.07	19.11	86.11
세종특별자치시	49.96	130.58	2.57	21.60
경기도	649.71	4,646.32	243.18	72.78
강원도	106.10	1,360.82	61.25	152.16
충청북도	248.63	807.64	75.72	178.87
충청남도	272.51	1,171.61	13.20	0.00
전라북도	274.59	1,238.39	55.43	262.35
전라남도	228.04	926.85	55.51	230.28
경상북도	412.69	1,398.22	159.60	380.42
경상남도	433.63	1,242.81	68.59	148.46
제주특별자치도	15.40	1,339.10	0.00	0.00

※ 출처: KOSIS(행정안전부, 자전거이용현황)

① 4.9%　　② 5.3%　　③ 5.5%　　④ 6.1%　　⑤ 6.7%

49. 다음은 여성추천보조금에 대한 자료이다. 다음 중 甲~丙 정당이 지역구시·도의회의원선거에서 국회의석수에 따라 지급받을 보조금을 바르게 연결한 것은? (단, 제시된 내용 외에는 고려하지 않는다.)

> **정치자금법 제26조(공직후보자 여성추천보조금)**
>
> ① 국가는 임기만료에 의한 지역구국회의원선거, 지역구시·도의회의원선거 및 지역구자치구·시·군의회의원선거에서 여성후보자를 추천하는 정당에 지급하기 위한 보조금(이하 "여성추천보조금"이라 한다)으로 최근 실시한 임기만료에 의한 국회의원선거의 선거권자 총수에 100원을 곱한 금액을 임기만료에 의한 국회의원선거, 시·도의회의원선거 또는 자치구·시·군의회의원선거가 있는 연도의 예산에 계상하여야 한다.
>
> ② 여성추천보조금은 제1항의 규정에 의한 선거에서 여성후보자를 추천한 정당에 대하여 다음 각 호의 기준에 따라 배분·지급한다. 이 경우 지역구시·도의회의원선거와 지역구자치구·시·군의회의원선거에서의 여성추천보조금은 제1항의 규정에 의하여 당해연도의 예산에 계상된 여성추천보조금의 100분의 50을 각 선거의 여성추천보조금 총액으로 한다.
>
> 1. 여성후보자를 전국지역구총수의 100분의 30 이상 추천한 정당이 있는 경우
>   여성추천보조금 총액의 100분의 40은 지급 당시 정당별 국회의석수의 비율에 따라, 총액의 100분의 40은 최근 실시한 임기만료에 따른 국회의원선거에서의 득표수 비율(비례대표전국선거구 및 지역구에서 해당 정당이 득표한 득표수 비율의 평균을 말한다. 이하 "국회의원선거의 득표수 비율"이라 한다)에 따라, 그 잔여분은 각 정당이 추천한 지역구 여성후보자수의 합에 대한 정당별 지역구 여성후보자수의 비율에 따라 배분·지급한다.
>
> 2. 여성후보자를 전국지역구총수의 100분의 30 이상 추천한 정당이 없는 경우
>   가. 여성후보자를 전국지역구총수의 100분의 15 이상 100분의 30 미만을 추천한 정당
>   여성추천보조금 총액의 100분의 50을 지급 당시 정당별 국회의석수의 비율에 따라 배분·지급한다.
>   나. 여성후보자를 전국지역구총수의 100분의 5 이상 100분의 15 미만을 추천한 정당
>   여성추천보조금 총액의 100분의 30을 지급 당시 정당별 국회의석수의 비율에 따라 배분·지급한다. 이 경우 하나의 정당에 배분되는 여성추천보조금은 가목에 의하여 각 정당에 배분되는 여성추천보조금 중 최소액을 초과할 수 없다.
>
> ③ 여성추천보조금은 임기만료에 의한 지역구국회의원선거, 지역구시·도의회의원선거 또는 지역구자치구·시·군의회의원선거의 후보자등록마감일 후 2일 이내에 정당에 지급한다.

- 지역구시·도의회의원선거의 여성추천보조금 총액은 20억 원이며, 전국지역구총수는 250석이다.
- 여성 국회의석수가 甲 정당은 50석, 乙 정당은 40석, 丙 정당은 30석이다.
- 각 정당에서 추천한 여성후보자수는 甲 정당이 50명, 乙 정당이 40명, 丙 정당이 30명이다.
- 정당별 국회의석수는 甲 정당이 100석, 乙 정당이 80석, 丙 정당이 40석이다.

	甲 정당	乙 정당	丙 정당
①	2억 원	1억 6,000만 원	4,800만 원
②	2억 원	1억 6,000만 원	9,600만 원
③	4억 원	3억 2,000만 원	4,800만 원
④	4억 원	3억 2,000만 원	9,600만 원
⑤	10억 원	8억 원	9,600만 원

50. 다음은 N 은행 직장인대출 상품설명서의 일부이다. N 은행 직장인대출을 받은 갑의 대출 정보를 토대로 판단한 내용으로 옳은 것은? (단, 갑의 대출 정보에 제시되지 않은 내용은 고려하지 않는다.)

[N 은행 직장인대출 상품설명서]

1. 상품설명

1) 상품특징: 은행 방문 없이 최대 1억 5천만 원까지 이용 가능한 직장인 무보증 신용대출

2) 대출대상: 우량신용등급의 직장인 급여소득자

3) 대출기간 및 상환방법
 - 만기일시상환: 1년(1년 단위로 최대 5년까지 연장 가능)
 - 원(리)금균등할부상환: 1년 이상 5년 이내(거치기간 없음)

4) 이자납부: 대출 신규 시 원하는 날짜로 이체 일자를 지정하여, 매월 납부

5) 중도상환: 가능(중도상환해약금 없음)

6) 고객부담비용(수수료)
 - 인지세(대출금 5천만 원 이하: 없음, 대출금 5천만 원 초과 1억 원 이하: 35,000원, 대출금 1억 원 초과: 75,000원)

7) 계약해지 및 철회 안내
 - 대출 만기일 경과 후 대출금액을 전액 상환하거나 기한연장을 하지 않은 경우 은행여신거래 기본약관에 따라 기한의 이익이 상실됨
 - 대출 실행일(계약서류 발급일과 대출금 수령일 중 늦은 날)로부터 14일 이내에 서면, 전화, 인터넷 뱅킹 등으로 철회신청 가능

2. 금리안내

1) 대출금리

기준금리(A)		가산금리(B)	우대금리(C)	최종금리(A+B−C)
금융채(12개월 고정)	0.92%	2.02%p	최대 0.90%p	2.04~2.94%

 ※ 1) 우대금리: 최대 0.90%p 우대(급여이체 0.30%p, 자동이체 5건 이상 0.20%p, 우량등급 0.20%p, N 신용카드 보유 0.20%p)
 2) 대출신청 시 적용되는 우대금리는 대출 만기까지 적용

3. 이자계산방법

1) 대출이자 계산방법 및 징수 기준
 - 대출이자: 대출금액 × 대출금리 × (대출일수 / 365)
 - 연체이자율: 연체일수 × (채무자 대출금리 + 3%) / 365, 최대 15%

 ※ 1) 대출이자의 경우 원 단위 미만은 절사함
 2) 대출금 및 이자를 상환기일에 납입하지 않은 경우, 상환기일 당일까지는 대출금리를 적용하고 상환기일 다음 날부터는 대출금리에 연체이자율을 가산하여 적용함

[갑의 대출 정보]

- 대출금액: 1억 2천만 원
- 계약서류 발급일: 2020년 1월 20일
- 금리 우대 조건 만족사항: 급여이체, N 신용카드 보유
- 대출기간 및 상환방법: 1년 만기일시상환
- 대출금 수령일: 2020년 1월 8일

① 갑이 대출금 수령일로부터 2주가 초과되었다면 계약 철회신청이 불가능하다.

② 갑이 이자를 연체 없이 납부하려면 매월 294,000원의 대출이자를 납부해야 한다.

③ 갑이 2020년 9월에 계약을 해지했다면 중도상환해약금이 부과된다.

④ 갑이 146일간 이자 납부를 연체하였다면 연체이자율은 2.176%이다.

⑤ 갑은 대출 수수료로 인지세 35,000원만 납부하면 된다.

51. 다음은 어업인의 업무상 손상 현황을 나타낸 자료이다. 업무상 손상건수가 5번째로 많은 발생 형태가 협착·감김인 해에 전체 어업인의 업무상 손상 발생률은 약 얼마인가? (단, 소수점 둘째 자리에서 반올림하여 계산한다.)

[성별 어업인 수 및 업무상 손상자 수] (단위: 명)

구분	2019년		2020년	
	어업인 수	업무상 손상자 수	어업인 수	업무상 손상자 수
남성	48,646	1,907	47,709	1,399
여성	36,336	842	35,501	979

[발생 형태별 업무상 손상건수] (단위: 건)

구분	2019년	2020년
전체	2,749	2,378
추락·낙상	30	43
전도	1,431	1,558
충돌·접촉	153	141
협착·감김	86	19
신체반응·과도한 힘동작	822	494
빠짐/익수	27	9
교통사고	5	0
어선사고	66	13
수산/동물에 의한 상해	30	48
기타	99	54

※ 업무상 손상 발생률 = (업무상 손상자 수 / 어업인 수) × 100
※ 출처: KOSIS(해양수산부, 어업인의업무상질병및손상조사)

① 1.9%   ② 2.2%   ③ 2.8%   ④ 3.2%   ⑤ 3.6%

52. 10월 팀별 일정과 팀 인원 및 회의실 정보를 토대로 10월 팀별 일정 진행을 위해 회의실을 예약하였을 때, 팀별 일정과 다르게 작성되어 수정이 필요한 날짜는?

[10월 팀별 일정]

구분	내용
총무팀	• 워크숍 일정 회의: 10/3(화) 오후 2시~오후 3시, 10/9(월) 오후 3시~오후 4시
인사팀	• 외부 강사 초청 교육: 10/4(수) 오후 1시~오후 5시 • 면접 일정 회의: 10/12(목) 오후 2시~오후 4시 30분
기획팀	• 굿즈 기획 회의: 10/5(목) 오전 9시~오전 11시 • 옥외 광고물 기획 회의: 10/11(수) 오후 1시~오후 2시
영업팀	• A 사 1차 미팅: 10/2(월) 오전 9시~오전 10시 30분 • A 사 2차 미팅: 10/10(화) 오후 2시~오후 3시 30분
재무팀	• 팀 정기회의: 매주 금요일 오후 1시~오후 2시

※ 1) 모든 팀별 일정은 각 팀의 재직 인원 전원이 참석함
  2) 외부 강사 2명이 추가로 참석하는 외부 강사 초청 교육 이외의 팀별 일정에는 팀원을 제외한 외부인이 참석하지 않음

[팀 인원 정보]

구분	총무팀	인사팀	기획팀	영업팀	재무팀
재직 인원	8명	10명	4명	22명	5명

[회의실 정보]

구분	1 회의실	2 회의실	3 회의실	4 회의실	5 회의실
수용 인원	30명	15명	10명	5명	20명

[10월 회의실 예약 일정]

월	화	수	목	금
2	3	4	5	6
1 회의실: 영업팀 (9:00~10:30)	3 회의실: 총무팀 (14:00~15:00)	2 회의실: 인사팀 (13:00~17:00)	4 회의실: 기획팀 (9:00~11:00)	3 회의실: 재무팀 (13:00~14:00)
9	10	11	12	13
3 회의실: 총무팀 (15:00~16:00)	1 회의실: 영업팀 (14:00~15:30)	3 회의실: 기획팀 (11:00~12:00)	1 회의실: 인사팀 (14:00~16:30)	4 회의실: 재무팀 (13:00~14:00)

① 10/3(화) ② 10/5(목) ③ 10/9(월) ④ 10/11(수) ⑤ 10/13(금)

해커스 농협은행 6급 NCS+직무상식 기출동형모의고사

53. 다음 글의 주제로 가장 적절한 것은?

에스키모 하면 대부분 이글루를 떠올릴 것이다. 에스키모인들은 벽돌 모양으로 만든 눈덩이로 이동이나 사냥 시 잠시 머무를 수 있는 임시 거처를 지어 생활하는데, 이때의 임시 거처를 이글루라고 부른다. 흔히 이글루 하면 눈이나 얼음으로 만든 집만을 떠올리기 쉽지만, 사실 이글루에는 눈이나 얼음 외에 목재나 풀, 석재, 짐승의 가죽 등으로 만든 집이나 천막도 포함된다. 이처럼 이글루는 에스키모인들의 주거 시설을 총칭하는 말이었으나, 눈으로 만든 집이 외지인들의 이목을 끌기 시작하면서 눈으로 만든 집을 대표하게 되었다. 그렇다면 눈이나 얼음으로 만들어진 이글루가 어떻게 에스키모인들의 주거 시설로 자리 잡게 되었을까?

에스키모인들은 약 50~60cm 길이의 벽돌 모양 눈덩이들을 돔 형태로 쌓아 올려 이글루를 짓는다. 이글루가 어느 정도 집의 형태를 갖췄다면 이글루 내부에 불을 피워 실내 온도를 높인다. 실내 온도가 올라가면 쌓아 올린 눈덩이들이 녹는데, 이글루는 반구형으로 둥글게 지어졌기 때문에 녹은 눈이 바닥으로 바로 떨어지지 않고 벽을 타고 흐르게 된다. 눈덩이들이 어느 정도 녹으면 닫아놨던 출입구를 연다. 이때 이글루 안으로 들어오는 바깥의 찬 공기가 벽을 타고 흐르던 눈을 급속도로 얼어붙게 하면서 쌓아 올린 눈덩이들을 더욱 단단히 고정시킨다. 이 과정에서 눈 사이에 들어있던 공기가 빠져나가지 못해 얼음 속에 갇히게 되고, 빛이 미처 빠져나가지 못한 기체에 부딪혀 산란하면서 이글루가 뿌옇게 보이기도 한다.

완성된 이글루의 실내 온도는 바깥 온도보다 높다. 이는 이글루가 지면보다 단위 면적당 태양 에너지를 더 많이 받기 때문인데, 적도 지방이 극지방보다 태양 빛을 더 많이 받는 것과 같은 경우로 해석할 수 있다. 일부 과학자들은 과학적 현상을 예로 들어 이글루의 실내가 바깥보다 더 따뜻한 이유를 설명하기도 한다. 자외선이나 가시광선 영역인 단파는 지구로 들어오는 태양 복사 에너지로, 지구의 대기를 통과한다. 반면 적외선 영역인 장파는 지구가 방출하는 지구 복사 에너지로, 지구의 대기에 흡수된다. 이 지구 복사 에너지가 대기에 남기 때문에 기온이 상승하게 된다. 이와 같은 현상을 온실 효과라 하며, 과학자들은 이글루의 실내가 실외보다 따뜻한 이유를 온실의 유리가 복사파를 차단하는 원리에서 찾는 것이다.

에스키모인들은 이글루 내부의 온도가 낮아지면 바닥에 물을 뿌려 온도를 다시 높이기도 한다. 더운 여름철 도로에 물을 뿌려 높아진 온도를 낮추는 것을 본 사람이라면 의문을 품을 수 있는데, 이는 물의 물리적 변화 과정을 통해 설명할 수 있다. 여름철 도로에 뿌린 물은 증발하는 과정에서 외부의 열을 흡수함으로써 온도를 떨어뜨리지만, 이글루 바닥에 뿌린 물은 즉시 얼게 되고 어는 과정에서 열을 방출하기 때문에 이글루의 내부 온도를 높일 수 있으며 찬물을 뿌리는 것보다 뜨거운 물을 뿌리는 것이 더 효과적이다. 바닥에 뿌려진 높은 온도의 물은 표면적이 넓어지며 빠르게 증발하고, 물의 양 또한 신속하게 줄어들어 동일한 양의 차가운 물보다 어는점까지 빨리 도달하기 때문이다. 에스키모인들이 이글루의 과학적 원리를 모두 이해하고 건축했는지는 알 수 없지만, 혹한의 날씨 속에서 찬 공기를 피할 수 있는 이글루에는 에스키모인들의 지혜가 담겨 있다고 볼 수 있다.

① 물의 물리적 변화 과정에서 일어나는 열의 흡수와 방출
② 이글루를 건축하는 에스키모인들만의 방법
③ 이글루의 실내가 뿌옇게 보이는 이유
④ 단파와 장파의 장단점으로 설명하는 온실 효과
⑤ 이글루의 건축 과정과 그 안에 담긴 과학적 원리

54. 다음 중 Windows 10의 드라이브 오류 문제가 발생했을 경우 이를 복구할 수 있는 방법으로 가장 적절한 것은?

① Windows 시스템 파일 검사기 도구를 실행한다.

② 다른 SATA 포트를 사용한다.

③ DISM 및 SFC 스캔을 실행한다.

④ 명령 프롬프트에서 레지스트리를 복원한다.

⑤ Windows 10 설치 미디어에서 부팅한다.

55. 다음은 ○○은행에서 판매하는 5개의 펀드 정보를 일부 발췌한 자료이다. 갑의 투자금액은 500만 원이고, 5개의 펀드 중 예상 순수익이 가장 높을 것으로 예상되는 1개의 펀드에 1년간 투자하려고 할 때, 갑이 투자할 펀드는? (단, 제시된 수수료 및 보수 이외의 각종 세금은 고려하지 않고, 펀드는 1년마다 결산한다.)

[○○은행 펀드 정보]

구분		A 펀드	B 펀드	C 펀드	D 펀드	E 펀드
1년간 예상 수익률		33.7%	31.6%	32.7%	33.4%	34.2%
선취/후취 판매수수료율		없음	없음	없음	없음	• 선취: 0.5% • 후취: 없음
환매수수료		없음	없음	없음	없음	없음
보수율	운용	0.54%	0.14%	0.41%	0.44%	0.64%
	판매	0.33%	0.14%	0.35%	0.52%	0.52%
	신탁	0.02%	0.01%	0.03%	0.03%	0.03%
	기타 사무	0.01%	0.01%	0.01%	0.01%	0.01%
가입일 기준가		1,000원	1,000원	1,000원	1,000원	1,000원

※ 1) 실투자금 = (1 − 선취 판매수수료율) × 투자금액
　 2) 총 보수율 = 운용 보수율 + 판매 보수율 + 신탁 보수율 + 기타 사무 보수율
　 3) 예상 순수익 = 투자금액 × (예상 수익률 − 선취 판매수수료율) − (실투자금 × 총 보수율)

① A 펀드　　　② B 펀드　　　③ C 펀드　　　④ D 펀드　　　⑤ E 펀드

해커스 **농협은행 6급** NCS+직무상식 기출동형모의고사

56. 다음은 온라인쇼핑의 판매매체별 총거래액과 2021년 상품군별 거래액을 나타낸 자료이다. 자료에 대한 설명으로 옳지 않은 것은?

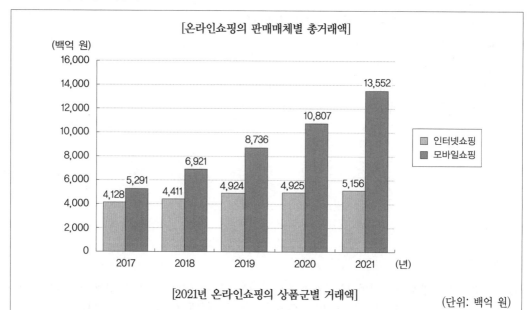

[온라인쇼핑의 판매매체별 총거래액]

[2021년 온라인쇼핑의 상품군별 거래액]

(단위: 백억 원)

구분	인터넷쇼핑	모바일쇼핑
컴퓨터 및 주변기기	456	374
가전·전자·통신기기	781	1,401
서적	130	129
의복	519	1,145
신발	102	186
스포츠·레저용품	181	406
화장품	547	670
음·식료품	625	1,805
생활용품	413	1,185
여행 및 교통서비스	231	703
e쿠폰서비스	63	533
음식서비스	70	2,498
기타	1,038	2,517

※ 출처: KOSIS(통계청, 온라인쇼핑동향조사)

① 2021년 인터넷쇼핑의 총거래액에서 컴퓨터 및 주변기기의 거래액이 차지하는 비중은 9% 미만이다.

② 2018년부터 2021년까지 온라인쇼핑의 판매매체별 총거래액이 전년 대비 가장 많이 증가한 해는 인터넷쇼핑과 모바일쇼핑이 동일하다.

③ 기타 상품을 제외하고 2021년 인터넷쇼핑 거래액이 같은 해 모바일쇼핑 거래액보다 큰 상품군은 2개이다.

④ 2021년 모바일쇼핑 거래액은 음식서비스가 e쿠폰서비스의 4배 이상이다.

⑤ 2018년 이후 인터넷쇼핑의 총거래액이 처음으로 5,000백억 원을 넘은 해에 모바일쇼핑의 총거래액은 전년 대비 25% 이상 증가하였다.

57. 다음은 중장년 새 출발 카운슬링 지원 안내문이다. 다음 안내문을 토대로 판단한 내용으로 옳지 않은 것은?

[중장년 새 출발 카운슬링 지원 안내]

1. 사업 목적
- 미래를 준비하고자 하는 중장년층에게 중장기적인 관점의 경력설계 컨설팅을 제공하기 위함

2. 지원 대상
- 내일배움카드를 발급받은자 중 1,000인 미만의 중소기업에 재직 중인 만 45세 이상 재직자

3. 지원 내용
- 내일배움카드 지원 한도 외 컨설팅 상담 프로그램 비용으로 최대 100만 원의 교육비 지원
  ※ 상담 비용의 10%를 자비로 부담하되, 상담 프로그램 수료(출석률 80% 이상) 시 전액 환급

4. 운영 방식
- 민간 전문 컨설팅 기관을 통한 1:1 상담 프로그램 제공

구분	상담 프로그램 예시
전문가 밀착 상담	경력설계 컨설턴트 또는 해당 업종의 현직자와 함께하는 1:1 경력진단·설계
맞춤형 설계 상담	1~2개월 내 총 5차시의 재취업 업종 상담 진행(차시별 2시간의 상담 제공)

5. 추진 절차 및 담당 기관

공고·심사	▶	참여자 신청	▶	프로그램 진행	▶	비용·수료 처리	▶	비용 지급
고용노동부		고용노동부		운영기관		고용정보원		고용센터

6. 프로그램 운영기관

운영기관명	상담 가능 지역	비고
A 커리어 센터	서울, 경기, 경남, 충남, 강원	하반기 진행
B 평생 교육원	서울	상반기 진행
C 인력 개발센터	서울, 부산	하반기 진행
D 컨설팅	서울, 경기, 인천, 대구	상반기 진행
E 중소기업 협력센터	서울, 경기, 인천	하반기 진행
F 고용협회	서울, 경기, 대전, 울산, 경남, 강원	하반기 진행

① 70만 원 상당의 상담 프로그램을 신청한 카운슬링 지원 대상자가 10회의 상담 프로그램 중 총 6회를 참여했다면 자비로 7만 원을 부담해야 한다.

② 500인이 근무하는 중소기업에 재직 중인 만 50세 남성이 경력설계 컨설팅을 제공받기 위해서는 내일배움카드를 발급받은 후 카운슬링 지원 사업에 신청해야 한다.

③ 상담 프로그램은 운영기관에서 진행하지만, 관련 비용 처리 및 지급은 모두 운영기관 외 기관에서 진행한다.

④ 맞춤형 설계 상담을 받고자 하는 경우 프로그램 진행 기간 동안 총 10시간의 상담이 진행될 것이다.

⑤ 카운슬링 지원 대상자가 3월에 서울에서 상담받고자 한다면 제시된 모든 운영기관에서 상담받을 수 있다.

58. 다음은 독서실 이용 안내에 대한 자료이다. 민지가 40일 동안 독서실을 가장 저렴하게 이용한다고 할 때, 지불해야 하는 최소 금액은? (단, 자유석은 40일 동안 한 가지 할인권만 이용하고, 스터디룸 이용 금액은 민지가 전액 부담한다.)

[독서실 이용 안내]

구분	이용 요금		
자유석	**1인**		**비고**
	• 기본 1시간 2,000원 • 초과 1시간당 1,000원		• 당일 이용 기준이며 10시간 이용 시 10,000원에 이용 가능
스터디룸	**3인실**	**4인실**	**6인실**
	6,000원/시간	8,000원/시간	13,000원/시간
할인권	**시간권**	**50시간권**	**100시간권**	**200시간권**

할인권	구분	50시간권	100시간권	200시간권
	시간권	45,000원	85,000원	160,000원
	정액권	**5만 원권**	**10만 원권**	**20만 원권**
		48,000원	95,000원	190,000원
	정기권	**7일권**	**14일권**	**28일권**
		70,000원	130,000원	220,000원

개인 사물함	30일권	비고
	8,000원	• 30일 단위로 이용할 수 있음

• 독서실은 자유석과 스터디룸으로 이루어져 있습니다.
• 독서실은 1인당 요금을 지불하며, 스터디룸은 1실당 요금을 지불합니다.
• 스터디룸은 정원을 초과하여 이용할 수 없습니다.
• 시간권과 정기권은 자유석 이용 시 사용하실 수 있으며, 정액권은 자유석 또는 스터디룸 이용 시 사용하실 수 있습니다.
• 개인 사물함은 할인권 구입 시 이용하실 수 있습니다.

[민지의 상황]

• 40일 동안 매일 하루 10시간씩 자유석 또는 스터디룸에서 공부할 예정임
• 공부 1일 차부터 4일 간격으로 4인 스터디를 5시간씩 진행할 예정임
• 개인 사물함을 사용할 예정임

① 682,000원　　② 683,000원　　③ 684,000원　　④ 685,000원　　⑤ 686,000원

59. 다음 글의 내용과 일치하지 않는 것은?

옵션(Option)은 '선택할 수 있는 것', '선택권'이라는 사전적 뜻을 가진 단어이지만, 금융 분야에서는 계약당사자가 특정 자산을 미리 정한 행사가격으로 장래의 특정 시점 혹은 그 이전에 사거나 팔 수 있는 권리를 말한다. 옵션을 매매하는 옵션거래에서 매수자는 매도자에게 일정한 대가인 프리미엄을 미리 지불하여 본인에게 유리한 경우에는 권리를 행사하여 이익을 누리고, 불리한 경우에는 권리를 포기할 수 있는 선택권을 가지게 된다. 이때, 매도자는 매수자의 권리행사에 응하는 의무를 가지는 대신 매수자로부터 프리미엄을 취득하게 된다.

옵션은 다시 특정 자산을 살 수 있는 권리인 콜옵션과 특정 자산을 팔 수 있는 권리인 풋옵션으로 나누어진다. 콜옵션은 자산의 종류는 제한이 없으나 옵션거래소에서 거래되고 있는 주식, 채권, 통화 등 기초자산에 대한 옵션이 가장 일반적인 형태이다. 콜옵션의 매수자는 옵션의 만기일 이내에 행사가격으로 자산을 구매할 수 있는 권리를 갖고, 매도자는 매수자에게 자산을 인도해야 한다. 즉, 매수자는 자신의 이득에 따라 옵션을 행사할 수 있고 매도자는 매수자의 요구에 따라 수동적으로 움직이게 되는 것이다.

풋옵션도 일반적으로 주식과 사채 등이 거래되고 있지만, 콜옵션과 반대되는 개념이다. 풋옵션의 매수자는 매도자에게 프리미엄을 지불하고 행사가격으로 만기에 자산을 매도할 권리를 가지며, 매도자는 프리미엄을 받는 대신 매수자가 옵션에 대한 권리를 행사할 경우 자산을 행사가격에 사주어야 한다. 풋옵션 매수자는 시장에서 해당 상품이 행사가격보다 낮게 거래될 때 자산을 행사가격에 파는 것이 유리하므로 권리를 행사하게 되고, 행사가격보다 높게 거래될 때는 시장가격에 파는 것이 유리하므로 권리를 포기하면 된다.

흔히 옵션과 대비되는 개념으로 언급되는 것이 바로 선물(Futures)이다. 선물은 상품이나 금융자산을 미리 정한 가격으로 미래의 특정 시점에 인도하거나 인수할 것을 약속하는 거래로, 옵션은 매수자에겐 의무가 아니기 때문에 손실에 따라 권리의 포기가 가능한 반면 선물은 옵션과 구조는 동일하지만 매도자와 매수자 모두에게 의무가 부여된다. 외환거래 영역에서는 선물환의 개념으로 사용되는데, 선물환은 환율변동의 위험부담을 덜기 위해 미래의 특정 외화 가격을 현재 거래에서 미리 계약하고 미래의 특정 시점에 외환을 이행한다. 예를 들어 국내의 A 기업이 외국의 B 기업에 10만 달러 규모의 제품을 수출하고 5개월 후에 선물환율 1,000원을 적용한 대금을 받기로 선물환 계약을 체결하였다면, A 기업은 5개월 뒤 대금 지급일의 환율과 상관없이 원화 1억 원을 대금으로 받게 된다.

달러를 매개로 원화를 거래하는 선물환은 달러를 구입하는 입장인 매수 포지션인지, 달러를 제공하는 입장인 매도 포지션인지에 따라 이익과 손해가 달라진다는 특징이 있다. 예를 들어 환율이 계약한 선물환율보다 올랐다고 가정하였을 때, 매수 포지션은 계약한 환율에 따라 달러를 매수하기 때문에 대가로 지급해야 할 원화의 액수가 적어지는 효과를 얻을 수 있다. 반대로 동일한 상황에서 매도 포지션은 환율이 상승하여도 계약한 환율에 따라 매도하기 때문에 받게 될 원화 액수가 적어져 손해를 보게 된다. 한편 선물환과 비교되는 개념으로 언급되는 현물환은 영업일 기준 최대 2일 이내에 혹은 계약이 이루어지는 동시에 외국환이 인도되어 고객과의 보편적인 거래에서 사용된다는 점에서 기간이 1주일에서 6개월 사이인 선물환과 차이가 있다.

① 특정 자산에 대한 옵션을 구매한 사람은 권리를 행사할 수 있고 판매한 사람은 일정한 대가를 받을 수 있다는 이점이 있다.

② 선물환의 매도자는 계약 당시보다 환율이 하락하더라도 손해를 보지 않을 가능성이 높다.

③ 옵션 계약 만기 시에 자산이 미리 정한 가격보다 시장에서 비싸게 판매되고 있다면 풋옵션 매수자는 옵션을 행사하지 않을 것이다.

④ 우리나라 수출기업이 수출품 대금 8만 달러에 대하여 선물환율 1,000원으로 계약했다고 하더라도 만기 시 환율이 1,200원이면 한화로 9천 600만 원을 지급받을 수 있다.

⑤ 옵션거래에서 매도자는 상대가 행사하는 권리에 따라 움직여야 하는 의무를 가지지만 매수자는 손해가 예상될 경우에 권리를 포기할 수 있다.

60. 이 과장은 입력값을 통해 출력값을 구하는 코드를 작성하였다. i에 80, j에 50을 입력하였을 때, 출력값으로 가장 적절한 것은?

```java
import java.util.Scanner;

public class Quiz01{

    public static void main(String[] args) {

        Scanner sc = new Scanner(System.in);

        int i = sc.nextInt();
        int j = sc.nextInt();

        double avg = (i + j)/2.0;

        System.out.println(avg);

    }

}
```

① 25.0   ② 40.0   ③ 65.0   ④ 100.0   ⑤ 130.0

61. 다음은 일부 국가별 환율에 대한 자료이다. 자료에 대한 설명으로 옳지 않은 것은? (단, 환전 수수료는 고려하지 않는다.)

[국가별 환율]

(단위: 자국화폐/달러)

구분	2016년	2017년	2018년	2019년	2020년
한국(원)	1,160.8	1,131.0	1,100.2	1,165.4	1,180.3
중국(위안)	6.6	6.8	6.6	6.9	6.9
일본(엔)	108.8	112.2	110.4	109.0	106.8
필리핀(페소)	47.5	50.4	52.7	51.8	49.6
태국(밧)	35.3	33.9	32.3	31.0	31.3
터키(리라)	3.0	3.6	4.8	5.7	7.0
러시아(루블)	67.1	58.3	62.7	64.7	72.1
스위스(프랑)	1.0	1.0	1.0	1.0	0.9
폴란드(즈워티)	3.9	3.8	3.6	3.8	3.9

※ 출처: KOSIS(IMF)

① 2018년 211.2위안은 3,201.6엔보다 3달러 더 많은 금액이다.

② 2017년 49,764원을 달러로 환전한 금액을 3년 뒤 다시 한국 화폐로 환전하면 그 차이는 2,150원 이상 이다.

③ 제시된 국가 중 2017년 이후 1달러당 환율이 매년 전년 대비 상승한 국가는 1개국이다.

④ 2016년 4,428.6루블로 환전할 수 있는 폴란드 화폐는 255즈워티 미만이다.

⑤ 2019년 1달러당 환율의 전년 대비 감소율은 태국이 필리핀보다 크다.

62. S 렌터카에 근무하는 장 사원은 차량 안내 업무를 담당하고 있다. 다음 자료를 토대로 판단할 때, 고객이 여행 기간 동안 선택할 차량과 지불할 비용을 바르게 짝지은 것은? (단, 렌트비는 보험료를 포함한 금액이라고 가정한다.)

[A~E 챠량 정보]

구분	A 차량	B 차량	C 차량	D 차량	E 차량
차종	경형	준중형	중형	중형	준대형
연식	2020년식	2022년식	2020년식	2019년식	2020년식
연료	휘발유	휘발유	LPG	휘발유	휘발유
블랙박스	O	X	O	X	O
애견 동반 가능 여부	가능	가능	불가능	가능	가능
1일 렌트비	31,500원	36,400원	38,900원	42,800원	46,100원
보험	완전자차 한도 300만 원	완전자차 한도 500만 원	완전자차 한도 500만 원	완전자차 한도 500만 원	완전자차 한도 500만 원

※ 1일 기준: 24시간

고   객: 안녕하세요, 3박 4일 동안 제주도 렌터카 한 대를 예약하려고 합니다. 9월 5일 오후 4시에 대여해서 9월 8일 오후 4시에 반납하겠습니다.
장 사원: 네, 고객님. 문의 감사합니다. 찾으시는 차종 있으십니까?
고   객: 4인 가족이 탑승할 예정이라 최소 준중형은 되어야 할 것 같고, 2020년식 이상인 차량으로 추천해 주세요. 아! 같은 완전자차 중에서도 보험 한도가 높을수록 좋겠어요.
장 사원: 네, 말씀 감사합니다. 옵션 중 필요하신 사항은 없으십니까?
고   객: 블랙박스가 있으면 좋을 것 같지만 없어도 크게 문제가 되지는 않을 것 같아요. 다만, 강아지 한 마리도 탑승할 수 있는 차량으로 안내해 주세요. 혹시 카시트가 부착된 차량도 있나요?
장 사원: 카시트의 경우 옵션을 선택하시면 사전에 설치하여 전달해 드리며, 모든 차량에 부착할 수 있습니다. 1일 기준 5,900원에 제공되고 있습니다.
고   객: 그럼 카시트 옵션도 추가해 주시고, 모든 조건에 맞는 차량 중 렌트비가 가장 저렴한 차량으로 안내 부탁드려요.

	차량	비용
①	B 차량	115,100원
②	B 차량	126,900원
③	B 차량	169,200원
④	E 차량	156,000원
⑤	E 차량	208,000원

63. 다음은 채무 조정 제도 시행 안내문이다. 아래 자료를 읽고 추론한 내용으로 옳은 것은? (단, 선택지에 제시된 상황은 채무 조정 지원 대상에 해당되는 사람의 상황이라고 가정한다.)

[채무 조정 제도 시행 안내]

1. 지원 기간
   - 20X3년 10월 1일부터 1년간 신청 접수 예정

2. 지원 대상
   - 코로나로 피해를 입은 개인사업자·소상공인으로서 90일 이상 장기 연체 등으로 부실이 이미 발생한 대출자 또는 부실로 이어질 가능성이 큰 대출자

3. 지원 한도
   - 1인당 신청 횟수는 1회로 제한되며, 1인당 최대 15억 원까지 지원 가능
      ※ 단, 담보 10억 원 이상, 무담보 5억 원 이상 보유한 자에 한함

4. 지원 내용
   1) 부실 차주: 신용채무의 재산가액 초과분에 대하여 60~80% 원금 조정 및 최대 20년의 장기분할상환 지원
      ※ 채무보다 많은 재산을 가진 차주의 경우 원금 조정 없음
   2) 부실 우려 차주: 거치 기간(1~3년) 부여, 장기분할상환 지원(10~15년), 고금리 부채의 금리 조정

5. 유의 사항
   - 기초생활수급자, 만 70세 이상 저소득 고령자·중증장애인 등의 취약계층은 원금이 최대 90%까지 감면됨
   - 허위로 서류를 제출하거나 고의로 연체한 사실이 발견되면 채무 조정은 무효화 처리됨

[참고] 용어 설명

채무 조정 제도	신용 회복 위원회와 채권 금융 회사가 협의하여 연체자의 채무를 조정해 주는 제도
부실 차주	부실이 이미 발생한 대출자
부실 우려 차주	부실로 이어질 가능성이 큰 대출자
재산가액 초과분	부채에서 자산을 뺀 순 부채
거치 기간	금융기관에서 대출을 받은 뒤, 원금을 갚지 않고 매달 이자만 납부하는 기간

---

① 이미 부실이 발생한 대출자 중 10억 원 이상의 담보를 보유한 자는 15억 원 한도 내에서 채무 조정을 여러 번 신청할 수 있다.

② 기초생활수급자임이 증명된 모든 개인사업자 또는 소상공인은 이자와 더불어 원금의 최대 50%를 감면받을 수 있다.

③ 보유한 재산이 20억 원인 소상공인의 부채가 10억 원일 경우에는 채무 조정 신청을 하더라도 원금을 감면받을 수 없다.

④ 연체 기간이 90일 미만인 사람은 부채로 인해 부실로 이어질 가능성이 높더라도 채무 조정 제도의 지원을 일절 받지 못한다.

⑤ 개인사업자가 채무로 인해 추후 부실로 이어질 가능성이 높다면 최대 15년까지 이자만 납부하여도 원금이 연체되지 않는다.

[64-65] 다음은 연도별 귀농·귀촌 교육 이수자에 대한 자료이다. 각 물음에 답하시오.

[연도별 귀농·귀촌 교육 이수자 현황]

구분		2019	2020	2021
귀농·귀촌 온라인 교육 이수 여부	응답자 수(명)	2,081	2,038	3,000
	이수함(%)	21.5	20.5	24.2
	이수하지 않음(%)	78.5	79.5	75.8
귀농·귀촌 오프라인 교육 이수 여부	응답자 수(명)	2,081	2,038	3,000
	이수함(%)	56.6	43.8	42.5
	이수하지 않음(%)	43.4	56.2	57.5
귀농·귀촌 인턴십 이수 여부	응답자 수(명)	2,081	2,038	3,000
	이수함(%)	14.9	11.2	16.8
	이수하지 않음(%)	85.1	88.8	83.2
오프라인 교육을 주로 받은 기관	귀농·귀촌 종합센터 등 관련기관(%)	18.6	19.1	22.8
	농촌진흥청·농업기술원(%)	20.1	24.4	28.5
	지방자치단체(농업기술센터)(%)	57.7	54.2	45.5
	농업계 대학·고등학교(%)	1.1	0.5	1.4
	민간 교육기관(%)	1.6	1.2	1.0
	기타(%)	0.9	0.6	0.8

※ 1) 연도별 응답자는 귀농·귀촌 온라인 교육 이수 여부, 귀농·귀촌 오프라인 교육 이수 여부, 귀농·귀촌 인턴십 이수 여부에 모두 응답하였음
    2) 귀농·귀촌 오프라인 교육을 이수했다고 응답한 응답자에 한하여 오프라인 교육을 주로 받은 기관에 응답하였음
※ 출처: KOSIS(농림축산식품부, 귀농귀촌실태조사)

64. 제시된 기간 중 귀농·귀촌 온라인 교육을 이수했다고 응답한 응답자 수가 가장 많은 해와 가장 적은 해에 귀농·귀촌 온라인 교육을 이수하지 않았다고 응답한 응답자 수의 차이는 약 몇 명인가? (단, 소수점 첫째 자리에서 반올림하여 계산한다.)

① 308명   ② 418명   ③ 526명   ④ 640명   ⑤ 654명

65. 제시된 기간 중 오프라인 교육을 주로 받은 기관에 응답한 응답자 수가 가장 적은 해에 오프라인 교육을 주로 농촌진흥청·농업기술원에서 받았다고 응답한 응답자 수는 약 몇 명인가? (단, 소수점 첫째 자리에서 반올림하여 계산한다.)

① 213명   ② 218명   ③ 222명   ④ 225명   ⑤ 237명

66. 다음 중 보조기억장치에 대한 설명으로 가장 적절하지 않은 것은?

① 보조기억장치 중 직접접근 방식은 순차접근 방식보다 처리 속도가 빠르다.

② 순차접근 방식을 통해 자료를 삽입하거나 삭제할 때는 자료를 재구성해야 한다.

③ 광자기디스크는 자기와 빛을 모두 활용하는 보조기억장치이다.

④ 주기억장치보다 상대적으로 속도가 느리며 기억 용량이 작다.

⑤ 컴퓨터의 전원을 차단하더라도 저장된 내용을 상실하지 않는다.

67. 다음 중 파이썬 3의 출력값으로 가장 적절한 것은?

> 리스트는 데이터들을 잘 관리할 수 있도록 순서를 정하여 관리하는 데이터 타입의 하나로 0 또는 그 이상의 요소가 포함되어 있는 시퀀스 구조이다. 리스트는 요소를 할당하고, 자유롭게 수정하거나 삭제할 수 있다. 또한, 각 요소를 콤마(,)로 구분하고, 대괄호([])에 둘러싸여 있는 형태로 다음과 같이 선언한다.
> 리스트 변수 이름=[요소 1, 요소 2, 요소 3, …]
> 여기서 리스트의 자리표는 0번부터 시작하며, 리스트 변수 이름이 A인 리스트 내 5개의 요소가 포함되어 있는 경우 A[0]은 A 리스트의 요소 1, A[1]은 A 리스트의 요소 2를 가리킨다. 또한 A[−1]은 A 리스트의 가장 마지막 요소인 요소 5를 가리키며, A[−2]는 A 리스트의 두 번째 마지막 요소인 요소 4를 가리킨다. 이때 선언된 리스트에 insert(a, b) 함수를 이용할 경우 A[a]가 가리키는 요소에 b가 삽입되며, remove(x) 함수를 이용할 경우 리스트 내 첫 번째 순서로 등장하는 x 값이 삭제된다.

[입력값]

A = [1, 3, 2, 1, 5, 4, 3, 2]
A.remove(3)
A.remove(1)
A.insert(2, 5)
A[−4]

① 1   ② 2   ③ 3   ④ 4   ⑤ 5

68. 다음 글의 내용과 일치하지 않는 것은?

일반적으로 생각하는 마을의 형성과 도시 발달은 근본적으로 농업의 시작에 있다. 채집이 아닌 경작이 가능해지면서 사람들은 한자리에서 필요한 먹거리를 생산할 수 있게 되었고, 점차 농업을 중심으로 도시가 형성되었다. 도시가 형성된 이후에도 농업은 도시 속에서 중요한 역할을 하였다. 테라스형 농지가 남아있는 마추픽추, 궁중에 채소를 공급하는 내농포가 있던 우리나라의 종로구 권농동 등이 그 예이다. 농업은 도시가 점차 거대해지고 산업화가 진행되면서 도시에서 분리되는 모습을 보였지만, 현대에 들어서면서 다시 도시로 들어오는 모습을 보였다. 치열한 경쟁에서 벗어난 정서적 안정, 안전한 먹거리 등에 대한 관심이 증가하면서 농업에 대한 관심이 덩달아 증가했기 때문이다. 이렇게 도시 및 근교의 텃밭이나 주말농장에서 먹거리를 키우는 것을 도시농업이라고 하는데, 최근에는 도시농업에 치유의 개념을 더한 치유농업이 큰 인기를 얻고 있다.

치유농업은 신체적 건강은 물론 정서적, 심리적, 인지적, 사회적 건강 등을 회복하고 증진하기 위해 농업을 활용하는 것으로, 식물뿐만 아니라 가축, 산림, 농촌문화자원을 이용하는 경우까지 모두 포함한다. 치유농업은 참가자 및 맥락에 따라 그 유형이 다양하지만 원예, 농장 관리, 동물 돌보기 등의 활동이 가장 대표적이다. 원예 활동은 토양 준비에서부터 솎아내기, 모종 이식, 제초, 물주기, 수확 등 식물의 모든 생장 단계에 참여하는 가장 보편적인 치유농업 유형이다. 농장 관리는 헛간이나 동물들의 보금자리를 깨끗하게 청소 및 유지하고 관련 장비나 도구들을 유지보수하는 정기적인 활동이다. 사람들에게 가장 인기 있는 활동 중 하나인 동물 돌보기는 동물에게 먹이 주기, 우리 청소하기, 젖짜기 등 다양한 체험 활동으로 구성되어있다. 동물들과 함께 뛰놀며 치유 활동을 할 수 있고 유제품 등을 생산해보는 활동도 참여할 수 있다.

치유농업의 효과는 연구 지표를 통해서도 입증되었다. 경도인지장애 노인을 대상으로 치유농업 프로그램을 진행한 결과, 인지기능과 기억력은 프로그램 진행 전보다 각각 19.4%, 18.5%, 장소를 올바르게 인식하는 지남력은 35.7% 향상된 수치를 기록했고, 기억장애 문제와 우울감은 각각 40.3%, 68.3% 줄어 정상 범위로 회복되었다. 또한, 질환을 가지고 있는 사람의 경우 우울감이 낮아지고 건강이 증진되는 효과가 있었으며, 유아·아동 청소년은 사교성, 공감 능력과 같은 긍정적인 정서가 높아지는 것으로 나타났다. 뿐만 아니라 일반적인 성인의 경우에도 피로감이나 스트레스는 줄고 활력 지수는 높아져 정서 회복과 업무 효율 향상이 높아질 것으로 기대되었다. 이러한 긍정적인 효과는 식물 자원을 가꾸며 신체적 활동을 하는 것이 다양한 감각 기관에 자극을 주기 때문인 것으로 파악된다. 국민들의 건강증진에 긍정적인 영향을 주는 치유농업은 관련 법 제정에 따라 다양한 프로그램이 연구 및 개발되고 있으며, 전문 인력을 지원하는 등 보급에 힘쓰고 있어 그 가치는 앞으로 더욱 확산될 것으로 보인다.

① 관련 법 제정을 통해 치유농업이 삶에 미치는 긍정적인 가치를 많은 사람들에게 전달할 수 있을 것으로 전망된다.

② 인류의 삶 속에서 도시와 농업의 관계는 시간의 흐름에 따라 서로 연결되기도 하고 분리되기도 하였다.

③ 사람들이 가장 쉽게 접근할 수 있는 치유농업 유형은 직접 식물의 모든 생장 단계를 지켜보는 활동이다.

④ 치유농업에 관한 연구 결과에서 경도인지장애 노인의 인지기능은 15% 이상 향상되었고, 기억장애 문제는 60% 이상 감소하여 수치가 정상 범위로 회복되었다.

⑤ 치유농업은 먹거리를 텃밭에 심어 키우는 활동을 넘어 농업을 통해 심리적, 인지적 건강 등을 유지하고 증진하는 활동이다.

[69 – 70] 다음은 ○○호텔의 A~E 연회장 이용 정보이다. 각 물음에 답하시오.

[A~E 연회장 이용 정보]

1. 연회장 정보

구분	수용 인원(명)	면적(m²)	이용 가능 장비
A 연회장	56	95	TV 모니터, 빔프로젝터
B 연회장	74	120	TV 모니터, 빔프로젝터
C 연회장	56	95	LED 디스플레이, 빔프로젝터
D 연회장	50	110	LED 디스플레이, 빔프로젝터
E 연회장	26	60	LED 디스플레이, 빔프로젝터

2. 연회장 이용 요금

구분	오전(9:00~12:00)	오후(13:00~17:00)	야간(18:00~21:00)	전일(9:00~21:00)
A 연회장	620,000원	750,000원	540,000원	1,920,000원
B 연회장	790,000원	960,000원	690,000원	2,440,000원
C 연회장	640,000원	770,000원	560,000원	1,940,000원
D 연회장	680,000원	830,000원	630,000원	2,160,000원
E 연회장	360,000원	440,000원	330,000원	1,140,000원

3. 9월 4주 차 연회장 예약 현황

구분	18(일)	19(월)	20(화)	21(수)	22(목)	23(금)	24(토)
오전	D			B	D	A	C
오후		B, E	C, D		D	C, E	E
야간	A, C	C, E		E	D		

[참고] 추가 이용 시 장비별 1대당 가격

구분	TV 모니터	빔프로젝터	LED 디스플레이
가격	60,000원	50,000원	70,000원

69. ○○호텔 CS 부서 직원인 귀하가 제시된 자료를 토대로 답변할 때, 귀하가 안내할 연회장과 날짜가 바르게 연결된 것은?

> **귀하:** 안녕하세요, 고객님. 도움이 필요하신 내용에 대해 말씀해 주시겠습니까?
>
> **고객:** 안녕하세요. 9월 4주 차에 오전 9시부터 오후 9시까지 연회장을 1일간 예약하고자 하는데 가능한 날짜가 있을까요?
>
> **귀하:** 네, 고객님. 날짜를 안내해 드리기에 앞서 고려하시는 조건이 있으십니까?
>
> **고객:** 50명의 인원을 수용할 수 있는 공간이 필요합니다. 연회장 이용 요금은 200만 원 이하이면 좋겠네요. 그날 강의가 진행되기 때문에 LED 디스플레이가 있는 공간으로 안내해 주세요.
>
> **귀하:** 전달 감사합니다. 말씀해 주신 내용을 토대로 연회장 안내 도와드리겠습니다.
>
> **고객:** 날짜는 가능한 한 가장 빠른 날짜로 확인해 주세요.

① A 연회장 – 9/21(수)
② A 연회장 – 9/22(목)
③ C 연회장 – 9/21(수)
④ C 연회장 – 9/22(목)
⑤ D 연회장 – 9/21(수)

70. 위 고객은 귀하가 안내한 날짜에 가능한 연회장을 예약하였다. 위 고객이 해당 연회장에서 빔프로젝터 2대와 LED 디스플레이 1대를 추가로 이용한다고 했을 때, 고객이 지불해야 하는 총이용 요금은?

① 2,060,000원   ② 2,080,000원   ③ 2,090,000원   ④ 2,110,000원   ⑤ 2,130,000원

약점 보완 해설집 p.30

무료 바로 채점 및 성적 분석 서비스 바로 가기
QR코드를 이용해 모바일로 간편하게 채점하고 나의 실력이 어느 정도인지, 취약 부분이 어디인지 바로 파악해 보세요!

4회 기출동형모의고사

고난도

[1] 본 실전모의고사는 직무능력평가(NCS)와 직무상식평가 70문항을 75분 이내에 풀이하는 것으로 구성되었으며, 시험 구성에 따른 출제 범위는 다음과 같습니다.

- 직무능력평가(40문항): 의사소통능력, 수리능력, 문제해결능력, 정보능력
- 직무상식평가(30문항): 금융 · 경제, 디지털, 농업 · 농촌

※ 본 실전모의고사는 2023년 채용 시 치러졌던 직무능력평가 및 직무상식평가에 맞춰 구성되어 있습니다.

24년 신규직원(6급) 채용 공고문에서는 직무능력평가 45문항, 직무상식평가 25문항, 총 70문항을 80분 이내에 풀이하는 것으로 고지되었습니다.

이에 따라 문항 수 및 시간에는 일부 변동이 발생하였으나, 출제 범위는 기존과 동일하므로 본 실전모의고사를 80분 이내에 꼼꼼히 풀이하는 방향으로 연습하시어 실전을 대비하시길 바랍니다.

[2] 문제 풀이 시작과 종료 시각을 정한 후, 실전처럼 모의고사를 풀어보세요.

      시   분 ~   시   분(총 70문항/75분)

- 해커스ONE 애플리케이션의 학습 타이머를 이용하여 더욱 실전처럼 모의고사를 풀어볼 수 있습니다.
- 모의고사 마지막 페이지 또는 해설집의 '무료 바로 채점 및 성적 분석 서비스' QR코드를 스캔하여 응시 인원 대비 본인의 성적 위치를 확인해 보시기 바랍니다.

01. 다음 중 초인플레이션의 개념과 발생원인, 해결방안으로 적절하지 않은 것은?

개념	⊙ 물가가 극단적으로 상승하는 현상으로, 보통 월평균 물가상승률이 50%를 초과할 때 초인플레이션에 진입했다고 말한다. ⓛ 물가가 더 오르기 전에 저축하려는 과정에서 물가가 지나치게 치솟는 현상을 말한다.
발생원인	ⓒ 과도한 통화공급에 의해 발생한다. ⓔ 전쟁이나 경제 불안 등의 상황에서 정부가 재정을 방만하게 운영하여 발생한다.
해결방안	⑩ 물가가 매우 빠르게 급증할 것이라는 경제주체의 기대심리를 바로잡아야 한다.

① ⊙   ② ⓛ   ③ ⓒ   ④ ⓔ   ⑤ ⑩

02. 다음 중 경기후행지수를 구성하는 경제지표에 해당하지 않는 것은?

① 소비자 물가지수 변화율   ② 생산자제품 재고지수   ③ 소비재 수입액

④ 취업자 수   ⑤ 수출입 물가비율

03. 다음 글에서 설명하는 것으로 적절한 것은?

여러 가지 서비스를 이용할 수 있는 애플리케이션으로, 별도의 다른 애플리케이션을 설치하지 않아도 검색, 주문, 송금, 투자, 예매 등과 같은 다양한 서비스를 이용할 수 있다. 예를 들어 A 인터넷 플랫폼의 애플리케이션을 이용해 검색한 상품을 주문하고, 공연 티켓을 예매하는 등 하나의 애플리케이션 안에서 다양한 서비스를 이용할 수 있다. 이와 같은 장점으로 소비자 입장에서는 사용 분야별로 필요한 애플리케이션을 각각 따로 설치할 필요가 없어 편리하다. 다만, 다수의 이용자를 확보하고 있는 대기업의 경우 다른 분야로 사업을 확장하기가 비교적 용이하기 때문에 대기업의 반독점 구조를 심화시키는 문제를 야기할 수 있다.

① 하이브리드 앱   ② 웹 앱   ③ 슈퍼 앱   ④ 네이티브 앱   ⑤ 크로스 플랫폼

04. 다음 중 수요의 가격탄력성에 대한 발언으로 적절하지 않은 것은?

① 상혁: 마땅한 대체재가 없는 달걀과 달리, 버터는 가격 상승 시 마가린으로 대체할 수 있기 때문에 수요의 가격탄력성이 높다고 할 수 있어.

② 선호: 보통 사람들에게 골프채는 사치재이고 쌀은 필수재니까 수요의 가격탄력성은 골프채가 더 높을 거야.

③ 수현: 사이다 가격이 인상될 때 탄산음료 시장에서 측정한 수요의 가격탄력성보다 전체 음료수 시장에서 측정한 수요의 가격탄력성이 더 낮아.

④ 소희: 가계소득 대비 상품에 대한 지출액이 연필은 작고 텔레비전은 크기 때문에, 수요의 가격탄력성은 텔레비전보다 연필이 더 낮아.

⑤ 시후: 휘발유 가격이 크게 오르면 단기에는 수요의 가격탄력성이 높지만, 시간이 흐를수록 수요의 가격탄력성이 낮아질 거야.

05. 다음은 (주)한국의 재무 활동을 나타낸 자료이다. (주)한국의 재무 활동으로 인한 현금유입액은?

기계장치 취득	₩5,000,000
보통주 발행	₩2,000,000
피투자회사 주식 처분	₩1,500,000
사채 발행	₩2,350,000
노무비 절약	₩380,000

① ₩3,500,000 ② ₩4,350,000 ③ ₩4,730,000 ④ ₩5,000,000 ⑤ ₩5,850,000

06. 다음 중 에지 컴퓨팅에 대한 설명으로 적절하지 않은 것은?

① 데이터와 가깝게 위치하여 응답속도가 빠르고, 실시간으로 데이터를 처리할 수 있다.

② 클라우드 컴퓨팅에 비해 네트워크 비용 및 인프라 구축 비용이 비싸다.

③ 중앙에 있는 메인 서버의 동작이 중단되더라도, 자체적으로 연속적인 서비스를 제공할 수 있다.

④ 클라우드 컴퓨팅에 비해 잠재적 보안에 대한 위험이 적다.

⑤ 클라우드와 같은 원격 서버로 필요한 데이터만 전송하기 때문에 네트워크를 효율적으로 운영할 수 있다.

07. 다음 중 농협의 5대 핵심가치에 대한 설명으로 적절하지 않은 것은?

① 소비자에게 합리적인 가격으로 더 안전한 먹거리를 제공하고, 농업인에게 더 많은 소득을 제공하는 유통개혁을 실현한다.

② 4차 산업혁명 시대에 부응하는 디지털 혁신으로 유통업·대도시·농협의 미래 성장동력을 창출한다.

③ 농업인 영농지원 강화 등을 통한 농업경쟁력 제고로 농업인의 소득을 증대시키고 삶의 질을 향상한다.

④ 지역사회의 구심체로서 지역사회와 협력하여 살고 싶은 농촌 구현 및 지역경제 활성화에 기여한다.

⑤ 농협의 정체성 확립과 농업인 실익 지원 역량 확충을 통해 농업인과 국민에게 신뢰받는 농협을 구현한다.

08. 다음 중 실물적 경기변동이론에서 설명하는 경기변동의 주요 원인으로 적절한 것은?

① 정치적 변수   ② 통화량의 변화   ③ 기술 혁신   ④ 신용 창조   ⑤ 화폐 흐름의 변화

09. 동현이는 1만 원으로 핫도그와 어묵을 구매하려고 한다. 핫도그의 가격은 1개당 2,000원, 어묵의 가격은 1개당 1,000원이다. 핫도그와 어묵의 구매 개수에 따른 한계효용이 다음과 같을 때, 동현이가 효용 극대화를 위해 구매해야 하는 핫도그의 개수는?

[핫도그와 어묵 구매 개수에 따른 한계효용]

구분	1개	2개	3개	4개	5개	6개	7개	8개
핫도그	400	380	360	340	320	300	280	260
어묵	220	200	190	180	170	160	150	140

① 1개   ② 2개   ③ 3개   ④ 4개   ⑤ 5개

10. 다음 중 물가지수에 대한 설명으로 적절하지 않은 것은?

① 수입품 가격은 소비자 물가지수에 포함되지만, 생산자 물가지수 측정에는 포함되지 않는다.

② 주택 임대료는 소비자 물가지수에 포함되지 않지만, 생산자 물가지수에는 포함된다.

③ 신규주택 가격은 소비자 물가지수와 생산자 물가지수에 모두 포함되지 않는다.

④ 국내에서 생산된 최종 생산물은 모두 GDP 디플레이터에 포함된다.

⑤ 한국은행에서 작성되는 생산자 물가지수는 시장 동향분석에 사용된다.

1회

2회

3회

4회

해커스 농협은행 6급 NCS+직무상식 기출동형모의고사

11. 다음 각 설명에 해당하는 데이터베이스 ACID 특성이 바르게 연결된 것은?

┌───┐
│ ㉠ 임의의 트랜잭션이 동일한 시간에 실행되는 다른 트랜잭션에 영향을 미치지 않는 특성 │
│ ㉡ 하나의 안정된 상태에서 다른 안정된 상태로 데이터베이스를 가져가야 하는 특성 │
│ ㉢ 작업 단위를 더 이상 분류할 수 없으며, 트랜잭션 내 모든 단계에서 모두 성공 또는 실패해야 하는 특성 │
│ ㉣ 무결성 유지를 목적으로 로그를 드라이브에 유지해야 하는 특성 │
└───┘

	㉠	㉡	㉢	㉣
①	Isolation	Consistency	Atomicity	Durability
②	Isolation	Atomicity	Consistency	Durability
③	Durability	Consistency	Atomicity	Isolation
④	Durability	Atomicity	Consistency	Isolation
⑤	Consistency	Durability	Atomicity	Isolation

12. 다음 지문의 빈칸에 들어갈 공시는?

> 자본시장법상의 공시제도는 크게 발행시장 공시와 유통시장 공시로 나뉜다. 이 중 증권의 유통과 관련된 공시인 유통시장 공시는 투자자 간에 이루어지는 거래와 관련하여 경영활동 내역을 공시하도록 하는 제도로, 금융위원회 공시와 한국거래소 공시가 있다. 그중 금융위원회 공시에 해당하는 (   )에는 부도 발생, 은행거래 정지, 합병, 주식의 포괄적 교환 및 이전 등이 포함된다.

① 투자 설명서　　　　　② 증권 신고서　　　　　③ 사업 보고서
④ 공개매수 신고서　　　⑤ 주요사항 보고서

13. 재정정책의 효과는 IS－LM곡선의 기울기 결정 요인에 따라 달라진다고 한다. 다음 중 이에 대한 설명으로 적절한 것의 개수는?

> ㉠ 투자의 이자율 탄력성이 작을수록 재정정책의 효과는 커진다.
> ㉡ 세율이 작을수록 재정정책의 효과는 작아진다.
> ㉢ 한계소비성향이 클수록 재정정책의 효과는 커진다.
> ㉣ 화폐수요의 이자율 탄력성이 클수록 재정정책의 효과는 커진다.
> ㉤ 화폐유통속도가 빠를수록 재정정책의 효과는 작아진다.

① 1개　　　　② 2개　　　　③ 3개　　　　④ 4개　　　　⑤ 5개

14. 다음 중 액면가격으로 채권을 발행하여 일정 기간마다 이자를 지급하고 만기에 원금을 상환하는 채권인 이표채에 해당하지 않는 것은?

① 고정금리채　　② 재무성채권　　③ T－bill　　④ T－note　　⑤ TIPS

15. 다음 중 국제협동조합연맹에 대한 설명으로 적절하지 않은 것은?

① 우리나라에서는 수협이 가입하여 정회원으로 승격된 후 농협, 신협, 새마을금고, 산림조합중앙회, iCOOP 생협 등이 회원으로 가입하였다.

② 프랑스의 협동조합 지도자인 보와브의 제안으로 설립된 세계적인 규모의 비정부기구(NGO)이다.

③ 농협은 국제협동조합연맹의 분과기관인 국제협동조합농업기구에서 의장기관으로 활약하고 있다.

④ 협동조합운동에 기여한 바가 큰 개인에게 또는 협동조합에 로치데일 파이어니어 상을 수여한다.

⑤ 운영 목적은 환경과 분배 문제 등 자본주의의 폐해를 극복하고 더 나은 공동체 사회를 지향하는 데 있다.

16. 다음 중 보조기억장치에 대한 설명으로 적절하지 않은 것은?

① 개인용 컴퓨터에서 흔히 사용되고 있는 플로피 디스크나 CD-ROM 등이 있다.

② 처리속도는 자기 테이프가 자기 드럼보다 빠르지만 기억 용량은 자기 테이프가 자기 드럼보다 작다.

③ 주기억장치에 비해 대용량으로 구성되어있지만 가격은 상대적으로 저렴하다.

④ 자기 디스크는 동심원과 구분선을 통해서 직접접근으로 자료의 처리가 가능하다.

⑤ 속도는 느리지만 전원을 종료해도 데이터를 영구적으로 보관할 수 있는 장점이 있다.

17. 다음은 원/달러 환율의 상승 또는 하락이 국내 경제에 미치는 영향이다. ㉠~㉣을 환율 변동의 방향이 같은 것끼리 올바르게 짝지으면?

㉠ 국내 물가 안정	㉡ 교역조건 악화	㉢ 경상수지 개선	㉣ 외채 상환 부담 감소

	환율 하락의 영향	환율 상승의 영향
①	㉠	㉡, ㉢, ㉣
②	㉠, ㉡	㉢, ㉣
③	㉠, ㉢	㉡, ㉣
④	㉠, ㉣	㉡, ㉢
⑤	㉠, ㉢, ㉣	㉡

18. 다른 조건은 일정한 상황에서 한국은행이 기준금리를 인상했을 때, 예상되는 영향으로 적절하지 않은 것은?

① 국내 물가 수준이 하락한다.

② 환율 하락으로 수입량이 증가한다.

③ 기업의 설비 투자 비용이 감소한다.

④ 국내 주가지수가 상승한다.

⑤ 가계의 저축이 증가하고 소비가 감소한다.

19. 다음 설명과 공통적으로 관련 있는 시장의 사례에 해당하지 않는 것은?

> • 다수의 기업이 존재하고 있으며, 개별 기업들의 재화는 대체성이 높다.
> • 모양, 내용, 품질, 판매 장소 등에서 조금씩 차이가 있는 상품을 생산한다.
> • 개별 기업의 시장 진입과 퇴거가 자유롭다.
> • 장기균형에 도달하면 개별 기업들의 생산량은 최적 산출량에 미달한다.

① 전체 시장의 90% 이상을 차지하는 멀티플렉스의 영화 티켓 및 매점 상품은 동일한 가격대에 형성되어 있다.

② 동네 피부과 중에서 A 피부과는 특히 여드름 치료를 잘하는 것으로 유명해 손님이 많다.

③ 마트에 가면 일반 우유뿐만 아니라 저지방 우유, 무지방 우유, 고칼슘 우유 등 다양한 종류의 흰 우유를 볼 수 있다.

④ 수많은 카페에서 아메리카노를 팔고 있지만, 그 맛은 카페마다 조금씩 다르다.

⑤ B 음식점은 다른 음식점과 달리 유기농 재료만을 사용하여 믿고 먹을 수 있는 안전한 먹거리를 찾는 단골손님을 모았다.

20. 다음 사례와 관련 있는 것은?

> • 네이버 클라우드   • 드롭박스   • 구글 앱스

① BaaS   ② IaaS   ③ MBaas   ④ PaaS   ⑤ SaaS

21. 다음 중 경제적 지대에 대한 설명으로 적절하지 않은 것은?

① 경제적 지대는 공급량이 제한되는 경우에 발생한다.

② 요소의 기회비용 또는 전용 수입을 초과한 요소 소득이다.

③ 노동뿐만 아니라 토지, 기계 설비 등 다양한 종류의 요소 시장에서 나타날 수 있는 개념이다.

④ 요소 공급의 가격탄력성이 완전 탄력적인 경우에는 요소 소득이 모두 경제적 지대가 된다.

⑤ 경제적 지대를 얻으려고 하는 행위를 지대 추구 행위라고 하며 이로 인해 사회적 후생이 감소한다.

22. 다음 중 기축통화에 대한 설명으로 적절하지 않은 것은?

① 발행국은 다양한 서비스 또는 재화를 생산할 수 있어야 한다.

② 안정적인 통화의 가치가 확보되어야 한다.

③ 보유한 외환시장과 금융·자본시장이 고도로 발전되어 있어야 한다.

④ 국가의 존립이 전쟁의 영향을 받지 않아야 하고, 군사적으로 지도적인 입장에 있어야 한다.

⑤ 자유로운 교환이 제한되어야 한다.

23. 다음 설명에 해당하는 기술은?

> 금융회사가 AI를 활용해 복잡한 금융규제를 쉽게 이해하고 지킬 수 있도록 하는 기술이다. 핀테크 등 급속도로 발전한 IT 기술로 인해 금융산업이 고도화됨에 따라 금융규제 역시 복잡하고 다양해졌으며, 금융회사는 모든 금융규제를 파악하고 준수하는 데 어려움을 겪고 있다. 이에 따라 금융회사는 블록체인 및 빅데이터 분석 등을 통해 실시간 규제 대응을 자동화하고 있다. 대표적인 기술에는 전자금융거래에서 사용되는 사용자 정보를 분석해 이상금융거래를 차단하는 이상거래탐지시스템이 있다.

① 레그테크　　　　② 인슈어테크　　　　③ 규제 샌드박스

④ 로보어드바이저　　⑤ 섭테크

24. 다음 중 농협이 제시하고 있는 인재상으로 적절하지 않은 것은?

① 구성원 사이에 협력과 존경을 통해 조직의 성과가 극대화할 수 있도록 노력하는 인재

② 고객을 감동시키며 성과를 창출하고 시장에서의 경쟁력을 갖추기 위해 노력하는 인재

③ 창의성과 도전 의식을 바탕으로 변화와 혁신을 추구하기 위해 노력하는 인재

④ 유통, 금융 등 본인이 맡은 분야에서 전문가가 되기 위해 노력하는 인재

⑤ 업무에 있어서 투명하고 정직하게 처리하여 믿음과 신뢰를 받도록 노력하는 인재

25. 다음 중 경기 침체 시 정부와 중앙은행이 취할 정책으로 적절하지 않은 것은?

정부	㉠ 기업이 생산한 재화를 구매하기 위해 정부 지출의 규모를 늘린다. ㉡ 가계의 가처분 소득 증가를 위해 소득세율을 낮춘다.
중앙은행	㉢ 금융기관의 지급준비율을 인상해 시중은행의 안정적 운용을 도모한다. ㉣ 공개시장에 참여해 국·공채를 매입한다. ㉤ 시중은행이 저금리로 돈을 대출할 수 있도록 금융중개지원대출 자금을 확대한다.

① ㉠   ② ㉡   ③ ㉢   ④ ㉣   ⑤ ㉤

26. 다음 중 단기 총공급곡선에 대한 설명으로 적절한 것은?

① 단기적으로 봤을 때 물가와 총생산물의 공급량 사이에는 음(−)의 관계가 나타난다.

② 재고 관리의 효율성 상승은 단기 총공급곡선을 오른쪽으로 이동시키는 요인에 해당한다.

③ 원유 가격의 상승으로 인한 생산 비용의 상승은 단기 총공급곡선을 오른쪽으로 이동시킨다.

④ 명목 임금의 상승은 단기 총공급곡선을 이동시키지 못한다.

⑤ 신기술 개발은 단기 총공급곡선을 왼쪽으로 이동시킨다.

27. 다음 중 지문을 잘못 이해한 사람을 모두 고르면?

> 흔히 환율 상승으로 자국 통화의 가치가 하락하면 수출은 늘어나고 수입은 줄어들어 무역수지가 개선될 것으로 예측한다. 그러나 실제 나타나는 무역수지의 변화는 예상과 다르다. 환율 상승 초기에는 수출품과 수입품의 가격이 변하더라도 수출입 제품의 물량에 큰 변화가 없어 무역수지가 악화되는데, 일정 시간이 지나고 나면 수출입 제품의 가격 변화가 수출입 제품의 물량 변화에 영향을 미쳐 무역수지가 개선되는 효과가 나타난다. 이와 같은 현상을 그림으로 그리면 알파벳 J 형태가 된다고 하여 'J 커브 효과'라 일컫는다. 보통 환율 조정 후 12~18개월이 지나야 무역수지가 개선되는 효과가 나타난다고 한다.

> - **가은**: 수출품의 가격 변화에 대응하여 해외 소비자들이 소비 행태를 바꾸는 데 시간이 오래 걸릴수록 무역수지가 개선되는 시간이 짧아진다.
> - **나영**: 대부분의 수출입 물량이 환율 상승 이전에 맺은 계약에 의해 고정되어 있다면 환율이 상승한 직후의 무역수지에는 큰 변화가 없다.
> - **다빈**: 수입품의 가격 변화에 대응하여 국내 소비자들이 소비 행태를 바꾸는 데 시간이 오래 걸릴수록 무역수지가 개선되는 시간이 길어진다.
> - **라희**: 수출품의 가격 변화에 대응하여 수출품 생산자들이 생산량을 조절하는 데 시간이 오래 걸릴수록 무역수지가 개선되는 시간이 길어진다.

① 가은, 나영　　　　② 가은, 다빈　　　　③ 나영, 다빈

④ 나영, 라희　　　　⑤ 다빈, 라희

28. 다음 중 온 디맨드 컴퓨팅(On-demand computing)에 대한 설명으로 적절하지 않은 것은?

① 기업의 IT 인프라를 수도, 가스, 전기 등의 유틸리티 서비스처럼 내부적 서비스로 관리한다.

② 모든 IT 자원이 수요에 따라 수동적으로 배분된다는 특징이 있다.

③ 시스템의 자가 관리를 통해 유연성과 운용 관리 용이성이 극대화될 수 있다.

④ 인터넷을 매개로 기업의 사내 IT 인프라와 외부 컴퓨팅 유틸리티를 통합하는 데 기여할 수 있다.

⑤ 기업은 서버 사용의 효율 증대를 통해 하드웨어와 소프트웨어의 관리 비용을 절감할 수 있다.

29. 다음 사례에서 갑의 마스크 공장 설립과 운영에 대한 기회비용은? (단, 기간은 1년이며, 예금 및 대출 이자율은 연 10%로 동일하다.)

> 갑은 연봉 5천만 원을 받으며 재직 중이던 회사를 퇴직하고, 마스크 공장을 설립하여 연간 3억 원의 수입을 올리고 있다. 기계와 공장부지 임대료는 각각 연간 7천만 원, 1천만 원이고, 고용한 3명의 직원에게는 각각 연봉 3천만 원을 임금으로 주며, 재료비는 연간 2천만 원이 소요된다. 이에 갑은 자신의 예금을 해지하여 10천만 원을 준비하고, 부족한 자금 10천만 원은 은행에서 차입하였다.

① 2억 원   ② 2억 3천만 원   ③ 2억 5천만 원

④ 2억 6천만 원   ⑤ 2억 8천만 원

30. 다음 중 NH농협은행이 추진한 디지털 전환(DT) 전략으로 적절하지 않은 것은?

① RPA, PPR 등 신기술의 업무 적용 확대

② 애자일(Agile) 조직 운영

③ 인공지능 은행원 구현

④ 메타버스 기반 핀테크 해커톤 대회 개최

⑤ NH 디지털 자산 플러스를 통한 스타트업 기업 지원

31. 다음 글의 내용과 일치하지 않는 것은?

일반적으로 환율이 상승하면 무역수지가 개선된다고 알려져 있다. 여기서 무역수지란 일정 기간에 상품의 수출입 거래로 생기는 국제수지를 말하는 것으로, 물건을 수출하여 벌어들인 돈의 액수가 물건을 수입하여 지출한 돈의 액수보다 클 때는 무역 흑자가, 반대로 수입액이 수출액을 초과할 경우에는 무역 적자가 난다. 이에 따라 환율이 상승할 경우 기업은 제품의 수출량을 늘리고, 수입량을 줄일 것이기 때문에 무역수지는 자연히 흑자로 돌아서게 된다. 이처럼 환율의 상승은 무역수지를 항상 즉각적으로 개선하는 효과를 가져올 것 같으나 반드시 그런 것은 아니다.

무역수지는 환율 상승 초기에 악화하였다가 시간이 지나면서 점차 개선되기도 하는데, 이러한 현상을 그래프로 그렸을 때 알파벳 J자가 비스듬하게 누워있는 형태로 그려진다고 하여 'J 커브 효과'라고 부른다. J 커브 효과의 발생 이유를 설명하는 이론에는 시차론과 소득 탄력성 이론이 있다. 환율의 변동은 수출입 물품의 가격 변동뿐 아니라 수출입 물품의 물량에도 영향을 미치는데, 시차론에서는 수출입 물품의 가격 변동 시점과 수출입 물품의 물량 조정 시점에 시차가 발생하기 때문에 J 커브 효과가 발생한다고 본다. 환율이 상승하기 시작하는 단계에서는 수출입 물품의 수량에 눈에 띄는 변화가 나타나지 않지만, 수출품의 가격은 하락하고, 수입품의 가격은 상승하기 때문에 무역수지가 악화된다. 그러나 어느 정도 시간이 흐른 뒤에는 가격 경쟁력의 변화에 발맞춰 수출량은 늘어나게 되고, 수입량은 줄어들게 되므로 무역수지가 개선된다.

소득 탄력성 이론에서는 단기적으로 봤을 때 소비는 과거의 소득 수준에 큰 영향을 받기 때문에 J 커브 효과가 발생한다고 설명한다. 사람들은 과거와 비교해 소득이 증가하더라도 소비를 늘리지 않으며, 반대로 소득이 줄더라도 소비를 줄이지 않는다는 것이다. 다만, 장기적인 관점에서 보면 소비의 소득 탄력성은 1에 가깝기 때문에 소득이 증가할수록 소비도 함께 증가하며, 소득이 감소할 경우 소비도 함께 줄어들게 된다. 결과적으로 환율의 상승은 수입액 감소 및 수출 품목 단가 하락에 따른 교역 조건 악화 문제를 가져오긴 하나, 시간이 흐를수록 수입량이 줄어들고 수출량이 증가하여 교역 조건 호전 및 경상수지 회복이라는 긍정적인 효과를 불러온다.

한편 J 커브 효과와 반대로 환율이 떨어지기 시작하는 초기 단계에서는 경상수지가 흑자를 보이다가 일정 기간이 지나게 되면 적자로 돌아서는 '역(逆) J 커브 효과'가 나타나는 경우가 있다. 이와 관련하여 1977~1978년 일본에서는 환율 하락으로 인해 엔화의 가치가 상승하게 되면서 역 J 커브 효과가 나타난 사례가 있었다. 또한, 우리나라에서는 1986년 9월 이후 환율 하락으로 인해 원화의 평가 절상 현상이 시작되었으며, 경상수지가 1986년에 약 47억 달러, 1987년에 약 92억 달러, 1988년에 약 120억 달러에 이르며 역 J 커브 효과가 나타난 바 있다.

① J 커브 효과의 시차론에 따르면 환율 상승 초기에는 수출액은 줄어들고, 수입액은 늘어나 국내 무역수지가 악화된다.

② 환율 상승은 시간이 지날수록 수출량 증가 및 수입량 감소 현상을 불러오기 때문에 경상수지에 긍정적인 영향을 미친다.

③ 상품을 수출입 하는 기업에서 수출액 64억 원, 수입액 62억 원에 달하는 성과를 기록했다면 해당 기업의 무역수지는 흑자이다.

④ 역 J 커브 효과는 환율 하락 초반에는 경상수지 흑자가, 일정 시간이 흐른 뒤에는 경상수지 적자가 나타나는 현상을 말한다.

⑤ 장기적 관점에서 소득의 변동과 소비의 변동이 반비례 관계에 있는 이유는 소비의 소득 탄력성이 1에 가깝기 때문이다.

32. 다음은 정규표현식에 대한 설명이다. 귀하가 정규표현식을 이용해 코드를 작성하여 다음과 같은 출력값이 나왔을 때, '?'에 적합한 입력값으로 가장 적절한 것은?

> 정규표현식은 특정한 규칙을 가진 문자열의 집합을 표현하는 데 사용되는 언어이다. 정규표현식은 텍스트 편집기나 스크립트 언어에서 문자열의 검색과 치환을 위해 지원하고 있으며, 특히 Perl 같은 스크립트 언어는 언어 자체에서 강력한 정규표현식을 구현하고 있기 때문에 문자열, 텍스트 처리에 특화된 스크립트를 작성할 수 있다. 정규표현식을 이용하여 원하는 문자열 패턴을 정의한 뒤 소스 문자열과 일치하는지를 비교할 수 있는데, 이때 메서드는 match(), search() 등을 사용한다. match()는 찾으려는 단어가 문장의 맨 처음에 위치할 경우 해당 단어를 반환하며, search()는 찾으려는 단어가 문장의 어디에 있든 상관없이 문장 안에 위치하기만 하면 해당 단어를 반환한다.

[입력값]

```
import re

rst = "별 하나에 사랑과 별 하나의 추억"
x = [              ?              ]

if x:
    print("있음")
else:
    print("없음")
```

[출력값]

없음

① re.match("별", rst)

② re.match("사랑", rst)

③ re.search("하나", rst)

④ re.search("별", rst)

⑤ re.search("추억", rst)

33. A와 B는 두 사람 집의 중간 지점에서 16시 20분에 만나기로 약속했다. A는 집에서 15시에 출발하여 75m/분의 속력으로 계속 걸었고, B는 A가 출발한 지 50분 뒤에 자전거를 타고 집에서 출발했다. A와 B는 각자 일정한 속력으로 이동하여 두 사람 집 사이의 절반인 지점에서 약속한 시간에 만났을 때, B가 탄 자전거의 속력은?

① 100m/분 ② 150m/분 ③ 200m/분 ④ 250m/분 ⑤ 300m/분

34. 올해 A 회사의 영업이익은 작년 대비 20% 증가하였고, B 회사의 영업이익은 올해 A 회사 영업이익의 1/2 배이다. 작년 A, B 두 회사의 영업이익의 합은 12,000억 원이고, 올해 두 회사의 영업이익의 합은 작년 대비 4,200억 원이 증가하였을 때, 올해 B 회사 영업이익의 작년 대비 증가율은?

① 20% ② 40% ③ 60% ④ 80% ⑤ 100%

35. ○○국가에서 청년 실업률이 급격히 증가하는 것을 저지하기 위해 청년 실업 비상대책위원회를 설립하고, 청년 실업 비상대책 위원장과 A~F 위원을 선임하여 청년 실업 비상대책 제1차 위원회를 소집하였다. 청년 실업 비상대책 위원장은 제1차 위원회에서 발언할 위원을 결정하고 있다. 다음 조건을 모두 고려하였을 때, 항상 옳지 않은 것은?

- A 위원이 발언하면 F 위원이 발언한다.
- B 위원이 발언하면 E 위원이 발언한다.
- F 위원이 발언하면 D 위원은 발언하지 않는다.
- C 위원이 발언하면 B 위원이 발언한다.
- E 위원이 발언하면 D 위원이 발언한다.
- A 위원 또는 F 위원 중 발언하지 않는 위원이 있으며, D 위원은 발언하지 않는다.

① C 위원은 발언하지 않는다.

② A 위원은 발언하지 않는다.

③ F 위원은 발언한다.

④ B 위원은 발언한다.

⑤ F 위원이 발언하지 않는 경우, E 위원은 발언하지 않는다.

36. 금융상품 트렌드 세미나에서 5일 동안 오전, 오후 시간대에 8명의 직원이 한 번씩만 발표를 진행하게 된다. 월요일 오전 시간대와 금요일 오후 시간대에는 세미나가 진행되지 않을 때, 아래의 정보를 통해 타임테이블에 발표자를 기재한다면 수요일 오전 발표자는?

[이번 주 세미나 발표자]

구분	월	화	수	목	금
오전 (09:00~12:00)					
오후 (14:00~17:00)					

[발표 일정]

- 직급이 낮은 직원보다 직급이 높은 직원이 먼저 발표한다.
- 홍보팀 직원은 오전 시간대에 발표를 할 수 없다.
- 직급이 같은 경우, 직책이 있는 직원이 직책이 없는 직원보다 먼저 발표한다.
- 같은 시간대에 같은 부서 직원이 연달아 발표하지 않는다.

[직원 정보]

직원	직급	직책 유무	부서	직원	직급	직책 유무	부서
(가)	사원	O	기획팀	(마)	과장	O	재무팀
(나)	과장	X	기획팀	(바)	사원	X	연구팀
(다)	차장	O	홍보팀	(사)	주임	X	재무팀
(라)	대리	X	홍보팀	(아)	대리	O	연구팀

① (가)　　　　② (나)　　　　③ (라)　　　　④ (사)　　　　⑤ (아)

37. 다음 글의 내용과 일치하지 않는 것은?

하수는 빗물이나 집, 공장, 병원 따위에서 쓰고 버린 오염된 물로, 가정에서 발생하는 생활 하수, 공장에서 버려지는 공업 폐수 및 배수로에 모인 빗물 등으로 구성된다. 생활 하수와 산업 폐수 등은 수질을 악화시켜 환경오염을 일으킬 수 있고, 인간의 삶에 있어서 필수 요소인 마실 물이 고갈되는 문제를 낳을 수 있다. 또한 하수에는 공해 물질이 포함되어 있어 이를 자연수역에 그대로 방류하게 되면 생태계를 파괴하거나 물을 매개로 하는 전염병이 전파될 수 있으므로 인공적으로 정화하는 과정을 거쳐 방류해야 한다. 이를 하수처리 과정이라 하며, 수처리 과정과 슬러지처리 과정으로 구분된다.

먼저 수처리 과정은 침사지, 최초침전지, 포기조, 최종침전지, 방류조 순으로 총 다섯 개의 시설을 거친다. 생활하수가 하수처리 시설로 처음 유입되는 공간인 침사지에서는 모래나 흙 등의 무거운 이물질은 가라앉혀 제거하고, 하수에 포함된 플라스틱, 비닐, 종이류 등의 이물질은 스크린을 이용해 걸러낸다. 침사지를 통과하여 무거운 물질이 제거된 하수는 최초침전지로 유입되어 일정 시간 머무르는데, 이때 작은 이물질 등 비교적 천천히 가라앉는 이물질이 침전 및 제거되고, 바닥에 쌓인 이물질은 농축조로 보내진다. 하수에서 대부분의 이물질이 제거되었더라도 하수의 정화 과정이 끝난 것은 아니다.

최초침전지를 거친 하수는 하수처리 시설 중에서도 가장 중요한 역할을 하는 포기조로 흘러 들어간다. 포기조의 역할이 중요한 이유는 포기조가 최종방류수의 수질을 좌우하기 때문인데, 포기조에서는 유입된 하수에 공기를 주입함으로써 생성된 미생물이 하수에 남아있는 오염물질을 먹도록 하는 과정이 이어진다. 포기조에서 처리한 하수를 최종적으로 침전시키는 최종침전지에서는 하수처리 과정에서 생긴 침전물인 슬러지가 물과 분리되며, 깨끗하게 처리된 물은 방류조로, 바닥에 가라앉은 슬러지의 일부는 포기조로, 일부는 농축조로 이동한다. 정화된 맑은 물을 공공수역에 내보내는 최종시설인 방류조에서는 수질의 최종 상태를 확인하고, 충분한 양의 염소를 주입하여 소독하는 과정을 거친다. 소독 과정에 따라 방류수의 수질이 달라질 수 있으며, 계절이나 시간 등의 영향을 받을 경우 방류 수량도 변동될 수 있다.

다음으로 슬러지처리 과정은 농축조, 소화조, 탈수기, 탈황장치 순으로 총 네 개의 시설을 거친다. 농축조는 수처리 과정에서 발생한 최초침전지의 생 슬러지와 최종침전지의 잉여 슬러지를 중력에 의한 침전 방식으로 농축하여 소화조로 옮기는 시설이다. 슬러지 농축은 슬러지처리 시설뿐만 아니라 수처리 시설에도 영향을 미치기 때문에 충분한 관리가 필요하다. 혐기성 미생물을 이용하여 농축된 슬러지를 분해시키는 소화조에서는 슬러지 분해 시 발생하는 메탄가스를 생성하고 슬러지의 악취를 없앤다. 소화 처리된 액체성 슬러지는 탈수기에서 탈수 작업을 거친다. 이 시설에서는 반출, 운반, 처분 등을 수월하게 하기 위해 액체성 슬러지의 부피와 무게를 줄이고, 여기에 응집 약품을 투여하여 고체성 케익으로 재생산한다. 이처럼 세분화된 시설을 거치는 하수처리 과정은 생활하수 및 쓰레기, 합성세제 등에 의해 오염된 물을 깨끗이 하고, 환경을 안전하게 회복시키는 데 중요한 역할을 한다.

① 탈수기에서는 무게 및 부피를 감소시킨 액체 슬러지를 고체화하기 위해서 응집 약품을 사용한다.

② 수처리 과정과 슬러지처리 과정 모두 세 번째 순서로 거치는 시설물에서 미생물을 이용한 하수처리 과정이 진행된다.

③ 농축조에서 진행되는 슬러지 농축 과정은 슬러지처리 시설과 수처리 시설 둘 다에 영향을 미친다.

④ 도구를 이용하여 하수에 있는 페트병이나 비닐류를 걸러내는 시설은 수처리 과정 중 하수가 첫 번째로 거치게 되는 시설이다.

⑤ 최종침전지에서 분리 과정을 거친 후 바닥에 가라앉은 슬러지는 농축조와 포기조 두 시설로 분산되어 이동한다.

38. 갑은 파이썬 3을 이용하여 1~100까지의 합을 구하기 위한 코딩을 하였고, 다음과 같은 오류 메시지가 출력되었다. 갑이 수정해야 하는 사항으로 가장 적절한 것은?

[입력값]

```
# 1~100까지 합 구하기

sum100 = 0

for i in range(1, 101);
                    sum100 += i

print(sum100)
```

[오류 메시지]

```
C:/Users/Py/anaconda3/envs/moonjea/python.exe    C:/Users/Py/PycharmProjects/moonjea/
sum.py
    File "C:/Users/Py/PycharmProjects/moonjea/sum.py", line5
        for i in range(1, 101);
                              ^
SyntaxError: invalid syntax

process finished with exit code 1
```

---

① 'sum100'을 'sum'으로 수정해야 한다.

② range 함수의 범위를 '(1, 100)'으로 수정해야 한다.

③ 'sum100 += i'는 들여쓰기하지 않아야 한다.

④ for문이 시작되는 줄의 ';'을 ':'으로 수정해야 한다.

⑤ 'print'를 'printf'로 수정해야 한다.

39. 호령이는 자금을 모아 자영업을 영위하고자 연 이자율이 6%인 월 복리 비과세 적금 상품에 가입하였다. 매월 마지막 날에 100만 원씩 3년 동안 적립한다고 할 때, 3년 후 호령이가 만기해지하며 받을 수 있는 총금액은? (단, $1.005^{36}=1.2$로 계산한다.)

① 38,160,000원   ② 39,080,000원   ③ 40,000,000원

④ 40,440,000원   ⑤ 42,876,576원

40. 윤진이는 이달 초 정가가 210만 원인 냉장고를 연이율이 15%인 카드 할부 결제로 구입하였다. 이달부터 매월 말에 일정한 금액으로 10개월간 결제 금액을 모두 상환한다고 할 때, 윤진이가 매달 상환해야 하는 금액은? (단, $(1.15)^{10} \fallingdotseq 4.0$, $(1.0125)^{10} \fallingdotseq 1.1$이다.)

① 283,570원   ② 288,750원   ③ 302,550원   ④ 342,230원   ⑤ 366,790원

41. 양 주임은 미국과 유럽 출장을 앞두고 출장비로 100만 원을 선지급받아 600달러와 200유로를 환전한 뒤, 출장 중 500달러와 160유로를 사용하였고 남은 잔액은 모두 원화로 환전하였다. 양형규 주임이 선지급받은 출장비 중 남은 금액을 모두 반납한다고 할 때, 양 주임이 반납할 원화의 총액은 얼마인가? (단, 출장 전후와 관계없이 환전 가격은 모두 환율표와 같으며, 환전 수수료는 고려하지 않는다.)

[환율표]

구분	현금 살 때	현금 팔 때
1달러	1,150원	1,110원
1유로	1,360원	1,310원

① 163,400원   ② 201,400원   ③ 207,400원   ④ 235,400원   ⑤ 253,400원

42. 다음은 A 업종과 B 업종의 55세 이상 근로자 수를 나타낸 자료이다. 제시된 기간 중 B 업종의 전체 근로자 수가 가장 많은 해에 A 업종 전체 근로자 수의 전년 대비 증감량은?

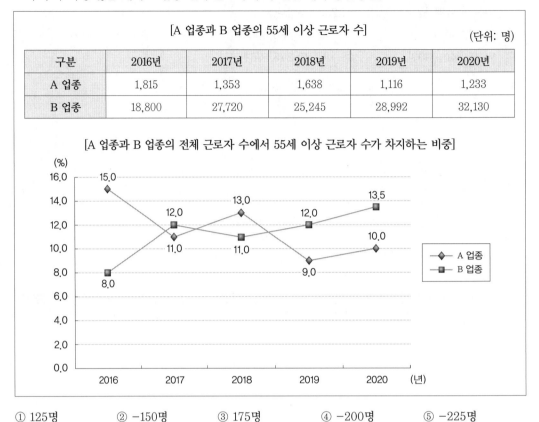

[A 업종과 B 업종의 55세 이상 근로자 수]

(단위: 명)

구분	2016년	2017년	2018년	2019년	2020년
A 업종	1,815	1,353	1,638	1,116	1,233
B 업종	18,800	27,720	25,245	28,992	32,130

[A 업종과 B 업종의 전체 근로자 수에서 55세 이상 근로자 수가 차지하는 비중]

① 125명   ② −150명   ③ 175명   ④ −200명   ⑤ −225명

43. 다음 글의 중심 내용으로 가장 적절한 것은?

> 농산물은 재배 기간이 길고 기후 조건의 영향도 많이 받기 때문에 생산량 조절이 어려운 재화 중 하나이다. 또한 저장에도 한계가 있어 생산된 물량은 짧은 기간 내에 모두 소비되어야 하며, 가격에 따른 수요의 변화가 크지 않아 수요량과 공급량의 변화에 따라 가격 변동 폭이 크다. 국민의 식생활과 농민들의 이익을 고려하였을 때 농산물 가격은 너무 높아서도, 너무 낮아서도 안 된다. 따라서 정부는 가격 폭락 가능성이 있는 풍년에는 농산물 가격이 일정 가격 이하로 떨어지지 않도록 적정량을 수매하고, 가격 폭등 가능성이 있는 흉년에는 수매한 농산물을 시중에 방출하여 가격을 일정하게 유지하는 농산물 가격 지지 제도를 시행하고 있다.
>
> 일반적으로 가격은 시장에서 자율적으로 결정되지만, 농산물 가격 지지 제도처럼 시장에서 결정된 가격을 무시하고 의도적으로 정부가 시장 가격에 개입하여 가격을 통제하기도 하는데 이를 가격 정책이라고 한다. 가격 정책은 크게 가격 상한제라고도 불리는 최고 가격제와 가격 하한제라고도 불리는 최저 가격제로 나뉜다. 최고 가격제는 아파트 임대료 규제나 이자율 규제와 같이 시장 가격이 너무 높다고 여겨지는 경우 소비자 보호와 물가 안정을 목적으로 가격 상한선을 설정하여 그 이하의 가격에서만 거래되도록 통제하는 제도이다. 반면 최저 가격제는 농산물 가격 지지 정책이나 최저 임금제와 같이 시장 가격이 너무 낮다고 여겨지는 경우 생산자의 이익 보호를 위해 가격 하한선을 설정하여 일정 수준 이상의 가격을 유지하도록 통제하는 제도이다.
>
> 여기서 가격 정책은 실효성을 얻기 위해 시장 균형가격보다 낮은 수준에서 최고 가격이 형성되고, 시장 균형가격보다 높은 수준에서 최저 가격이 형성된다는 점이 중요하다. 최고 가격제의 일종인 임대료 규제를 예로 들어 설명하면, 임대료를 규제할 경우 주택사업자가 주택 사업을 포기하고 더 많은 수익을 얻을 수 있는 다른 사업에 투자하는 현상이 발생할 수 있다. 이럴 경우 임대 주택 공급량이 감소하여 임대료가 오히려 규제 전보다 인상될 수 있으며, 나아가 암시장을 통해 기존의 시장 균형가격보다 높은 가격으로 주택 거래가 일어날 수도 있다. 반대로 최저 가격제의 대표 사례인 최저임금제를 예로 들면 시장 균형가격보다 높은 수준에서 최저임금이 지정되면서 노동 공급량은 증가하지만, 인상된 비용을 감당하기 위해 기업이 노동 수요량을 줄임으로써 노동의 초과공급이 발생한다. 이처럼 일자리 감소로 인한 비자발적 실업이 증가함에 따라 오히려 최저임금으로 보호하고자 한 취약계층의 경제 수준과 생활 수준이 더욱 악화될 가능성이 있는 것이다.

① 가격 정책의 실효성을 높이고 그 기능을 원활하게 수행할 수 있도록 보조 제도를 강구해야 한다.

② 농산물은 인간의 생활에 필수불가결한 재화이므로 일정한 가격을 유지하기 위해 정부의 개입이 필요하다.

③ 최고 가격제와 최저 가격제를 시행하기 전에 예상되는 이해득실을 따져 실행 여부를 결정해야 한다.

④ 가격 정책이 실질적으로 효과를 발휘하기 위해서는 시장 균형가격을 고려한 적절한 가격 산정이 중요하다.

⑤ 정부의 가격 통제는 소비자·공급자 보호 및 물가 안정을 위해 필요하지만 각종 부작용을 유발할 수 있다.

44. 다음 중 Excel 단축키에 대한 설명으로 적절하지 않은 것의 개수는?

⊙ Ctrl + Space bar : 열 전체 선택하기
ⓛ Ctrl + Shift + ; : 현재 시간 나타내기
ⓒ Shift + F11 : 새 시트 삽입하기
ⓔ Alt + W : 수식 메뉴 보기
ⓜ Ctrl + F4 : 창 닫기
ⓗ Shift + F4 : 다음 내용 찾기
ⓢ Alt + F2 : 차트 삽입하기
ⓞ Alt + Page Down : 한 화면 왼쪽으로 이동하기
ⓩ Ctrl + K : 표 만들기
ⓒ Ctrl + Shift + Space bar : 아래쪽 데이터 모두 선택하기

① 3개   ② 4개   ③ 5개   ④ 6개   ⑤ 7개

45. 다음은 개인종합자산관리계좌(ISA)에 대한 설명이다. 개인종합자산관리계좌(ISA)에 가입한 정 씨의 정보를 토대로 정 씨가 계좌 내 상품을 모두 해지하여 세금을 납부하려고 할 때, 정 씨가 납부해야 하는 상품에 대한 세금은? (단, 정 씨의 상품은 모두 의무가입기간을 경과하였고, 제시되지 않은 내용은 고려하지 않는다.)

[개인종합자산관리계좌(ISA)]

개인종합자산관리계좌(ISA)란 한 계좌에서 예금, 펀드, 파생결합증권 등 여러 금융상품에 분산 투자하며 비과세 혜택을 받을 수 있는 자산관리계좌이다.

1. 가입대상
   − 직전 3개년도 내 금융소득종합과세대상자가 아닌 19세 이상 국내 거주자
   − 직전 3개년도 내 금융소득종합과세대상자가 아니면서 직전 과세기간에 근로소득이 있는 15세 이상 19세 미만 국내 거주자

2. 납입한도
   − 연간 2천만 원, 총한도 1억 원
   ※ 전년도에 연간 한도인 2천만 원보다 미납한 금액만큼 그다음 해에 추가납입이 가능함

3. 의무가입기간
   − 가입일로부터 3년
   ※ 의무가입기간 내 해지할 경우 소득세, 일반과세 등 세제상 불이익을 받을 수 있음

4. 세제 혜택
   − 금융상품에 가입하여 발생한 계좌 내 모든 이익의 합계에서 모든 손실을 차감한 순이익을 기준으로 특정 이익까지는 비과세이고, 그 이익을 초과했을 경우 9.9%의 분리과세를 부과함

5. 비과세 요건 및 한도

요건	한도
다음 요건 중 하나의 요건에 해당하는 자 • 연간 근로소득이 5,000만 원 이하인 자 • 종합소득이 3,500만 원 이하인 자	400만 원
비과세 한도 400만 원 요건에 해당하지 않는 자	200만 원

[정 씨의 정보]

• 나이: 18세
• 연간 근로소득: 600만 원
• 종합소득: 1,200만 원
• 개인종합자산관리계좌(ISA) 내 상품 현재 가치
  − 펀드: 2,000만 원(투자 금액: 2,200만 원)
  − 예금: 3,000만 원(투자 금액: 2,800만 원)
  − ELS: 2,500만 원(투자 금액: 2,000만 원)

① 99,000원   ② 154,000원   ③ 462,000원   ④ 495,000원   ⑤ 693,000원

46. 다음은 N 은행의 주택자금대출 상품설명서이다. N 은행에서 주택자금대출을 받은 김지성 씨의 대출 정보를 토대로 판단한 내용으로 옳은 것은? (단, 대출 정보에 제시되지 않은 내용은 고려하지 않는다.)

[주택자금대출 상품설명서]

1. 상품 설명
   - 주택을 임차하는 서민의 주거 안정을 위한 주택도시기금을 재원으로 하는 전세자금대출 상품

2. 대상 고객: 대출신청일을 기준으로 아래 요건을 모두 갖춘 고객
   1) 대출 대상 주택을 임차하고자 주택임대차계약을 체결하고 임차보증금의 5% 이상을 지불한 분
   2) 세대주로서 세대주를 포함한 세대원 전원이 무주택인 분
   3) 부부 합산 연간 총소득이 5천만 원 이하인 분
      ※ 신혼 가구(혼인 기간 7년 이내), 2자녀 이상 가구는 부부 합산 연간 총소득이 6천만 원 이하인 분

3. 대상 주택
   1) 수도권 내: 임차 전용면적 85m² 및 임차보증금 3억 원 이하 주택
   2) 수도권 외: 임차 전용면적 100m² 및 임차보증금 2억 원 이하 주택

4. 대출 한도

구분	일반 가구	신혼 가구	2자녀 이상 가구	만 19세 이상 만 34세 이하 세대주
수도권 내	최대 1억 2천만 원	최대 2억 2천만 원	최대 2억 원	7천만 원
수도권 외	최대 8천만 원	최대 1억 8천만 원	최대 1억 8천만 원	

5. 대출 금리(연 이자율)

합산 연간 총소득	임차보증금		
	5천만 원 이하	5천만 원 초과 1억 원 이하	1억 원 초과
2천만 원 이하	1.6%	1.7%	1.8%
2천만 원 초과 4천만 원 이하	1.9%	2.0%	2.2%
4천만 원 초과 6천만 원 이하	2.0%	2.1%	2.3%

※ 대출 연이자: 대출 금액 × 대출 금리 × (대출 일수 / 365)

6. 우대 금리: 최대 2개 중복 적용 가능
   1) 연간 총소득이 5천만 원 이하인 한부모가구: 1.0%p
   2) 주거 안정 월세자금대출 성실납부자: 0.2%p
   3) 부동산전자계약: 0.1%p

[김지성 씨 대출 정보]

- 대상 고객 여부: O
- 나이: 만 35세
- 대출 대상 주택: 수도권 내 임차 전용면적 80m² 주택
- 임차보증금: 2억 5천만 원

- 신혼 가구 여부: X
- 자녀 여부: 2명
- 부부 합산 연간 총소득: 3천 8백만 원
- 우대 금리 충족사항: 부동산전자계약

① 김지성 씨가 주거 안정 월세자금대출 성실납부자로 선정되었다면 대출 금리로 연 1.8%가 적용된다.

② 김지성 씨가 1년의 기간 동안 최고 한도로 대출을 받았다면 월 대출 이자는 35만 원이다.

③ 김지성 씨가 대상주택 조건에 부합하면서 수도권 외의 지역에 위치한 곳으로 대상주택을 변경하는 경우 최고 대출 한도가 현재보다 4천만 원 감액된다.

④ 김지성 씨의 부부 합산 연간 총소득이 6천만 원으로 늘어났다면 대출 대상 고객의 자격을 박탈한다.

⑤ 김지성 씨가 임차보증금이 지금의 50%인 곳으로 대출 대상 주택만을 변경한다면 대출 금리는 0.2%p 낮아진다.

47. 다음은 연도별 국내 조미 채소 생산량과 조미 채소 재배면적에 대한 자료이다. 2017년부터 2021년까지 조미 채소 생산량이 전년 대비 가장 많이 증가한 해에 조미 채소 재배면적 1ha당 조미 채소 생산량은 약 얼마인가? (단, 소수점 셋째 자리에서 반올림하여 계산한다.)

[연도별 국내 조미 채소 생산량]
(단위: 백 톤)

구분	2016	2017	2018	2019	2020	2021
생산량	22,978	22,163	26,291	27,251	15,917	18,853

[연도별 국내 조미 채소 재배면적]
(단위: ha)

구분	2016	2017	2018	2019	2020	2021
재배면적	96,586	97,918	109,304	104,860	71,191	40,461

※ 출처: KOSIS(통계청, 농작물생산조사)

① 0.22백 톤   ② 0.24백 톤   ③ 0.26백 톤   ④ 0.28백 톤   ⑤ 0.30백 톤

48. 다음은 남성 대표자 19,000명과 여성 대표자 4,000명을 대상으로 한 2020년 대표자 성별 재배 품목 비중 자료이다. 재배 품목별 남성 대표자 수와 여성 대표자 수의 차이가 가장 큰 재배 품목의 성별 대표자 수의 차이는?

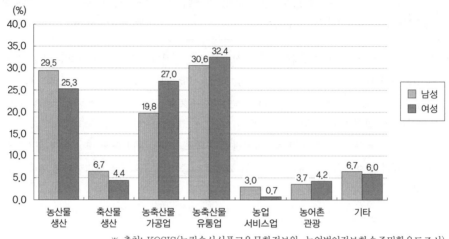

[2020년 대표자 성별 재배 품목 비중]

※ 출처: KOSIS(농림수산식품교육문화정보원, 농업법인정보화수준및활용도조사)

① 2,682명   ② 4,518명   ③ 4,593명   ④ 4,862명   ⑤ 5,432명

49. 다음은 윤 과장이 분석한 K 증권의 SWOT 분석 자료이다. 윤 과장이 분석한 결과에 대응하는 전략으로 적절하지 않은 것을 모두 고르면?

[SWOT 분석 기법]

SWOT 분석이란 기업의 내부환경과 외부환경을 분석하여 강점(Strength), 약점(Weakness), 기회(Opportunity), 위협(Threat) 요인을 규정하고 이를 토대로 경영전략을 수립하는 기법으로, SWOT 분석의 가장 큰 장점은 기업의 내·외부환경 변화를 동시에 파악할 수 있다는 것이다. 기업의 내부환경을 분석하여 강점과 약점을 찾아내고, 외부환경을 분석하여 기회와 위협을 찾아낼 수 있다. SO 전략은 강점을 살려 기회를 포착하는 전략, ST 전략은 강점을 살려 위협을 회피하는 전략이고, WO 전략은 약점을 보완하며 기회를 포착하는 전략, WT 전략은 약점을 보완하여 위협을 회피하는 전략이다.

내부환경 외부환경	강점(Strength)	약점(Weakness)
기회(Opportunity)	SO 전략(강점 – 기회 전략)	WO 전략(약점 – 기회 전략)
위협(Threat)	ST 전략(강점 – 위협 전략)	WT 전략(약점 – 위협 전략)

강점(Strength)	• 5년 연속 채권 발행 1위 • 국내 증권사 중 ESG 채권 발행 1위 • 범중화권 네트워크를 통해 확보한 글로벌 네트워크
약점(Weakness)	• 이자수익에 편중된 수익구조 • 리테일 점유율 10% 하락
기회(Opportunity)	• MZ세대의 해외주식 투자에 대한 관심 증가 • ESG 채권 발행의 성장세
위협(Threat)	• 핀테크를 비롯한 신금융 관련 기업들의 급성장 • MTS 수요 증가에 증권사 대거 참여

내부환경 외부환경	강점(Strength)	약점(Weakness)
기회(Opportunity)	㉠ ESG 시장 확장을 위해 탄소배출권 시장 진출 모색 및 해외기관 투자 확대	㉡ 20·30세대를 주요 타깃으로 하는 증권형 토큰(STO) 사업을 비롯한 신사업 개척
위협(Threat)	㉢ 중화권 소비자를 타깃으로 맞춤형 고객서비스가 제공될 수 있도록 MTS 서비스 개편	㉣ 해외주식 실시간 소수점거래 서비스 개발을 통해 소비자 유입을 유도하며 리테일 점유율 확보

① ㉠   ② ㉣   ③ ㉡, ㉢   ④ ㉢, ㉣   ⑤ ㉠, ㉡, ㉢

50. ○○은행의 디지털마케팅부 소속인 J 주임은 외부 업체와의 미팅으로 주간회의에 참석하지 못하여 다음날 회의록을 통해 회의 내용을 확인하였다. 다음 중 J 주임이 가장 먼저 완료해야 할 업무로 가장 적절한 것은?

주간회의록			
일시	20XX년 9월 20일(월) 13:00~14:00	장소	3층 제1회의실
참석자	A 과장, B 계장, C 주임, D 사원, E 사원	작성자	E 사원

내용

1. 디지털 신규 상품 홍보 준비 업무 점검

업무	담당자	완료일
SNS 및 블로그 상품 출시 홍보 자료 초안 제작 및 배포 ※ C 주임이 검수 진행하며, B 계장이 최종 검토한 뒤 배포	E 사원	9/22(수) 18시
SNS 및 블로그 상품 출시 보도자료 초안 제작 및 배포 ※ J 주임이 검수 진행하며, A 과장이 최종 검토한 뒤 배포	D 사원	9/22(수) 18시
모바일 플랫폼 단골 퀴즈 이벤트 기획 관련 부서 회의 참석 ※ J 주임은 퀴즈 문제 및 답안 목록 작성하여 회의 시작 전 관련 부서에 공유	B 계장, J 주임	9/21(화) 16~17시
모바일 플랫폼 단골 퀴즈 이벤트 관련 보도자료 초안 제작 및 배포 ※ C 주임이 검수 진행하며, A 과장이 최종 검토한 뒤 배포	D 사원	9/25(금) 18시

2. 디지털 금융 소외지역 맞춤형 금융교육 홍보 준비 업무 점검

업무	담당자	완료일
대학생 봉사단 사전 교육 관련 부서별 담당자 회의 참석	B 계장, C 주임	9/21(화) 9~10시
금융교육 홍보 이벤트 기획 관련 부서별 담당자 회의 참석	A 과장, J 주임	9/21(화) 11~12시
금융교육 홍보 자료 인쇄물 제작 요청 ※ 9/20(월) 완료 예정이었던 홍보 자료 초안 제작 일정이 반나절 지연되어, E 사원은 J 주임에게 최종 검토를 받은 후 9/21(화) 12시까지 제작 완료하여 인쇄물 제작 요청 완료할 예정	E 사원	9/21(화) 12시
금융교육 관련 보도자료 초안 제작 및 배포 ※ J 주임이 크로스 검수하여 진행하며, A 과장이 최종 검토한 뒤 배포	D 사원	9/23(수) 12시

특이사항	– 회의에 필요한 관련 자료는 최소 회의 시작 2시간 전까지 공유되어야 함 – 타 팀과의 협업을 위한 회의가 있는 경우, 업무 누락 방지 및 원활한 업무 진행을 위해 회의에 참석한 담당자 또는 참석자 중 가장 후임자가 관련 내용을 기록하여 다음 주간 회의에 팀원들에게 해당 내용을 공유해야 함

① 홍보 자료 인쇄물 제작 요청을 위해 E 사원이 제작한 금융교육 홍보 자료 초안을 최종 검토한다.

② A 과장과 함께 금융교육 홍보 이벤트를 기획하기 위한 관련 부서별 담당자 회의에 참석한다.

③ D 사원이 제작한 SNS 및 블로그 상품 출시 보도자료 초안을 검수하여 피드백을 전달한다.

④ 금융교육 홍보 이벤트 기획을 위한 관련 부서별 담당자 회의에 참석하여 회의 내용을 기록한다.

⑤ 모바일 플랫폼 단골 퀴즈 이벤트 회의 시작 전 관련 부서에 퀴즈 문제와 답안 목록을 공유한다.

51. 한 사원은 사칙연산을 통해 출력값을 구하는 코드를 작성하였다. A에 13, B에 4를 입력하였을 때, 나올 수 있는 출력값으로 가장 적절하지 않은 것은?

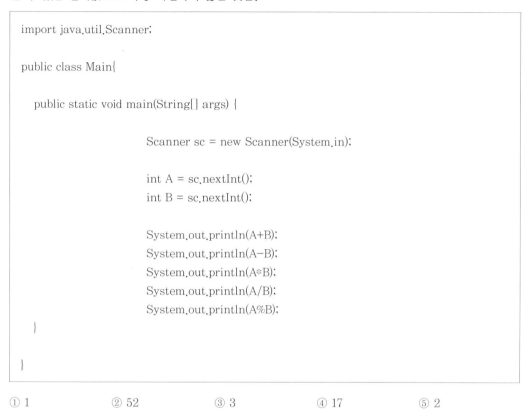

```java
import java.util.Scanner;

public class Main{

    public static void main(String[] args) {

                    Scanner sc = new Scanner(System.in);

                    int A = sc.nextInt();
                    int B = sc.nextInt();

                    System.out.println(A+B);
                    System.out.println(A-B);
                    System.out.println(A*B);
                    System.out.println(A/B);
                    System.out.println(A%B);
    }

}
```

① 1   ② 52   ③ 3   ④ 17   ⑤ 2

52. 다음은 주택보증별 발급 건수 및 발급 금액에 대한 자료이다. 다음 중 자료를 분석한 [기사문]의 내용으로 옳은 것은?

[주택보증별 발급 건수 및 발급 금액]

구분	2019년		2020년		2021년	
	건수(건)	금액(억 원)	건수(건)	금액(억 원)	건수(건)	금액(억 원)
주택분양	606	548,301	652	690,986	726	662,795
주상복합주택분양	172	54,324	157	47,714	145	40,837
하자보수	826	13,751	676	11,346	461	6,852
조합주택시공	184	61,652	177	55,373	160	49,229
임대보증금	1,144	159,208	2,314	217,075	35,006	341,123
하도급대금지급	7,268	17,848	6,825	16,313	7,053	16,164
정비사업자금	50,284	126,076	59,630	134,139	34,396	108,700
주택구입자금	124,512	227,099	161,081	302,096	167,905	305,822

※ 출처: KOSIS(주택도시보증공사, 주택보증통계)

[기사문]

　2020년, 2021년 모두 주택분양의 주택보증 발급 건수가 전년 대비 매년 증가함에 따라 ① 2020년, 2021년 모두 주택분양의 주택보증 발급 금액 또한 전년 대비 매년 증가하였다. 그뿐만 아니라 주택구입자금의 주택보증 발급 건수 역시 2020년, 2021년 모두 전년 대비 매년 증가하였으며, ② 2021년 주택구입자금의 주택보증 발급 금액은 2019년 대비 40% 이상 증가한 것이 확인되었다. ③ 2019~2021년 정비사업자금의 주택보증 발급 금액은 매년 조합주택시공의 주택보증 발급 금액의 3배 이상으로 나타나는 등 주택보증별로 발급 금액의 차이는 존재하였으나, ④ 2021년 주택보증 발급 건수가 가장 적은 주택보증의 2019~2021년 평균 발급 금액도 47,625억 원으로 5조 원에 임박한 것으로 드러났다. 이렇듯 주택보증별 평균 발급 금액은 전반적으로 높게 나타났지만, 주상복합주택분양, 하자보수, 조합주택시공의 2021년 주택보증 발급 건수 및 발급 금액은 전년 대비 모두 감소하였다. 그중에서도 ⑤ 하자보수의 2021년 주택보증 발급 건수당 주택보증 발급 금액은 약 14.9억 원으로 전년 대비 약 3억 원 감소한 것이 확인되었다.

53. 다음은 S 카드의 할인 혜택 및 전월 실적별 당월 할인 한도와 수빈이의 S 카드 사용 내역에 대한 자료이다. 수빈이의 S 카드 사용 내역을 근거로 판단할 때, 9월에 할인받을 수 있는 금액은?

[S 카드 할인 혜택]

구분	할인 업종	할인율
1그룹	휘트니스, 요가, 세탁, 반려동물용품	12%
2그룹	영화, 커피, 베이커리	10%
3그룹	편의점, 주유, 대중교통	5%
4그룹	온라인쇼핑, 통신, 외식	3%

※ 1) 무이자할부 서비스 이용 시, 할인서비스는 제공되지 않음
2) 상품권 구매 시 할인서비스는 제공되지 않음
3) S 카드는 1~4그룹의 할인 혜택을 모두 포함함

[S 카드 전월 실적별 당월 할인 한도]

(단위: 원)

구분	30만 원 이상 70만 원 미만	70만 원 이상 120만 원 미만	120만 원 이상
1그룹	3,000	6,000	12,000
2그룹	3,000	6,000	12,000
3그룹	2,000	4,000	8,000
4그룹	2,000	4,000	8,000
합계	10,000	20,000	40,000

※ 1) 전월 실적 산정 시 할인 대상 업종 이용액은 50%만 반영됨
2) 당월 할인 한도는 카드 전월 실적별 한 달 동안 할인받을 수 있는 최대 금액을 의미함

[수빈이의 S 카드 사용 내역]

(단위: 원)

구분	8월 사용 금액	8월 비고	9월 사용 금액	9월 비고
편의점	150,000	–	60,000	–
문화상품권	50,000	–	30,000	편의점 구매
반려동물용품	250,000	–	120,000	무이자할부
외식	240,000	–	120,000	–
세탁	40,000	–	20,000	–
강의 수강	240,000	–	240,000	–
영화	40,000	–	25,000	–
의류	200,000	온라인 쇼핑	120,000	온라인 쇼핑

① 8,900원 ② 11,900원 ③ 12,900원 ④ 15,100원 ⑤ 16,600원

54. N 식당을 운영하는 재석이는 사이드 메뉴에 케첩과 마요네즈 소스를 제공한다. 다음 조건을 모두 고려하여 재석이가 소스를 구매했을 때, 옳지 않은 것은?

> - 케첩의 구매 가격은 16만 원, 마요네즈의 구매 가격은 25만 원이다.
> - M 카드사는 매월 22일에 이벤트를 진행하여 M 카드로 해당 날짜에 소스 구매 시 30% 할인이 적용된다.
> - Q 카드사는 월과 일이 동일한 날짜(예. 9월 9일, 12월 12일 등)에 이벤트를 진행하여 Q 카드로 해당 날짜에 소스 구매 시 20% 할인이 적용된다.
> - 두 가지 소스 중 한 가지라도 소진하면, 소진한 소스에 해당하는 감정소비비용이 적용된다.
> - 케첩의 감정소비비용은 6천 원, 마요네즈의 감정소비비용은 8천 원이다.
> - 감정소비비용은 소스를 소진한 날부터 소진한 소스를 구매하기 전날까지 하루 단위로 적용되며, 구매한 날부터는 감정소비비용이 적용되지 않는다.

① 8월 15일에 케첩을 소진하여 8월 22일에 M 카드로 케첩을 구매한 뒤, 9월 8일까지 두 가지 소스를 모두 보유하였지만 9월 9일에 Q 카드로 두 가지 소스를 모두 추가 구매하면 총비용은 482,000원이다.

② 4월 6일에 두 가지 소스를 모두 소진하여 4월 12일에 Q 카드로 케첩을 구매한 뒤, 4월 22일에 M 카드로 마요네즈를 추가 구매하면 총비용은 499,000원이다.

③ 11월 3일에 마요네즈를 소진하여 11월 11일에 Q 카드로 두 가지 소스를 모두 구매한 뒤, 12월 11일까지 두 가지 소스를 모두 보유하였지만 12월 12일에 Q 카드로 마요네즈를 추가 구매하면 총비용은 592,000원이다.

④ 9월 21일까지 두 가지 소스를 모두 보유하였지만 9월 22일에 M 카드로 케첩을 구매한 뒤, 9월 28일에 마요네즈를 소진하여 10월 10일에 Q 카드로 마요네즈를 추가 구매하면 총비용은 416,000원이다.

⑤ 7월 16일까지 두 가지 소스를 모두 보유하였지만 7월 17일에 M 카드로 마요네즈를 구매한 뒤, 7월 21일까지 두 가지 소스를 모두 보유하였지만 7월 22일에 M 카드로 두 가지 소스를 모두 추가 구매하면 총비용은 537,000원이다.

55. 다음은 2022년 지역별 보리 생산 현황에 대한 자료이다. 쌀보리가 1톤 이상 생산된 지역 중 쌀보리 재배 면적 1ha당 생산량이 가장 많은 지역의 전체 보리 생산량은?

[지역별 보리 생산 현황]

구분	겉보리		쌀보리		맥주보리	
	재배 면적 (ha)	생산량(톤)	재배 면적 (ha)	생산량(톤)	재배 면적 (ha)	생산량(톤)
서울특별시	0	0	0	0	0	0
부산광역시	1	4	0	0	0	0
대구광역시	315	1,312	4	14	0	0
인천광역시	7	19	8	21	0	0
광주광역시	0	0	346	1,230	0	0
대전광역시	0	0	0	0	0	0
울산광역시	1	3	0	0	0	0
세종특별자치시	0	0	0	0	0	0
경기도	28	78	35	96	0	0
강원도	172	658	4	13	0	0
충청도	107	423	80	246	0	0
전라도	3,497	16,627	17,418	74,773	5,221	20,402
경상도	3,182	12,837	1,431	4,980	576	2,040
제주특별자치도	0	0	172	524	2,373	7,370

※ 보리는 겉보리, 쌀보리, 맥주보리로 구분됨

① 1,326톤　　② 7,894톤　　③ 19,857톤　　④ 101,792톤　　⑤ 111,802톤

56. N 은행의 승진 후보자 갑, 을, 병, 정, 무 5명 중 승진 대상자는 1명이다. 승진 평가지침과 승진 후보자 정보를 근거로 판단할 때, 승진하는 사람은? (단, 등급은 숫자가 낮을수록 높은 등급을 의미한다.)

[N 은행 승진 평가지침]

1. N 은행 승진 대상자 선정 기준
   1) 승진 후보자의 정량항목 4개의 평가 점수와 정성항목 1개의 평가 점수에 따라 등급을 결정하고, 각 등급을 모두 합한 최종등급이 가장 높은 사람이 승진한다.
   2) 최종등급이 동일한 경우 정량항목 평가 점수의 합이 가장 높은 사람이 승진하고, 정량항목 평가 점수의 합도 동점인 경우 연차가 가장 높은 사람이 승진한다.

2. N 은행 승진 평가 기준

구분		1등급	2등급	3등급	4등급	5등급
정량항목	성과기여도	20 이상	19~15	14~10	9~5	4~0
	조직협조도	16 이상	15~12	11~8	7~4	3~0
	업무달성도	24 이상	23~18	17~12	11~6	5~0
	업무난이도	12 이상	11~9	8~6	5~3	2~0
정성항목	사내평가	8 이상	7~6	5~4	3~2	1~0

[승진 후보자 정보]

(단위: 년, 점)

구분	연차	성과기여도	조직협조도	업무달성도	업무난이도	사내평가
갑	12	22	8	11	5	8
을	13	20	6	19	10	7
병	14	18	15	22	9	5
정	13	14	11	24	15	4
무	14	19	19	12	8	5

① 갑   ② 을   ③ 병   ④ 정   ⑤ 무

57. 다음은 정규표현식에 대한 설명이다. 김 사원이 정규표현식을 이용해 코드를 작성하여 다음과 같은 출력값이 나왔을 때, '?'에 적합한 입력값으로 가장 적절한 것은?

> 정규표현식은 특정 목적에 필요한 문자열 집합을 지정하기 위해 사용되는 식으로 파이썬, 자바, C 등에서 표준 라이브러리로 임포트할 수 있는 표준 모듈 re를 제공하고 있다. 이를 이용하여 원하는 문자열 패턴을 정의한 뒤 소스 문자열과 일치하는지를 비교할 수 있는데, 이때 메서드는 match(), search(), findall() 등을 사용한다. match()는 패턴이 소스의 시작과 일치하는 객체를 반환하고, search()는 패턴과 소스가 첫 번째로 일치하는 객체를 반환하며, findall()은 패턴과 소스가 중첩에 상관없이 일치하는 모든 객체를 반환한다. 메서드에는 정규표현식 기호를 적용할 수 있는데, '[]'는 대괄호 안에 있는 문자 중 하나를 나타내는 경우, '.'은 1개의 문자와 일치하는 경우, '*'은 문자가 0회 이상 일치하는 경우, '+'는 문자가 1회 이상 일치하는 경우, '?'는 문자가 0회 또는 1회 일치하는 경우에 사용한다.

[입력값]

\# 11월 출생 고객을 대상으로 한 이벤트 수혜자 수 구하기
import re
source = "921103, 940116, 881213, 891026, 960411, 931127, 911005, 930823, 870726, 920520"
[?   ]

print('Found', len(m))

[출력값]

Found 2

Process finished with exit code 0

---

① m = re.match('11..', source)

② m = re.search('*11..', source)

③ m = re.search('[0-9][0-9]11[0-9][0-9]', source)

④ m = re.findall('*11..', source)

⑤ m = re.findall('[0-9][0-9]11[0-9][0-9]', source)

58. 다음 글을 읽고 추론한 내용으로 적절한 것은?

최근 우리나라는 저금리 기조의 장기화와 정부의 유동성 공급이 국내외 경제 장기 침체 전망과 증시 조정 및 부동산 규제 등과 맞물리면서 시중에 풀린 막대한 유동성이 은행으로 집중되는 현상을 보이고 있다. 기준금리 인하로 인해 급증한 유동성 자금이 투자처를 찾지 못하고 빠르게 현금화할 수 있는 은행의 단기 상품으로 몰리는 단기 부동화 현상이 발생하는 것이다. 단기 부동화한 유동성이 은행으로 집중될 경우 자금 조달 비용이 감소한다는 장점이 있다. 그러나 그보다 대출 금리 감소로 인한 은행 수익성이 더 큰 비율로 줄어듦에 따라 은행으로 유동성이 집중되는 현상이 오히려 은행권의 수익성을 악화한다는 우려의 목소리가 점점 높아지는 상황이다.

전문가들은 이러한 은행의 수익성 악화의 원인으로 이자이익에 집중된 은행의 수익구조와 인건비 중심의 비용구조를 지적하고 있다. 수익구조에서 이자이익의 비중이 높다는 말은 곧 금리 변동과 대출 규제의 영향을 많이 받는다는 것을 의미한다. 즉 실물경제 저성장에 따른 기준금리 인하와 글로벌 유동성 완화로 인해 국내 저금리 기조가 지속되면서 은행의 순이자 마진은 하락하고, 수수료 관련 영업 위축 등으로 인해 비이자이익이 감소함에 따라 은행의 수익성이 악화되는 것이다. 이처럼 저성장·저금리 현상으로 인해 국내 은행의 수익성이 하락 추세에 접어든 가운데 인건비 중심의 비용구조는 경영 환경에 맞춰 비용을 탄력적으로 조정하기 어렵기 때문에 은행이 지출하는 비용의 성장률이 은행이 벌어들이는 이익의 성장률을 상회하는 결과를 유발하여 은행업의 불안정성을 더욱 확대할 수 있다.

이와 같은 금융시장에서 국내 은행이 수익성을 회복하기 위해서는 자산 규모의 성장에 집중하기보다 이익 성장에 초점을 둔 경영전략 수립이 필요하다. 현재 우리나라는 주택 담보대출 규제 강화와 저금리 기조 유지 등의 영향으로 은행의 이자이익 감소세가 지속될 것으로 예상된다. 게다가 세계적 유행 질병으로 인해 취약 기업, 자영업자 등 취약 차주의 신용 리스크 증가를 피할 수 없는 상황이므로 신용 리스크를 참고하여 수익률을 높이는 데 집중해야 한다. 그리고 소비자 보호에 초점을 둔 판매 중심의 영업 구조를 확대하여 수수료 수익을 늘리고 소비자에게 고품질의 서비스를 이용할 수 있는 기회를 제공하여 비이자이익 확대를 통한 수익성 개선을 목표로 둔 경영전략을 수립해야 한다.

또한 총이익 증감에 대응하여 물건비와 인건비를 상황에 따라 알맞게 조정하여 비효율적인 비용구조를 개선할 수 있는 경영 방안을 마련하는 것도 은행권 수익성에 도움이 될 수 있다. 구체적인 방안으로는 디지털화에 발맞추어 인력 및 점포 수요 감소 현상에 대비하여 비용을 절감할 수 있는 탄력적 방법을 수립하고, 성과급제 및 직무급제와 같은 경영 환경에 유연하게 대처할 수 있는 경영관리와 인력관리체계를 도입하여 비용구조의 유연성을 강화해야 한다.

그러나 은행의 노력만으로 수익성을 개선하는 데에는 한계가 있다. 해외 주요국의 경우 대출금리 산정 시 가산금리에 포함되는 은행의 적정 마진이 확보되어 순이자 마진이 금리 변동에 크게 영향을 받지 않는 반면, 국내 은행의 경우 여전히 금리 변동의 영향력이 순이자 마진에 크게 작용하기 때문이다. 그뿐만 아니라 국내 은행 수수료의 경우 대부분이 원가 이하로, 해외 은행과 비교했을 때 매우 낮은 수준으로 책정되어 있다. 따라서 정책 당국은 대출금리 산정 시 가산금리에 포함되는 은행의 적정 마진을 현실화하고 합리적인 수준에서 수수료가 책정될 수 있도록 금융 환경을 조성해야 한다. 그리고 시장의 자율적 기능이 제대로 작동되지 않는 부분에는 수수료 적정성 심사 제도를 도입하여 벌칙성 수수료나 위험 명목 수수료가 적정 수준으로 부과되고 있는지 검토함으로써 투명성을 강화하고, 해당 제도가 일부 가격 교섭권이 약한 소매 고객에게 별도의 정책적 배려 방안으로 작용할 수 있도록 지속적인 검토가 필요하다.

① 금리 인하가 은행의 수익성에 미치는 영향력을 줄이기 위해서는 은행 수익구조에서 비이자이익이 차지하는 비중을 줄여야 한다.

② 정책 당국의 수수료 적정성 심사 제도는 상대적으로 가격 교섭권이 약한 고객을 위한 배려 차원의 제도로서 기능할 것이다.

③ 단기 부동화한 유동성이 은행으로 몰리는 현상은 은행의 자금 조달 비용을 인상하여 은행 수익성 회복을 더디게 할 것이다.

④ 비이자이익을 확대하여 국내 은행의 수익성을 제고하기 위해서는 수익구조의 유연성을 높일 수 있는 성과급제와 직무급제와 같은 관리 체계를 도입해야 한다.

⑤ 금융시장에서 국내 은행의 수익성을 개선하기 위해서는 적은 이익으로도 큰 이익을 얻을 수 있도록 자산을 더욱 늘리는 데 초점을 둔 경영전략을 수립해야 한다.

59. 다음은 수요의 가격탄력성과 상품 A, B, C, D, E의 가격 및 수요량에 대한 자료이다. 수요의 가격탄력성이 비탄력적인 상품 중 2021년 판매 이익이 가장 큰 상품의 판매 이익은?

> 상품에 대한 수요량은 보통 그 상품의 판매가가 상승하면 감소하고, 판매가가 하락하면 증가한다. 이러한 현상을 수치화한 개념이 수요의 가격탄력성이다. 수요의 가격탄력성은 판매가가 1% 증가(감소)했을 때 수요량은 몇 % 감소(증가)하는지를 절대치로 나타낸 크기이다. 수요의 가격탄력성이 1보다 큰 상품의 수요는 탄력적이라 하고, 1보다 작은 상품의 수요는 비탄력적이라고 한다.

※ 수요의 가격탄력성 = $-\dfrac{\text{수요량 변화율}}{\text{판매가 변화율}}$

[상품별 가격 및 수요량]

(단위: 원, 개)

구분	원가	2020년		2021년	
		판매가	수요량	판매가	수요량
A	180	500	1,000	400	1,500
B	5,000	6,000	220	6,600	200
C	400	600	800	750	760
D	500	600	1,250	750	1,050
E	2,100	3,000	500	2,400	700

※ 판매 이익 = (판매가 − 원가) × 수요량

① 262,500원 ② 266,000원 ③ 300,000원 ④ 320,000원 ⑤ 330,000원

60. 다음은 주식 관련 지표에 대한 설명과 기업별 정보에 대한 자료이다. 다음 중 자료에 대한 설명으로 옳은 것은?

주식시장에서는 주식 및 기업의 가치를 평가하기 위해 다양한 지표를 사용한다. PER(Price Earning Ratio)은 주가수익비율로, 주가가 기업의 1주당 당기순이익의 몇 배인지를 나타내는 지표이다. 즉, 어떤 기업의 주가가 5,000원이고 1주당 당기순이익이 1,000원이면 PER은 5,000 / 1,000 = 5이다. PBR(Price on Book-value Ratio)은 주당순자산비율로, 주가를 1주당 순자산으로 나눈 값이다. 순자산은 총자산에서 부채를 제한 값으로 기업 청산 시 PBR이 1보다 크다면 투자자는 투자금 중 일부만 회수할 수 있지만, PBR이 1보다 작다면 투자자는 투자금을 전액 회수할 수 있다. ROE(Return On Equity)는 자기자본이익률로, 회사에 투자된 자기자본을 이용하여 어느 정도의 이익을 올리고 있는지를 나타내는 지표이다. 당기순이익을 자기자본(= 순자산)으로 나눈 값을 백분율로 나타내며, 자기자본이익률이 높은 기업은 투자된 자본을 효율적으로 사용하는 기업으로 평가된다.

[기업별 정보]

구분		A	B	C
2019년	당기순이익(억 원)	5,000	1,500	3,000
	발행주식 수(억 주)	100	3	30
	주가(원)	400	2,000	1,200
	순자산(억 원)	50,000	8,000	20,000
2020년	당기순이익(억 원)	3,000	2,000	3,500
	발행주식 수(억 주)	120	5	30
	주가(원)	600	1,500	2,000
	순자산(억 원)	40,000	10,000	30,000

① 2020년 A 기업의 PER은 전년 대비 4배 이상 증가하였다.

② 2019년 PBR은 C 기업이 B 기업보다 작다.

③ 2020년 B 기업의 ROE는 전년 대비 감소하였다.

④ 2020년 C 기업이 청산할 경우 투자자는 투자금을 전액 회수할 수 있다.

⑤ 2019년 C 기업은 A 기업보다 투자된 자기자본을 더 효율적으로 사용했다.

61. ○○공사의 오 대리는 오전 8시에 집에서 출발해 본사에서 1시간 동안 회의를 하고, 오전 10시에 A 지점에서 거래처 직원을 만나 거래처에 10시 30분까지 도착하려고 한다. 15,000원 한도의 교통비를 초과하지 않으면서 최단 거리로 이동하려고 할 때, 총 이동 소요 시간은? (단, 제시되지 않은 내용은 고려하지 않는다.)

[집 → 본사 이동 시 이동 수단별 이동 소요 시간, 비용, 거리]

이동 수단	이동 소요 시간	교통비	거리
택시	14분	5,300원	2.0km
도보	37분	0원	2.1km
지하철	9분	1,250원	2.4km
버스	18분	1,200원	2.9km
자전거	19분	0원	4.8km

[본사 → A 지점 이동 시 이동 수단별 이동 소요 시간, 비용, 거리]

이동 수단	이동 소요 시간	교통비	거리
택시	8분	8,800원	4.0km
도보	67분	0원	4.4km
지하철	12분	1,250원	4.3km
버스	24분	1,000원	4.5km
자전거	25분	0원	5.9km

[A 지점 → 거래처 이동 시 이동 수단별 이동 소요 시간, 비용, 거리]

이동 수단	이동 소요 시간	교통비	거리
택시	18분	10,000원	13.2km
지하철	21분	2,350원	14.4km
버스	45분	2,800원	15.5km

① 44분   ② 49분   ③ 67분   ④ 83분   ⑤ 99분

62. 다음은 국민연금 및 개인연금에 대한 안내문의 일부이다. 제시된 자료를 토대로 판단한 내용으로 옳은 것은?

[국민연금 및 개인연금 안내]

1. 국민연금/개인연금이란?
- 국민연금: 노령·장애·사망 등의 사유로 소득 획득 능력이 없어졌을 때 국가가 생활 보장을 위하여 정기적으로 지급하는 금액을 의미함
- 개인연금: 생명 보험 회사나 신탁 은행이 개인에게 상품으로 판매하는 연금 지급형 보험 또는 신탁을 의미함

2. 지급 금액 비교
- 국민연금: 물가상승률이 반영된 연금으로 지급함
- 개인연금: 약정 금액을 기준으로 지급함

3. 지급 기간 비교
- 국민연금: 사망 시까지 평생 지급받고, 사망 후에는 수급자에 의해 생계를 유지하던 배우자, 자녀 등 유족에게 가입 기간에 따라 기본연금액의 일정률을 지급하는 유족연금이 포함됨
- 개인연금: 일정 기간 지급받는 방법과 평생 지급받는 방법 중 한 가지 방법을 택하여 받을 수 있고, 사망 후에는 지정인 또는 법정 상속인에게 약정 금액이 지급됨

4. 중도해지 가능 여부
- 국민연금: 노후소득보장제도로서 중도해지 불가능
  ※ 국외 이주 등으로 연금을 받을 수 없거나 수급자의 사망에 따른 유족연금을 받을 수 없는 제한적인 상황에서는 납부한 연금보험료에 이자를 적용하여 일시금으로 지급함
- 개인연금: 개인의 선택에 따라 중도해지 가능
  ※ 약정 조건에 따라 위약금 등이 발생할 수 있음

---

① 개인연금은 연금을 받는 동안 물가변동률을 반영하여 지급하기 때문에 연금의 실질적 가치를 보장하는 제도이다.

② 국민연금은 개인의 소득 상황에 따라 자유롭게 해지할 수 있지만, 해지 시점에 따라 위약금 등이 발생할 수 있다.

③ 개인연금은 약정한 일정 기간에만 연금을 지급받을 수 있고, 국민연금은 사망 시까지 평생 연금을 지급받을 수 있다.

④ 국민연금 수급자가 해외로 이주하는 등 연금을 받기 어려운 상황일 경우 그동안 납부한 연금보험료에 이자를 가산한 금액을 한 번에 받을 수 있다.

⑤ 개인연금 수급자가 사망하게 된 경우 약정 금액은 친족에게만 지급되며 친족 중에서도 특정인을 지정할 수 있다.

쌀과 신발을 생산하고 있는 두 개의 국가가 있다고 가정해보자. 쌀과 신발을 생산하기 위한 생산 요소에는 노동과 자본이 있으며, 신발은 노동 집약적인 재화이고, 쌀은 자본 집약적인 재화이다. 이때 A 국가는 B 국가에 비하여 상대적으로 노동이 풍부한 국가이고, B 국가는 A 국가에 비하여 상대적으로 자본이 풍부한 국가라면 A 국가에서는 노동의 상대적 가격이 더 저렴하고, B 국가에서는 자본의 상대적 가격이 더 저렴하다. B 국가에서는 자본 집약적인 쌀을 더 저렴하게 생산할 수 있고, 반대로 A 국가에서는 더 저렴한 가격으로 노동 집약적인 신발을 생산할 수 있을 것이다. 따라서 A 국가는 신발에 비교우위를 가지게 되어 B 국가에 신발을 수출하고, 쌀에 비교열위를 가지게 되어 B 국가로부터 쌀을 수입하며, B 국가는 A 국가에 쌀을 수출하고, A 국가로부터 신발을 수입한다.

이렇게 A 국가와 B 국가는 쌀과 신발에 대한 노동과 자본의 요소집약도가 상이하여 타국보다 상대적으로 풍부하게 가지고 있는 생산 요소를 집약적으로 사용하는 재화의 생산에 비교우위를 갖게 되는 것이다. 이 내용은 헥셔에 의해 처음 연구가 이루어졌으며, 이후 오린이 더욱 발전시켜 이를 헥셔-오린 정리라고 부르게 되었다. 헥셔-오린 정리가 성립하기 위해서는 다음과 같은 조건이 반드시 충족되어야 한다. 두 개의 국가, 두 개의 재화, 두 개의 생산 요소가 존재해야 하며, 두 국가의 생산함수는 모두 1차 동차 함수여야 하고, 이는 서로 동일해야 한다. 또한, 두 국가 모두 완전고용 및 완전경쟁 하에서 일반 균형이 이루어지고 있어야 하며, 두 재화의 요소집약도는 상이하고 국제적으로 해당 요소부존비율의 차이가 있어야 한다. 국제적으로 생산 요소는 이동할 수 없고, 재화만이 이동 가능하며, 운송비, 관세 등 별도의 이동 비용은 고려하지 않는다.

한편 헥셔-오린 정리는 비교우위의 원인을 각국 생산의 요소 부존량 차이로 정확히 설명했음에도 불구하고 타당성에 대한 의문이 제기되었다. 미국의 경제학자인 레온티예프는 생산연관표를 이용하여 미국의 요소부존비율에 대한 검증을 진행하였는데, 그는 수출품과 수입품을 생산하기 위한 생산 요소 노동과 자본을 비교했다. 상대적으로 자본이 풍부한 미국과 같은 나라는 헥셔-오린 정리에 의해 자본 집약적인 재화를 수출해야 하지만, 실제로 미국은 자본 집약적인 재화는 수입하고 오히려 노동 집약적인 재화를 수출한다는 것이다. 레온티예프는 헥셔-오린 정리와 모순되는 이론을 내놓았고, 이 이론에는 레온티예프의 역설이라는 이름이 붙여지게 되었다.

레온티예프의 역설은 다양한 관점에서 해석할 수 있다. 미국의 노동자 수는 상대적으로 적지만 능률 측면에서 본다면 상대적으로 노동이 풍부한 셈이기 때문에 노동이 풍부한 국가라고 말할 수 있으며, 이러한 관점에서는 헥셔-오린 정리의 타당성이 인정될 수 있다. 또 다른 측면에서는 우수한 노동력은 개발되는 것이며 개발을 위해서는 투자가 필요하고, 투자는 인적 자본을 형성한다고 본다. 이때 미국의 인적 자본을 자본으로 본다면 미국이 수출하는 재화는 자본 집약적 재화라고 판단할 수 있으므로 해당 경우에도 헥셔-오린 정리가 성립됨을 알 수 있다.

63. 윗글의 중심 내용으로 가장 적절한 것은?

① 레온티예프의 역설은 헥셔-오린 정리를 통해 그 타당성을 입증했다.

② 헥셔-오린 정리와 레온티예프의 역설을 하나의 이론으로 볼 수 있도록 해석해야 한다.

③ 대부분의 국가는 자국의 생산연관표를 통해 요소부존비율 검증을 거친 후 수출할 재화를 결정한다.

④ 생산 요소를 보는 관점에 따라 헥셔-오린 정리와 레온티예프의 역설은 다양하게 해석될 수 있다.

⑤ 헥셔-오린 정리에 따라 자국에 상대적으로 풍부한 생산 요소를 이용하여 재화를 생산해야 한다.

64. 윗글의 내용과 일치하지 않는 것은?

① 레온티예프의 역설은 두 개의 생산 요소 중 상대적으로 더 비싼 생산 요소를 이용하여 생산한 재화를 수출하는 상황을 설명한다.

② 노동이 풍부한 국가에서 노동을 인적 자본에 포함시킨다면 자본 집약적 재화에 비교우위를 갖는다고 해석할 수 있다.

③ 국가 간에는 생산 요소와 생산 요소를 사용한 재화의 이동이 가능해야 한다는 조건은 헥셔-오린 정리가 성립하기 위한 조건 중 하나이다.

④ 사과가 노동 집약적 재화일 때 노동이 풍부한 국가는 사과를 수출할 것이라는 주장은 헥셔-오린 정리로 설명할 수 있다.

⑤ 헥셔-오린 정리가 성립하기 위해서는 반드시 생산 요소, 국가, 재화가 모두 각각 두 개씩 존재해야 한다.

65. 다음 H 패션 브랜드의 시리얼 넘버 생성 방식에 대한 자료를 바탕으로 제품의 시리얼 넘버를 생성한다고 할 때, A~E 각 고객이 2022년 12월에 수령한 제품 중 한 제품의 시리얼 넘버로 가장 적절하지 않은 것은?

[시리얼 넘버 생성 방식]

[생산 지역(5자리)] − [제품 종류(4자리)] − [생산 순서(6자리)]

예 2022년에 캄보디아의 바탐방에서 450번째로 생산된 미니스커트의 시리얼 넘버

CA108 − SK01 − 220450

생산 지역				제품 종류				생산 순서
생산 국가		생산 도시		대분류		소분류		
JA5	일본	01	교토	TO	상의	01	반팔 티셔츠	• 앞 2자리: 생산 연도 2022 → 22
		02	도쿄			02	긴팔 티셔츠	• 뒤 4자리: 0001부터 시작하여 각 생산 지역에서 생산하는 제품 종류의 소분류별 생산 순서대로 4자리의 번호가 매겨지며 생산 연도에 따라 번호가 갱신됨
		03	후쿠오카			03	와이셔츠	
CH8	중국	04	시안			04	후드 티셔츠	
		05	란저우	PA	바지	01	청바지	
		06	충칭			02	정장바지	
CA1	캄보디아	07	프놈펜			03	면바지	
		08	바탐방	SK	치마	01	미니스커트	
		09	씨엠립			02	미디스커트	
		10	캄퐁톰			03	롱스커트	
VI4	베트남	11	하노이			04	원피스	
		12	하이퐁	UN	내의류	01	속옷	
		13	호치민			02	내의	

[2022년 12월 주문 내역]

주문 날짜	고객	주문 내역	비고
12/12(월)	A	롱스커트 500벌	− 캄보디아 씨엠립 생산 제품을 수령함 − 주문 수량의 2% 추가 생산 및 증정됨
12/13(화)	B	후드 티셔츠 50벌	− 일본 도쿄 생산 제품 30벌을 수령함 − 중국 시안 생산 제품 20벌을 수령함
12/14(수)	C	내의 1,200벌	− 베트남 하이퐁 생산 제품을 수령함 − 주문 수량의 3% 추가 생산 및 증정됨
12/15(목)	D	정장바지 40벌 면바지 30벌	− 중국 충칭 생산 제품을 수령함
12/16(금)	E	미디스커트 20벌 롱스커트 40벌	− 캄보디아 씨엠립 생산 제품을 수령함
※ A 고객 이전에 주문한 고객은 없으며, 주문이 들어온 순서대로 주문 내역에 따른 제품을 우선 생산함			

① A: CA109 − SK03 − 220500

② B: JA502 − TO04 − 220025

③ C: VI412 − UN02 − 221230

④ D: CH806 − PA03 − 220033

⑤ E: CA109 − SK03 − 220550

66. 다음은 채권수익률과 채권 A의 정보에 대한 자료이다. 채권 A는 1년마다 이자가 지급될 때, 채권 A의 현재가치는 약 얼마인가? (단, 채권 A의 현재가치를 구하기 위한 연도별 결괏값은 소수점 둘째 자리에서 반올림하여 계산하고, 문제에 제시되지 않은 내용은 고려하지 않는다.)

채권투자에서 가장 중요한 지표는 채권수익률이다. 보통 수익률은 구입할 때의 가격과 판매할 때의 가격 차이, 보유 기간의 현금 흐름에 의해 결정되기 때문에 어느 시점에 얼마의 가격에 판매를 하느냐에 따라 수익률이 달라지지만, 채권은 만기가 정해져 있고 만기 시까지 받는 이자와 만기 시 상환되는 금액을 알 수 있기 때문에 만기까지 보유할 경우 얻을 수 있는 수익률을 계산할 수 있다. 이를 채권의 만기수익률이라고 하는데 V_0를 현재가치, I_t를 t기의 액면이자, F를 액면가, n을 만기까지의 기간, r을 만기수익률이라고 하면 $V_0 = \dfrac{I_1}{(1+r)} + \dfrac{I_2}{(1+r)^2} + \cdots + \dfrac{I_n+F}{(1+r)^n}$이다. 이때 n은 t를 기준으로 결정되는데 만약 만기가 1년인 채권의 이자가 분기별로 지급된다면 만기까지 이자를 지급받는 횟수는 총 4번이므로 n = 4가 된다. 또한, I_t는 액면가에 표면금리를 곱한 값이다.

[채권 A의 정보]

액면가	표면금리	만기	만기수익률
10,000원	연 8.8%	3년	10%

① 8,174.3원　　② 8,612.8원　　③ 9,385.7원　　④ 9,701.6원　　⑤ 9,908.2원

67. 다음은 전국과 일부 지역의 노후주택 수와 전체주택 수를 나타낸 자료이다. 자료에 대한 설명으로 옳지 않은 것은?

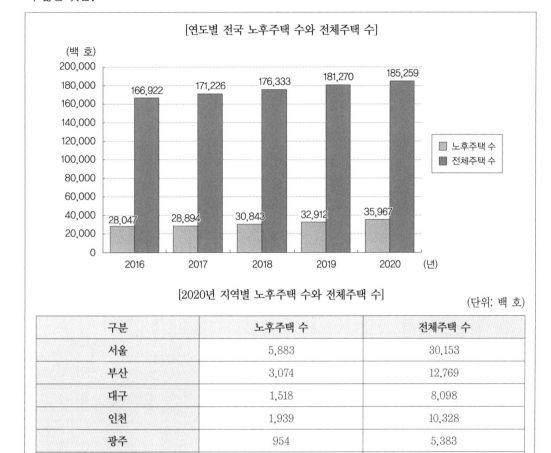

[연도별 전국 노후주택 수와 전체주택 수]

[2020년 지역별 노후주택 수와 전체주택 수]

(단위: 백 호)

구분	노후주택 수	전체주택 수
서울	5,883	30,153
부산	3,074	12,769
대구	1,518	8,098
인천	1,939	10,328
광주	954	5,383
대전	953	4,969
울산	591	3,946

※ 노후주택 비율(%) = (노후주택 수 / 전체주택 수) × 100
※ 출처: KOSIS(통계청, 주택총조사)

① 2020년 노후주택 비율은 서울이 인천보다 더 높다.

② 2017년부터 2020년까지 전국 노후주택 수와 전국 전체주택 수의 전년 대비 증감 추이는 매년 동일하다.

③ 2020년 노후주택 수는 부산이 광주의 3배 이상이다.

④ 2020년 전국 전체주택 수에서 대전 전체주택 수가 차지하는 비중은 전국 노후주택 수에서 대전 노후주택 수가 차지하는 비중보다 크다.

⑤ 2017년부터 2020년까지 전국 노후주택 수의 전년 대비 증가량이 가장 적은 해에 전국 노후주택 비율은 15% 미만이다.

68. 다음은 부패영향평가 제도에 대한 자료이다. 다음 자료를 토대로 판단한 내용으로 옳은 것은?

[부패영향평가 제도]

1. 개요
- 법령, 제도 등의 입안단계에서부터 부패 위험요인을 체계적으로 분석하고 이를 사전에 제거·개선하는 예방적 성격의 부패통제장치
  ※ 추진 근거: 부패방지권익위법 제28조, 동법 시행령 제30조~제32조

2. 평가 대상
- 법령, 행정규칙, 자치법규, 공공기관 내부규정 등

3. 평가 기준

구분	평가 내용	평가 항목
작용 가능성	행정의 수요자 입장에서 부패 유발요인 작용 가능성 평가	준수 부담의 합리성
		제재 규정의 적정성
		특혜 발생 가능성
내포 가능성	행정의 공급자 입장에서 부패 유발요인 내포 가능성 평가	재량 규정의 구체성·객관성
		위탁·대행의 투명성·책임성
		재정 누수 가능성
발생 개연성	수요자, 공급자 입장이 아닌 행정 절차적 요인으로 인한 부패발생 개연성 평가	접근 용이성
		예측 가능성
통제 준비성	행정 절차 전반에 사적 이해관계 개입 위험성, 소극행정 등 부패통제장치 마련 여부 평가	이해충돌 가능성
		부패방지장치의 체계성
		소극행정 가능성

4. 평가 내용
- 국민권익위원회에서 행정기관의 법령 제·개정 시 법령안의 부패 유발요인을 법제처 심사 이전 단계에서 평가하여 소관부처에 개선 권고
- 국민권익위원회에서 부패사건 등 사회적 이슈 사안을 현안 과제로 선정하여 현행 법령, 제도 등에 대한 부패 유발요인 평가 및 개선 권고

---

① 법령 개정 시 국민권익위원회에서 법령안의 부패 유발요인을 평가하기 전에 법제처에서 먼저 심사를 거친다.

② 부패방지권익위법 시행령 제28조를 추진 근거로 하여 부패영향평가 제도가 시행될 예정이다.

③ 재량 규정이 여러 방향으로 해석될 여지가 있다면 내포 가능성 부문에서 좋은 평가를 받지 못할 가능성이 높다.

④ 법적 구속력이 있는 법령만 부패영향평가 제도의 평가 대상이 된다.

⑤ 부패영향 정도 판단 시 총 4개의 부문에서 총 12개의 항목으로 구분하여 평가한다.

[69 - 70] 다음은 A 회사의 광고 수단 선정 매뉴얼 및 광고 수단별 정보를 나타낸 자료이다. 각 물음에 답하시오.

[광고 수단 선정 매뉴얼]

1. 1주 단위로 매주 광고 수단을 선정한다.
2. 같은 달에 이미 선정된 광고 수단을 제외하고 선정한다.
3. 매달 첫째 주는 3백만 원 한도 내에서 광고 수단을 선정하며, 주당 1백만 원씩 한도가 올라간다.
4. 주당 광고 효과가 가장 큰 광고 수단 1가지만 선정한다.
5. 주당 광고 효과는 다음 수식을 적용하여 계산한다.

주당 광고 효과 = (주당 광고 횟수 × 회당 광고 노출자 수) / 주당 광고 비용

[광고 수단별 정보]

구분	광고 횟수	회당 광고 노출자 수	주당 광고 비용
블로그	주 20회	3,000명	1,000,000원
소셜 미디어	주 35회	10,000명	2,000,000원
동영상 플랫폼	주 70회	10,000명	5,000,000원
인터넷 카페	주 140회	500명	500,000원
이메일	주 350회	100명	700,000원

69. A 회사가 7월 1주 차에 선정하는 광고 수단은? (단, 제시되지 않은 내용은 고려하지 않는다.)

① 블로그   ② 소셜 미디어   ③ 동영상 플랫폼   ④ 인터넷 카페   ⑤ 이메일

70. A 회사가 7월 3주 차에 선정하는 광고 수단의 주당 광고 효과는? (단, 제시되지 않는 내용은 고려하지 않는다.)

① 0.05   ② 0.06   ③ 0.09   ④ 0.14   ⑤ 0.175

약점 보완 해설집 p.46

무료 바로 채점 및 성적 분석 서비스 바로 가기
QR코드를 이용해 모바일로 간편하게 채점하고 나의 실력이
어느 정도인지, 취약 부분이 어디인지 바로 파악해 보세요!

부록

직무상식
기출&출제예상개념

금융·경제

디지털

농업·농촌

금융·경제

정확히 알지 못하는 내용은 박스(□)에 체크하며 복습해보세요.

001 □ 유량변수	'일정 기간'에 측정할 수 있는 지표로, 소득, GDP(국내총생산), 국제수지, 수출, 수입, 소비, 투자, 수요량 및 공급량 등이 포함됨 `기출`
002 □ 저량변수	'일정 시점'에서 측정할 수 있는 지표로, 재고량, 통화량, 노동량, 자본량, 국부, 외채, 외환 보유고 등이 포함됨
003 □ 기회비용	여러 가지 가능성 중 하나를 선택했을 때 그 한 가지 선택 때문에 포기하게 되는 다른 가능성의 이익을 비용으로 표시한 것으로, 명시적 비용과 암묵적 비용으로 구성됨 `기출`
004 □ 비교우위	한 나라가 다른 나라에 비해 더 적은 기회비용으로 어떤 재화나 서비스를 생산할 때 비교우위를 갖는다고 말함 `기출`
005 □ 절대우위	한 나라가 다른 나라에 비해 어떤 재화나 서비스를 생산하는 데 드는 단위당 생산비가 더 적을 때 절대우위를 갖는다고 말함 `기출`
006 □ 헥셔–오린 정리	비교우위의 원인을 각국의 생산 요소의 부존량 차이 및 요소 집약도의 차이로 설명하는 근대적인 무역이론으로, 헥셔–오린 정리에 따르면 각국은 상대적으로 부존량이 풍부한 생산 요소를 집약적으로 사용해야 하는 재화의 생산에 비교우위를 갖게 됨 `기출`
007 □ 경제적 지대	토지, 노동, 자본 등과 같이 공급이 제한되어 있거나 공급 탄력성이 비탄력적인 생산 요소에서 공급자가 기회비용 이상으로 얻는 추가 소득 `기출`
008 □ 재화의 종류	· **대체재**: 서로 대체할 수 있는 관계에 있는 재화로, 같거나 유사한 효용을 가지고 있어 경쟁 관계에 놓이는 재화 · **보완재**: 서로 보완하는 관계에 있는 재화로, 두 재화를 함께 소비할 때 효용이 증대되는 재화
009 □ 한계 효용 체감의 법칙	소비하는 재화의 양이 증가할수록 소비자가 느끼는 추가적인 만족도는 점차 감소하는 것 `기출`
010 □ 탄력성	· **수요의 가격탄력성**: 재화의 가격 변화에 따라 재화의 수요량이 변화하는 정도를 측정하는 지표로, 수요의 가격탄력성에는 재화의 성격, 대체재의 수, 재화에 대한 지출액이 가계소득에서 차지하는 비중, 가격 변화에 적응할 시간, 시장의 범위 등이 영향을 미침 `기출` · **수요의 교차탄력성**: 한 재화의 가격 변화가 다른 재화의 수요량에 미치는 영향을 나타내는 지표로, 대체재는 그 값이 양(+)의 값이 되며 보완재는 그 값이 음(-)의 값이 됨 `기출` · **수요의 소득탄력성**: 소비자의 소득 변화에 따라 재화의 수요량이 변화하는 정도를 측정하는 지표

011 □ 무차별 곡선	소비자에게 동일한 효용 수준을 주는 재화의 수량 조합을 나타낸 곡선으로, 이 곡선 위의 점에 해당하는 수량의 조합이 실현되면 어느 조합이나 소비자에게 동일한 만족을 주기 때문에 차별이 없다고 표현하며, 무차별 곡선은 우하향하고 대체로 원점을 향하여 볼록한 형태를 취함 기출
012 □ 등량 곡선	동일한 수준의 생산량을 산출하기 위해 필요한 생산 요소의 조합을 나타낸 곡선으로, 주로 노동과 자본의 조합을 연결하는 경우가 많으며, 등량 곡선은 우하향하고 대체로 원점을 향하여 볼록한 형태를 취함 기출 · **한계 기술 대체율**: 생산자가 한 생산 요소의 투입량을 한 단위 줄였을 때, 동일한 생산 수준을 유지하기 위해 증가시켜야 하는 다른 생산 요소의 양
013 □ 최저 가격제	최저 임금제와 같이 가격이 일정 수준 이하로 떨어지지 않도록 제한하는 제도로, 가격 상한제라고도 하며 생산자를 보호하기 위해 시행되지만 초과 공급이 발생하고 사회적 후생 손실이 발생할 수 있는 문제가 생김 기출
014 □ 최고 가격제	이자율 상한제와 같이 가격이 일정 수준 이상으로 오르지 않도록 제한하는 제도로, 가격 하한제라고도 하며 인플레이션을 막고 소비자를 보호하기 위해 시행되지만 초과 수요가 발생하여 암시장이 발생할 수 있는 문제가 생김 기출
015 □ 한계 생산물	생산 요소가 한 단위 증가할 때 더 늘어나는 생산량으로, 재화를 생산하기 위하여 노동을 한 단위 더 투입하였을 때 증가하는 생산량을 노동의 한계 생산물, 재화를 생산하기 위하여 자본을 한 단위 더 투입하였을 때 증가하는 생산량을 자본의 한계 생산물이라고 함 기출 · **한계 생산물 가치**: 한계 생산물에 시장 가격을 곱한 것으로, 하나의 생산 요소를 한 단위 더 투입하였을 때 늘어나는 생산량을 시장에 팔 때 받을 수 있는 금액
016 □ 규모의 경제	투입되는 생산 요소의 양이 증가할수록 생산비는 절약되고 이익은 증가하는 현상으로, 신규 기업에 대한 진입장벽으로 작용할 수 있으며, 모든 생산 요소를 일정 비율 증가시켜 생산량이 그 비율 이상으로 증가할 때는 규모에 대한 수확 체증, 모든 생산 요소의 증가율과 생산량의 증가율이 같을 때는 규모에 대한 수확 불변, 모든 생산 요소의 증가율이 생산량의 증가율을 상회할 때는 규모에 대한 수확 체감이라고 함 기출
017 □ 규모의 불경제	생산량이 증가함에 따라 생산비가 감소하지 않고 오히려 증가하는 현상 기출
018 □ 독점 시장	시장 지배력을 가진 하나의 기업에 의해서 재화와 서비스가 제공되는 시장 형태로, 완전한 진입장벽이 존재함 기출
019 □ 독점적 경쟁 시장	진입과 퇴거가 자유로운 시장에서 다수의 기업이 종류는 동일하더라도 디자인, 기능, 품질 등에 있어 차별화된 제품을 생산하는 시장 형태 기출
020 □ 과점 시장	소수의 기업이 서로 대체할 수 있는 유사한 제품을 생산하며 경쟁하는 시장 형태로, 높은 진입장벽이 존재함 기출
021 □ 완전 경쟁 시장	진입장벽이 존재하지 않으며 동질의 상품이 거래되는 시장 형태로, 시장에 참여하는 경제 주체가 다수이기 때문에 누구도 가격에 영향을 미칠 수 없고, 모든 시장 참가자가 상품의 가격과 품질에 대한 완전한 정보를 갖고 있음 기출

부록

022 ☐ **시장실패**	공공재, 규모의 경제, 외부효과 등의 요인 때문에 시장이 제 기능을 발휘하지 못해 자원의 효율적 배분 및 소득의 균등한 분배가 제대로 이루어지지 못하는 상태 **기출**
023 ☐ **정부실패**	시장실패를 바로잡기 위해 정부가 시장에 개입한 것이 예기치 못한 결과를 발생시키거나 오히려 시장의 상태를 더욱 악화시키는 것
024 ☐ **공공재**	국방 서비스, 도로 등과 같이 모든 사람이 공동으로 이용할 수 있는 재화나 서비스로, 비배제성과 비경합성이라는 특징을 가짐 **기출** · **무임승차자의 문제**: 공공재는 비용을 부담하지 않는 사람의 사용을 배제할 수 없기 때문에 사람들이 공공재 생산에 드는 비용은 부담하지 않으면서 공공재를 소비하려는 경향을 보이게 됨
025 ☐ **외부효과**	어떤 사람의 경제활동이 의도치 않게 다른 사람에게 이익을 주거나 피해를 주게 되는 시장실패의 원인 중 하나로, 시장에 의해 자율적으로 통제되기 어렵기 때문에 정부가 직접 개입하여 해결하는 것이 일반적이지만, 세금 부과, 보조금 지급, 당사자 간 협상 등으로 해결하기도 함 **기출** · **외부경제**: 한 생산자나 소비자의 행위가 제삼자에게 긍정적인 효과를 미치지만, 그에 대한 대가를 전혀 받지 못하는 것 · **외부불경제**: 한 생산자나 소비자의 행위가 제삼자에게 부정적인 효과를 미치지만, 그에 대한 대가를 전혀 지불하지 않는 것
026 ☐ **정보의 비대칭성**	경제적 이해관계에 놓인 당사자들 중 한쪽이 다른 한쪽보다 우월한 정보를 가지고 있는 것 · **도덕적 해이**: 정보가 불투명하거나 비대칭적이어서 상대방의 행동을 예측하기 어렵거나 본인이 최선을 다해도 자신에게 돌아오는 혜택이 거의 없을 때 발생하는 것으로, 정보가 불균형한 상황을 이용해 상대방의 이익에는 반하지만 자신에게는 유리한 행동을 하는 것 · **역선택**: 보험사가 개별 가입자의 건강 상태나 사고 확률을 잘 알지 못해 평균적인 건강 수준에 기초해 보험료를 책정할 경우, 실제로 건강한 사람은 보험 가입을 꺼리고 건강하지 않은 사람들만 보험에 가입하게 되어 보험사의 재정이 악화되는 것처럼 정보의 불균형으로 인해 자신에게 불리한 의사결정을 하는 것
027 ☐ **코즈의 정리**	소유권이 잘 확립되고 거래비용이 적거나 없을 때, 정부의 개입 없이도 시장 참여자의 자발적인 협상으로 외부효과 문제가 해결될 수 있다는 이론 **기출**
028 ☐ **내시균형**	게임의 각 참여자가 다른 참여자들의 전략을 주어진 것으로 예상하고 자신에게 최적의 전략을 선택할 때, 그 결과가 균형을 이룰 수 있는 최적 전략의 조합 **기출** · **우월전략**: 상대방의 전략 선택과 관계없이 자신의 이득을 더욱 크게 만드는 전략
029 ☐ **애로우의 불가능성 정리**	완비성, 이행성, 파레토 원칙, 비독재성(민주성), 독립성 등 사회효용함수가 지녀야 할 속성 5가지를 제시하여, 5가지 속성을 모두 만족시키는 사회효용함수는 존재할 수 없음을 증명한 이론 **기출**
030 ☐ **실업유형**	· **구조적 실업**: 기술진보에 따른 자본의 유기적 구성 고도화로 야기되는 실업으로, 4차 산업혁명으로 산업 구조가 고도화되고 기술 혁신이 이루어지면서 낮은 기술 수준의 기능 인력에 대한 수요가 감소하여 대량의 실업이 발생할 것으로 예상됨 **기출**

	· **마찰적 실업**: 이직 시 불충분한 취업 정보로 인해 일시적으로 발생하는 실업
	· **계절적 실업**: 주로 건설업이나 농업 분야에서 계절적 요인으로 인해 발생하는 실업
	· **경기적 실업**: 경기 불황으로 인해 노동 수요가 부족하여 발생하는 실업
031 ☐ 필립스 곡선	임금 상승률과 실업률의 관계를 나타내는 그래프로, 실업률이 높아질수록 임금 상승률이 낮아지는 반비례 관계를 보임
032 ☐ 로렌츠 곡선	소득 분포의 불평등한 정도를 측정하는 곡선으로, 가로축을 소득 인원 누적 비율, 세로축을 소득 금액 누적 비율로 나타내며, 이 곡선과 45도 직선의 대각선(완전균등선) 사이의 면적이 넓을수록 불평등도가 심하다고 판단하고 곡선과 대각선이 일치하면 소득의 분포가 균등하다고 판단함 기출
033 ☐ 지니계수	소득 분포의 불평등도를 측정하기 위한 계수로, 로렌츠 곡선에서 완전균등선과 로렌츠 곡선 사이의 불평등 면적을 완전균등선 아래의 면적으로 나누어 계산한 값으로 나타내며, 그 수치가 0에 가까울수록 소득 분포가 평등하다고 판단함 기출
034 ☐ 엥겔지수	가구의 생계비 중에서 음식비가 차지하는 비율을 나타낸 것으로, 일반적으로 소득이 증가함에 따라 가계의 총지출에서 식품이 차지하는 비율은 감소하는 경향을 보임 기출
035 ☐ 슈바베지수	가구의 생계비 중에서 주거비가 차지하는 비율을 나타낸 것으로, 슈바베지수가 높을수록 가구의 주택 부담 능력이 떨어진다고 판단함
036 ☐ 앳킨슨지수	사회 구성원의 주관적인 가치판단을 반영하여 소득 분포의 불평등도를 측정하기 위한 지수로, 평가자가 소득 분포를 불평등하다고 여길수록 앳킨슨 지수는 커짐 기출
037 ☐ GDP	Gross Domestic Product(국내총생산)의 약자로, 국적과 관계없이 한 나라의 국경 내에서 모든 경제 주체가 일정 기간 생산활동에 참여하여 창출한 최종 재화와 서비스의 시장 가치 기출
038 ☐ GNP	Gross National Product(국민총생산)의 약자로, 국경에 관계없이 한 나라의 국민이 일정 기간 국내와 국외에서 생산한 최종 재화와 서비스의 시장 가치 기출
039 ☐ GNI	Gross National Income(국민총소득)의 약자로, 국경에 관계없이 한 나라의 국민이 일정 기간 생산활동에 참여하여 벌어들인 소득
040 ☐ 항상소득가설	소득은 정기적이고 확실한 항상소득과 임시적인 수입인 일시소득으로 구분되며 이때 소비는 항상소득으로 인해 결정된다는 이론으로, 이를 제창한 밀턴 프리드먼은 항상소득의 비중이 클수록 소비성향이 높고, 일시소득의 비중이 클수록 저축성향이 높아진다고 분석함 기출
041 ☐ 한계소비성향	새롭게 늘어난 소득 중 소비에 쓰는 금액의 비율을 의미하는 것으로, 보통 저소득층일수록 한계소비성향이 높은 것으로 알려져 있음 기출 · **한계저축성향**: 늘어난 소득 중 저축에 해당하는 금액의 비율
042 ☐ 인플레이션 (Inflation)	화폐 가치가 하락하고 물가 수준이 지속적으로 상승하는 현상 기출 · **인플레이션의 영향**: 실질 소득이 감소하고 실물 자산의 가치가 상승하기 때문에 금융 자산 보유자, 채권자, 수출업자, 봉급생활자, 연금생활자는 불리해지고, 실물 자산 보유자, 채무자, 수입업자는 유리해짐

043 □ 인플레이션 유형	· **수요견인 인플레이션**: 상품에 대한 수요가 지속적으로 상승할 때 물가가 함께 상승하는 현상으로, 총수요가 증가하여 총수요곡선이 우측으로 이동하는 경우에 발생하는 인플레이션 **기출** · **비용인상 인플레이션**: 상품 생산을 위한 비용이 지속적으로 상승할 때 물가가 함께 상승하는 현상으로, 총공급이 감소하여 총공급곡선이 좌측으로 이동하는 경우에 발생하는 인플레이션
044 □ 초인플레이션 (Hyperinflation)	1년에 수백 % 이상으로 물가가 상승하는 경우로, 일반적으로 정부나 중앙은행이 과도하게 통화량을 증대시키는 경우에 발생함 **기출**
045 □ 피셔 효과	실질 이자율과 예상 인플레이션율의 합이 명목 이자율과 같다는 이론으로, 예상 인플레이션이 1% 오를 경우 명목 이자율도 1% 오른다고 봄 **기출**
046 □ 먼델-토빈 효과	명목 이자율의 변화와 예상 인플레이션율이 1대1의 관계가 성립하지 않고, 인플레이션에 대한 예상에 변화가 있을 경우 명목 이자율의 변화분은 예상 인플레이션율의 변화분보다 낮은 정도로 오른다는 이론
047 □ 디플레이션 (Deflation)	통화량의 축소에 따라 물가가 하락하고 경제 활동이 침체되는 현상
048 □ 피구 효과	물가의 하락으로 자산의 실질 가치가 상승하면 소비 지출이 증가한다는 이론
049 □ 스태그플레이션 (Stagflation)	불황기에 물가가 계속 상승하여 경기 침체와 물가 상승이 동시에 일어나고 있는 상태 **기출**
050 □ 경기종합지수	경기의 과거, 현재, 미래를 따로따로 나타내어 만든 경기 지수로, 장기적인 추세 변동·주기적인 경기 변동·돌발적인 불규칙 변동 등을 감안하고 개별 지표에 가중치를 두어 만듦 **기출** · **경기선행지수**: 재고순환지표, 경제심리지수, 기계류 내수 출하지수(선박 제외), 건설 수주액, 장단기 금리차, 코스피 지수, 수출입 물가비율 등의 지표로 구성됨 · **경기동행지수**: 광공업 생산지수, 서비스업 생산지수, 소매판매액지수, 비농림어업 취업자 수, 수입액, 내수 출하지수 등의 지표로 구성됨 · **경기후행지수**: 취업자 수, 소비자 물가지수 변화율, 소비재 수입액, 생산자제품 재고지수, 회사채 유통수익률 등의 지표로 구성됨
051 □ 경기 변동 이론	자본주의 경제의 독특한 현상인 경기 변동의 여러 양상을 분석하고, 그 원인을 규명하고자 하는 경제학 이론 · **실물적 경기 변동 이론**: 기술 수준의 변화, 생산성 변화와 같은 실물적 요인이 경기 변동의 주된 요인이라고 주장하는 이론 **기출** · **화폐적 경기 변동 이론**: 신용 창조, 수축과 같은 화폐적 요인이 경기 변동의 주된 요인이라고 주장하는 이론

052 ☐ **재정정책**	정부가 재정의 수입과 지출을 조정하여 국민경제를 조정하는 정책 [기출] · **확장적 재정정책**: 국공채를 재원으로 하면서 재정 규모를 확대하여 경기를 부양하려는 정책 · **긴축적 재정정책**: 재정 규모를 축소하고 가능한 한 조세를 재원으로 하여 경기 과열을 억제하려는 정책
053 ☐ **구축효과**	스태그플레이션이 재정 지출 확대만으로 해결되지 않는 이유를 설명한 이론으로, 정부가 경기 활성화를 위해 재정 지출을 늘림에도 오히려 투자와 소비가 위축되는 현상
054 ☐ **통화정책**	중앙은행은 지급준비율(금융기관의 총예금액에 대한 현금준비 비율), 국공채(중앙은행이 시장에 참여하여 보유하고 있던 유가증권), 기준금리(중앙은행의 금융통화위원회가 매달 회의를 통해 결정하는 금리), 금융중개지원대출(중앙은행이 시중은행별로 정해놓은 한도 내에서 저금리로 돈을 대출해주는 제도) 등을 통하여 통화량을 조절할 수 있음 [기출] · 지급준비율 인상 → 통화량 감소, 지급준비율 인하 → 통화량 증가 · 국공채 매각 → 통화량 감소, 국공채 매입 → 통화량 증가 · 기준금리 인상 → 통화량 감소, 기준금리 인하 → 통화량 증가 · 금융중개지원대출 자금 축소 → 통화량 감소, 금융중개지원대출 자금 확대 → 통화량 증가
055 ☐ **중앙은행**	특별법에 기초하여 설립된 한 나라의 금융 정책과 통화 정책의 중심적인 기관으로, 한국의 한국은행, 미국의 연방준비제도(FRB), 영국의 잉글랜드은행이 대표적이며, 발권은행으로서의 기능, 은행의 은행으로서의 기능, 정부의 은행으로서의 기능을 수행함
056 ☐ **유동성 함정**	중앙은행이 금리를 낮춰 통화량을 늘렸음에도 불구하고 기업의 생산 및 투자나 가계의 소비가 늘지 않아 경기가 활성화되지 않는 상태 [기출]
057 ☐ **본원통화**	중앙은행 지급준비금 계정에 예치된 금융기관 자금과 시중에 유통되고 있는 현금을 합한 것 [기출]
058 ☐ **기축통화**	국제간의 결제나 금융 거래의 기본이 되는 화폐를 의미하는 것으로, 과거에는 영국의 파운드가 사용되었으나 현재는 미국의 달러가 기축통화의 역할을 하고 있음 [기출]
059 ☐ **구매력 평가지수 (PPP)**	국가 간의 환율은 각국의 구매력에 의해 결정된다는 구매력 평가설을 바탕으로 한 지수로, 전 세계적으로 팔리고 있는 제품의 가격을 통해 각국의 화폐 가치와 물가 수준을 비교한 것
060 ☐ **환율**	자국 통화와 외국 통화의 교환비율로, 한 단위의 외화를 얻기 위해 지불해야 하는 자국 통화의 양 [기출] · **환율의 변동**: 외화의 수요와 공급에 의해 결정됨(외환시장에서의 수요 증가 및 공급 감소 → 환율 상승, 외환시장에서의 수요 감소 및 공급 증가 → 환율 하락) · **환율 상승(원화 약세)의 영향**: 수출 증가 및 수입 감소, 경상수지 개선, 국내 물가 상승, 외채 상환 부담 증가 · **환율 하락(원화 강세)의 영향**: 수출 감소 및 수입 증가, 경상수지 악화, 국내 물가 하락, 외채 상환 부담 감소

061 ☐ 환율 정책	· **고정환율**: 단기적으로 기준 환율을 고정하고 환율의 변동 폭을 작은 범위 내로 한정하는 제도로, 환율 변동 폭에 제한이 있기 때문에 환율이 그 제한선의 상한이나 하한에 달했을 때 정부나 금융기관의 환율시장 개입이 필요해지게 되고, 결과적으로 국제수지 상황에 의해 금융정책이 좌우되는 경우가 많아지게 됨 `기출` · **변동환율**: 기준 환율을 고정하지 않고 변동 폭도 규제하지 않은 환율 제도로, 국제수지 상황에 따라 환율이 자동적으로 조정되기 때문에 정부나 금융기관의 환율시장 개입이 필요하지 않고, 금융정책도 국내의 정책 목적에 따라 운용할 수 있게 됨 `기출`
062 ☐ 환포지션	외국환은행이 원화를 지불하고 매입한 외환금액과 원화를 받고 매도한 외환금액과의 차액, 즉 외화채권의 재고량을 의미하는 것으로, 대표적으로 오버 보트 포지션(Over bought position), 오버 솔드 포지션(Over sold position), 스퀘어 포지션(square position)이 있음 `기출`
063 ☐ 국제수지	일정 기간 한 나라와 다른 나라 사이에서 이루어진 경제적 거래를 체계적으로 집계한 것으로, 경상수지(상품수지＋서비스수지＋본원소득수지＋이전소득수지)와 자본 및 금융계정으로 구성됨
064 ☐ 보호무역	자기 나라의 산업을 보호·육성하기 위하여 국가가 대외 무역을 간섭하고 수입에 여러 가지 제한을 두는 무역으로, 19세기에 독일, 미국 등지에서 자기 나라의 산업을 보호하기 위하여 채택함 · **신보호무역주의**: 선진국들이 무역과 외화에 대한 규제 조치를 강화하기 위하여 내세운 새로운 보호무역주의 경향으로, 관세, 세이프 가드 등의 방식으로 진행되며, 전통적인 후진국이 자국 시장을 보호하기 위하여 각종 규제를 행하는 전통적 보호무역주의와는 차이가 있음 `기출`
065 ☐ 마샬 – 러너의 조건	환시세절하(평가절하)가 국제수지를 개선시키도록 하기 위해서는 외국과 자국이 지니는 수입 수요 탄력성의 합이 1보다 커야 한다는 조건으로, 만일 양국의 수입 수요 탄력성의 합이 1보다 작을 때는 평가절하되더라도 수지는 악화되며, 반면 1보다 클 때는 평가절상이 수지를 악화시킴 `기출`
066 ☐ J커브 효과	무역수지의 개선을 위해 환율의 상향 조정을 유도하더라도 그 초기에는 무역수지가 오히려 악화되었다가 상당 기간이 지난 후에야 개선되는 현상으로, 환율의 변동과 무역수지와의 관계를 나타냄 `기출`
067 ☐ 주식회사	주식을 발행함으로써 여러 사람으로부터 자본을 조달받는 회사로, 7인 이상의 주주가 유한책임사원이 되어 설립되며 자본과 경영이 분리되는 회사의 대표적 형태임 `기출`
068 ☐ 유한회사	1인 이상 50인 이하의 유한책임사원으로 구성된 회사로, 사원들은 회사에 출자 의무를 부담하고 회사 채무에 대하여서는 출자액의 한도 내에서만 책임을 지며, 원칙적으로 소유와 경영이 분리된 구조임
069 ☐ 유한책임회사	1인 이상 50인 이하의 유한책임사원으로 구성된 회사로, 사원들은 회사에 출자 의무를 부담하고 회사 채무에 대하여서는 출자액의 한도 내에서만 책임을 지며, 출자한 사원 모두가 경영에 참여하는 구조임
070 ☐ 합명회사	2인 이상의 무한책임사원으로 구성된 회사로, 원칙적으로 무한책임사원은 회사에 출자하고 회사의 채무에 대해 회사와 연대하여 변제할 책임이 있음

071 ☐ 합자회사	두 사람 이상이 자본을 대어 만드는 회사로, 유한책임사원과 무한책임사원으로 구성되며 무한책임사원은 업무의 집행에 관한 권리 및 의무를 지니고, 유한책임사원은 재산에 대한 한정된 권한 및 감독권을 지님
072 ☐ 이자보상배율	기업이 수입에서 얼마를 이자 비용으로 쓰고 있는지를 나타내는 수치로, 기업의 채무 상환능력을 보여줌 기출 · **이자보상배율의 계산**: 영업이익을 이자 비용으로 나누어 계산하는데, 이때 이자보상배율이 1이면 영업활동에서 창출한 돈을 이자지급비용으로 다 사용한다는 의미이고, 이자보상배율이 1보다 크면 이자를 지불하고 나서도 영업활동에서 창출한 돈이 남는다는 의미이며, 이자보상배율이 1보다 작으면 영업활동에서 창출한 돈으로 금융비용조차 지불할 수 없는 잠재적 부실기업이라는 의미임
073 ☐ 적대적 M&A	인수 대상 기업의 동의 없이 행해지는 기업 인수 합병 · **적대적 M&A의 공격전략**: 곰의 포옹, 공개매수, 시장매집, 위임장 대결, 토요일 밤 특별작전, 흑기사 등 · **적대적 M&A의 방어전략**: 차등의결권제도, 백기사, 시차 임기제, 왕관의 보석, 포이즌 필, 황금 낙하산 등 기출
074 ☐ 주식	자금 조달을 목적으로 발행하는 출자증권
075 ☐ 채권	국가, 지방 자치 단체, 은행, 회사 등이 사업에 필요한 자금을 차입하기 위해 발행하는 유가증권으로, 발행 주체, 보증 여부, 담보제공 여부, 이자지급방법 등에 따라 다양하게 구분됨
076 ☐ RP	Repurchase Agreement(환매조건부채권)의 약자로, 금융기관이 일정 기간 후 확정 금리를 보태어 되사는 조건으로 발행하는 채권
077 ☐ 금리 역전 현상	장기채권 수익률이 단기채권 수익률보다 낮은 보기 드문 현상으로, 보통은 경기침체의 전조로 해석함 기출
078 ☐ 오퍼레이션 트위스트	중앙은행이 장기국채를 매입하고 단기국채를 매도함으로써 장기금리를 끌어내리고 단기금리는 올리는 공개시장 조작방식 기출
079 ☐ 펀드(Fund)	불특정 다수의 투자자로부터 신탁받은 자금을 주식, 채권, 부동산 등 다양한 자산에 분산 투자하여 얻은 이익을 투자지분에 따라 배분하는 간접투자상품으로, 투자대상, 투자전략 등에 따라 다양하게 구분됨
080 ☐ ETF	Exchange Traded Fund의 약자로, 인덱스 펀드를 거래소에 상장해 주식처럼 증권시장에서 직접 거래할 수 있고 즉시 사고팔 수 있도록 한 펀드 기출
081 ☐ MMF	Money Market Fund의 약자로, 단기금융상품에 집중적으로 투자해 발생한 수익을 투자자들에게 돌려주는 실적배당상품 기출
082 ☐ ABS	Asset-Backed Securities(자산유동화증권)의 약자로, 금융기관 및 기업이 부동산을 비롯한 여러 가지 형태의 자산 중 일부를 담보로 발행하는 증권을 의미하며, 주요 자산유동화증권에는 CDO(부채담보부증권), CARD, ABCP, 부동산 PF ABS 등이 있음 기출

083 □ 파생상품	주식과 채권 같은 전통적인 금융상품을 기초 자산으로 하여 새로운 현금 흐름을 만드는 증권으로, 위험을 감소시키거나 새로운 금융상품을 만들어 내는 기능을 하며 대표적인 파생상품으로는 선도 거래와 선물, 옵션, 스와프 등이 있음 `기출`
084 □ 선물	장래의 일정한 시기에 상품이나 금융자산을 인도한다는 조건으로 매매 계약을 하는 거래 종목 · **선도 거래**: 미래의 일정한 시점에 쌍방이 합의한 가격에 자산의 인도를 요구할 수 있는 계약인 점은 선물과 비슷하지만, 정형화된 거래소를 통해 거래가 이루어지는 선물과 달리 장외시장에서 거래 당사자끼리 혹은 딜러를 통해 거래가 진행됨
085 □ 옵션(Options)	거래 당사자 간에 미리 정한 가격으로 특정 시점에 일정 자산을 사거나 팔 수 있는 권리 `기출` · **콜옵션**: 자산을 살 수 있는 권리 · **풋옵션**: 자산을 팔 수 있는 권리
086 □ 스와프(Swap)	두 개의 금융자산 또는 부채에서 파생되는 미래의 서로 다른 자금 흐름을 교환하기로 하는 계약으로, 대표적으로 통화스와프, 금리스와프 등이 있음
087 □ CDS	Credit Default Swap(신용부도스와프)의 약자로, 부도가 발생하여 채권이나 대출 원리금을 돌려받지 못할 경우를 대비한 신용파생상품
088 □ 베이시스(Basis)	선물 가격과 현물 가격의 차이 `기출` · **콘탱고**: 베이시스가 양의 값을 띄는 정상 시장 · **백워데이션**: 베이시스가 음의 값을 띄는 역조 시장
089 □ 파생결합증권	파생 금융상품과 유가증권을 결합하여 기초 자산의 가치 변동에 따라 수익률이 결정되는 증권으로, 개별 기업 주가나 주가지수 외에도 합리적으로 가격을 매길 수 있다면 이자율, 환율, 주가, 신용, 실물 등 무엇이든 기초 자산이 될 수 있으며, 대표적으로 주식워런트증권(ELW), 주가연계증권(ELS), 상장지수증권(ETN) 등이 있음
090 □ ELS	Equity-Linked Securities(주가연계증권)의 약자로, 특정 주식의 가격이나 지수에 연계되어 투자수익이 결정되는 유가증권이며 원금 또는 최저 수익률을 보장하면서 만기에 주가가 일정 조건을 충족하면 약속한 수익률을 지급함 `기출`
091 □ CD	Certificate of Deposit(양도성 예금 증서)의 약자로, 제삼자에게 양도가 가능한 무기명식의 정기 예금을 의미하며 만기일에 증서의 마지막 소유자가 원금과 이자를 얻게 됨 `기출`
092 □ 공매도	주가 하락에서 생기는 차익금을 노리고 주권을 실제로 가지고 있지 않거나 가지고 있더라도 상대에게 인도할 의사 없이 신용거래로 환매하는 행위 `기출`
093 □ 서킷브레이커 (Circuit breakers)	코스피 지수나 코스닥 지수가 일정 수준 이상 하락하는 경우 투자자들이 냉정하게 투자 판단을 할 수 있도록 시장에서의 모든 매매 거래를 일시 중단하는 제도로, 우리나라의 경우 코스피 지수나 코스닥 지수가 직전 매매 거래일의 종가 대비 8% 이상 떨어진 상태가 1분간 지속되면 1단계, 15% 이상 떨어진 상태가 1분간 지속되고 1단계 발동 지수 대비 1% 이상 추가 하락한 경우 2단계 서킷브레이커가 발동되어 각각 20분간 매매 거래가 중단되며, 20% 이상 급락하고 2단계 발동 지수 대비 1% 이상 추가 하락한 경우 3단계 서킷브레이커가 발동되어 당일 장 운영이 종료됨 `기출`

094 □ 사이드카 (Sidecar)	시장 상황이 급변할 경우 프로그램매매의 호가 효력을 일시적으로 제한함으로써 프로그램매매가 주식시장에 미치는 충격을 완화하고자 하는 제도로, 코스닥의 경우 코스닥 150지수 선물 가격이 6% 이상 상승·하락하고 코스닥 150지수 현물 가격이 3% 이상 상승·하락한 상태가 1분간 지속될 때, 코스피의 경우 코스피 200지수 선물의 가격이 5% 이상 상승·하락한 상태가 1분간 지속될 때 발동되어 프로그램매매 매수호가 또는 매도호가의 효력을 5분간 정지함 `기출`
095 □ 예금자보호제도	금융회사가 파산 등으로 인해 고객의 금융자산을 지급하지 못할 경우 예금보험공사가 예금의 일부 또는 전액을 돌려주는 것으로, 2022년을 기준으로 1인당 원금과 소정의 이자를 합해 1인당 최고 5,000만 원까지 보호됨 `기출`
096 □ DSR	Debt Service Ratio(총부채원리금상환비율)의 약자로, 주택담보대출은 물론 신용대출, 카드론 등 모든 대출금에 대한 원리금 상환액을 연간소득으로 나누어 대출한도를 정하는 계산 비율 `기출`
097 □ LTV	Loan To Value ratio(주택담보대출비율)의 약자로, 주택을 담보로 돈을 빌릴 때 적용하는 담보 주택의 실제 가치 대비 대출 가능 비율 `기출`
098 □ DTI	Debt To Income(총부채상환비율)의 약자로, 금융부채 상환능력을 소득으로 따져서 대출한도를 정하는 계산 비율을 의미하며 대출상환액이 소득의 일정 비율을 넘지 않도록 제한하기 위해 시행됨 `기출`
099 □ 그림자 금융	은행과 비슷한 역할을 하지만, 중앙은행의 감독을 받지 않는 금융 회사 `기출`
100 □ 순현재가치법	투자로 인해 발생하는 현금흐름 총유입액의 현재가치에서 총유출액의 현재가치를 차감한 순현재가치를 이용하여 투자안을 평가하는 방법으로, 순현재가치가 0보다 클 때 투자 가치가 있는 것으로 판단함 `기출`
101 □ 회수기간법	투자를 했을 때 그 투자로 인해 발생하는 현금흐름으로부터 투자자금을 모두 회수하기까지 걸리는 기간을 재무관리자가 사전에 정해놓은 회수기간과 비교하여 투자안을 평가하는 방법으로, 회수기간이 짧을수록 비교 우위에 있는 투자안으로 평가함 `기출`
102 □ 자본자산가격결정 모형(CAPM)	투자자들의 투자활동을 통해 자본시장이 균형상태를 이룰 때 주식이나 채권 등 자본자산의 기대수익률과 위험의 관계를 설명하는 모형으로, 개별종목의 총위험이 시장과 연관되어 나타나는 체계적 위험과 시장과 관계없이 나타나는 비체계적 위험으로 분류하고 비체계적 위험은 분산투자에 의해 제거될 수 있다고 설명함 `기출`
103 □ 기업 공개(IPO)	개인이나 소수 주주로 구성되어 폐쇄성을 띠고 있는 기업이 법정 절차와 방법에 따라 그 주식을 일반 대중에게 분산하고 재무 내용을 공시하는 일 `기출`
104 □ 공시제도	기업의 주요 내용을 공개적으로 게시하는 제도로, 발행시장 공시와 유통시장 공시로 분류됨 • **발행시장 공시**: 증권 신고서, 투자 설명서, 증권발행 실적보고서 등 • **유통시장 공시**: 정기공시(사업 보고서, 반기 보고서, 분기 보고서 등), 지분공시(주식 등의 대량보유 상황보고서 등), 특수공시(공개매수 신고서 등), 주요사항 보고서 ,수시공시, 공정공시 `기출`

디지털

정확히 알지 못하는 내용은 박스(□)에 체크하며 복습해보세요.

105 □ ICT	정보를 주고받는 것은 물론 개발, 저장, 처리, 관리하는 데 필요한 모든 기술 기출
106 □ 4차 산업혁명	정보통신기술(ICT)의 융합으로 이루어지는 차세대 산업혁명을 의미하는 것으로, '초연결', '초지능', '초융합'을 특징으로 하며 인공지능(AI), 사물인터넷(IoT), 로봇기술, 드론, 자율주행 자동차, 가상현실(VR) 등이 대표적인 기술 사례임 기출
107 □ 스마트시티	첨단 정보통신기술(ICT)을 이용해 도시 구석구석이 신경망처럼 연결되어 도시 생활 속에서 유발되는 교통 문제, 환경 문제, 시설 비효율 등이 해결된 편리하고 쾌적한 도시 기출
108 □ IoT	Internet of Things(사물인터넷)의 약자로, 사물에 센서를 장착하여 사람의 개입 없이도 사물이 스스로 인터넷을 통해 실시간으로 데이터를 수집하고 교환할 수 있게 하는 기술 기출
109 □ AI	Artificial Intelligence(인공지능)의 약자로, 인간의 지능이 가지는 학습, 추리, 적응, 논증 따위의 기능을 갖춘 컴퓨터 시스템 · **머신러닝(Machine learning)**: 인공지능 연구의 한 분야로, 인간의 학습능력과 같은 기능을 컴퓨터에서 실현하는 기술 기출 · **딥러닝(Deep learning)**: 머신러닝의 한 분야로, 인간 두뇌의 정보처리 방식을 모방해 컴퓨터가 사물을 분별하도록 학습시키는 기술
110 □ 딥페이크	AI(인공지능) 기술을 이용해 제작된 가짜 동영상 또는 제작 프로세스 자체 기출
111 □ AR	Augmented Reality(증강현실)의 약자로, 현실 세계의 배경이나 이미지에 3차원의 가상 이미지를 겹쳐서 보여주는 발전된 가상현실 기술 기출
112 □ VR	Virtual Reality(가상현실)의 약자로, 컴퓨터 기술을 응용하여 인공적인 상황이나 환경을 구축하고 그 안에서 인간이 마치 실제 주변 상황, 환경과 상호작용하는 것처럼 느끼도록 만드는 기술 기출
113 □ MR	Mixed Reality(혼합현실)의 약자로, 현실과 가상이 접목되어 물리적 객체와 가상 객체가 상호 작용할 수 있는 스마트 환경을 제공하는 기술 기출
114 □ 비트코인	2009년 사토시 나카모토라는 필명을 가진 프로그래머가 개발한 최초의 가상 디지털 화폐로, 일반적인 화폐와 달리 통화를 관리하는 중앙기구가 존재하지 않고 발행량이 정해져 있으며, 컴퓨터를 이용하여 수학 문제를 풀면 발행받을 수 있음

115 ☐ 블록체인	은행이나 증권사 등과 같은 공인된 금융기관이 아닌 거래 참여자들에게 거래 장부를 분산 배치해 해킹을 막는 네트워크 기술로, 대표적으로 블록에 금전 거래 내역을 저장하여 거래에 참여하는 모든 사용자에게 거래 내역을 공개하고, 거래 때마다 이를 대조하여 데이터 위조를 막는 방식을 가상 통화에 사용하고 있으며, 이 밖에도 예술품의 진품 감정, 위조화폐 방지, 전자시민권 발급 등 다양한 분야에 활용되고 있음
116 ☐ 메타버스 (Metaverse)	웹상에서 아바타를 이용하여 현실 세계와 같은 사회·경제·문화 활동이 이루어져 가상 세계와 현실 세계의 경계가 허물어지는 3차원 가상 세계
117 ☐ 빅데이터	크기가 방대하고 형태가 다양하며, 생성부터 유통까지의 시간도 빨라 기존 시스템으로는 관리와 분석이 어려운 정형 또는 비정형 데이터로, 일반적으로 데이터 규모가 수십 테라바이트 혹은 수십 페타바이트 이상의 속성인 크기(Volume), 대용량의 데이터를 빠르게 처리하고 분석할 수 있는 속성인 속도(Velocity), 다양한 종류의 데이터를 가지고 있는 속성인 다양성(Variety)이 대표적인 특징임 기출
118 ☐ 핀테크	'금융(Finance)'과 '기술(Technology)'의 합성어로, IT 기술을 기반으로 한 새롭고 차별화된 금융상품 및 서비스를 의미하며 크라우드 펀딩, 모바일 결제 및 송금, 개인 자산 관리 등이 포함됨
119 ☐ 금융규제 샌드박스	금융소비자의 편익을 증대시키기 위해 혁신금융 서비스를 지정하여, 지정된 서비스에 대해 인가·영업 과정에서 적용되는 규제를 유예 및 면제하는 제도 기출
120 ☐ 레그테크	'규제(Regulation)'와 '기술(Technology)'의 합성어로, AI를 활용하여 금융회사의 내부 통제와 복잡한 금융규제를 용이하게 하는 정보기술 기출
121 ☐ 테크핀	'기술(Technology)'과 '금융(Finance)'의 합성어로, 금융회사가 주도하는 기술에 의한 금융서비스인 핀테크와는 달리 IT 업체가 주도하는 기술에 금융을 접목한 혁신 서비스 기출
122 ☐ 오픈 뱅킹	각 은행이 송금·결제망을 표준화하여 기업과 은행권이 공동으로 이용할 수 있도록 개방한 공동결제시스템으로, 하나의 애플리케이션으로 모든 은행의 계좌 조회, 결제, 송금 등의 업무를 진행할 수 있음 기출
123 ☐ 펌뱅킹	컴퓨터 시스템을 통신 회선으로 연결하여 기업과 금융 기관이 온라인으로 처리하는 은행 업무로, 입·출금, 자동 인출, 예금 잔액 조회, 급여 계산 등의 서비스가 제공됨 기출
124 ☐ 마이데이터	개인이 자신의 정보를 적극적으로 관리 및 통제하는 것을 넘어서 이러한 정보를 신용이나 자산관리에 능동적으로 활용하는 과정까지 포괄하는 개념으로, 2021년 12월 1일에 시범 서비스를 시작하여 2022년 1월 5일부터 전면 시행되었으며, 개인은 마이데이터로 인해 여러 금융회사에 분산되어 있는 자신의 금융 정보를 한꺼번에 확인할 수 있고, 업체에 자신의 정보를 제공하여 맞춤 상품이나 서비스를 추천받을 수 있게 됨 기출
125 ☐ 공동인증서	전자서명법 개정으로 민간 인증서가 도입되면서 공인인증서에 부여된 독점적 지위가 2020년 12월 10일부로 소멸하였고, 이에 따라 공인인증서의 명칭이 공동인증서로 변경됨 기출

126 □ FIDO	Fast IDentity Online의 약자로, 온라인 환경에서 ID나 비밀번호 없이 생체인식 기술을 활용해 본인을 인증하는 시스템 기출
127 □ 전자 서명	전자 상거래나 인터넷 뱅킹 등에서 컴퓨터와 같은 디지털 기기를 이용하여 신원을 확인할 때 사용하는 전자적 형태의 정보 기출
128 □ 공개키 암호화 방식	상대방은 암호 방식을 가지고 외부에 공개된 암호키를 이용하여 정보를 보내고, 자신은 자신만이 가진 복호키를 이용하여 수신된 정보를 해독할 수 있도록 한 정보 암호화 방식 기출 · **비밀키 암호화 방식**: 송신자가 미리 정해진 키를 이용하여 암호화한 후 보내면 수신자는 같은 키를 이용하여 암호문을 복호화할 수 있도록 한 정보 암호화 방식
129 □ 해시 함수	짧은 길이의 값이나 키로 변환하여 주소에서 문자열을 보다 빨리 찾을 수 있도록 하는 연산기법으로, 데이터의 무결성 검증, 메시지 인증에 사용함 기출
130 □ DID	Decentralized Identifiers(분산 식별자)의 약자로, 블록체인과 같은 분산 네트워크 기술을 기반으로 본인 인증을 하는 시스템
131 □ 에지 컴퓨팅 (Edge computing)	최근 사물인터넷 기기의 확산으로 데이터양이 증가하면서 이를 효율적으로 처리하기 위해 고안된 방식으로, 분산된 소형 서버를 통해 실시간으로 데이터를 처리하는 컴퓨팅 기술 기출
132 □ 클라우드 컴퓨팅 (Cloud computing)	사용자가 필요한 소프트웨어를 자신의 컴퓨터에 설치하지 않고도 인터넷 접속을 통해 언제든 사용할 수 있고, 동시에 각종 IT 기기로 데이터를 손쉽게 공유할 수 있는 컴퓨팅 기술
133 □ 크라우드 펀딩 (Crowd funding)	인터넷이나 소셜 미디어를 통해 불특정 다수의 개인으로부터 자금을 투자받는 방식으로, P2P 대출형, 투자형, 후원형, 기부형 등으로 세분화 됨 기출 · **P2P 대출형**: 대출 계약 체결을 통해 투입된 자금에 대한 이자와 같은 금전적 보상을 받는 형태 · **투자형**: 펀딩에 대한 대가로 주식 또는 채권을 얻어 배당금 및 이자 등의 금전적 보상을 받는 형태 · **후원형**: 펀딩을 받아 제작하기로 약속한 제품이나 서비스를 자금 공급자에게 제공하는 형태 · **기부형**: 금전적 혹은 기타 보상을 전제로 하지 않으며 특별한 대가가 없이 프로젝트를 지지 및 후원하는 형태
134 □ 워터마크	텍스트, 이미지, 비디오, 오디오 등의 원본 데이터에 원래 소유주의 고유 마크를 사람의 시각이나 청각으로 구별할 수 없게 삽입하는 기술 기출
135 □ 로즈 다이어그램	나이팅게일이 크림 전쟁이 일어난 당시 전투보다 전염병과 영양실조 등으로 인한 사망자가 더 많다는 사실을 깨닫고, 병원의 위생에 대한 중요성을 사람들에게 알리기 위해 시각화하여 만든 다이어그램 기출

136 □ 디파이	'탈중앙화(Decentralize)'와 '금융(Finance)'의 합성어로, 인터넷 연결만 가능하다면 정부나 기업 등 중앙기관의 통제 없이 블록체인 기술을 통해 결제, 송금, 예금, 대출, 투자 등 다양한 금융 서비스를 이용할 수 있는 탈중앙화된 금융 시스템이며, 투자자에게 투명성을 제공하여 건전한 금융 시스템을 만들 수 있고 거래 비용 절감과 더불어 금융 서비스의 진입 장벽을 낮출 수 있음
137 □ 한국판 뉴딜	코로나19 이후 경기 침체와 일자리 충격 등의 상황을 회복하기 위해 마련한 국가 발전 전략으로, 2025년까지 디지털 뉴딜, 그린 뉴딜, 안전망 강화 3가지 축의 분야별 투자 및 일자리 창출이 이루어짐
138 □ RFID	Radio Frequency IDentification의 약자로, 무선 주파수를 이용하여 반도체 칩이 내장된 태그, 라벨, 카드 등에 저장된 데이터를 비접촉으로 읽어내는 인식 시스템 `기출`
139 □ 슈퍼 앱	다양한 서비스를 지원하는 애플리케이션으로, 하나의 애플리케이션만 있으면 별도로 다른 애플리케이션을 설치하지 않고도 송금, 투자, 쇼핑 등의 여러 가지 서비스를 이용할 수 있음 `기출`
140 □ 하이브리드 앱	기본 기능은 HTML 등의 웹 표준 기술을 기반으로 구현하고, 패키징은 모바일 운영 체제(OS)별로 구현하는 애플리케이션 `기출`
141 □ 공개 소프트웨어	· 프리웨어(Freeware): 누구나 무료로 제한 없이 사용할 수 있는 소프트웨어 · 셰어웨어(Shareware): 정식 제품을 구매하기 전 무료로 사용해볼 수 있도록 한 소프트웨어로, 기한 또는 일부 기능에 제한을 둠 · 라이트웨어(Liteware): 정식 제품에서 몇 가지 기능을 제외하고 무료로 사용할 수 있도록 배포하는 소프트웨어 · 네그웨어(Negware): 무료로 사용할 수 있는 소프트웨어지만, 사용자 등록을 하지 않을 경우 지속적으로 경고 메시지를 띄움
142 □ 인터넷 범죄	· 피싱(Phishing): 개인정보를 불법으로 알아내 이를 이용하는 금융 사기 수법을 통칭하는 말 · 파밍(Pharming): 악성 프로그램에 감염된 PC를 조작하여 가짜 사이트에 접속하도록 유도해 정보를 빼내는 사기 수법 · 스미싱(Smishing): 문자 메시지(SMS)를 통해 사용자의 스마트폰에 악성코드를 주입해 정보를 빼내는 사기 수법 · 스푸핑(Spoofing): 직접적인 시스템 침입은 하지 않지만 가짜로 구성된 웹사이트로 이용자를 속여 정보를 빼내는 사기 수법 · 스누핑(Snooping): 네트워크상에서 남의 정보를 염탐하여 불법으로 가로채는 사기 수법
143 □ 기억 장치	· RAM: Random Access Memory의 약자로, 기억된 정보를 읽거나 쓸 수 있으며 다른 정보를 기억시킬 수도 있는 기억 장치로, 전원이 끊어질 경우 기록된 정보도 날아가기 때문에 휘발성 메모리라고도 함 · ROM: Read Only Memory의 약자로, 한번 기억된 정보를 빠른 속도로 읽을 수 있지만 변경할 수는 없는 기억 장치로, 전원이 끊어져도 기록된 정보가 날아가지 않기 때문에 비휘발성 메모리라고도 함

정확히 알지 못하는 내용은 박스(□)에 체크하며 복습해보세요.

144 □ 협동조합	경제적으로 약소한 처지에 있는 소비자, 농·어민, 중소기업자 등이 각자의 생활이나 사업의 개선을 위하여 만든 협력 조직으로, 불특정 다수를 주주로 하여 무한 이익을 추구하며, 투자자들이 보유 주식에 비례하여 소유권을 가지고 있는 주식회사와 달리 조합원에 대한 서비스 향상을 목표로 하고, 출자 액수와 관계없이 1인 1개의 의결권과 선거권을 가짐 기출
145 □ 협동조합기본법	협동조합의 설립운영에 관한 기본적인 사항을 규정하여 자주적·자립적·자치적인 협동조합 활동을 촉진하고, 사회통합과 국민경제의 균형 있는 발전에 기여하는 것을 목적으로 함 기출 • **주요 내용**: 출자 액수에 관계없이 1인 1개의 의결권과 선거권 부여, 일반협동조합과 사회적협동조합 2개의 법인격, 5인 이상 자유롭게 설립 가능, 3개 이상의 협동조합이 모여야 연합회 설립 가능, 7월 첫 토요일은 협동조합의 날로, 그 전 1주간은 협동조합 주간으로 설정 등
146 □ ICA	프랑스의 협동조합 지도자인 보와브의 제안으로 전 세계 협동조합과 조합원의 이익 증진을 위해 창설된 국제협동조합연맹으로, 대한민국은 농업협동조합, 신용협동조합, 새마을금고, 산림조합중앙회, 수산업협동조합, iCOOP생협이 회원으로 가입되어 있음
147 □ 주요 해외 협동조합 사례	• **로치데일 협동조합**: 1844년에 영국 랭커셔주에 설립된 소비자 협동조합으로, 질 낮은 생필품을 고가에 구입하는 등 당시 자본가들의 횡포에 시달리는 저임금 노동자들을 보호하기 위해 설립되었으며, 오늘날 협동조합의 시초라고 할 수 있음 기출 • **덴마크 주택협동조합**: 1920~50년대 노동자 계급의 주거 환경을 개선하기 위해 덴마크에 설립된 주택협동조합으로, 덴마크에서는 협동조합형 주택이 전체 주택에서 많은 비중을 차지함 • **FC 바르셀로나**: 스페인의 명문 축구 클럽으로, 축구 팬들이 출자하여 설립한 협동조합임 • **썬키스트**: 미국의 오렌지 농민들과 협동조합인의 독과점 횡포에 대응하기 위해 출범한 판매협동조합 연합회로, 출하량에 비례하여 의결권을 차등 배분하는 비례투표제를 채택하고 있음 • **미그로스**: 생필품의 유통마진을 줄여 저렴한 가격으로 판매하는 스위스의 소비자 협동조합 • **AP통신**: 미국의 언론사들이 조합원이 되어 설립한 협동조합으로, 과거 뉴욕의 신문사들이 입항하는 선박으로부터 유럽의 뉴스를 공동취재하기 위해 설립한 항구조합이 기원이 됨 • **몬드라곤 협동조합**: 스페인에 있는 세계 최대의 노동자 협동조합으로, 제조, 은행, 교육 유통 등 다양한 분야에 진출하여 있으며 정부 지원 없이 성장한 협동조합으로 유명함

148 □ 협동조합 7대 원칙	ICA(국제협동조합연맹)가 1995년 100주년 총회에서 발표한 협동조합 정체성에 대한 선언 `기출` · 자발적이고 개방적인 협동조합 · 조합원에 의한 민주적 관리 · 조합원의 경제적 참여 · 자율과 독립 · 교육, 훈련 및 정보 제공 · 협동조합 간의 협동 · 지역사회에 대한 기여
149 □ 농협	농업생활력의 증진과 농민의 지위 향상을 위해 설립된 협동조합
150 □ 농협의 미션 및 비전	· **미션**: 농업인의 경제적·사회적·문화적 지위를 향상시키고 농업의 경쟁력 강화를 통하여 농업인의 삶의 질을 높이며, 국민 경제의 균형 있는 발전에 이바지함(농협법 제1조) · **비전**: 농업이 대우받고 농촌이 희망하며 농업인이 존경받는 함께하는 100년 농협 `기출` · **NH농협은행의 비전**: 사랑받는 은행, 일등 은행, 민족 은행
151 □ 농협의 5대 핵심가치	농협의 비전 실현을 위한 핵심가치 `기출` · 농업인과 소비자가 함께 웃는 유통 대변화 · 미래 성장동력을 창출하는 디지털 혁신 · 경쟁력 있는 농업, 잘사는 농업인 · 지역과 함께 만드는 살고 싶은 농촌 · 정체성이 살아 있는 든든한 농협
152 □ 농협의 인재상	· **농협의 인재상**: 시너지 창출가, 행복의 파트너, 최고의 전문가, 정직과 도덕성을 갖춘 인재, 진취적 도전가 · **NH농협은행의 인재상**: 최고의 금융전문가, 소통하고 협력하는 사람, 사회적 책임을 실천하는 사람, 변화를 선도하는 사람, 고객을 먼저 생각하는 사람
153 □ NH Wave	농협의 새로운 커뮤니케이션 브랜드인 NH 이미지를 보조하는 그래픽 모티브로, 인간과 자연을 위한 새로운 물결을 나타내며 상생, 화합, 조화와 변화, 새로운 바람을 상징함
154 □ 농협이 하는 일	· **교육지원 부문**: 농·축협 육성·발전지도·영농 및 회원 육성·지도, 농업인 복지 증진, 농촌사랑·또 하나의 마을 만들기 운동, 농정 활동 및 교육사업·사회공헌 및 국제 협력 활동 동 · **경제 부문**: 농업경제사업(영농자재공급, 산지유통혁신, 도매사업, 소비지유통 활성화, 안전한 농식품 공급 및 판매), 축산경제사업(축산물 생산, 도축, 가공, 유통, 판매 사업, 축산 지도, 지원 및 개량 사업, 축산 기자재 공급 및 판매) · **금융 부문**: 상호금융사업(농촌지역 농업금융 서비스 및 조합원 편익 제공, 서민금융 활성화), 농협금융지주(종합금융그룹)

155 □ **농협의 주요 연혁**	농협은 농업인의 자주적인 협동조직을 바탕으로 농업인의 삶의 질을 높이고, 국민경제의 균형 있는 발전에 이바지함을 목적으로 설립되어, 한국 농협과 국민경제의 균형 있는 발전에 이바지해왔음 `기출` · **1961년**: 종합농협으로 출범 · **1963년**: ICA 준회원으로 가입, 이후 1972년 정회원으로 승격됨 · **2000년**: 농업협동조합중앙회, 축산업협동조합중앙회 및 인삼업협동조합중앙회로 분산되어 있던 중앙조직을 통합하여 일원화하는 통합 농협중앙회 체제 구축 · **2011년**: 농협법 개정을 통해 경제사업과 신용사업 체제를 전문화시켜 지역 농축협과 농업인들의 실질적인 권익을 향상시킬 수 있는 역량을 강화 · **2012년**: 농협법 개정 및 농산물 유통 체계 혁신과 금융경쟁력 강화를 위한 사업 분할을 통해 수평적 조직으로 재편 · **2019년**: ICAO(국제협동조합농업기구) 서울총회 개최 · **2020년**: 비전 2025 "함께하는 100년 농협" 선포
156 □ **한국의 농업·농촌 운동**	농협은 시대변화에 부응한 농업·농촌 운동을 전개하고 있음 · **새농민 운동**: 1965년부터 현재까지 진행되고 있는 농협의 농업·농촌 운동으로, 농민 스스로 농촌사랑의 선구자 역할을 할 수 있도록 도우며, 새농민 운동 정신을 잘 실천하는 농업인을 대상으로 새농민상을 시상하고 있음 · **신토불이 운동**: 1989년부터 현재까지 진행되고 있는 농협의 농업·농촌 운동으로, 우리 농산물 애용에 대한 국민적 관심을 촉발하고 있음 · **농도불이 운동**: 1996년부터 2020년까지 진행된 농협의 농업·농촌 운동으로, 농촌과 도시의 상생을 도모하며 농산물 직거래 사업을 추진하였음 · **농촌사랑 운동**: 2003년부터 현재까지 진행되고 있는 농협의 농업·농촌 운동으로, 농촌을 가꾸어 국민의 건강을 지킴으로써 농업인과 도시민 모든 사람의 질을 높이고 있음 · **식사랑농사랑 운동**: 2011년부터 2015년까지 진행된 농협의 농업·농촌 운동으로, 바른 식생활 문화를 전파하고 농산물 소비를 촉진하였음 · **또 하나의 마을 만들기**: 2016년부터 현재까지 진행되고 있는 농협의 농업·농촌 운동으로, 명예이장 위촉 등 도농 교류 활성화, 농업의 공익적 가치 확산, 깨끗하고 아름다운 농촌마을 가꾸기 등을 전개해 나가고 있음 · **국민과 함께하는 도농상생활성화**: 2020년부터 진행되고 있는 농협의 농업·농촌 운동으로, 농촌 봉사활동을 전개해 나가고 있음
157 □ **지력 증진**	작물의 생장에 영향을 미치는 종합적인 토양의 성질인 지력(地力)을 높이는 일로, 토양 개량재 사용, 화학 비료 사용, 객토, 깊이갈이 등이 있음 `기출`

158 ☐ 정밀농업	각종 정보통신기술을 이용하여 농업의 효율을 향상시키는 방식으로, 적정 수준의 수확량과 품질을 유지함과 동시에 비료 등의 투입 자원을 최소화할 수 있어 환경적으로도 안정적인 생산체계를 만들 수 있을 것으로 기대되고 있으며, 정밀 농업은 대상물의 위치를 결정하는 위치정보시스템, 생육 상태나 토양 특성 등을 측정하는 센싱시스템, 센싱시스템으로 수집된 정보를 기반으로 위치 정보를 만드는 지도화 시스템, 농업 자제의 투입을 조절하는 제어 시스템을 필요로 함 기출
159 ☐ 농업진흥지역	농지를 효율적으로 이용하고 보전하기 위하여 지정된 지역으로, 농업진흥구역과 농업보호구역으로 구분됨 · **농업진흥구역**: 농업의 진흥을 도모하여야 하는 지역으로서 농림축산식품부장관이 정하는 규모로 농지가 집단화되어 농업 목적으로 이용할 필요가 있는 지역 · **농업보호구역**: 농업진흥구역의 용수원(用水源) 확보, 수질 보전 등 농업 환경을 보호하기 위하여 필요한 지역
160 ☐ 농작물재해보험	농가의 경영불안을 해소하고 소득안정을 기하기 위해 시행하는 제도로, 태풍 및 우박 등 자연재해로 인해 발생하는 농작물의 피해를 적정하게 보전해주는 내용을 골자로 함
161 ☐ 친환경농산물인증 제도	합성농약, 화학비료 및 항생·항균제 등 화학자재를 사용하지 않거나 사용을 최소화하고 농업·축산업·임업 부산물의 재활용 등을 통하여 농업생태계와 환경을 유지 보전하면서 생산된 농산물(축산물 포함)을 의미함 기출 · **유기농산물**: 유기합성농약과 화학비료를 사용하지 않고 재배한 농산물 · **무농약농산물**: 유기합성농약은 사용하지 않고 화학비료는 권장시비량의 1/3이하를 사용하여 재배한 농산물
162 ☐ 법정가축전염병	수의 가축의 전염병 발생과 전파를 막기 위하여 법률로 정한 가축 전염병을 통틀어 이르는 말로, 피해 정도에 따라 제1종, 제2종, 제3종으로 구분되며 제1종에는 구제역, 돼지열병(돼지콜레라 포함), 고병원성 조류인플루엔자 등이 해당되며, 제2종에는 가금 콜레라, 광견병 등이, 제3종에는 저병원성 조류인플루엔자 등이 포함됨

해커스
농협은행 6급
NCS+직무상식
기출동형모의고사

개정 4판 2쇄 발행 2024년 10월 21일
개정 4판 1쇄 발행 2024년 1월 2일

지은이	해커스 NCS 취업교육연구소
펴낸곳	㈜챔프스터디
펴낸이	챔프스터디 출판팀

주소	서울특별시 서초구 강남대로61길 23 ㈜챔프스터디
고객센터	02-537-5000
교재 관련 문의	publishing@hackers.com
	해커스공기업 사이트(public.Hackers.com) 교재 Q&A 게시판
학원 강의 및 동영상강의	public.Hackers.com

ISBN	978-89-6965-432-8 (13320)
Serial Number	04-02-01

공기업 취업의 모든 것,

해커스공기업 public.Hackers.com

해커스공기업

· 시험 당일과 동일하게 연습할 수 있는 **농협은행 인·적성검사 모의테스트(PDF)**
· 내 점수와 석차를 확인하는 **무료 바로 채점 및 성적 분석 서비스**
· 공기업 전문 스타강사의 **본 교재 인강**(교재 내 할인쿠폰 수록)
· **농협은행 온라인 모의고사 & 전 회차 온라인 응시 서비스**(교재 내 응시권 수록)

토익 교재 시리즈

유형+문제

~450점 왕기초	450~550점 입문	550~650점 기본	650~750점 중급	750~900점 이상 정규

현재 점수에 맞는 교재를 선택하세요! ◀┅┅▶ : 교재별 학습 가능 점수대

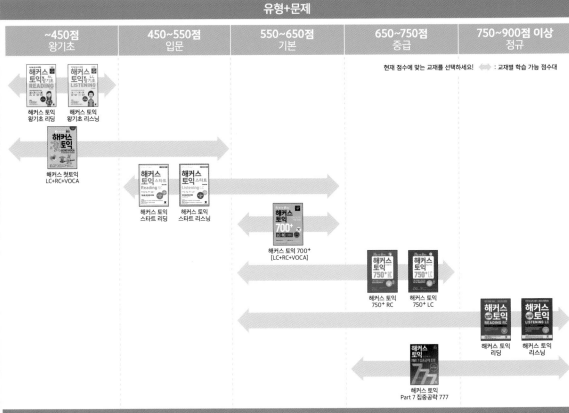

해커스 토익
왕기초 리딩

해커스 토익
왕기초 리스닝

해커스 첫토익
LC+RC+VOCA

해커스
토익 스타트
리딩

해커스
토익 스타트
리스닝

해커스 토익 700+
[LC+RC+VOCA]

해커스 토익
750+ RC

해커스 토익
750+ LC

해커스 토익
리딩

해커스 토익
리스닝

해커스 토익
Part 7 집중공략 777

실전모의고사

해커스 토익
실전 LC+RC

해커스 토익
실전 1200제 리딩

해커스 토익
실전 1200제 리스닝

해커스 토익
실전 1000제 1 리딩/리스닝
(문제집 + 해설집)

해커스 토익
실전 1000제 2 리딩/리스닝
(문제집 + 해설집)

해커스 토익
실전 1000제 3 리딩/리스닝
(문제집 + 해설집)

보카 / 문법·독해

해커스 토익
기출 보카

그래머
게이트웨이
베이직

그래머
게이트웨이
베이직
Light Version

그래머
게이트웨이
인터미디엇

해커스
그래머 스타트

해커스
구문독해 100

토익스피킹 교재 시리즈

해커스 토익스피킹
스타트

만능 템플릿과 위기탈출 표현으로
해커스 토익스피킹
5일 완성

해커스 토익스피킹

해커스 토익스피킹
실전모의고사 15회

오픽 교재 시리즈

해커스 오픽 스타트
[Intermediate 공략]

서베이부터 실전까지
해커스 오픽 매뉴얼

해커스 오픽
[Advanced 공략]

해커스

농협은행 6급
NCS+직무상식
기출동형모의고사

약점 보완 해설집

해커스

농협은행 6급
NCS+직무상식
기출동형모의고사

약점 보완 해설집

해커스공기업

정답

p.26

01	②	직무상식	금융·경제상식	31	①	직무능력	의사소통능력	61	⑤	직무능력	의사소통능력
02	④	직무상식	디지털상식	32	①	직무능력	수리능력	62	②	직무능력	정보능력
03	②	직무상식	금융·경제상식	33	①	직무능력	수리능력	63	③	직무능력	문제해결능력
04	②	직무상식	금융·경제상식	34	④	직무능력	문제해결능력	64	⑤	직무능력	수리능력
05	⑤	직무상식	디지털상식	35	②	직무능력	문제해결능력	65	③	직무능력	수리능력
06	①	직무상식	농업·농촌상식	36	③	직무능력	문제해결능력	66	④	직무능력	의사소통능력
07	②	직무상식	금융·경제상식	37	④	직무능력	정보능력	67	⑤	직무능력	정보능력
08	②	직무상식	금융·경제상식	38	②	직무능력	의사소통능력	68	②	직무능력	수리능력
09	③	직무상식	금융·경제상식	39	③	직무능력	수리능력	69	③	직무능력	문제해결능력
10	③	직무상식	금융·경제상식	40	④	직무능력	수리능력	70	④	직무능력	문제해결능력
11	②	직무상식	디지털상식	41	④	직무능력	문제해결능력				
12	④	직무상식	금융·경제상식	42	④	직무능력	수리능력				
13	③	직무상식	금융·경제상식	43	⑤	직무능력	문제해결능력				
14	③	직무상식	금융·경제상식	44	④	직무능력	수리능력				
15	①	직무상식	농업·농촌상식	45	④	직무능력	수리능력				
16	③	직무상식	금융·경제상식	46	④	직무능력	문제해결능력				
17	①	직무상식	금융·경제상식	47	②	직무능력	정보능력				
18	③	직무상식	디지털상식	48	②	직무능력	의사소통능력				
19	④	직무상식	금융·경제상식	49	③	직무능력	정보능력				
20	②	직무상식	금융·경제상식	50	②	직무능력	수리능력				
21	⑤	직무상식	금융·경제상식	51	⑤	직무능력	문제해결능력				
22	⑤	직무상식	농업·농촌상식	52	④	직무능력	수리능력				
23	①	직무상식	금융·경제상식	53	③	직무능력	수리능력				
24	④	직무상식	농업·농촌상식	54	②	직무능력	정보능력				
25	②	직무상식	금융·경제상식	55	①	직무능력	의사소통능력				
26	③	직무상식	디지털상식	56	②	직무능력	정보능력				
27	②	직무상식	금융·경제상식	57	①	직무능력	문제해결능력				
28	②	직무상식	금융·경제상식	58	④	직무능력	수리능력				
29	②	직무상식	금융·경제상식	59	①	직무능력	문제해결능력				
30	③	직무상식	농업·농촌상식	60	③	직무능력	문제해결능력				

실력 점검표

제한 시간 내에 푼 문제 수	맞힌 문제 수	정답률
/70	/70	%

※ 정답률(%) = (맞힌 개수/전체 개수) × 100

해설

01 직무상식 – 금융·경제상식   정답 ②

위험회피자의 위험회피 정도에 따라 무차별곡선의 기울기는 달라지며 위험회피 성향이 클수록 무차별곡선의 기울기는 더 가파른 형태를 가지므로 적절하지 않은 설명이다.

02 직무상식 – 디지털상식   정답 ④

탐색적 데이터 분석을 통해 데이터에 숨겨진 패턴이나 그룹을 찾아 의미 있는 서브 그룹 또는 클러스터로 나누는 기법인 군집화는 비지도 학습 모델의 기법이므로 적절하지 않다.

오답 체크

① 강화 학습 모델의 피드백은 정답 레이블이나 값이 아닌, 선택 가능한 행동들 중 최대 보상치를 얻을 수 있는 행동을 측정한 값이므로 적절하다.
② 지도 학습 모델은 입력 데이터와 이에 대응하는 출력 데이터 쌍으로 구성되어 있으며 출력 레이블을 원하는 값으로 지정할 수 있으므로 적절하다.
③ 지도 학습 모델의 이진 분류 기법은 이메일이 정상 이메일인지, 스팸 이메일인지 감지하기 위해 레이블을 0과 1로 구분하여 사용하는 머신 러닝 기법이므로 적절하다.
⑤ 안면 인식, 유전자 서열 분석, 시장 조사, 사이버 보안 등에 사용되는 대표적인 머신 러닝의 학습 모델은 비지도 학습 모델이므로 적절하다.

03 직무상식 – 금융·경제상식   정답 ②

제시된 설명은 수지상등의 원칙에 대한 설명이다.

04 직무상식 – 금융·경제상식   정답 ②

확장적 통화정책하에서 경상수지는 증가하므로 적절하지 않다.

05 직무상식 – 디지털상식   정답 ⑤

제시된 글은 '네그웨어(Negware)'에 대한 설명이다.

06 직무상식 – 농업·농촌상식   정답 ①

합성농약을 사용하지 않고, 화학비료를 권장 시비량의 1/3 이내로 사용하면 무농약농산물 인증을 받을 수 있으므로 적절하지 않은 설명이다.

07 직무상식 – 금융·경제상식   정답 ②

빈칸에 들어갈 말로 적절한 것은 '분수'이다.

08 직무상식 – 금융·경제상식   정답 ②

국제 수지는 경상 수지와 자본 수지 계정으로 구성되어 있으며, 경상 수지는 다시 상품 수지, 서비스 수지, 소득 수지, 경상 이전 수지로 세분화되므로 국제 수지의 계정이 다른 것은 자본 수지이다.

09 직무상식 – 금융·경제상식   정답 ③

제시된 지문은 세계적인 기상 이변으로 인해 X 재의 생산 요소인 Y 재의 가격이 급등하고 있다는 내용이다.
따라서 Y 재의 가격 급등으로 인해 X 재의 생산비가 증가하여 X 재의 공급이 감소할 것이므로 공급 감소를 나타내고 있는 그래프인 ③이 적절하다.

오답 체크

①은 수요 증가, ②는 수요 감소, ④는 공급 증가, ⑤는 수요와 공급 증가를 나타내는 그래프이다.

🔍 더 알아보기

· **공급의 변동**: 해당 재화의 가격 이외의 요인에 변동이 발생하여 공급곡선 자체가 이동하는 것으로, 공급 감소 시 공급곡선은 좌측으로 이동하고 공급 증가 시 공급곡선은 우측으로 이동함
· **공급 변동의 요인**: 생산 요소 가격의 변화, 생산 기술의 변화, 판매자의 수 변화, 미래에 대한 기대 변화 등

10 직무상식 – 금융·경제상식   정답 ②

ISA 계좌에서 발생한 순수익 중 200만 원까지는 비과세이며, 초과금액에 대해서는 9%의 저율과세를 적용받는다.

11 직무상식 – 디지털상식   정답 ②

첫 번째는 클라우드 컴퓨팅(Cloud Computing), 두 번째는 마이데이터(My Data), 세 번째는 딥러닝(Deep Learning)에 대한 설명이다.

12 직무상식 - 금융·경제상식   정답 ④

교역조건은 두 나라 모두 교역을 통해 이익을 볼 수 있는 수출품과 수입품 간의 교환 비율로, 수출국의 기회비용과 수입국의 기회비용 사이에서 결정된다. 따라서 비교우위에 따라 특화하여 교역한다고 가정하였을 때, 책상 1개의 교역조건은 갑국 책상 생산의 기회비용인 의자 $5/2 = 2.5$개을 을국 책상 생산의 기회비용인 의자 $9/3 = 3$개 사이에서 결정되므로 적절하지 않은 설명이다.

오답 체크

① 의자 1개를 생산하는 데 갑국은 2시간, 을국은 3시간이 소요되므로 시간이 적게 드는 갑국이 의자 생산에 절대우위를 가진다.
② 갑국이 의자 1개를 생산하기 위해 드는 기회비용은 책상 $2/5 = 0.4$개이다.
③ 자유무역을 할 때는 비교우위에 있는 재화, 즉 다른 생산자보다 더 적은 기회비용으로 생산할 수 있는 재화를 특화하여 교역하는 것이 유리하므로 갑국은 책상, 을국은 의자를 특화하여 수출하는 것이 유리하다.
⑤ 을국은 의자 생산에 비교우위를 가지며, 의자 1개를 생산하는 데 3시간이 소요되므로 24시간 동안 의자 8개를 생산할 수 있다.

13 직무상식 - 금융·경제상식   정답 ③

기업 공개는 기업의 소유권인 주식이 시장에서는 매매 대상이 되는 만큼 경영권 분산의 위험이 존재한다는 단점이 있으므로 적절하지 않은 설명이다.

14 직무상식 - 금융·경제상식   정답 ④

한국은행의 금융정책은 통화량 조절을 통해 물가를 안정적으로 관리하는 데에 집중하기 때문에 경제 성장을 추구하는 정부의 재정정책과 종종 충돌을 빚으므로 적절하지 않은 설명이다.

15 직무상식 - 농업·농촌상식   정답 ①

농업진흥지역은 농지법에 따라 시·도지사가 지정 및 고시하는 지역을 의미하므로 적절하지 않은 설명이다.

16 직무상식 - 금융·경제상식   정답 ③

유통시장을 통해 매각하여 현금화 할 수는 있으나, 증서 만기 전에는 중도해지가 불가능하므로 적절하지 않은 설명이다.

17 직무상식 - 금융·경제상식   정답 ①

불 스프레드는 기초자산의 가격이 상승할 경우 이익, 하락할 경우 손실이 발생하는 구조이므로 가장 적절하지 않다.

오답 체크

② 콜옵션 매도에서는 기초자산의 가격이 하락하면 콜옵션 매수자가 옵션을 행사하지 않으므로, 콜옵션 매도자가 프리미엄만큼 이익을 보게 된다.
③ 풋옵션 매수는 기초자산의 가격이 행사가격 이하로 하락하면 옵션을 행사하여 이익을 보는 구조이다.
④ 스트래들 매수는 기초자산 가격이 크게 상승하거나 하락하는 경우 이익을 보게 되고, 횡보하는 경우 손실을 보는 구조이다.
⑤ 스트랭글 매수는 기초자산 가격이 크게 상승하거나 하락하는 경우 이익을 보게 되고, 횡보하는 경우 손실을 보는 구조이다.

18 직무상식 - 디지털상식   정답 ③

제시된 내용은 '블루투스'에 대한 설명이다.

오답 체크

① 테더링(Tethering): 인터넷 사용이 가능 한 기기와 다른 외부 기기를 연결하여 인터넷을 공유하는 방법
② 와이브로(WiBro): 이동 중에도 무선으로 인터넷을 사용할 수 있는 초고속 휴대용 인터넷
④ 와이파이(Wi-Fi): 무선 접속 장치가 설치된 곳에서 전파나 적외선 전송 방식을 이용하여 일정 거리 안에서만 무선 인터넷을 사용할 수 있는 기술
⑤ LTE: 기존의 3세대 이동 통신 방식을 개선하고 향상한 4G 이동 통신 기술로, 정지 상태에서 1Gbps, 60km 이상의 속도로 고속 이동 시에는 100Mbps 이상의 속도를 제공함

19 직무상식 – 금융·경제상식 　　정답 ④

만기 시 원금교환에 적용되는 환율은 초기 거래 계약 시점에 적용하였던 현물환율이므로 적절하지 않은 설명이다.

20 직무상식 – 금융·경제상식 　　정답 ②

마이클 포터의 산업구조분석에 의한 5가지 경쟁요인은 진입장벽, 대체재의 위협, 공급자의 교섭력, 구매자의 교섭력, 산업 내 경쟁 정도가 해당한다.

21 직무상식 – 금융·경제상식 　　정답 ⑤

제시된 글은 '펌 뱅킹(Firm banking)'에 대한 설명이다.

22 직무상식 – 농업·농촌상식 　　정답 ⑤

광견병은 제2종 가축전염병에 해당한다.

23 직무상식 – 금융·경제상식 　　정답 ①

만기가 많이 남은 경우 미래에 가격이 어떻게 변화할지 불확실하기 때문에 만기가 짧은 옵션보다 잔존 기간이 긴 옵션의 프리미엄이 더 높으므로 적절하지 않은 설명이다.

🔍 **더 알아보기**

- **옵션**: 거래 당사자 간에 미리 정한 가격으로 특정 시점에 일정 자산을 사거나 팔 수 있는 권리로, 살 수 있는 권리를 콜옵션, 팔 수 있는 권리를 풋옵션이라고 함
- **쿼드러플 위칭데이(Quadruple witching day)**: 주가지수의 선물과 옵션, 개별주식의 선물과 옵션 등 네 가지 파생상품의 만기가 겹치는 3월, 6월, 9월, 12월의 두 번째 목요일을 가리키는 말로, 4명의 마녀가 빗자루를 타고 돌아다니는 것처럼 혼란스러워 주식시장에 어떤 변화가 일어날지 예측할 수 없는 상황

24 직무상식 – 농업·농촌상식 　　정답 ④

밀과 보리는 농작물재해보험 대상 품목에 해당하지만 병해충 보장 범위에서는 제외되므로 적절하지 않은 설명이다.

25 직무상식 – 금융·경제상식 　　정답 ②

첫 번째는 쇠고기에 대한 수요 증가, 두 번째는 쇠고기 공급 감소와 관련 있는 상황이다.

---

② 수요가 증가하고 공급이 감소하면, 균형가격은 올라가고 균형거래량은 불명확하므로 가장 적절하다.

🔍 **더 알아보기**

수요·공급 변화에 따른 가격과 거래량 변동

구분	공급불변	공급 증가	공급 감소
수요 불변	가격 불변	가격 하락	가격 상승
	거래량 불변	거래량 증가	거래량 감소
수요 증가	가격 상승	가격 불분명	가격 상승
	거래량 증가	거래량 증가	거래량 불분명
수요 감소	가격 하락	가격 하락	가격 불분명
	거래량 감소	거래량 불분명	거래량 감소

26 직무상식 – 디지털상식 　　정답 ③

제시된 내용은 '유비쿼터스'에 대한 설명이다.

오답 체크

① 증강현실(AR, Augmented Reality): 사람들이 눈으로 보는 현실 세계에 가상의 물체를 겹쳐서 보여주는 기술
② 스마트워크(Smart work): 정보통신기술을 이용하여 시간과 장소의 제약 없이 언제 어디서나 업무를 효율적으로 수행하는 근무형태
④ 텔레매틱스(Telematics): 원격통신과 정보과학이 결합된 용어로 통신과 방송망을 이용한 차량 무선 인터넷서비스
⑤ 가상현실(VR, Virtual Reality): 각종 IT기술을 활용하여 현실과 가상 체계의 차이를 극복할 수 있도록 하는 기술

27 직무상식 – 금융·경제상식 　　정답 ②

수익권 담보대출의 담보인정비율은 예·적금 담보인정비율에 비해 낮은 수준이므로 적절하지 않은 설명이다.

28 직무상식 – 금융·경제상식 　　정답 ②

선도계약의 특징으로 적절한 것은 ⓒ, ⓒ, ⓑ으로 총 3개이다.

오답 체크

㉠, ㉣, ㉺은 선물계약의 특징이다.

29 직무상식 – 금융·경제상식 　　정답 ②

인플레이션을 완화시키기 위한 정책으로 적절한 것은 '㉠, ㉣, ㉺, ◎'이다.

30 직무상식 – 농업·농촌상식　　정답 ③

농업협동조합법 제26조에 따라 조합원은 출자액의 많고 적음에 관계없이 평등한 의결권 및 선거권을 가지므로 적절하지 않은 설명이다.

31 직무능력 – 의사소통능력　　정답 ①

염화불화탄소가 자외선을 흡수하면 반응성이 큰 염소를 분리하는데 이 과정에서 결합력이 약한 오존을 파괴하게 된다고 하였으므로 자외선을 흡수한 염화불화탄소가 반응성이 작은 염소와의 결합 과정에서 오존을 파괴하는 것은 아님을 알 수 있다.

오답 체크

② 공기 중에 존재하는 모든 오존의 양에서 약 10%는 대류권에, 90%는 성층권에 포함되어 있다고 하였으므로 적절한 내용이다.

③ 칠레의 푼타아레나스에서는 오존층의 두께가 얇아지는 여름에 백내장에 걸리는 어린이 환자와 피부암 환자의 수가 빠르게 증가하는 것으로 알려졌다고 하였으므로 적절한 내용이다.

④ 염화불화탄소가 성층권까지 올라가면 최대 100년까지 머무를 수 있으며 오존을 파괴한 염소는 일회성에 그치지 않고 반복 반응하여 염소 분자 하나가 약 10만 개의 오존을 파괴한다고 하였으므로 적절한 내용이다.

⑤ 프레온가스는 염소, 불소, 탄소 세 가지의 원소로 구성된 염화불화탄소로, 화학적으로 매우 안정적이며 독성이 없고 불에 타지 않아서 이상적인 물질로 여겨졌다고 하였으므로 적절한 내용이다.

32 직무능력 – 수리능력　　정답 ①

소금의 양 = 소금물의 양 × $\frac{\text{소금물의 농도}}{100}$ 임을 적용하여 구한다.

처음 컵에 들어있는 소금물의 농도를 x라고 하면

컵에 들어있는 소금의 양은 $200 \times \frac{x}{100} = 2x$이고, 15%인 소금물 20g에 들어있는 소금의 양은 $20 \times \frac{15}{100} = 3g$이므로 전체 소금의 양은 $2x + 3$이다.

또한, 200g의 소금물이 들어있는 컵에 20g의 소금물을 부었을 때 소금물의 양은 $200 + 20 = 220g$이고, 농도는 5%이므로 소금의 양은 $220 \times \frac{5}{100} = 11g$이다.

$2x + 3 = 11 \rightarrow x = 4$

따라서 처음 컵에 들어있던 소금물의 농도는 4%이다.

33 직무능력 – 수리능력　　정답 ①

땅의 테두리에 일정한 간격으로 심는 최소 나무의 수는 245와 210의 최대공약수임을 알 수 있다. $245 = 5 \times 7^2$와 $210 = 2 \times 3 \times 5 \times 7$의 최대공약수는 $5 \times 7 = 35$이므로 35m 간격마다 나무를 심어야 한다.

따라서 땅의 테두리는 $(245 \times 2) + (210 \times 2) = 910m$이므로 필요한 나무는 $\frac{910}{35} = 26$그루이다.

34 직무능력 – 문제해결능력　　정답 ④

ⓛ 소비자가 로컬푸드 직매장을 이용하면 일반매장에서 사는 것보다 더 낮은 가격에 농축산물을 구매한다. 이에 따라 생산자와 소비자가 로컬푸드 직매장을 이용하면 일반매장에서보다 낮은 가격으로 농축산물이 거래되므로 항상 옳은 설명이다.

ⓔ 농축산물 유통 구조를 개선하기 위한 방안 중 하나는 직거래 활성화이고, 농축산물 유통 구조가 개선되면 농축산물 유통 비용이 낮아지므로 직거래가 활성화되면 농축산물 유통 비용은 낮아진다. 이에 따라 농축산물 유통 비용이 낮아지지 않으면 직거래는 활성화되지 않으므로 항상 옳은 설명이다.

오답 체크

ⓒ 농축산물 유통 구조가 개선되면 농축산물 유통 비용은 낮아지지만 농축산물 유통 구조가 개선되지 않으면 농축산물 유통 비용이 낮아질 수 없는지는 알 수 없다.

ⓓ 생산자가 로컬푸드 직매장을 이용하여 농축산물 중간 유통 단계가 적어지면 농가 실질 소득이 높아지지만 농축산물 중간 유통 단계가 많아지면 농가 실질 소득이 높아지는지는 알 수 없다.

35 직무능력 – 문제해결능력　　정답 ②

제시된 조건에 따르면 F 과장은 평소 출근 시간인 8시 42분보다 26분 일찍 출근하여 8시 16분에 출근하였고, C 주임은 F 과장보다 8분 늦게 출근하였으므로 8시 24분에 출근하였다. 또한, A 사원은 C 주임보다 13분 일찍 왔으므로 8시 11분에 출근하였고, B 주임은 주간회의에 혼자 지각하였으므로 가장 마지막으로 출근하였음을 알 수 있다. D 대리와 E 대리 사이에는 3명의 직원이 출근하였으므로 기획본부 사무실 직원들의 월요일 출근 순서는 'D 대리 또는 E 대리 – A 사원 – F 과장 – C 주임 – D 대리 또는 E 대리 – B 주임'이다.

따라서 네 번째로 출근한 직원은 C 주임이다.

36 직무능력 – 문제해결능력   정답 ③

제시된 조건에 따르면 B는 재무부 또는 생산부로 발령받았으며, C와 E는 기획부로 발령받지 않았으므로 A 또는 D가 기획부로 발령받았다. 이때, A 또는 D는 인사부로 발령받았으므로 A와 D는 각각 기획부 또는 인사부로 발령받았다. 또한, E는 법무부로 발령받지 않았으므로 5명이 발령받은 부서는 다음과 같다.

A	B	C	D	E
기획부 또는 인사부	재무부 또는 생산부	법무부	기획부 또는 인사부	재무부 또는 생산부

따라서 법무부로 발령받은 신입사원은 C이다.

37 직무능력 – 정보능력   정답 ④

<수정> 데이터는 점수가 높은 사람부터 낮은 사람 순으로 정렬되어 있으므로 '점수'와 '내림차순'이 적절하다.

38 직무능력 – 의사소통능력   정답 ②

4문단에서 원·달러 환율이 1,000원일 때 빅맥의 달러 표시 가격이 3달러, 원화 표시 가격이 2,600원이라면 달러 표시 가격은 원화로 3,000원이기 때문에 원화의 가치가 저평가된 것이라고 하였으므로 원·달러 환율이 900원일 때 미국에서 5달러에 판매되는 제품이 한국에서 4,000원에 판매될 경우 달러 표시 가격은 원화로 4,500원이 되어 원화의 가치가 저평가되었기 때문에 원화의 가치가 고평가된 것은 아님을 알 수 있다.

[오답 체크]
① 3문단에서 빅맥 지수는 각국의 맥도날드 빅맥 햄버거의 현지 통화 가격을 달러로 환산한 가격으로, 각국의 통화 가치가 적절한 수준으로 결정되었는지 확인할 수 있는 지표를 의미한다고 하였으므로 적절한 내용이다.
③ 1문단에서 일물일가 법칙이 성립한다면 외국 화폐 단위로 표시된 가격과 국내 화폐 단위로 표시된 가격을 비교하여 환율을 계산할 수 있다고 하였으므로 적절한 내용이다.
④ 2문단에서 원화의 가치가 고평가될 경우 제품을 수출입하는 사람은 원화를 달러로 환전하여 제품을 구매한 후 이를 원화로 되파는 전략을 통해 영업 이익을 극대화할 수 있다고 하였으므로 적절한 내용이다.
⑤ 2문단에서 구매력 평가설에 따르면 환율은 양국 통화의 구매력 비율을 기준으로 삼아 산정된다고 하였으므로 적절한 내용이다.

39 직무능력 – 수리능력   정답 ③

단리식 이자 = 매월 납입액 × $\frac{\text{운용 개월 수} \times (\text{운용 개월 수} + 1)}{2}$ × $\frac{\text{연이율}}{12}$임을 적용하여 구한다.

A 고객은 5년째 농협과 거래 중이고 전월 급여이체실적이 150만 원이므로 농협 3년 이상 거래 고객, 급여이체실적(전월 50만 원 이상) 조건을 만족하여 기본 금리 2.2%에 우대 금리 0.2%가 적용되므로 총 2.2 + 0.2 = 2.4%의 연이율이 적용된다.

A 고객은 6개월 동안 매월 100만 원씩 적립하므로 2020년 7월 만기일에 납입 원금은 1,000,000 × 6 = 6,000,000원이고, 이자는 1,000,000 × $\frac{6 \times (6+1)}{2}$ × $\frac{0.024}{12}$ = 42,000원이다.

따라서 2020년 7월 A 고객의 만기 지급액은 6,000,000 + 42,000 = 6,042,000원이다.

40 직무능력 – 수리능력   정답 ④

전체 축산 귀농 가구 수는 A 지역이 4 + 38 + 9 + 41 + 29 + 45 + 31 = 197가구, B 지역이 49 + 45 + 25 + 15 + 39 + 35 + 46 = 254가구, C 지역이 48 + 11 + 43 + 36 + 29 + 34 + 50 = 251가구, D 지역이 18 + 37 + 42 + 42 + 25 + 28 + 36 = 228가구, E 지역이 18 + 18 + 46 + 19 + 7 + 12 + 44 = 164가구로 B 지역이 가장 많고, E 지역이 가장 적다.

따라서 B 지역과 E 지역의 전체 축산 귀농 가구 수 차이는 254 - 164 = 90가구이다.

41 직무능력 – 문제해결능력   정답 ④

호성이가 10만 원의 상품권을 구매할 경우 상품권 구매 금액은 할인 대상에서 제외되므로 적절하지 않은 내용이다.

[오답 체크]
① 호성이가 이용하는 K 통신사의 요금을 자동이체로 납부할 경우 75,000 × 0.012 = 900원이 할인되므로 적절한 내용이다.
② 호성이가 9만 원의 신발을 무이자로 구매할 경우 무이자 할부 이용 금액은 할인 대상에서 제외되므로 적절한 내용이다.
③ 호성이의 전월 실적은 55만 원으로, 전월 실적에 따른 회원 등급 중 40만 원 이상 70만 원 미만인 로얄 등급에 해당하므로 적절한 내용이다.
⑤ N 카드는 할인 한도가 없어 호성이가 N 마트에서 쇼핑할 경우 이용 금액에 상관없이 할인 혜택을 받을 수 있으므로 적절한 내용이다.

42 직무능력 - 수리능력 　　　　　정답 ④

J 씨는 대출 금리가 연 6%인 직장인 우대 대출 상품을 2년 만기 일시상환 조건으로 8,000만 원을 대출받았으므로 2년 동안 상환한 이자는 80,000,000 × 0.06 × 2 = 9,600,000원이다. 이때, 대출 금액이 5천만 원 초과 1억 원 이하이므로 수수료로 인지세액 7만 원의 50%인 35,000원을 납부해야 한다.

따라서 J 씨가 2년 동안 상환한 총금액은 80,000,000 + 9,600,000 + 35,000 = 89,635,000원이다.

43 직무능력 - 문제해결능력 　　　　　정답 ⑤

'5. 기타사항'에 따르면 지원 금액 범위 이상의 기술 도입을 희망하는 경우 소상공인이 차액분에 대해 자부담으로 지원 금액을 초과한 금액의 스마트기술도 도입할 수 있으므로 옳은 내용이다.

오답 체크

① '3. 시험 상가별 국비지원 내용'에 따르면 집약형상가 1점포에 대한 국비지원금은 최대 215백만 원이므로 옳지 않은 내용이다.

② '4. 참여 주체별 역할'에 따르면 지방자치단체에서는 사업계획서 및 사업 참여 신청서 작성, 시범상가 현황 및 성과, 사후관리의 역할을 하므로 옳지 않은 내용이다.

③ '3. 시험 상가별 국비지원 내용'에 따르면 일반형상가는 스마트기술에 대한 정부 지원이 이루어지지 않으므로 옳지 않은 내용이다.

④ '1. 스마트상점이란?'에 따르면 스마트상점은 IoT, VR·AR과 같은 4차 산업혁명 기술을 소상공인 경영현장에 접목하여 서비스 마케팅을 혁신하고자 도입된 비대면 예약·주문·결제가 가능한 상점이므로 옳지 않은 내용이다.

44 직무능력 - 수리능력 　　　　　정답 ④

평균은 변량의 총합을 변량의 개수로 나눈 값임을 적용하여 구한다.

현재 인사팀 직원의 수를 x라고 하면, 신입사원이 입사하기 전 직원의 수는 $x - 2$이다.

현재 인사팀 직원의 평균 연령은 32살이므로

$33(x - 2) + 27 + 29 = 32x \rightarrow x = 10$

따라서 현재 인사팀 직원의 수는 10명이다.

45 직무능력 - 수리능력 　　　　　정답 ④

사건 A가 일어날 확률을 p라고 할 때, 사건 A가 일어나지 않을 확률은 1 - p임을 적용하여 구한다.

어른이 적어도 1명 택시에 타는 확률 = 1 - 어른이 택시에 타지 않는 확률이다. 어린이 5명과 어른 4명인 전체 9명 중에서 택시에 3명, 버스에 6명이 나누어 타는 경우의 수는 $_9C_3 \times _6C_6 = \frac{9 \times 8 \times 7}{3 \times 2 \times 1} \times 1 = 84$가지이다. 이때, 어른이 택시에 타지 않는 경우인 어린이 3명만 택시에 타는 경우의 수는 $_5C_3 = \frac{5 \times 4 \times 3}{3 \times 2 \times 1} = 10$가지이므로 어른이 택시에 타지 않는 확률은 $\frac{10}{84} = \frac{5}{42}$이다.

따라서 어른이 적어도 1명 택시에 탈 확률은 $1 - \frac{5}{42} = \frac{37}{42}$이다.

46 직무능력 - 문제해결능력 　　　　　정답 ④

B의 최종 심사 점수는 85점, E의 최종 심사 점수는 85.5점으로 최종 심사 점수에 따라 최종 사업장으로 결정되는 것은 E이므로 옳지 않은 내용이다.

오답 체크

① 최종 심사 점수는 A부터 E까지 순서대로 10 + 72 = 82점, 0 + 85 = 85점, 7 + 60 = 67점, 7 + 52 = 59점, 3.5 + 82 = 85.5점으로 A, B, E가 80점 이상이므로 옳은 내용이다.

② A가 기술 점수에서 4점을 더 받았다면 A의 최종 심사 점수는 10 + 76 = 86점으로 최종 심사 점수가 가장 높아 최종 사업장으로 선정되었을 것이므로 옳은 내용이다.

③ 서비스 운영 기간은 A가 5년으로 가장 길지만, 기술 점수는 운영 경험이 없는 B가 가장 높으므로 옳은 내용이다.

⑤ C의 기술 점수는 60점으로 기술 점수 전체 90점에서 차량 운영 방식, GPS 및 APP 이용 차량 추적 서비스 관련 점수를 차감한 점수와 같으므로 옳은 내용이다.

47 직무능력 - 정보능력 　　　　　정답 ②

프로그램 실행 후 정상적으로 종료되기 위해서는 먼저 main 함수 내 while 반복문이 정상적으로 종료되어야 한다. while문에 조건식 대신 true를 지정하면 반복문이 무한히 반복되지만, if문 내에 break를 지정하면 if문의 조건식이 참이 될 때 while문이 정상적으로 종료된다. 이에 따라 while문이 정상적으로 종료되기 전까지 변수 num1과 num2의 값은 다음과 같다.

구분	num1	num2
초기값	4	0
while 1회	num1 = num1 + num2 → 6	num2 = num2 + 2 → 2
while 2회	num1 = num1 + num2 → 10	num2 = num2 + 2 → 4
while 3회	num1 = num1 + num2 → 16	num2 = num2 + 2 → 6

이때, printf("%d", num1)는 변수 num1의 값을 출력하고, 프로그램을 실행한 결과 16이 출력되었으므로 변수 num2의 값이 6일 때 while문이 정상적으로 종료된 것을 알 수 있다. 따라서 ㉠은 6, ㉡은 break이므로 ②가 정답이다.

48 직무능력 – 의사소통능력 정답 ②

3문단에서 고액현금거래보고는 우리나라 기준 1거래일 동안 1천만 원의 현금을 입금했거나 출금했을 때 금융정보분석원에 의무적으로 보고해야 하는 제도라고 하였으며, 같은 금융기관에서의 거래만 보고 대상으로 인정된다고 하였으므로 하루에 두 개의 은행에서 각각 500만 원의 현금거래 진행 시 FIU에 고액현금거래보고가 이루어진다는 것은 아님을 알 수 있다.

오답 체크

① 5문단에서 자금세탁 방지제도의 원활한 시행을 위해 운영되는 국제기구로는 국제자금세탁방지기구, 에그몽 그룹, 아·태 지역 자금세탁방지기구가 있으며, 우리나라는 이 세 가지 국제기구에 모두 참여하고 있다고 하였으므로 적절한 내용이다.

③ 1문단에서 우리나라는 2001년 9월 27일 「특정금융거래정보의 보고 및 이용에 관한 법률」과 「범죄수익 은닉의 규제 및 처벌 등에 관한 법률」을 제정하였으며, 전자의 법을 근거로 하여 같은 해 11월 28일 재정경제부 소속기관으로 금융정보분석원(FIU)이 출범했다고 하였으므로 적절한 내용이다.

④ 4문단에서 고객확인의무는 금융회사가 고객과 거래하면서 고객의 성명, 실지 명의, 주소, 연락처 등을 추가로 확인한 뒤 자금세탁과 같은 행위가 우려된다면 실제 당사자 여부 및 금융거래 목적을 확인할 수 있는 제도라고 하였으며, 고객확인의무 대상 거래로 계좌의 신규개설이 포함된다고 하였으므로 적절한 내용이다.

⑤ 2문단에서 의심거래보고는 금융거래와 관련해 수수한 재산이 불법재산이라고 의심되는 합당한 근거가 있거나 금융거래를 하는 상대방이 자금세탁을 하고 있다고 의심되는 합당한 근거가 있을 경우 금융기관이 금융정보분석원장에게 보고하도록 하는 제도이며, 주관적 판단에 따라 보고하지 않는다면 불법적 거래인지를 파악하기 어렵다고 하였으므로 적절한 내용이다.

49 직무능력 – 정보능력 정답 ③

최종 에너지원별 가정용 에너지 소비량의 합계가 1,200 이상인 달의 개수를 구하기 위해서는 합계 행에서 셀값이 1,200 이상인 셀의 개수를 반환해야 한다. 이에 따라 지정한 범위의 셀값 중 조건에 만족하는 셀의 개수를 반환할 때 사용하는 함수인 COUNTIF를 사용한다.

따라서 COUNTIF 함수식인 '=COUNTIF(지정한 범위, 조건식)'을 적용하면 '=COUNTIF(B9:G9, ">=1200")'이다.

구분	내용	적용
지정한 범위	조건에 만족하는 셀의 개수를 구할 범위인 최종 에너지원별 가정용 에너지 소비량의 월별 합계	B9:G9
조건식	셀값이 1,200 이상인 셀의 개수를 구하는 수식	>=1200

🔍 더 알아보기

함수	설명
SUMIF	지정한 범위의 셀값 중 조건에 만족하는 셀의 합을 구할 때 사용하는 함수 [식] =SUMIF(지정한 범위, 조건식, 합을 구할 범위)

50 직무능력 – 수리능력 정답 ②

연 소득 100만 원 초과 세대 건강보험료 = 보험료 부과 점수(소득 점수, 재산 점수, 자동차 점수를 합산한 값) × 부과 점수당 금액임을 적용하여 구한다.

A의 연 소득은 1,000만 원이므로 소득등급 17등급에 해당하여 소득 점수는 462점이고, 재산은 8,400만 원이므로 재산등급 16등급에 해당하여 재산 점수는 386점이며, 4천만 원 미만의 승용자동차를 보유하고 있으므로 자동차 점수는 87점이다. 따라서 건강보험료 산정 기준에 따른 A의 건강보험료는 (462 + 386 + 87) × 201.5 ≒ 188,403원이며, 원 단위 절사하여 188,400원이다.

51 직무능력 – 문제해결능력 정답 ⑤

'2. 근속 승진 제도'에 따르면 입사 연도를 기준으로 특정 계급으로 승진하는 데 걸리는 시간은 소방사(9급 상당)가 6개월, 소방교(8급 상당)가 4년 6개월, 소방장(7급 상당)이 9년 6개월, 소방위(6급 상당(을))가 16년, 소방경(6급 상당(갑))이 24년이다. 이에 따라 제시된 소방공무원 5명의 현재 계급에서 다음 계급까지 남은 연수는 다음과 같다.

구분	현재 계급 → 다음 계급	근속 연수	남은 연수
임윤철	7급 상당 → 6급 상당(을)	14년 6개월	16년 – 14년 6개월 = 1년 6개월
김형범	9급 상당(소방사) → 8급 상당	1년 9개월	4년 6개월 – 1년 9개월 = 2년 9개월
박종원	8급 상당 → 7급 상당	5년 11개월	9년 6개월 – 5년 11개월 = 3년 7개월
윤정수	6급 상당(을) → 6급 상당(갑)	22년 2개월	24년 – 22년 2개월 = 1년 10개월
이현철	8급 상당 → 7급 상당	8년 6개월	9년 6개월 – 8년 6개월 = 1년

따라서 2022년 9월 1일을 기준으로 5명 중 다음 계급으로 가장 먼저 승진하는 사람은 남은 연수가 가장 짧은 이현철이다.

52 직무능력 – 수리능력 정답 ④

2013년부터 2017년까지 농어업인에 대한 건강보험료 1인당 연간 평균 지원액은 매년 전년 대비 증가하여 지원이 매년 확대되었으므로 옳은 설명이다.

오답 체크

① 2017년 농어업인에 대한 건강보험료 1인당 연간 평균 지원액은 2012년 대비 928 – 780 = 148천 원 증가하였으므로 옳지 않은 설명이다.

② 2013년, 2016년, 2017년 농어업인에 대한 국민연금보험료 1인당 연간 최대 지원액은 전년도와 같아 매년 확대된 것은 아니므로 옳지 않은 설명이다.

③ 농업인안전보험 가입률이 전년 대비 감소한 2014년, 2016년, 2017년에 국민연금보험료 1인당 연간 최대 지원액의 합은 459 + 491 + 491 = 1,441천 원이므로 옳지 않은 설명이다.

⑤ 2012년부터 2017년까지 농어업인에 대한 건강보험료 최대 경감지원율은 매년 50.0%로 유지되었으므로 옳지 않은 설명이다.

53 직무능력 – 수리능력 정답 ③

원리금 균등 상환 방식에 따라 매기간 상환해야 하는 원리금 = 저당대부액×저당상수임을 적용하여 구한다.
동현이는 20년 만기로 연 이자율 3%에 5억 원을 대출받았으므로 저당대부액은 500,000,000원, 저당상수는 0.067이다.
따라서 동현이가 매년 상환해야 하는 원리금은 500,000,000 × 0.067 = 33,500,000원이다.

54 직무능력 – 정보능력 정답 ②

'다' 기관의 청렴등급을 구하기 위해서는 표1의 등급별 최소 점수에서 '다' 기관의 종합청렴도가 해당하는 값을 찾아 청렴등급을 반환해야 한다.
따라서 행 방향의 표나 범위에서 원하는 값을 반환할 때 사용하는 함수인 HLOOKUP을 사용하는 것이 적절하며, HLOOKUP 함수식인 '=HLOOKUP(기준값, 지정한 범위, 행 번호, 옵션)'을 적용하면 '=HLOOKUP(D5, B14:F15, 2, 1)'이 된다.

구분	설명	적용
기준값	지정한 범위에서 찾으려는 값인 '다' 기관의 종합청렴도	D5
지정한 범위	'다' 기관의 종합청렴도를 찾아 청렴등급을 반환할 범위	B14:F15
행 번호	지정한 범위에서 반환하고자 하는 값인 청렴등급이 있는 행 번호	2
옵션	기준값을 찾는 방법을 결정하는 논리값 • 0 또는 FALSE 입력 : 정확하게 일치하는 값을 찾음 • 1 또는 TRUE 입력 : 비슷하게 일치하는 값을 찾으며, 일치하는 값이 없으면 기준값보다 작은 값 중 가장 큰 값을 반환함	1

🔍 더 알아보기

함수	설명
VLOOKUP	열 방향의 표나 범위에서 원하는 값을 반환할 때 사용하는 함수 식 =VLOOKUP(기준값, 지정한 범위, 열 번호, 옵션)
CHOOSE	지정한 숫자를 함수식의 특정 순서의 값으로 반환할 때 사용하는 함수로, 지정한 숫자가 1이면 첫 번째 값을, 지정한 숫자가 2면 두 번째 값을, 지정한 숫자가 n이면 n번째 값을 반환함 식 =CHOOSE(지정한 숫자, 첫 번째 값, 두 번째 값, 세 번째 값 …)

55 직무능력 – 의사소통능력 정답 ①

제시된 보도자료는 자율주행 기술 개발의 기반이 되는 데이터를 상호 공유하는 사업 및 주행 데이터 수집이 가능한 차량의 무상 대여사업을 실시한다는 내용이므로 이 보도자료의 주제로 가장 적절한 것은 ①이다.

② 자율주행 자동차 개발을 방해하는 기술적 어려움에 대해서는 다루고 있지 않으므로 적절하지 않은 내용이다.

③ 데이터 수집차량 무상 대여를 통한 자율주행 분야의 진입장벽 완화에 대해 서술하고 있지만, 글 전체를 포괄할 수 없으므로 적절하지 않은 내용이다.

④ 자율주행 자동차 산업의 전망에 대해서는 다루고 있지 않으므로 적절하지 않은 내용이다.

⑤ 산학연 및 지자체의 데이터 공유 협의체 구성을 통한 협력 강화에 대해 서술하고 있지만, 글 전체를 포괄할 수 없으므로 적절하지 않은 내용이다.

56 직무능력 – 정보능력   정답 ②

리스트의 자리표는 0번부터 시작함에 따라 A[3]은 A 리스트의 요소 4인 4, B[2]는 B 리스트의 요소 3인 8, C[3]은 C 리스트의 요소 4인 12이다. 이때, 모든 리스트 요소는 숫자이고, 숫자로 구성된 리스트의 요소 각각을 출력하는 경우에는 연산자에 따라 요소가 연산되어 출력된다.

따라서 파이썬 3의 출력값은 $(4 + 8) \times 12 = 144$이다.

57 직무능력 – 문제해결능력   정답 ①

고객이 요청한 모니터의 사양은 크기가 24인치보다 커야 하며, 최대 해상도가 1920×1080 이상, 응답속도가 4ms 이내, 밝기가 250cd/m² 이상, 가격이 20만 원 이내이고, 내장 스피커의 여부는 고려 대상이 아니므로 응답속도가 5ms인 E 모니터, 밝기가 200cd/m²인 B 모니터, 가격이 20만 원을 초과하는 D 모니터는 추천 대상에서 제외된다. 이에 따라 고객이 요청한 모니터의 사양에 해당하는 A와 C 모니터 중 가격이 더 저렴한 모니터는 A 모니터이다.

따라서 귀하가 고객에게 추천한 최적의 상품은 A 모니터이다.

58 직무능력 – 수리능력   정답 ④

2020년 조사에 응답한 종사자 규모가 5~9인인 법인 수가 전년 대비 20% 증가하였다면, 2019년 조사에 응답한 종사자 규모가 5~9인인 법인 수는 5,100 / 1.2 = 4,250개임에 따라 2019년 정보화 투자 타당성이 없다고 응답한 종사자 규모가 5~9인인 법인 수는 $4,250 \times 0.906 = 3,850.5$개로 4,000개 미만이므로 옳지 않은 설명이다.

① 2020년 농업법인의 정보화 추진 계획을 수립한 법인 수는 종사자 규모가 2~4인인 법인이 $7,600 \times 0.400 = 3,040$개, 1인인 법인이 $8,200 \times 0.330 = 2,706$개임에 따라 종사자 규모가 2~4인인 법인이 1인인 법인보다 많으므로 옳은 설명이다.

② 2019년과 2020년 조사에 응답한 법인 중 종사자 규모가 10~49인인 전체 법인 수가 2,300개로 서로 동일하다면, 2020년 종사자 규모가 10~49인인 법인 중 투자 타당성이 있다고 응답한 법인 수는 전년 대비 $2,300 \times (0.178 - 0.152) = 59.8$개 증가함에 따라 50개 이상 증가하였으므로 옳은 설명이다.

③ 2020년 종사자 규모별 투자 타당성이 있다고 응답한 법인의 비율이 26.4%로 가장 큰 50인 이상 규모에서 정보화 추진 계획을 수립하지 않은 법인 수는 $200 \times (1 - 0.530) = 94$개이므로 옳은 설명이다.

⑤ 2020년 종사자 규모별 투자 타당성이 있다고 응답한 법인 수는 1인이 $8,200 \times 0.098 = 803.6$개, 2~4인이 $7,600 \times 0.124 = 942.4$개, 5~9인이 $5,100 \times 0.166 = 846.6$개, 10~49인이 $2,300 \times 0.178 = 409.4$개, 50인 이상이 $200 \times 0.264 = 52.8$개임에 따라 투자 타당성이 있다고 응답한 법인 수가 가장 많은 종사자 규모는 2~4인이므로 옳은 설명이다.

59 직무능력 – 문제해결능력   정답 ①

제시된 [평가 및 선정 방법]에 따라 평가한 평가점수는 다음과 같다.

구분	터키 레스토랑	일본 레스토랑	중국 레스토랑	한국 레스토랑	러시아 레스토랑
1인당 가격	3	4	2	5	1
분위기	4	3	1	2	5
국적 일치 여부	3	3	0	0	3
합계	10	10	3	7	9

이때, 터키 레스토랑과 일본 레스토랑의 평가점수의 총점이 동점이므로 둘 중 할인이 되는 터키 레스토랑으로 최종 선정한다. 따라서 외국인 바이어들과 함께 갈 레스토랑은 터키 레스토랑이다.

60 직무능력 – 문제해결능력　　　정답 ③

제시된 창고별 물품 무게 및 개수에 따라 각 창고에 있는 물품의 총 무게를 계산하면 다음과 같다.

A	B	C	D
2,750kg	750kg	2,750kg	2,000kg

제시된 화물자동차 종류별 정보에 따라 창고 A, C, D에 있는 물품의 총 무게는 1톤 이상~3톤 미만으로 중형 화물자동차를, 창고 B에 있는 물품의 총 무게는 1톤 미만으로 소형 화물자동차를 이용해야 한다. 이때 창고 A와 D 사이의 거리는 120km이지만 화물자동차는 1대당 최대 100km까지 이동할 수 있어, 창고 A 또는 D로 물품을 운송하는 것은 불가능하다. 이에 따라 창고 B, C 중 한 곳으로 물품을 운송할 수 있고, 창고 사이의 거리를 고려한 운임 비용을 계산한다.

먼저 창고 B로 운송할 경우 창고 A, C, D의 중형 화물자동차로 각각 40km, 40km, 80km를 이동하여 (40+40+80)×800=128,000원의 운임 비용이 발생한다.

그다음 창고 C로 운송할 경우 창고 A, D의 중형 화물자동차로 각각 80km, 40km를 이동하고 창고 B의 소형 화물자동차로 40km를 이동하여 {(80+40)×800}+(40×450)=114,000원의 운임 비용이 발생한다.

따라서 운임 비용이 가장 적게 드는 창고는 C이다.

61 직무능력 – 의사소통능력　　　정답 ⑤

3문단에서 약용을 목적으로 생산하는 작물이나 인삼류는 3년의 유효기간을 가지고, 그 외 품목들은 2년의 유효기간을 가진다고 하였으므로 인삼류를 제외한 농산물 중 약용을 목적으로 생산되지 않는 농산물의 우수 관리인증 유효기간은 2년임을 알 수 있다.

오답 체크

① 4문단에서 GAP는 소비자가 만족할 수 있는 투명한 우수 관리인증 농산물의 생산 체계를 구축함으로써 국산 농산물에 대한 신뢰와 수익성을 제고한다는 점에서 의의가 있다고 하였으므로 적절하지 않은 내용이다.

② 3문단에서 우수 관리인증을 받고 싶다면 인증기준에 따라 현재 식용을 목적으로 생산 및 관리되고 있는 생육에 해당해야 하지만, 해당 농산물이 축산을 제외한 품목이어야 한다고 하였으므로 적절하지 않은 내용이다.

③ 3문단에서 동일한 작물을 연속 2회 이상 수확하는 경우 우수 관리인증 신청일이 생육기간의 3분의 2를 경과하지 않은 시점이어야 우수 관리인증 신청이 가능하지만 버섯류나 새싹 채소 같은 연중 생산작물은 생육기간과 무관하게 신청이 가능하다고 하였으므로 적절하지 않은 내용이다.

④ 2문단에서 일본은 2005년에 GAP를 도입하여 농산물에 적용하기 시작하였으며, 우리나라는 2003년부터 약 3년간 GAP 시범사업을 진행하였다고 하였으므로 적절하지 않은 내용이다.

62 직무능력 – 정보능력　　　정답 ②

SQL명령문에서 그룹화할 속성을 지정하는 GROUP BY절은 그룹에 조건을 지정하는 HAVING절과 함께 사용해야 한다. 따라서 ㉠은 HAVING이므로 ②가 정답이다.

오답 체크

① WHERE절은 HAVING절과 동일하게 조건을 지정할 때 사용하지만, WHERE절은 집계 함수와 함께 사용할 수 없으므로 적절하지 않다.

③ ORDER BY절은 특정 속성을 기준으로 정렬하여 검색할 때 사용하므로 적절하지 않다.

④ INSERT문은 테이블에 튜플을 삽입할 때 사용하므로 적절하지 않다.

⑤ COUNT는 집계 함수이므로 적절하지 않다.

🔍 더 알아보기

집계 함수

구분	설명	사용 가능한 타입
AVG	평균값을 반환한다.	숫자 데이터
MIN	최솟값을 반환한다.	모든 데이터
MAX	최댓값을 반환한다.	모든 데이터
SUM	값의 합계를 반환한다.	숫자 데이터
COUNT	값의 개수를 반환한다.	모든 데이터

63 직무능력 – 문제해결능력　　　정답 ③

제시된 [영화 선정 기준]에 따르면 가와 나 중 한 브랜드는 누적 관객 수가 가장 많은 영화를 선정하므로 누적 관객 수가 가장 많은 D 영화를 선정한다. 가 브랜드가 D 영화를 선정할 경우, 나 브랜드는 D 영화보다 최근에 개봉한 영화를 선정하므로 D 영화보다 늦게 개봉한 A 영화를 선정해야 하지만, 이는 가 브랜드가 나 브랜드보다 상영 횟수가 많은 영화를 선정한다는 기준에 부합하지 않으므로 가 브랜드는 D 영화를 선정하지 않고 나 브랜드가 D 영화를 선정한다. 이때, 가 브랜드는 시청 연령대가 15세 이상인 영화를 선정하므로 A 또는 C 영화를 선정할 수 있으며 둘 중 D 영화보다 이전에 개봉한 C 영화를 선정한다.

③ 가 브랜드가 선정한 C 영화는 상영 횟수가 가장 많으므로 항상 옳은 설명이다.

64 직무능력 – 수리능력   정답 ⑤

○ 2017년 건강보험 총진료비 7,257 − 796 = 6,461백억 원과, 총약품비는 1,787 − 166 = 1,621백억 원의 평균은 (6,461 + 1,621) / 2 = 4,041백억 원이므로 옳지 않은 설명이다.

© 2018~2021년 총약품비의 합은 1,787 + (1,787 + 147) + {(1,787 + 147) + 57} + 2,121 = 7,833백억 원으로 8,000백억 원 미만이므로 옳지 않은 설명이다.

® 2021년 총진료비의 전년 대비 증감량 8,814 − (8,032 + 80) = 702백억 원과 같은 해 총약품비의 전년 대비 증감량 2,121 − {(1,787 + 147) + 57} = 130백억 원의 차이는 702 − 130 = 572백억 원으로 600억원 미만이므로 옳지 않은 설명이다.

© 2020년 건강보험 총진료비는 8,032 + 80 = 8,112백억 원임에 따라 2021년 건강보험 총진료비의 전년 대비 증가율은 {(8,814 − 8,112) / 8,112} × 100 ≒ 8.7%로 10% 미만이므로 옳은 설명이다.

65 직무능력 – 수리능력   정답 ③

청구금액 = 당월 요금계 + 미납 요금 + TV 수신료임을 적용하여 구한다.

이소령 고객의 계약 전력은 3kWh이므로 기본 요금과 전력량 요금을 저압 요금으로 계산하면, 당월 사용량이 210kWh이므로 기본 요금은 1,600원이고, 전력량 요금은 (93.3 × 200) + (187.9 × 10) = 20,539원이다. 이에 따라 전기요금계는 1,600 + 20,539 = 22,139원이다. 이때, 부가가치세는 전기요금계의 10%인 22,139 × 0.1 = 2,213.9원이므로 당월 요금계는 22,139 + 2,213.9 + 810 = 25,162.9원으로 원 단위 절사하면 25,160원이다.

따라서 이소령 고객의 6월분 전기요금 청구금액은 25,160 + 2,500 = 27,660원이다.

66 직무능력 – 의사소통능력   정답 ④

3문단에서 스미싱은 문자 메시지를 발송하여 링크 클릭을 유도하고 해당 링크를 누르면 악성코드가 자동으로 설치되어 소액 결제가 이루어지는 사기 범죄라고 하였으며, 피해자의 PC에 악성코드를 감염시켜 가짜 사이트로 연결해 금융거래정보를 빼내 가는 금융사기 수법은 파밍이라고 하였으므로 스마트폰이 스미싱으로 인해 악성코드에 감염되면 정상적인 금융회사 사이트에 접속하려고 해도 가짜 사이트로 접속하게 되는 것은 아님을 알 수 있다.

① 3문단에서 스미싱은 2012년도에 처음으로 국내에 등장한 금융사기이며 무료 쿠폰이나 모바일 청첩장 등을 가장한 문자 메시지를 발송하여 링크 클릭을 유도하고 이 링크를 누르면 악성코드가 자동으로 설치된다고 하였으므로 적절한 내용이다.

② 2문단에서 보이스 피싱은 사기 수법이 날로 진화하면서 연령, 직업, 계층에 상관없이 광범위하게 피해가 발생하고 있다고 하였으며, 최근에는 소셜 네트워크가 확산하면서 메신저 피싱이 등장해 관련 피해 사례가 늘어나고 있다고 하였으므로 적절한 내용이다.

③ 4문단에서 인터넷 사이트 회원가입 시에는 주민등록번호의 대체 수단인 아이핀을 이용하고 타인이 유추하기 어려운 영문, 숫자 등을 조합한 비밀번호를 설정하여 보안성을 높여야 한다고 하였으므로 적절한 내용이다.

⑤ 1문단에서 대출의 중개, 제공, 알선을 가장한 행위는 포함되지만 재화의 공급이나 용역의 제공을 가장한 행위는 제외된다고 하였으므로 적절한 내용이다.

67 직무능력 – 정보능력   정답 ⑤

SQL명령문에서 테이블에 저장된 데이터를 수정하는 UPDATE문은 'UPDATE [테이블명] SET [속성명] = [변경할 값] WHERE [조건];'으로 나타내며, 문자열로 이루어진 값은 작은따옴표로 표시한다.

따라서 지원자 테이블에서 등급이 C인 지원자의 결과 속성을 불합격으로 수정하는 SQL명령문은 'UPDATE 지원자 SET 결과 = '불합격' WHERE 등급 = 'C';'이다.

68 직무능력 – 수리능력   정답 ②

2015년부터 2018년까지 전년 대비 증감 추이가 매년 변하는 국가는 일본이고 2014년에 1달러당 일본 화폐는 105.94Yen이므로 100달러만큼 구매할 때 사용한 금액은 100 × 105.94 = 10,594Yen이다.

따라서 2018년에 1달러당 일본 화폐는 110.42Yen이므로 2014년에 100달러를 구매한 동일한 금액으로 2018년에 구매할 수 있는 달러는 10,594 / 110.42 ≒ 95.9달러이다.

따라서 갑이 11월에 지불한 수수료의 총액은 500 + 1,000 + 2,000 + 800 + 200 = 4,500원이다.

69 직무능력 – 문제해결능력   정답 ③

[ATM 거래]에 따르면 H 은행 ATM을 이용하여 10만 원 이상의 금액을 동일한 날짜에 3회 이상 출금하는 경우 3회차부터 수수료가 50% 감면됨에 따라 영업시간 외에 해당하는 토요일 오후 3시부터 같은 날 오후 10시 사이에 H 은행 ATM을 이용하여 20만 원을 총 3번 출금하는 경우 세 번째 출금 시 발생하는 수수료는 500 / 2 = 250원 할인되므로 옳지 않은 내용이다.

오답 체크

① [ATM 거래]에 따르면 영업시간 내에 타행 ATM을 이용하여 5만 원을 이체할 때 H 은행으로 이체하는 경우와 타행으로 이체하는 경우 모두 수수료가 500원으로 동일하므로 옳은 내용이다.

② [창구 거래]에 따르면 H 은행 창구에서 100만 원 초과 500만 원 이하에 해당하는 금액을 타행으로 송금하는 경우에는 수수료가 3,500원이므로 옳은 내용이다.

④ [ATM 거래]에 따르면 공휴일 오전 10시는 영업시간 외 기준에 해당하며, H 은행 ATM을 이용하여 영업시간 외에 12만 원을 타행으로 이체하는 경우에는 수수료가 1,000원이므로 옳은 내용이다.

⑤ [ATM 거래]에 따르면 타행 ATM을 이용하여 이체하는 경우 영업시간 외에 발생할 수 있는 최소 수수료는 800원으로 영업시간 내에 발생할 수 있는 최소 수수료인 500원보다 800 – 500 = 300원 더 비싸므로 옳은 내용이다.

70 직무능력 – 문제해결능력   정답 ④

[ATM 거래]에 따르면 영업시간 내 기준을 제외한 시간 및 일요일에는 영업시간 외 기준이 적용되고, H 은행 ATM을 이용하여 10만 원 이상의 금액을 동일한 날짜에 3회 이상 출금하는 경우 3회차부터 수수료가 50% 감면되므로 갑이 거래한 일별 거래내용 및 수수료는 다음과 같다.

구분	거래내용 및 수수료
11/7 (월)	H 은행 ATM 이용 - 영업시간 내 10만 원 초과 출금: 면제 - 영업시간 외 10만 원 초과 출금: 500원
11/10 (목)	타행 ATM 이용 - 영업시간 내 10만 원 초과 이체: 1,000원
11/22 (화)	창구 거래 - H 은행으로 송금: 면제 - 타행으로 10만 원 초과 100만 원 이하 송금: 2,000원
11/27 (일)	H 은행 ATM 이용 - 영업시간 외 10만 원 이하 출금(1~2회차): 400 × 2 = 800원 - 영업시간 외 10만 원 이하 출금(3회차): 400 / 2 = 200원

2회 기출동형모의고사

정답

.p.74

01	⑤	직무상식	금융·경제상식	31	⑤	직무능력	의사소통능력	61	⑤	직무능력	정보능력
02	②	직무상식	디지털상식	32	①	직무능력	수리능력	62	③	직무능력	문제해결능력
03	③	직무상식	금융·경제상식	33	③	직무능력	수리능력	63	②	직무능력	수리능력
04	②	직무상식	금융·경제상식	34	③	직무능력	문제해결능력	64	③	직무능력	수리능력
05	①	직무상식	디지털상식	35	④	직무능력	문제해결능력	65	⑤	직무능력	문제해결능력
06	⑤	직무상식	농업·농촌상식	36	③	직무능력	문제해결능력	66	④	직무능력	정보능력
07	③	직무상식	금융·경제상식	37	⑤	직무능력	정보능력	67	③	직무능력	정보능력
08	①	직무상식	금융·경제상식	38	②	직무능력	정보능력	68	③	직무능력	의사소통능력
09	⑤	직무상식	금융·경제상식	39	④	직무능력	의사소통능력	69	②	직무능력	문제해결능력
10	⑤	직무상식	금융·경제상식	40	②	직무능력	수리능력	70	⑤	직무능력	문제해결능력
11	②	직무상식	디지털상식	41	③	직무능력	문제해결능력				
12	②	직무상식	금융·경제상식	42	②	직무능력	수리능력				
13	⑤	직무상식	금융·경제상식	43	②	직무능력	수리능력				
14	④	직무상식	금융·경제상식	44	③	직무능력	문제해결능력				
15	④	직무상식	농업·농촌상식	45	①	직무능력	문제해결능력				
16	②	직무상식	금융·경제상식	46	③	직무능력	수리능력				
17	④	직무상식	금융·경제상식	47	③	직무능력	수리능력				
18	④	직무상식	디지털상식	48	②	직무능력	의사소통능력				
19	⑤	직무상식	금융·경제상식	49	①	직무능력	문제해결능력				
20	①	직무상식	금융·경제상식	50	③	직무능력	정보능력				
21	②	직무상식	금융·경제상식	51	④	직무능력	정보능력				
22	①	직무상식	농업·농촌상식	52	④	직무능력	문제해결능력				
23	①	직무상식	금융·경제상식	53	①	직무능력	수리능력				
24	④	직무상식	농업·농촌상식	54	⑤	직무능력	수리능력				
25	③	직무상식	금융·경제상식	55	④	직무능력	의사소통능력				
26	④	직무상식	디지털상식	56	②	직무능력	수리능력				
27	③	직무상식	금융·경제상식	57	④	직무능력	수리능력				
28	④	직무상식	금융·경제상식	58	④	직무능력	문제해결능력				
29	①	직무상식	금융·경제상식	59	①	직무능력	문제해결능력				
30	④	직무상식	농업·농촌상식	60	③	직무능력	의사소통능력				

실력 점검표

제한 시간 내에 푼 문제 수	맞힌 문제 수	정답률
/70	/70	%

※ 정답률(%) = (맞힌 개수/전체 개수) × 100

해설

01 직무상식 – 금융·경제상식   정답 ⑤

대환대출은 금융기관에서 대출을 받아 이전의 대출금이나 연체금을 갚는 제도이며, 소득이 적거나 신용이 낮아 은행에서 대출받기 어려웠던 계층을 위해 별도의 심사기준을 마련하여 대출해 주는 제도는 서민금융상품의 일종인 새희망홀씨대출이므로 적절하지 않은 설명이다.

02 직무상식 – 디지털상식   정답 ②

빈칸에 들어갈 용어로 적절한 것은 '피싱'이다.
- 피싱(Phishing): 불특정 다수에게 메일을 발송하여 위장된 홈페이지로 접속하도록 유도한 후 금융정보를 빼내는 사기 수법

오답 체크

① 파밍(Pharming): PC를 악성코드에 감염시켜 이용자가 금융회사 등의 정상적인 홈페이지 주소로 접속을 하더라도 피싱사이트로 유도하여 금융거래정보 등을 몰래 빼가는 수법
③ 스니핑(Sniffing): 컴퓨터 네트워크상에 흘러다니는 트래픽을 엿듣는 스니퍼 장치를 이용하여 네트워크상의 데이터를 도청하는 행위
④ 스푸핑(Spoofing): 임의로 구성된 웹사이트를 통하여 이용자의 정보를 빼가는 해킹 수법
⑤ 보이스피싱(Voice phishing): 전화를 통해 신용카드 번호 등의 개인정보를 알아낸 뒤, 이를 범죄에 이용하는 전화 금융사기 수법

03 직무상식 – 금융·경제상식   정답 ③

다우–존스식은 지수 산출에 채용된 종목의 규모와는 상관없이 산출된 가격을 평균해 보는 방식이므로 적절하지 않은 설명이다.

04 직무상식 – 금융·경제상식   정답 ②

용어에 대한 설명으로 적절한 것은 ㉠, ㉣이다.

오답 체크

㉡ 규모 효과는 주식 시장에서 소형주가 대형주에 비해 변동성이 더 크지만, 중장기로 갈수록 변동성은 줄어들면서 수익률이 더 높게 나타나는 현상이므로 적절하지 않다.
㉢ 주말 효과는 주말의 다음 날인 월요일의 주가 상승률이 다른 요일에 비하여 유난히 낮게 나타나는 현상이므로 적절하지 않다.

05 직무상식 – 디지털상식   정답 ①

제시된 내용은 'VoIP'에 대한 설명이다.

오답 체크

② IPv6(Internet Protocol version 6): IPv4보다 데이터 처리 속도가 빠르며, 인터넷 주소 공간을 128비트로 확장시킨 차세대 인터넷 핵심 기술
③ IPTV(Internet Protocol Television): 초고속 인터넷 망을 이용하며, 이용자가 편리한 시간에 원하는 프로그램을 볼 수 있는 양방향 TV 서비스
④ VDSL(Very high – data rate Digital Subscriber Line): 기존 전화망을 이용하여 빠른 속도로 많은 데이터를 전송하는 초고속 인터넷 서비스
⑤ Ping(Packet Internet Grouper): 다른 호스트에 IP 데이터그램이 도착할 수 있는지 TCP/IP 프로토콜을 사용하는 응용 프로그램을 통해 검사하는 프로그램

06 직무상식 – 농업·농촌상식   정답 ②

제시된 내용은 '로테르담 협약'에 대한 설명이다.

07 직무상식 – 금융·경제상식   정답 ③

제시된 그래프에서 기존의 균형가격 P_0에 Q_0만큼 거래될 때의 소비자잉여는 $(A+B+D)$이고 생산자잉여는 $(C+E)$이므로 순사회편익은 $(A+B+C+D+E)$가 된다. 그러나 가격하한제로 가격이 P_1으로 인상되어 거래량이 Q_1으로 줄어드는 경우 소비자잉여는 A, 생산자잉여는 $(B+C)$이므로 $(D+E)$만큼의 사회적 후생 손실이 발생하며 순사회편익은 $(A+B+C)$가 된다. 따라서 그래프에 대한 설명으로 옳은 것은 ㉡과 ㉣이다.

오답 체크

㉠ 가격하한제 시행 이후 소비자잉여는 $(A+B+D)$에서 $(B+D)$만큼 감소하여 A가 되므로 옳지 않은 설명이다.
㉢ 가격하한제 시행 이후 생산자잉여는 $(C+E)$에서 $(B+C)$로 변화하므로 옳지 않은 설명이다.

08 직무상식 – 금융·경제상식   정답 ①

절대우위에 대해 바르게 말하고 있는 사람은 수민과 정욱이다.

오답 체크

- 윤기: 특정 상품을 상대국보다 더 낮은 비용으로 효율적으로 생산하는 비교우위에 관한 내용이므로 옳지 않은 설명이다.

- 남수: 국가 간 생산 요소의 이동이 없는 것은 비교우위가 성립되기 위한 전제조건이므로 옳지 않은 설명이다.

09 직무상식 – 금융·경제상식　　정답 ⑤

중앙은행이 금융기관에 대출을 실시하면 금융기관의 지급준비금이 늘어나 본원통화가 증가하게 되므로 옳지 않은 설명이다.

10 직무상식 – 금융·경제상식　　정답 ⑤

토지 관련 국세나 지방세의 부과기준, 개발부담금 등 각종 부담금의 부과기준에 활용되는 것은 개별공시지가이다.

11 직무상식 – 디지털상식　　정답 ②

전원이 끊어지면 기록된 정보가 날아가는 휘발성 메모리는 RAM에 대한 설명이므로 적절하지 않다.

> 🔍 **더 알아보기**
> - **RAM(Random Access Memory):** 기억된 정보를 읽거나 쓸 수 있으며 다른 정보를 기억시킬 수도 있는 기억 장치로, 전원이 끊어질 경우 기록된 정보도 날아가기 때문에 휘발성 메모리라고도 함
> - **ROM(Read Only Memory):** 한번 기억된 정보를 빠른 속도로 읽을 수 있지만 변경할 수는 없는 기억 장치로, 전원이 끊어져도 기록된 정보가 날아가지 않기 때문에 비휘발성 메모리라고도 함

12 직무상식 – 금융·경제상식　　정답 ②

KEB 하나은행과 KB 국민은행은 특수은행이 아닌 일반은행에 해당하므로 '2개'가 적절하다.

> 🔍 **더 알아보기**
> - **특수은행:** 일반 상업 금융의 취약점을 보완하고 국민 경제 발전을 도모하기 위한 목적으로 설립된 것으로, 특수은행은 한국산업은행(KDB 산업은행), 한국수출입은행, 중소기업은행(IBK 기업은행), 농업협동조합중앙회 신용사업 부문(NH 농협은행), 수산업협동조합중앙회 신용사업 부문(신협은행)이 해당함

13 직무상식 – 금융·경제상식　　정답 ⑤

결혼 축의금은 일시적으로 발생하는 비경상소득으로 본다.

오답 체크
①은 근로소득, ②는 이전소득, ③, ④는 재산소득으로, 경상소득에 해당된다.

> 🔍 **더 알아보기**
> - **경상소득:** 비교적 일정하고 정기적인 소득으로, 근로소득, 사업소득, 재산소득, 이전소득이 해당함

14 직무상식 – 금융·경제상식　　정답 ④

가격변동에 의하여 수요와 공급이 시차를 두고 반응하는 과정을 설명한 거미집 이론에 따르면 시장의 모형은 공급곡선 기울기의 절댓값이 수요곡선 기울기의 절댓값보다 큰 경우에는 수렴형, 공급곡선 기울기의 절댓값이 수요곡선 기울기의 절댓값보다 작은 경우에는 발산형, 공급곡선 기울기의 절댓값과 수요곡선 기울기의 절댓값이 같은 경우에는 순환형이다. 거미집 이론에 따른 각 시장의 모형은 A 시장에서 공급곡선 기울기의 절댓값이 수요곡선 기울기의 절댓값보다 크므로 수렴형, B 시장에서 공급곡선과 수요곡선의 기울기의 절댓값이 같으므로 순환형, C 시장에서 공급곡선 기울기의 절댓값이 수요곡선 기울기의 절댓값보다 작으므로 발산형이다.
따라서 거미집 이론에 따른 각 시장의 모형이 바르게 연결된 것은 ④이다.

15 직무상식 – 농업·농촌상식　　정답 ④

양곡관리법에서 정의하는 '양곡'에는 미곡(米穀)과 맥류(麥類) 외에 대통령령으로 정하는 곡류(穀類)도 포함되므로 적절하지 않은 설명이다.

16 직무상식 – 금융·경제상식　　정답 ②

임금 인상으로 물가가 상승하게 되면 GDP가 높게 측정되므로 적절하지 않은 설명이다.

17 직무상식 – 금융·경제상식　　정답 ④

양국이 교역을 통해 이득을 얻기 위해서는 교역 조건이 수출품의 기회비용과 수입품의 기회비용 범위 안에서 결정되어야 한다. X재를 기준으로 보면 X재 1개 생산의 기회비용이 갑국은 Y재 4개, 을국은 Y재 2개이므로 양국 모두의 이익을 위한 교역 조건은 Y재 2개 < X재 1개 < Y재 4개이다.
따라서 X재와 Y재의 교역 조건이 1 : 2일 경우 을국은 교역을 통해 이득을 얻을 수 없으므로 적절하지 않은 설명이다.

① 을국이 X재와 Y재 모두 갑국보다 더 많은 양을 생산할 수 있으므로 절대우위를 가진다.

② X재 1개 생산의 기회비용은 갑국이 Y재 4개이고, 을국이 Y재 2개이므로 을국이 갑국보다 더 작다.

③ 두 나라가 교역을 통해 이득을 얻기 위해서는 상대국보다 더 낮은 비용으로 생산할 수 있는 상품, 즉 비교우위에 있는 상품을 특화해야 하므로 갑국은 Y재, 을국은 X재를 특화해야 한다.

⑤ 두 나라 간에 무역이 이루어질 경우 비교우위에 따라 갑국은 Y재, 을국은 X재를 특화하게 된다. X재와 Y재의 교역 조건이 1:2.5로 정해질 경우 갑국은 Y재 16개를 생산하여 11개를 소비하고, 5개는 을국의 X재 2개와 교환할 수 있으므로 X재 2개와 Y재 11개를 동시에 소비할 수 있다.

18 직무상식 – 디지털상식　　　　정답 ④

㉠은 NFC, ㉡은 RFID, ㉢은 비콘에 해당한다.

🔍 더 알아보기

- USN: 각종 센서에서 감지한 정보를 무선으로 수집할 수 있도록 모든 사물에 전자태그를 부착하여 사물 및 환경 정보까지 감지하는 네트워크 환경

19 직무상식 – 금융·경제상식　　　　정답 ⑤

일반적으로 주가는 경기에 선행하며, 경기선행지수의 행보에 가장 민감하게 반응한다.

20 직무상식 – 금융·경제상식　　　　정답 ①

예금자보호법상 예금자보호대상에 해당하는 것은 ㉠, ㉢, ㉣이다.

21 직무상식 – 금융·경제상식　　　　정답 ②

무 구축효과는 LM곡선이 수평일 경우에 나타난다.
- LM곡선: 화폐시장의 균형이 달성되는 국민소득과 이자율의 조합을 나타낸 것

① 구축효과란 확대재정정책이 이자율을 상승시켜 민간투자를 위축시키는 현상이다.

③ 화폐수요가 폭발적으로 증가해 화폐수요의 이자율 탄력성이 무한대가 되어 LM곡선이 수평인 경우를 유동성 함정이라고 한다.

④ 유동성 함정에서는 통화정책은 무력해지는 반면 재정정책이 큰 효과를 볼 수 있다.

⑤ 스태그플레이션이 재정정책만으로 해결되지 않은 이유를 설명한 이론이다.

22 직무상식 – 농업·농촌상식　　　　정답 ①

제시된 글은 그린 바이오, 레드 바이오와 함께 3대 바이오 산업 분야를 구성하는 '화이트 바이오'에 대한 설명이다.

③ 레드 바이오: 생명 공학이 약학, 의학 분야와 접목된 개념으로, 바이오 의약품, 바이오 의료 따위에 도입 가능한 의약 산업 분야

⑤ 그린 바이오: 가공되지 않은 농수산 식품에 바이오 기술을 가미하여 고부가 가치 제품을 개발하는 산업 분야

23 직무상식 – 금융·경제상식　　　　정답 ①

의심거래보고제도에서 의심에 대한 합당한 근거의 판단주체는 금융회사이다.

24 직무상식 – 농업·농촌상식　　　　정답 ④

온탕침법은 일정한 기간 동안 파종종자를 더운 물에 침지시켜 병원균 포자나 유해미생물을 살균, 예방하는 방법으로, 지력 증진과는 관련이 없으므로 적절하지 않다.

25 직무상식 – 금융·경제상식　　　　정답 ③

신탁재산은 대내외적으로 수탁자 명의의 재산이 되므로 위탁자로부터 독립되며, 위탁자의 채권자에 의한 강제집행위험으로부터 자유로울 수 있다.

🔍 더 알아보기

- **물상대위성**: 신탁재산의 관리·처분·운용·개발·멸실·훼손 그 밖의 사유로 수탁자가 얻은 재산은 신탁재산에 속함

26 직무상식 – 디지털상식　　　　정답 ④

1GB는 1,024MB와 데이터 양이 동일하다.

27 직무상식 – 금융·경제상식　　　　정답 ③

금융구조는 비소구 금융방식이 원칙이며, 실무에서는 일반적으로 제한적 소구 금융방식이 적용되므로 적절하지 않다.

28 직무상식 – 금융·경제상식   정답 ④

ⓒ 수요량이 공급량을 초과할 경우 제품의 품귀 현상으로 인해 오히려 정부가 고시한 가격보다 더 높은 가격으로 거래하려는 암시장이 형성될 수 있으므로 적절하다.

ⓔ 물가가 지나치게 상승하는 경우 정부는 인플레이션에 대한 대책, 소비자 보호 등의 목적으로 아파트 분양가 상한제, 이자율 상한제 등을 시행하므로 적절하다.

오답 체크

ⓐ 정부의 가격 상한제가 유효하게 작동하기 위해서는 최고 가격이 시장에서 형성된 가격보다 낮게 설정되는데, 이로 인해 수요량이 늘고 공급량이 줄어 거래량이 감소하게 되므로 적절하지 않다.

ⓑ 정부는 시장 가격이 지나치게 높다고 판단되는 경우 시장 가격보다 낮은 수준의 가격 상한제를 시행하므로 적절하지 않다.

29 직무상식 – 금융·경제상식   정답 ①

절대소득가설에 의하면 소득에 대한 소비의 비율인 평균소비성향은 한계소비성향보다 항상 크다.

30 직무상식 – 농업·농촌상식   정답 ④

정밀농업을 현장에 적용시키기 위해 필요한 시스템에는 위치정보 시스템, 센싱 시스템, 지도화 시스템, 그리고 제어 시스템이 해당한다.

31 직무능력 – 의사소통능력   정답 ⑤

이 글은 농림축산식품부의 스마트팜 혁신밸리 2차 조성 지역 공모의 평가 결과에 따라 전남 고흥과 경남 밀양이 선정되었으며, 2021년까지 청년 창업보육센터와 임대형 스마트팜, 실증단지 등 핵심시설을 갖출 수 있도록 농림축산식품부가 해당 지역을 지원한다는 내용이므로 이 글의 중심 내용으로 가장 적절한 것은 ⑤이다.

32 직무능력 – 수리능력   정답 ①

거리 = 속력 × 시간임을 적용하여 구한다.

규빈이는 집에서 회사를 향해 속력 60km/h의 버스로 15분 동안 회사까지 거리의 절반만큼 이동했으므로 집에서 회사까지의 거리는 $60 \times \frac{15}{60} \times 2 = 30$km이다. 또한 8시 20분에 속력 75km/h의 택시를 타고 집까지 15km를 이동하는 데 걸린 시간은 $\frac{15}{75} = \frac{1}{5}$시간 = 12분이고, 집에서 서류를 찾고 다시 승용차로 출발하기까지 3분이 걸렸으므로 규빈이가 집에서 회사로

출발한 시각은 8시 20분에서 12 + 3 = 15분이 지난 8시 35분이다. 이에 따라 9시까지 회사에 도착하려면 남은 25분 동안 30km를 이동해야 한다.

따라서 규빈이가 9시까지 지각하지 않고 회사에 도착할 때, 승용차의 최소 속력은 $30 \div \frac{25}{60} = 72$km/h이다.

33 직무능력 – 수리능력   정답 ③

일반매장에서 판매되는 콘 아이스크림의 금액을 x라고 하면 일반매장에서 판매되는 바 아이스크림의 금액은 $0.8x$이다.

할인매장에서는 일반매장의 판매 금액에 콘 아이스크림 30%, 바 아이스크림 40%의 할인을 적용하여 판매하고, 지빈이가 할인매장에서 콘 아이스크림 16개와 바 아이스크림 14개를 구매한 금액이 26,880원이므로

$16 \times (1 - 0.3)x + \{14 \times (1 - 0.4) \times 0.8x\} = 26,880$

$\rightarrow 17.92x = 26,880 \rightarrow x = 1,500$

일반매장에서 판매되는 콘 아이스크림은 1,500원, 바 아이스크림은 $1,500 \times 0.8 = 1,200$원이다.

따라서 지빈이가 할인매장에서 할인받은 금액은 $(16 \times 1,500 \times 0.3) + (14 \times 1,200 \times 0.4) = 13,920$원이다.

34 직무능력 – 문제해결능력   정답 ③

ⓒ 농작물이 저온에 노출되면 냉해에 걸릴 수 있고, 냉해에 걸린 농작물은 착색 불량 증상이 나타나므로 항상 옳은 설명이다.

ⓔ 대사 작용이 교란되지 않은 농작물은 고온에 노출된 것이 아니라는 것은 농작물이 고온에 노출되면 대사 작용이 교란된다는 것이므로 항상 옳은 설명이다.

오답 체크

ⓐ 농작물의 잎과 과실에 반점이 생기지 않거나 세포 조직이 괴사하지 않으면 동해에 걸린 것이 아니라는 것은 농작물이 동해에 걸리면 잎과 과실에 반점이 생기고 세포 조직이 괴사한다는 것이다. 하지만 농작물의 잎과 과실에 반점이 생기는 증상은 냉해에 걸렸을 때 나타나는 증상이므로 옳지 않은 설명이다.

ⓑ 농작물의 생육에 영향을 미치는 환경 요인 중 하나인 온도가 농작물의 광합성에도 영향을 미치지만 농작물의 생육에 영향을 미치는 모든 환경 요인이 농작물의 광합성에도 영향을 미치는 지는 알 수 없다.

35 직무능력 – 문제해결능력 정답 ④

제시된 조건에 따르면 A 고객의 불만은 B 고객의 불만보다 먼저 접수되었고, A 고객과 B 고객의 불만 접수 사이에 한 건의 불만이 접수되었다. 또한, D 고객과 E 고객의 불만은 연달아 접수되었고, B 고객의 불만이 E 고객의 불만보다 나중에 접수되었으므로 D 고객과 E 고객의 불만은 A 고객과 B 고객의 불만보다 먼저 접수되었다. 이때, C 고객의 불만이 다섯 번째로 접수되었으므로 A 고객의 불만은 네 번째, B 고객의 불만은 여섯 번째로 접수되었고, G 고객의 불만은 C 고객의 불만보다 먼저 접수되었다. 이에 따라 불만이 접수된 순서는 다음과 같다.

1	2	3	4	5	6	7
D 또는 E 또는 G	D 또는 E	D 또는 E 또는 G	A	C	B	F

따라서 불만 사항이 가장 마지막으로 접수된 고객은 F이다.

36 직무능력 – 문제해결능력 정답 ③

제시된 조건에 따르면 A와 D는 서로 이웃하여 앉아 있지 않으므로 서로 마주 보고 앉아 있으며, 이에 따라 B와 C도 서로 마주 보고 앉아 있음을 알 수 있다. 또한, 케이크를 주문한 사람은 C의 바로 왼쪽에 앉아 있으며, 머핀을 주문한 사람과 커피를 주문한 사람이 서로 마주 보고 앉아 있으므로 B와 C는 각각 커피 또는 머핀을 주문하였다. 이때, C는 커피 또는 주스를 주문하였으므로 C가 커피, B가 머핀을 주문하였음을 알 수 있다. 이에 따라 A와 D는 각각 주스 또는 케이크를 주문하였으며, C의 바로 왼쪽에 앉아 있는 사람에 따라 가능한 경우는 다음과 같다.

경우 1. C의 바로 왼쪽에 D가 앉아 있을 경우

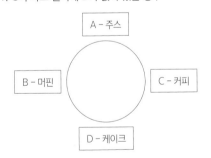

경우 2. C의 바로 왼쪽에 A가 앉아 있을 경우

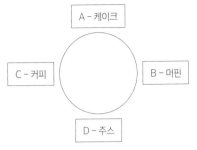

따라서 4명이 각자 주문한 메뉴를 바르게 연결한 것은 'A – 주스 또는 케이크, B – 머핀, C – 커피, D – 주스 또는 케이크'이다.

37 직무능력 – 정보능력 정답 ⑤

- ㉠ 열려 있는 애플리케이션을 전환할 때 사용하는 단축키는 'Alt + Tab'이다.
- ㉡ 작업 관리자를 열 때 사용하는 단축키는 'Ctrl + Shift + Esc'이다.
- ㉢ 선택한 항목의 이름을 바꿀 때 사용하는 단축키는 'F2'이다.

오답 체크

- Alt + F4: 열려 있는 항목을 닫거나 활성화된 애플리케이션을 종료할 때 사용하는 단축키
- Ctrl + Esc: 시작 메뉴를 열 때 사용하는 단축키
- F3: 파일 탐색기에서 파일이나 폴더를 검색할 때 사용하는 단축키
- F5: 활성화된 창을 새로 고침할 때 사용하는 단축키

38 직무능력 – 정보능력 정답 ②

<수정 전>과 <수정 후>를 비교하면 문단의 첫 줄에서 시작 부분을 한 자 들여 쓴 것을 확인할 수 있으므로 김 사원이 작성한 문서에서 수정사항이 올바르게 적용된 것은 '(나)'이다.

오답 체크

① 왼쪽 여백은 동일하므로 적절하지 않다.
③ 첫 줄은 내어쓰기가 아닌 들여쓰기만 적용되었으므로 적절하지 않다.
④ 줄 간격은 동일하므로 적절하지 않다.
⑤ 최소 공백을 최댓값인 100%로 수정하면 <수정 후> 문단의 공백은 넓어지거나 유지되어야 하지만 줄어들었으므로 적절하지 않다.

해커스 농협은행 6급 NCS+직무상식 기출동형모의고사

39 직무능력 – 의사소통능력   정답 ④

3문단에서 밀레투스학파의 대표 철학자인 탈레스는 물을 만물의 근원으로 여겼으며, 하나의 근원 물질이 변화하여 다른 사물을 만들고 다시 이것이 소멸과 생성을 반복한다고 주장하였으므로 밀레투스학파의 탈레스가 땅을 근원 물질로 여겨 땅이 변화하여 다른 사물을 만들어 낸다고 여긴 것은 아님을 알 수 있다.

오답 체크

① 4문단에서 엘레아학파는 자연 철학에 기반을 두기보다 신비주의적이고 형이상학적 철학을 중심으로 한 분파라고 하였으므로 적절한 내용이다.

② 2문단에서 이오니아학파라고도 불리는 밀레투스학파는 소크라테스 이전 시기의 그리스 철학 중 가장 오래된 분파로 평가받는다고 하였으므로 적절한 내용이다.

③ 5문단에서 엘레아학파는 변증법을 반대하는 주장을 펼쳤으나 오히려 변증법 발전에 영향을 미쳤다고 하였으므로 적절한 내용이다.

⑤ 1문단에서 소크라테스 이전 주요 철학 사상으로 활약한 철학 사상은 지역과 이론을 기준으로 크게 밀레투스학파와 엘레아학파로 구분되었다고 하였으므로 적절한 내용이다.

40 직무능력 – 수리능력   정답 ②

제시된 기간 중 국내선 화물 물동량이 가장 적은 2018년의 환적률은 $(1,162 / 2,952) \times 100 ≒ 39.4\%$이고, 국내선 화물 물동량이 가장 많은 2013년의 환적률은 $(1,056 / 2,464) \times 100 ≒ 42.9\%$이다.

따라서 2018년과 2013년 환적률의 차이는 $42.9 - 39.4 = 3.5\%p$이다.

41 직무능력 – 문제해결능력   정답 ③

[열차 승차권 운임 요금]에 따르면 일반실 승차권 20매 이상 구매 시 일반실 승차권 요금의 10%가 할인되므로 갑이 구매한 특실 어른 승차권 5매, 일반실 어른 승차권 30매의 가격은 $(83,700 \times 5) + (59,800 \times 0.9 \times 30) = 418,500 + 1,614,600 = 2,033,100$원이다. [열차 승차권 환불 위약금]에 따르면 주중 승차권을 출발 2일 전에 취소할 경우 400원 × 인원수의 환불 위약금이 부과되므로 갑에게 환불 위약금으로 부과되는 금액은 $400 \times 35 = 14,000$원이다. 따라서 갑이 환불받은 금액은 $2,033,100 - 14,000 = 2,019,100$원이다.

42 직무능력 – 수리능력   정답 ②

복리 상품 만기 시 받는 원리금은 원금 × (1 + 이자율)^{기간}임을 적용하여 구한다.

지민이는 1월 1일에 300만 원을 입금하고, 월 이자율은 3%이므로 지민이가 받을 복리 상품의 원리금은 $300 \times (1 + 0.03)^{12} ≒ 300 \times 1.4 ≒ 420$만 원이다.

단리 상품 만기 시 받는 원리금은 원금 × {1 + (이자율 × 기간)}임을 적용하여 구하므로 지민이가 받을 단리 상품의 원리금은 $300 \times \{1 + (0.03 \times 12)\} = 408$만 원이다.

따라서 1년 뒤 지민이가 받을 두 상품의 원리금 차이는 $420 - 408 ≒ 12$만 원이다.

43 직무능력 – 수리능력   정답 ②

소금의 양 = $\frac{소금물의 농도}{100}$ × 소금물의 양임을 적용하여 구한다.
B 비커에 있는 소금물 200g을 C 비커로 옮긴 후 B 비커에 남아있는 소금의 양은 $\frac{15}{100} \times (350 - 200) = 22.5g$이고, C 비커에 있는 소금의 양은 $\frac{15}{100} \times 200 = 30g$이다. 그다음 A 비커에 있는 소금물을 B 비커와 C 비커에 각각 100g, 200g씩 옮겼으므로 B 비커에 있는 소금의 양은 $22.5 + \frac{12.5}{100} \times 100 = 35g$, C 비커에 있는 소금의 양은 $30 + \frac{12.5}{100} \times 200 = 55g$이다. 이때, 소금물은 B 비커에 $350 - 200 + 100 = 250g$, C 비커에 $150 + 200 + 200 = 550g$이 있으므로 소금물을 모두 옮긴 후에 소금물의 농도는 B 비커가 $\frac{35}{250} \times 100 = 14\%$이고, C 비커가 $\frac{55}{550} \times 100 = 10\%$이다.

따라서 마지막에 들어있는 B 비커와 C 비커의 소금물의 농도 차는 $14 - 10 = 4\%$이다.

44 직무능력 – 문제해결능력   정답 ③

제시된 [입상 현황]에 따르면 '가'팀과 '라'팀의 순위 차이는 '다'팀과 '마'팀의 순위 차이와 같으므로 각각 1위와 2위, 3위와 4위로 순위 차이가 1이거나 1위와 3위, 2위와 4위로 순위 차이가 2이다. 이에 따라 가, 다, 라, 마 4팀의 순위가 모두 다르므로 '나'팀은 4위이고, '나'팀 또는 '라'팀이 J 기업 인턴십 기회를 부여받았으므로 '라'팀이 J 기업 인턴십 기회를 부여받았다. '라'팀이 받은 상금은 '다'팀이 받은 상금의 두 배이므로 '라'팀은 2위, '다'팀은 3위이다.

대상(1위)	최우수상(2위)	우수상(3위)	장려상(4위)
가 또는 마	라	다	가 또는 마, 나

따라서 우수상을 받은 팀은 3위인 '다'팀이다.

45 직무능력 – 문제해결능력　　　정답 ①

호수 어머니의 주민등록상 거주지가 △△지역인 경우 청년희망하우스에 신청할 수 없고, 청년희망하우스 신청 기록이 없다면 재학생 임대료 지원 혜택도 받을 수 없으므로 적절하지 않은 내용이다.

오답 체크

② 호수가 월 임대료가 가장 낮은 청년희망하우스 입주 당첨자로 선정된 경우와 가장 높은 청년희망하우스 입주 당첨자로 선정된 경우 월 임대료 차이는 223,100 – 88,800 = 134,300원이므로 적절한 내용이다.

③ 청년희망하우스 입주자로 당첨된 경우 학교 인근 원룸에서 거주할 수 있으므로 적절한 내용이다.

④ 호수가 동기 1명과 같이 청년희망하우스 다가구 주택을 신청하여 둘 다 입주 당첨자로 선정된다면 다가구 주택에서 함께 거주할 수 있으므로 적절한 내용이다.

⑤ 기존 기숙사 입주자 중 10명이 퇴소한 경우 10번째 기숙사 입주 대기자인 호수는 기숙사에 입주할 수 있으므로 적절한 내용이다.

46 직무능력 – 수리능력　　　정답 ③

이자금액 = 예치금액 × 이자율임을 적용하여 구한다.
갑 사원은 가입기간이 2년인 단리식 A 정기예금상품에 만기일시지급식으로 가입하여 2,000만 원을 예치하였으므로 기본이율로 3.10%가 적용되며, 10개월 경과 후 상품을 중도해지함에 따라 경과율은 10 / 24 ≒ 0.417이고, 중도해지 이자율은 3.10 × 0.7 × 0.417 ≒ 0.905%가 된다.
따라서 갑 사원이 환급받는 총금액은 20,000,000 + (20,000,000 × 0.00905) = 20,181,000원이다.

47 직무능력 – 수리능력　　　정답 ③

먼저 거래처에서 송금하는 금액을 달러화 기준으로 정리하여 송금 수수료를 파악한다. 미화 환산율은 유럽연합 EUR이 1.16, 일본 JPY가 0.92(100엔 기준)이므로 유로화와 엔화는 각각 5,000 × 1.16 = 5,800달러, (60,000 / 100) × 0.92 = 552달러이므로 유로화는 USD 5,000 초과 USD 10,000 이하에 해당하여 송금 수수료가 7,000원, 엔화는 USD 5,000 이하에 해당하여 송금 수수료가 5,000원이다. 송금받을 때의 환율은 유럽연합 EUR이 1,400원/유로, 일본 JPY가 1,110원/100엔이므로 유로화와 엔화는 각각 5,000유로 × 1,400원/유로 = 7,000,000원, 60,000엔 × 1,110원/100엔 = 666,000원이고, 수취은행 수수료는 송금액에서 차감한다.
따라서 귀사가 원화로 출금할 수 있는 총금액은 7,000,000 + 666,000 – 7,000 – 5,000 = 7,654,000원이다.

48 직무능력 – 의사소통능력　　　정답 ②

이 글은 각 분야의 데이터 융합 및 기술 연결을 이루는 사물인터넷이 4차 산업혁명 시대의 핵심 기술 중 하나로 꼽히고 있으며, 사물인터넷의 발전이 관련 기술의 발전을 유발하여 기술 간의 융합을 이루고 사물인터넷을 바탕으로 한 데이터 확보 및 분석이 기업 경쟁력으로 자리매김하고 있다는 내용이므로 이 글의 중심 내용으로 가장 적절한 것은 ②이다.

오답 체크

① 지능형 사물인터넷의 발전을 위해 선행되어야 하는 인공지능 기술 개발의 필요성에 대해서는 다루고 있지 않으므로 적절하지 않은 내용이다.

③ 4차 산업혁명에서 사물인터넷이 제 기능을 다 하기 위해 필요한 전제에 대해서는 다루고 있지 않으므로 적절하지 않은 내용이다.

④ 3문단에서 사물과 데이터의 폭증으로 인해 디지털 복잡도가 높아져 기존 클라우드 중심 중앙 처리 시스템의 한계를 보완할 수 있는 대안이 요구되어 에지 컴퓨팅의 중요성이 점차 높아지고 있다고 하였지만, 글 전체를 포괄할 수 없으므로 적절하지 않은 내용이다.

⑤ 4차 산업혁명 기술 간의 융합 촉진과 사물인터넷 산업 성장 속도 간의 상관관계에 대해서는 다루고 있지 않으므로 적절하지 않은 내용이다.

49 직무능력 – 문제해결능력　　　정답 ①

팀장님이 전달한 구매 기준에 따르면 무게 1.2kg 이하, 윈도우 포함, 메모리 용량 16GB 이상, 저장 용량 256GB 이상, 카메라 화소 720p 이상, 2대 기준 총구매가격이 300만 원 이하인 노트북을 구매해야 하므로 무게가 2.03kg인 D 노트북, 윈도우가 미포함된 B 노트북, 1대의 가격이 1,999,800원으로 2대 가격이 300만 원을 넘는 C 노트북은 구매하지 않는다. 이때 눈부심 방지 기능이 포함된 노트북을 구매할 때와 포함되지 않은 노트북을 구매할 때의 차이가 30만 원 미만인 경우에만 해당 기능이 있는 제품을 구매한다. 나머지 노트북 중 눈부심 방지 기능이 없는 A 노트북의 2대 구매 가격은 1,314,000 × 2 = 2,628,000원이고, 눈부심 방지 기능이 있는 E 노트북은 2대 이상 구매 시 노트북 1대당 10%를 할인받을 수 있으므로 E 노트북의 2대 구매 가격은 1,638,000 × 0.9 × 2 = 2,948,400원이다. 이에 따라 A 노트북을 구매하는 것이 E 노트북을 구매하는 것보다 2,948,400 – 2,628,000 = 320,400원 더 저렴하므로 눈부심 방지 기능이 없는 A 노트북을 선택한다.
따라서 박 사원이 구매할 노트북은 A 노트북이다.

50 직무능력 – 정보능력   정답 ③

EAN-13 코드 생성 방식에 따라 1) 국가코드: 프랑스(397) → 2) 업체코드: ◇◇공장(1135) → 3) 상품코드: 코티지 치즈 (021) → 4) 유통기한: 최대 2주(27) → 5) 체크섬: 바코드 짝수 자리 숫자의 합에 3을 곱한 값과 홀수 자리 숫자의 합을 더한 후, 그 값이 10의 배수가 되기 위해 추가로 더해야 하는 최솟값(7) 순으로 배열되므로 프랑스 ◇◇공장에서 생산된 코티지 치즈의 유통기한이 최대 2주라면 바코드는 '3971135021277' 이 가장 적절하다.

오답 체크

① 한국 ◇◇공장에서 생산된 유통기한 최대 2주의 리코타 치즈 바코드이다.
② 알 수 없는 국가의 ◇◇공장에서 생산된 유통기한 최대 1개월의 리코타 치즈 바코드이다.
④ 미국 ♣♣공장에서 생산된 유통기한 최대 6개월의 보드카 바코드이다.
⑤ 스웨덴 △△공장에서 생산된 유통기한 최대 1주의 고단백 우유의 바코드이다.

51 직무능력 – 정보능력   정답 ④

변수 a의 초깃값은 0, 변수 b의 초깃값은 15, 변수 num의 초깃값은 7이다.

```
for(a = 1; a < 7; a + +)
{
  b = b + a;
}
```

는 변수 a의 값을 1로 설정해주고, 변수 a가 7 미만인 경우에만 b = b + a 조건을 반복하며, 조건이 수행되는 경우마다 변수 a의 값을 1씩 증가시키는 반복문이다. 이에 따라 변수 b의 값은 15 + (1 + 2 + 3 + 4 + 5 + 6) = 36이다.
num = num + b는 변수 num의 값에 변수 b의 값을 더해주므로 변수 num의 값은 7 + 36 = 43이 된다.
printf("%d", num)는 변수 num의 값을 출력하는 함수이므로 43이 출력된다.
따라서 프로그램을 실행하였을 때 출력되는 값은 43이다.

52 직무능력 – 문제해결능력   정답 ④

총 3,000ml의 물비누를 구매한다고 하였으므로 A~D 업체별 물비누 용량에 따른 가격과 배송비를 고려하여 총 지불 금액을 계산한다.
제시된 자료에 따르면 A 업체 물비누의 경우 1통당 용량이 150ml이므로 총 3,000/150 = 20통의 물비누를 구매해야 한다. 물비누 1통당 가격이 2,250원이고 배송비가 2,000원이므로 총 지불 금액은 (20 × 2,250) + 2,000 = 47,000원이다.
B 업체 물비누의 경우 1통당 용량이 250ml이므로 총 3,000/250 = 12통의 물비누를 구매해야 한다. 물비누 1통당 가격이 3,800원이고 배송비가 없으므로 총 지불 금액은 12 × 3,800 = 45,600원이다.
C 업체 물비누의 경우 1통당 용량이 500ml이므로 총 3,000/500 = 6통의 물비누를 구매해야 하지만 2통을 구매하면 1통이 무료 증정되어 3통을 받을 수 있으므로 4통을 구매하면 6통을 받을 수 있다. 물비누 1통당 가격이 11,400원이고 배송비가 3,000원 발생하므로 총 지불 금액은 (4 × 11,400) + 3,000 = 48,600원이다.
D 업체 물비누의 경우 1통당 용량이 300ml이므로 총 3,000/300 = 10통을 구매해야 하지만 3통을 구매하면 1통이 무료 증정되어 4통을 받을 수 있으므로 8통을 구매하면 10통을 받을 수 있다. 물비누 1통당 가격이 5,400원이고 배송비가 없으므로 총 지불 금액은 8 × 5,400 = 43,200원이다.
따라서 물비누를 가장 저렴하게 구매할 수 있는 업체는 D이다.

53 직무능력 – 수리능력   정답 ①

평균 총 자외선지수가 전월 대비 감소한 달은 9월부터 12월까지이며, 이 중 평균 총 자외선지수의 전월 대비 감소량이 가장 큰 달은 그래프의 기울기가 가장 가파른 11월이다.
따라서 11월 총 자외선지수의 최댓값은 최솟값의 5.6 / 0.8 = 7배이다.

54 직무능력 – 수리능력   정답 ⑤

2016년 이후 논벼 면적의 전년 대비 감소량은 2016년에 798 − 778 = 20천 ha, 2017년에 778 − 754 = 24천 ha, 2018년에 754 − 737 = 17천 ha, 2019년에 737 − 730 = 7천 ha, 2020년에 730 − 726 = 4천 ha임에 따라 2016년 이후 논벼 면적이 전년 대비 가장 많이 감소한 2017년에 논벼 천 ha당 볏짚 생산량은 전년 대비 6,256 − 6,162 = 94톤 증가하였으므로 옳지 않은 설명이다.

① 2016년 이후 논벼 면적과 볏짚 생산량은 모두 전년 대비 매년 감소하였으므로 옳은 설명이다.

② 2017년 논벼 천 ha당 볏짚 생산량은 전년 대비 {(6,256 − 6,162)/6,162} × 100 ≒ 1.53% 증가했으므로 옳은 설명이다.

③ 제시된 기간 동안 연평균 볏짚 생산량은 (4,808 + 4,794 + 4,717 + 4,566 + 4,495 + 4,125) / 6 ≒ 4,584천 톤이므로 옳은 설명이다.

④ 2018년 논벼 면적은 3년 전 대비 798 − 737 = 61천 ha 감소했으므로 옳은 설명이다.

55 직무능력 – 의사소통능력   정답 ④

4문단에서 국제신용평가사인 A 사에서는 주요 신흥국들이 2013년보다 경상수지 적자 규모가 줄었고 금리 인상에 따른 자금 유출 리스크도 낮은 수준을 보이고 있다는 것을 근거로 테이퍼링으로 인해 신흥국에서 문제가 발생할 가능성은 거의 없을 것이라는 전망에 힘을 실어주고 있다고 하였으므로 국제신용평가사 A 사에서는 최근 재정환경을 2013년과 비교하며 테이퍼링으로 인한 신흥국 충격이 클 것이라는 점을 시사했다는 것은 아님을 알 수 있다.

① 1문단에서 양적 완화란 정부가 경기가 회복되지 않는 상황에서 국채, 공채 등 다양한 자산을 매입해 시중에 통화량을 증가시켜 경기를 부양하는 정책이라고 하였으므로 적절한 내용이다.

② 3문단에서 투자자들은 제로금리 수준으로 빌린 돈을 경제 성장 속도가 빠른 신흥국에 투자하지만 선진국이 테이퍼링을 선언하고 금리 인상이 예상되면 투자자들은 금리 인상의 우려로 인해 신흥국에 투자한 돈을 회수하게 된다고 하였으므로 적절한 내용이다.

③ 1문단에서 테이퍼링은 원래 스포츠 용어였지만 벤 버냉키가 'Taper'라는 단어를 사용하여 양적 완화 축소 가능성을 시사한 이후로 경제적 용어로도 쓰이게 되었다고 하였으며, 2문단에서 테이퍼 탠트럼 역시 운동선수가 겪는 심리적 불안을 뜻하는 스포츠 용어였지만 버냉키의 2013년 발언을 계기로 경제적 용어로 쓰이게 되었다고 하였으므로 적절한 내용이다.

⑤ 1문단에서 양적 완화란 경기를 부양하기 위한 통화 정책이라고 하였으며, 2문단에서 테이퍼 탠트럼은 선진국의 테이퍼링으로 인해 신흥국에 유입되었던 자본이 다시 선진국으로 회귀하면서 겪게 되는 금융시장의 충격을 의미한다고 하였으므로 적절한 내용이다.

56 직무능력 – 수리능력   정답 ②

지역별 전체 농업기계 보유 대수는 A 지역이 1,636 + 1,236 + 2,930 + 711 + 2,487 = 9,000대, B 지역이 2,489 + 383 + 852 + 1,750 + 3,326 = 8,800대, C 지역이 2,456 + 1,045 + 963 + 257 + 3,679 = 8,400대, D 지역이 1,203 + 1,920 + 2,682 + 1,037 + 158 = 7,000대로 A 지역이 가장 많다.

따라서 A 지역에서 농업기계 한 대를 뽑았을 때, 그 농업기계가 동력경운기일 확률은 (1,636 / 9,000) × 100 ≒ 18%이다.

57 직무능력 – 수리능력   정답 ④

A 라인에서 제품을 생산하였을 때 불량품이 발생할 확률은 0.7 × 0.06 = 0.042이고, B 라인에서 제품을 생산하였을 때 불량품이 발생할 확률은 0.3 × 0.04 = 0.012이다.

따라서 라 공장에서 생산된 제품 중 한 개가 불량품이었을 때, 이 불량품이 A 라인에서 생산된 제품일 확률은 $\frac{0.042}{0.042 + 0.012}$ = $\frac{7}{9}$ 이다.

58 직무능력 – 문제해결능력   정답 ④

제시된 규칙에 따르면 각 회차에서 두 번의 화살을 쏘아 얻을 수 있는 점수는 0, 1, 2, 3, 4, 5, 6점이고, n회차의 점수는 (n회차에서 두 번의 화살을 쏘아 얻은 점수의 합) × n이므로 회차별 점수는 다음과 같다.

구분	얻을 수 있는 점수
1회차	0, 1, 2, 3, 4, 5, 6
2회차	0, 2, 4, 6, 8, 10, 12
3회차	0, 3, 6, 9, 12, 15, 18

따라서 각 회차의 점수를 모두 더해서 만들 수 있는 최고 점수는 6 + 12 + 18 = 36점이므로 옳지 않은 내용이다.

① 1회차 점수는 최종 점수의 일의 자리 수이고 일의 자리 수가 짝수라면 최종 점수는 짝수이므로 옳은 내용이다.

② 최종 점수의 백의 자리 수가 9이기 위해 3회차에서 얻을 수 있는 점수로 가능한 경우의 수는 두 번의 화살을 쏘아 얻은 점수의 합이 3점인 경우이고, 이러한 경우의 수는 0/3, 1/2, 2/1, 3/0 총 4가지이므로 옳은 내용이다.

③ 2회차에서 얻을 수 있는 점수는 두 번의 화살을 쏘아 얻은 점수의 합에 2를 곱하여 모두 짝수이므로 옳은 내용이다.

⑤ 최종 점수의 일의 자리에 들어갈 수 있는 수는 0, 1, 2, 3, 4, 5, 6으로 7가지, 십의 자리에 들어갈 수 있는 수는 0, 2, 4, 6, 8로 5가지, 백의 자리에 들어갈 수 있는 수는 0, 2, 3, 5, 6, 8, 9로 7가지이므로 옳은 내용이다.

59 직무능력 – 문제해결능력   정답 ①

'4. 월 지원금 계산식'에 따르면 A의 월 통상임금의 80%는
$160 \times 0.8 = 128$만 원으로 월 지원금은 $128 \times \frac{40-15}{40} = 80$
만 원이다.

따라서 A가 9개월 동안 지급받게 될 지원금의 총액은
$80 \times 9 = 720$만 원이므로 옳은 설명이다.

[오답 체크]

② B의 월 통상임금의 80%는 $240 \times 0.8 = 192$만 원으로 상한액인
150만 원을 넘어 월 지원금은 $150 \times \frac{40-20}{40} = 75$만 원이고, 6개
월 동안 지급받게 될 지원금의 총액은 $75 \times 6 = 450$만 원이므로
옳지 않은 설명이다.

③ C의 월 통상임금의 80%는 $180 \times 0.8 = 144$만 원으로 월 지원
금은 $144 \times \frac{40-20}{40} = 72$만 원이고, 12개월 동안 지급받게 될 지
원금의 총액은 $72 \times 12 = 864$만 원이므로 옳지 않은 설명이다.

④ D의 월 통상임금의 80%는 $200 \times 0.8 = 160$만 원으로 상한액인
150만 원을 넘어 월 지원금은 $150 \times \frac{40-30}{40} = 37.5$만 원이고, 3
개월 동안 지급받게 될 지원금의 총액은 $37.5 \times 3 = 112.5$만 원
이므로 옳지 않은 설명이다.

⑤ E의 월 통상임금의 80%는 $220 \times 0.8 = 176$만 원으로 상한액인
150만 원을 넘어 월 지원금은 $150 \times \frac{40-25}{40} = 56.25$만 원이고,
10개월 동안 지급받게 될 지원금 총액은 $56.25 \times 10 = 562.5$만
원이므로 옳지 않은 설명이다.

60 직무능력 – 의사소통능력   정답 ③

2문단에서 케인스는 화폐 보유의 동기 중 거래적 동기와 예비
적 동기는 모두 소득 정도와 비례하고, 이로 인해 경제 주체들
이 거래 매개수단으로 화폐를 중요시한다는 것을 알 수 있다고
하였으므로 소득 정도와 특정한 화폐 보유 욕구가 비례 관계에
놓이는 것을 통해 화폐가 거래 매개체의 역할을 하는 중요한 수
단임을 알 수 있다.

[오답 체크]

① 4문단에서 실제 이자율이 정상 이자율보다 낮으면 이자율이 오
를 것으로 예상하여 채권을 구입하는 것보다 화폐를 보유하는 것
이 더 매력적인 선택으로 여겨진다고 하였으므로 적절하지 않은
내용이다.

② 5문단에서 경기가 침체된 상태에서 기업은 미래의 경제 상황을
낙관하지 못하기 때문에 생산을 줄이고 투자를 미루게 된다고 하
였으므로 적절하지 않은 내용이다.

④ 3문단에서 투기적 동기는 소비 외의 목적으로도 화폐를 보유하
는 경향으로, 다른 자산과 비교하여 화폐를 보유하는 것이 가장
유리하다고 판단될 때 화폐를 보유하는 것이라고 하였으므로 적
절하지 않은 내용이다.

⑤ 2문단에서 거래적 동기는 일상생활에 필요한 거래를 위해 화폐
를 보유하고자 하는 동기이고, 장래에 예측하지 못하는 상황에
대비하여 화폐를 보유하고자 하는 것은 예비적 동기라고 하였으
므로 적절하지 않은 내용이다.

61 직무능력 – 정보능력   정답 ⑤

DISTINCT는 중복되는 레코드 중 가장 첫 번째로 검색되는
레코드를 제외한 나머지 레코드를 제거하여 검색하므로 적절
하다.

62 직무능력 – 문제해결능력   정답 ③

청렴마일리지 적립 기준에서 항목별 총점수는 항목점수를 초과
할 수 없으며, 청렴 활동에서 윤리교육의 항목점수는 15점이라
고 하였으므로 D 인턴이 인재개발원, 권익위 청렴연수원, 사내
감사실에서 주관하는 정규 윤리교육을 모두 수강하여 총 20점
을 받을 수 있다는 설명은 가장 적절하지 않은 내용이다.

[오답 체크]

① 청렴 활동에서 사내 사회봉사에 참여할 경우 시간당 1점이 적립
되고, 연간 최대 10시간이 인정된다고 하였으므로 적절한 내용
이다.

② 임직원 행동 방침에서 임직원의 금품 수령 사실을 신고할 경우
35점이 적립된다고 하였으므로 적절한 내용이다.

④ 청렴 활동에서 청렴 행사에 참여할 경우 회당 3점이 적립되고, 청
렴 경진 대회에 참가하였으나 수상하지 못할 경우 회당 1점이 적
립된다고 하였으므로 적절한 내용이다.

⑤ 청렴 활동에서 청탁금지법에 위배되는 상황을 신고할 경우 20점
이 적립되고, 임직원 행동 방침에서 임직원의 선물 청탁 사실을
연합하여 신고할 경우 대표자 1명에게만 40점이 적립된다고 하
였으므로 적절한 내용이다.

63 직무능력 – 수리능력   정답 ②

2019년 교원 1인당 학생 수는 부산광역시가 $592,113 / 34,555 ≒$
17.1명, 울산광역시가 $182,827 / 13,091 ≒ 14.0$명으로 부산
광역시가 울산광역시보다 많으므로 옳은 설명이다.

[오답 체크]

① 2017년 이후 인천광역시 교원 수의 전년 대비 증감 추이는 2017
년에 감소, 2018년에 증가, 2019년에 감소하였고, 대전광역
시 교원 수의 전년 대비 증감 추이는 2017년과 2018년에 증
가, 2019년에 감소하여 서로 동일하지 않으므로 옳지 않은 설
명이다.

③ 2017년부터 2019년까지 광주광역시의 평균 학생 수는 (331,665 + 323,605 + 313,463) / 3 = 322,911명으로 324,000명 이하이므로 옳지 않은 설명이다.

④ 2016년 서울특별시와 대구광역시 교원 수의 합은 96,185 + 27,306 = 123,491명이므로 옳지 않은 설명이다.

⑤ 제시된 기간 중 인천광역시 교원 수가 가장 적은 2017년에 광주광역시 학생 수는 전년 대비 {(341,377 - 331,665) / 341,377} × 100 ≒ 2.8% 감소하여 5% 이상 감소하지 않았으므로 옳지 않은 설명이다.

⏱️ 빠른 문제 풀이 Tip

② 두 분수의 크기를 비교할 때, 분자와 분모의 차이를 각각 비교한다.
분자 간의 비율이 분모 간의 비율보다 클수록 분수는 커진다. 분자에 해당하는 학생 수는 부산광역시가 울산광역시의 592,113 / 182,827 ≒ 3.24배임에 따라 3배 이상이고, 분모에 해당하는 교원 수는 부산광역시가 울산광역시의 34,555 / 13,091 ≒ 2.64배임에 따라 3배 미만이므로 교원 1인당 학생 수는 부산광역시가 울산광역시보다 많은 것을 알 수 있다.

⑤ 학생 수의 1%는 학생 수를 100으로 나눈 값임을 이용하여 계산한다. 2017년 광주광역시 학생 수는 전년 대비 341,377 - 331,665 = 9,712명 감소하였고, 2016년 광주광역시 학생 수의 1%는 약 3,400명으로 5%는 17,000명 이상임에 따라 2017년 광주광역시 학생 수는 전년 대비 5% 이상 감소하지 않은 것을 알 수 있다.

64 직무능력 – 수리능력   정답 ③

2017년 전국 예금은행 예금액에서 부산 예금은행 예금액이 차지하는 비중은 (8,177 / 130,556) × 100 ≒ 6.3%이므로 옳은 설명이다.

오답 체크

① 2017년 이후 전국 예금은행 예금액의 전년 대비 증감 추이는 매년 증가하였고, 2017년 이후 예금은행 예금액이 전년 대비 매년 증가한 특·광역시는 서울, 인천, 대전, 대구 총 4곳이므로 옳지 않은 설명이다.

② 2018년 예금은행 예금액의 전년 대비 증가량은 서울이 72,876 - 66,469 = 6,407백억 원, 세종이 1,186 - 774 = 412백억 원으로 서울이 세종보다 6,407 - 412 = 5,995백억 원 더 많으므로 옳지 않은 설명이다.

④ 인천과 대전의 예금은행 예금액의 차이는 2016년에 4,027 - 2,861 = 1,166백억 원, 2017년에 4,301 - 3,060 = 1,241백억 원, 2018년에 4,434 - 3,091 = 1,343백억 원, 2019년에 4,676 - 3,391 = 1,285백억 원, 2020년에 5,195 - 3,873 = 1,322백억 원으로 2018년에 가장 크므로 옳지 않은 설명이다.

⑤ 제시된 기간 중 대구 예금은행 예금액이 가장 많은 2020년에 전국 예금은행 예금액은 대구 예금은행 예금액의 169,782 / 5,716 ≒ 29.7배이므로 옳지 않은 설명이다.

65 직무능력 – 문제해결능력   정답 ⑤

'1. 상품 개요 – 계약 기간 및 저축 장려금'에 따르면 계약 기간은 24개월이고, 13개월 이상 저축한 사람은 적금 납입 원금의 4%가 저축 장려금으로 지급되어 중도해지 없이 계약 기간 동안 매월 15만 원씩 적립한 사람은 만기에 저축 장려금으로 150,000 × 24 × 0.04 = 144,000원을 받으므로 옳지 않은 내용이다.

오답 체크

① '1. 상품 개요 – 적립 방법'에 따르면 매월 50만 원까지 적립할 수 있어 1년간 최대 50 × 12 = 600만 원을 저축할 수 있으므로 옳은 내용이다.

② '1. 상품 개요 – 기본 이율'에 따르면 기본 이율은 연 5.0%이고, '2. 우대 이율'에 따르면 우대 이율은 최대 2개까지 중복 적용이 가능하며, 우대 이율이 높은 이율부터 우선 적용함에 따라 급여이체 우대 이율과 첫 거래 우대 이율을 적용하면 최대 연 5.0 + 0.5 + 0.5 = 6.0%의 최종 이율이 적용되므로 옳은 내용이다.

③ '2. 우대 이율'에 따르면 자동이체 우대 이율은 신규일이 포함된 월부터 만기 전전달까지 자동이체 등 창구 이외의 채널을 이용하여 N 은행 입출금통장에서 적금으로 납입된 월이 6개월 이상인 경우 0.3%p의 연이율이 적용되며 적금 만기 달인 12월에 적금을 해지함에 따라 1월부터 12월까지의 기간 중 총 10개월 동안 자동이체를 한 적금 가입자에게 0.3%p의 우대 이율이 적용되므로 옳은 내용이다.

④ '1. 상품 개요 – 대상 요건'에 따르면 나이 요건은 가입일 현재 만 19세 이상 만 34세 이하이고, '3. 유의 사항'에 따르면 병적증명서로 현역병 등 병역 이행이 증명되는 경우 그 기간을 가입일 현재의 만 나이에서 빼고 계산한 나이가 만 34세 이하인 경우 나이 요건을 충족함에 따라 만 35세인 자의 현역병 근무 기간을 제외하면 만 35 - 2 = 33세로 나이 요건을 충족하므로 옳은 내용이다.

[66-67]
66 직무능력 – 정보능력   정답 ④

'외국인 유실물 총 반환 건수'를 찾기 위해서는 외국인 유실물에 해당하는 행을 찾아 합계의 열 번호에 해당하는 값을 찾아야 한다.

따라서 열 방향의 표나 범위에서 원하는 값을 찾을 때 사용하는 VLOOKUP 함수가 적절하며, VLOOKUP 함수식인 '=VLOOKUP(검색값, 검색 범위, 열 번호, 옵션)'을 적용한다. 이때 VLOOKUP 함수의 옵션이 TRUE 또는 1이면 검색값보다 작거나 같은 값 중에서 가장 근접한 값을 찾고, FALSE 또는

0이면 검색값과 정확한 값을 찾으므로 [E13] 셀의 값을 찾기 위해서는 옵션이 '0'이어야 한다. 이에 따라 '=VLOOKUP(B9, B2:E9, 2, 0)'이 된다.

①, ② HLOOKUP 함수를 사용하여 외국인 유실물의 총 반환 건수를 찾기 위한 함수식은 '=HLOOKUP(C2, B2:E9, 8, 0)'이다.
⑤ LOOKUP 함수를 사용하여 외국인 유실물의 총 반환 건수를 찾기 위한 함수식은 '=LOOKUP(B9, B3:B9, C3:C9)'이다.

🔍 **더 알아보기**

HLOOKUP 함수	• 행 방향의 표나 범위에서 원하는 값을 찾을 때 사용하는 함수 • 범위의 첫 번째 행에서 검색값과 같은 데이터를 찾은 후 검색값이 있는 열에서 지정된 행 번호 위치에 있는 데이터를 입력함 📝 =HLOOKUP(검색값, 검색 범위, 행 번호, 옵션)
VLOOKUP 함수	• 열 방향의 표나 범위에서 원하는 값을 찾을 때 사용하는 함수 • 범위의 첫 번째 열에서 검색값과 같은 데이터를 찾은 후 검색값이 있는 행에서 지정된 열 번호 위치에 있는 데이터를 입력함 📝 =VLOOKUP(검색값, 검색 범위, 열 번호, 옵션)
LOOKUP 함수	• 배열이나 한 행 또는 한 열 범위에서 원하는 값을 찾을 때 사용하는 함수 📝 =LOOKUP(검색값, 검색 범위, 결과 범위)

67 직무능력 – 정보능력　　　　정답 ③

1호선과 2호선의 도시철도 유실물 반환 건수에서 '반환 건수가 두 번째로 큰 값'을 찾기 위해서는 1호선과 2호선의 도시철도 유실물 반환 건수에 해당하는 영역을 찾아 값이 두 번째로 큰 셀을 찾아야 한다.
따라서 지정한 범위의 셀 값 중 k번째로 큰 값을 구하고자 할 때 사용하는 LARGE 함수가 적절하며, LARGE 함수식인 '=LARGE(지정한 범위, k)'를 적용하면 '=LARGE(D3:E9, 2)'가 된다.

① MAX는 지정한 범위의 셀 값 중 가장 큰 값을 구하고자 할 때 사용하는 함수이므로 적절하지 않다.
② MIN은 지정한 범위의 셀 값 중 가장 작은 값을 구하고자 할 때 사용하는 함수이므로 적절하지 않다.
④ SMALL은 지정한 범위의 셀 값 중 k번째로 작은 값을 구하고자 할 때 사용하는 함수이므로 적절하지 않다.
⑤ MID는 지정한 셀 값에서 중간에 있는 일정한 문자를 추출하고자 할 때 사용하는 함수이므로 적절하지 않다.

68 직무능력 – 의사소통능력　　　　정답 ③

㉠ 2문단에서 코즈는 재산의 소유권이 잘 확립되어 있고 거래 비용이 적거나 발생하지 않는 상태라면 정부의 개입 없이도 민간 경제 주체들의 자발적인 협상을 통해 외부효과로 인한 비효율성을 해결할 수 있다고 하였으므로 적절하지 않은 내용이다.
㉣ 3문단에서 하천의 주인이 누구이든 소유권만 명확하다면 정부의 개입 없이도 민간 경제 주체들 간의 협상을 통해 외부효과가 사라짐을 알 수 있다고 하였으므로 적절하지 않은 내용이다.
㉤ 4문단에서 경제 주체 간에 존재하는 정보 비대칭으로 인해 상대방의 의도를 파악하기 어려운 경우에는 외부효과를 효율적으로 처리하기 쉽지 않다고 하였으므로 적절하지 않은 내용이다.
따라서 글을 통해 추론한 내용으로 적절하지 않은 것의 개수는 3개이다.

㉡ 1문단에서 다른 사람들에게 시각적 즐거움을 제공하고 공기를 정화하는 등 긍정적인 영향을 미치지만 그에 대한 금전적인 보상은 발생하지 않는 아름다운 정원과 같은 사례를 긍정적 외부효과라고 하였으며, 사람들에게 두통, 악취 등 부정적인 영향을 미치지만 마찬가지로 금전적인 보상이 발생하지 않는 공장 폐수와 같은 사례를 부정적 외부효과라고 하였으므로 적절한 내용이다.
㉢ 4문단에서 코즈의 정리가 정부의 시장 개입에 대한 불필요성을 강조하며 당사자 간의 자발적인 협상을 통해 시장 스스로 외부성을 해결할 수 있을 것이라는 가능성을 제시하여 경제학에서 높은 평가를 받고 있다고 하였으므로 적절한 내용이다.

69 직무능력 – 문제해결능력 　　　정답 ②

12/5(월)~12/9(금) 중 오후 시간대에 면접관 3명 모두가 2시간의 면접을 진행할 수 있는 요일은 12/6(화)이며, 시간대는 15:30 이후이다.

따라서 박 차장이 결정할 면접 요일과 시간대는 12/6(화) 16:00~18:00이다.

[오답 체크]

① 면접관 1의 정기회의 시간과 겹치므로 적절하지 않은 시간대이다.

③ 면접관 3의 외부 교육 시간과 겹치므로 적절하지 않은 시간대이다.

④ 면접관 2의 휴무이므로 적절하지 않은 요일이다.

⑤ [실무진 면접 공지]에서 공지한 오후 시간대를 벗어나므로 적절하지 않은 시간대이다.

70 직무능력 – 문제해결능력 　　　정답 ⑤

수정된 [갑의 보험 선택 기준]에 따르면 대동물 사고로 인한 피해 발생 시 사고당 300만 원 이상의 보상을 받을 수 있어야 하므로 B, C 보험은 선택하지 않고, 보장 기간이 1년 이하인 보험은 선택하지 않으므로 D 보험은 선택하지 않는다. 이때 대인 사망 시 인당 8,000만 원 이상의 보상을 받을 수 있는 보험으로 선택하되, 대인 사망 시 인당 1억 원 이상의 보상을 받을 수 있으면서 대인 부상 시 인당 3,000만 원 이상의 보상을 받을 수 있는 보험이 있다면 그 보험으로 선택하므로 E 보험을 선택한다. 따라서 갑이 선택할 보험은 E 보험이다.

3회 기출동형모의고사

정답

p.120

01	①	직무상식	금융·경제상식	31	④	직무능력	의사소통능력	61	④	직무능력	수리능력
02	⑤	직무상식	디지털상식	32	④	직무능력	정보능력	62	②	직무능력	문제해결능력
03	②	직무상식	금융·경제상식	33	③	직무능력	수리능력	63	③	직무능력	문제해결능력
04	④	직무상식	금융·경제상식	34	②	직무능력	수리능력	64	⑤	직무능력	수리능력
05	③	직무상식	디지털상식	35	⑤	직무능력	문제해결능력	65	②	직무능력	수리능력
06	①	직무상식	농업·농촌상식	36	④	직무능력	문제해결능력	66	④	직무능력	정보능력
07	②	직무상식	금융·경제상식	37	④	직무능력	수리능력	67	⑤	직무능력	정보능력
08	④	직무상식	디지털상식	38	①	직무능력	수리능력	68	④	직무능력	의사소통능력
09	④	직무상식	금융·경제상식	39	⑤	직무능력	의사소통능력	69	③	직무능력	문제해결능력
10	④	직무상식	금융·경제상식	40	⑤	직무능력	정보능력	70	④	직무능력	문제해결능력
11	③	직무상식	디지털상식	41	④	직무능력	수리능력				
12	②	직무상식	금융·경제상식	42	⑤	직무능력	문제해결능력				
13	⑤	직무상식	금융·경제상식	43	⑤	직무능력	문제해결능력				
14	①	직무상식	금융·경제상식	44	①	직무능력	수리능력				
15	①	직무상식	농업·농촌상식	45	②	직무능력	수리능력				
16	③	직무상식	금융·경제상식	46	②	직무능력	의사소통능력				
17	⑤	직무상식	금융·경제상식	47	⑤	직무능력	정보능력				
18	⑤	직무상식	디지털상식	48	⑤	직무능력	수리능력				
19	⑤	직무상식	금융·경제상식	49	④	직무능력	수리능력				
20	③	직무상식	금융·경제상식	50	④	직무능력	문제해결능력				
21	③	직무상식	금융·경제상식	51	④	직무능력	수리능력				
22	④	직무상식	농업·농촌상식	52	④	직무능력	문제해결능력				
23	③	직무상식	금융·경제상식	53	⑤	직무능력	의사소통능력				
24	④	직무상식	금융·경제상식	54	③	직무능력	정보능력				
25	③	직무상식	금융·경제상식	55	①	직무능력	문제해결능력				
26	①	직무상식	디지털상식	56	②	직무능력	수리능력				
27	③	직무상식	금융·경제상식	57	⑤	직무능력	문제해결능력				
28	③	직무상식	금융·경제상식	58	⑤	직무능력	문제해결능력				
29	②	직무상식	금융·경제상식	59	④	직무능력	의사소통능력				
30	③	직무상식	농업·농촌상식	60	③	직무능력	정보능력				

실력 점검표

제한 시간 내에 푼 문제 수	맞힌 문제 수	정답률
/70	/70	%

※ 정답률(%) = (맞힌 개수/전체 개수) × 100

01 직무상식 – 금융·경제상식　　정답 ①

단기적으로 기업은 고정비용을 회수하지 못하고 가변비용만 회수하는데, 시장 상황이 악화되어 총수입이 가변비용보다 낮아질 경우 기업은 가변비용을 지출하지 않기 위해 일시적으로 조업을 중단한다. 이때, 총수입과 가변비용을 각각 수량으로 나누면 평균수입(AR)과 평균가변비용(AVC)이 되고, 완전 경쟁 시장에서 평균수입(AR)은 가격(P)과 일치하므로 P = AVC가 되는 지점이 조업중단점이다.

따라서 완전 경쟁 시장에서의 조업중단점은 'A'이다.

🔍 **더 알아보기**

완전 경쟁 시장에서의 손익분기점 및 조업중단점
- 단기
  - P = AC: 손익분기점
  - P = AVC: 조업중단점
- 장기
  - AR = AC: 손익분기점
  - AR < AVC: 조업중단점

02 직무상식 – 디지털상식　　정답 ⑤

지문의 빈칸에는 IT 기업이 주도하여 IT 기술에 금융을 접목한 혁신을 의미하는 용어인 '테크핀'이 들어간다.

[오답 체크]

① 핀테크: 금융회사가 주도하여 금융을 IT 기술에 접목한 금융 서비스 기술
② 마이데이터: 정보주체가 자신의 개인 정보를 적극적으로 관리 및 통제하는 일련의 과정
③ 오픈뱅킹: 하나의 애플리케이션으로 모든 은행의 자금이체 및 조회 기능을 제공하는 금융 서비스
④ 오픈 API: 인터넷 사용자가 직접 응용 프로그램과 서비스를 개발할 수 있도록 운영체제나 프로그래밍 언어를 제공하는 프로그램

03 직무상식 – 금융·경제상식　　정답 ②

소득이 항상소득과 일시소득으로만 구분될 때, 소득에서 일시소득이 차지하는 비율이 항상소득이 차지하는 비율보다 더 높을수록 저축성향이 높아지고 소비성향이 낮아지며, 소득에서 항상소득이 차지하는 비율이 일시소득이 차지하는 비율보다 더 높을수록 소비성향이 높아지고 저축성향이 낮아지므로 적절하지 않다.

04 직무상식 – 금융·경제상식　　정답 ④

㉠ 인구증가율이 감소하면 균제상태에서 일시적으로 1인당 산출량이 증가하므로 적절하지 않다.
㉡ 노동량, 총생산, 총요소생산성, 감가상각률 등을 모두 외생변수로 가정하며, 자본량만 내생변수로 취급하므로 적절하지 않다.
㉣ 균제상태에서 1인당 소득증가율은 0%이므로 적절하지 않다.

따라서 솔로우의 경제성장모형에 대한 설명으로 적절하지 않은 것은 ㉠, ㉡, ㉣로 총 3개이다.

05 직무상식 – 디지털상식　　정답 ③

공인인증서 폐지 전 발급받은 기존 인증서는 유효기간이 만료될 때까지 사용할 수 있고, 유효기간이 만료된 후에는 공동인증서 또는 신규 도입된 민간인증서를 발급받을 수 있으므로 적절하지 않다.

06 직무상식 – 농업·농촌상식　　정답 ①

국제협동조합연맹의 협동조합 7대 원칙에 조합원의 정치적 참여는 해당하지 않는다.

🔍 **더 알아보기**

국제협동조합연맹의 협동조합 7대 원칙
- 자발적이고 개방적인 협동조합
- 조합원에 의한 민주적 관리
- 조합원의 경제적 참여
- 자율과 독립
- 교육, 훈련 및 정보 제공
- 협동조합 간의 협동
- 지역사회에 대한 기여

07 직무상식 – 금융·경제상식　　정답 ②

원점에서 멀리 떨어진 곡선일수록 높은 효용수준을 나타내므로 적절하지 않다.

08 직무상식 - 디지털상식　　　정답 ④

제시된 내용은 나이팅게일이 크림 전쟁이 일어난 당시 전투보다 전염병과 영양실조 등으로 인한 사망자가 더 많다는 사실을 깨닫고, 병원의 위생에 대한 중요성을 사람들에게 알리고자 데이터를 시각화하여 만든 다이어그램인 '로즈 다이어그램'에 대한 설명이다.

오답 체크

① 클래스 다이어그램: 통합 모델링 언어(UML)에서 시스템의 클래스, 개체 간에 맺고 있는 관계 등을 표시함으로써 시스템의 구조를 기술하는 정적 구조 다이어그램

② 벤다이어그램: 전체 집합과 부분 집합의 관계, 부분 집합 상호 간의 관계를 나타낸 다이어그램

③ 보로노이 다이어그램: 평면 위에 여러 개의 점을 찍은 다음 가장 인접한 두 개의 점을 선택하여 수직 이등분선을 그리는 과정에서 평면이 분할되며 나타나는 다이어그램

⑤ 생키 다이어그램: 어떤 프로세스에서 에너지, 연료, 비용이 어떻게 움직이는지 화살표의 너비로 시각화하는 데 사용하는 다이어그램

09 직무상식 - 금융·경제상식　　　정답 ④

가전제품 시장에서 생산 비용을 절감할 수 있는 기술이 개발되면 공급곡선이 우측으로 이동하며, 가전제품 공급곡선이 우측으로 이동함에 따라 가전제품의 가격이 하락하므로 가장 적절하다.

오답 체크

① 이자율 하락, 물가 하락, 세금 감면 등으로 인해 수요곡선이 우측으로 이동하면 가전제품의 가격이 상승하므로 적절하지 않다.

② 이자율 상승, 물가 상승, 세금 부담 증대 등으로 인해 수요곡선이 좌측으로 이동하면 가전제품의 가격이 하락하므로 적절하지 않다.

③ 원자재 가격 상승, 예상 물가수준 상승 등으로 인해 공급곡선이 좌측으로 이동하면 가전제품의 가격이 상승하므로 적절하지 않다.

⑤ 기술 개발, 원자재 가격 인하 등으로 인해 공급곡선이 우측으로 이동하면 가전제품의 가격이 하락하므로 적절하지 않다.

10 직무상식 - 금융·경제상식　　　정답 ④

㉠ 지니계수는 0과 1 사이의 값을 가지며, 값이 클수록 소득 분배가 '불평등'하다는 것을 의미한다.

㉡ 10분위 분배율은 0과 2 사이의 값을 가지며, 값이 클수록 소득 분배가 '평등'하다는 것을 의미한다.

㉢ 앳킨슨 지수는 0과 1 사이의 값을 가지며, 값이 클수록 소득 분배가 '불평등'하다는 것을 의미한다.

㉣ 로렌츠 곡선은 해당 곡선이 대각선에 가까워질수록 소득 분배가 '평등'하다는 것을 의미한다.

11 직무상식 - 디지털상식　　　정답 ③

㉠은 가상현실, ㉡은 증강현실, ㉢은 메타버스에 대한 설명이다.

🔍 더 알아보기

- **확장현실**: 가상현실과 증강현실을 아우르는 초실감형 기술로, 가상 및 증강현실 기술의 개별 활용 또는 혼합 활용을 자유롭게 선택하며 확장된 현실을 창조함
- **디지털 트윈(Digital Twin)**: 현실에 존재하는 기계나 장비 등을 컴퓨터 속 가상 세계에 구현한 것으로, 실제 제품을 생산하기 전 시뮬레이션을 통해 제품에 발생할 수 있는 문제점을 파악하는 데 활용됨

12 직무상식 - 금융·경제상식　　　정답 ②

지급보증은 자산유동화증권(ABS)의 외부 신용보강 방법에 해당한다.

🔍 더 알아보기

자산유동화증권(ABS)의 내부 및 외부 신용보강 방법

내부 신용보강 방법	· 초과 담보 설정 · 유보금 적립 · 상환순위 설정(후순위증권 발행) · 풋백옵션 · 현금흐름 차액 적립
외부 신용보강 방법	· 지급보증 · 신용 공여

13 직무상식 – 금융·경제상식   정답 ⑤

극대성은 애로우의 불가능성 정리에 해당하지 않는다.

🔍 **더 알아보기**

애로우의 불가능성 정리: 애로우는 사회효용함수가 지녀야 할 속성 5가지를 제시하면서, 이들은 서로 모순되기 때문에 5가지 속성을 모두 만족시키는 사회효용함수는 존재할 수 없음을 밝힘

완비성	모든 사회상태를 비교·평가할 수 있는 것을 의미함
이행성	A를 B보다 선호하고 B를 C보다 선호한다면 A를 C보다 더 선호해야 한다는 것으로, 집합적 합리성을 의미함
파레토 원칙	모든 사회구성원들이 A보다 B를 선호한다면 사회도 A보다 B를 선호해야 한다는 것을 의미함
비독재성 (민주성)	사회구성원 중에서 어느 한 명의 선호에 의해 사회 전체의 선호가 결정되지 않는다는 것을 의미함
독립성	사회상태를 비교할 때 이 사회상태와 관련 없는 제3의 선택 가능성은 아무런 영향을 주지 못한다는 것을 의미함

14 직무상식 – 금융·경제상식   정답 ①

원자재의 가격이 상승하는 경우는 비용인상 인플레이션의 원인에 해당한다.

🔍 **더 알아보기**

· **수요견인 인플레이션:** 상품에 대한 수요가 지속적으로 상승할 때 물가가 함께 상승하는 현상으로, 총수요가 증가하여 총수요 곡선이 우측으로 이동하는 경우에 발생하는 인플레이션
· **비용인상 인플레이션:** 상품 생산을 위한 비용이 지속적으로 상승할 때 물가가 함께 상승하는 현상으로, 총공급이 감소하여 총공급 곡선이 좌측으로 이동하는 경우에 발생하는 인플레이션

15 직무상식 – 농업·농촌상식   정답 ①

㉠은 존경받는 농업인, ㉡은 대우받는 농업, ㉢은 희망이 있는 농촌에 해당한다.

16 직무상식 – 금융·경제상식   정답 ③

모든 자산의 기대수익률과 체계적 위험인 베타 간의 선형관계를 나타내는 것은 증권시장선이므로 적절하지 않다.

오답 체크

① 자본자산가격결정모형은 모든 투자자는 위험회피형이며, 기대효용을 극대화할 수 있도록 투자한다고 가정하므로 적절하다.
② 증권시장선의 위쪽 자산은 과소 평가되어 있는 자산이고, 증권시장선의 아래쪽 자산은 과대 평가되어 있는 자산이므로 적절하다.
④ 증권시장선과 자본시장선의 공통점은 자본시장이 균형인 상태에서 기대수익률이 위험과 선형관계를 갖고 결정된다는 것이므로 적절하다.
⑤ 무위험자산의 수익률은 상수이기 때문에 자본시장선상에 있는 포트폴리오의 수익률 분포는 시장포트폴리오의 수익률 분포와 동일한 특성을 가지며, 이에 따라 자본시장선상에 있는 포트폴리오 수익률과 시장포트폴리오의 수익률 간 상관계수는 항상 1이므로 적절하다.

17 직무상식 – 금융·경제상식   정답 ⑤

· 을: 평균가변비용(AVC)곡선의 최저점과 총비용(TC)곡선의 최저점 모두를 한계비용(MC)곡선이 지나가므로 적절하다.
· 병: 장기평균비용(LAC)곡선과 장기한계비용(LMC)곡선이 접하는 점은 장기적으로 평균비용(AC)을 최소화하는 상태의 생산량인 최소효율규모 생산량이므로 적절하다.
· 정: 최소효율규모 생산량을 기준으로 왼쪽은 장기평균비용(LAC)이 감소하여 생산량을 늘리는 것이 더 유리한 규모의 경제 구간이고, 오른쪽은 장기평균비용(LAC)이 증가하여 생산량을 줄이는 것이 더 유리한 규모의 불경제 구간이므로 적절하다.

오답 체크

· 갑: 총비용(TC)은 총가변비용(TVC)와 총고정비용(TFC)의 합과 같지만, 이때 총고정비용(TFC)은 단기 비용함수에서만 존재하므로 적절하지 않다.

18 직무상식 – 디지털상식   정답 ⑤

원시프로그램을 목적프로그램으로 변환시키는 것은 컴파일러이므로 적절하지 않다.

19 직무상식 – 금융·경제상식   정답 ⑤

인플레이션은 화폐 가치가 하락하고 물가 수준이 지속적으로 상승하는 현상이다.
㉠, ㉡ 인플레이션이 발생하면 국내 상품의 가격이 상승하여 수출이 '감소'하고, 상대적으로 외국 상품의 국내 가격이 하락하는 효과가 발생하여 수입이 '증가'한다.

ⓒ 인플레이션이 발생하면 화폐 가치는 하락하고, 상대적으로 실물 자산의 가치는 상승하므로 실물 자산을 소유한 사람이 상대적으로 '유리'해진다.

ⓔ 인플레이션이 발생하면 같은 양의 돈으로 살 수 있는 상품의 양이 이전보다 줄어들게 되므로 실질 소득은 '감소'하고, 이로 인해 구매력이 하락한다.

20 직무상식 – 금융·경제상식 정답 ③

주가연계증권(ELS)은 예금자 비보호 금융 상품에 해당해 원금에 손실이 발생할 수 있으므로 적절하지 않다.

21 직무상식 – 금융·경제상식 정답 ③

ⓛ 평가절하정책을 시행하면 수입 재화와 원자재 가격이 상승하여 국내 물가가 상승하므로 적절하지 않다.

ⓒ 평가절하정책을 시행하면 수출은 증가하고 수입은 감소하여 경상 수지가 개선되므로 적절하지 않다.

ⓔ 평가절하정책을 시행하면 외화 가치가 상승하여 외채 상환에 대한 부담이 증가하므로 적절하지 않다.

따라서 평가절하정책을 시행했을 때 나타나는 특징으로 적절하지 않은 것은 ⓛ, ⓒ, ⓔ로 총 3개이다.

> 🔍 **더 알아보기**
>
> **평가절하정책을 시행했을 때 나타나는 특징**
> · 자국 화폐 가치 하락
> · 국내 물가 상승
> · 수출 증가 및 수입 감소
> · 경상수지 개선
> · 외채 상환에 대한 부담 증가
> · 환율 상승

22 직무상식 – 농업·농촌상식 정답 ④

협동조합 기본법 제12조 제1항에 따르면 국가는 협동조합에 대한 이해를 증진시키고 협동조합의 활동을 장려하기 위하여 매년 7월 첫째 토요일을 협동조합의 날로 지정하며, 협동조합의 날 이전 1주간을 협동조합 주간으로 지정하므로 적절하지 않다.

오답 체크

① 협동조합 기본법 제22조 제2항에 따르면 조합원 1인의 출자좌수는 총 출자좌수의 100분의 30을 넘어서는 아니 되므로 적절하다.

② 협동조합 기본법 제52조 제1항에 따르면 협동조합은 정기총회일 7일 전까지 사업보고서, 대차대조표, 손익계산서, 잉여금처분안 또는 손실금처리안 등의 결산보고서를 감사에게 제출해야 하며, 협동조합 기본법 제52조 제2항에 따라 협동조합은 결산보고서와 감사의 의견서를 정기총회에 제출하여 승인을 받아야 하므로 적절하다.

③ 협동조합 기본법 제9조 제1항에 따르면 협동조합 등 및 협동조합연합회 등은 공직선거에서 특정 정당을 지지 및 반대하는 행위 또는 특정인을 당선되도록 하거나 당선되지 아니하도록 하는 행위를 하여서는 아니 되므로 적절하다.

⑤ 협동조합 기본법 제23조 제2항에 따르면 조합원은 대리인으로 하여금 의결권 또는 선거권을 행사하게 할 수 있으며, 이 경우 그 조합원은 출석한 것으로 보므로 적절하다.

23 직무상식 – 금융·경제상식 정답 ③

제시된 내용은 투자로 인해 생성되는 현금흐름의 총유입액을 현재가치로 할인하여 모두 합한 값에서 투자금을 감액한 순현재가치를 토대로 투자안을 평가하는 '순현재가치법(Net present value)'에 대한 설명이다.

24 직무상식 – 금융·경제상식 정답 ④

단기 생산함수는 생산 요소들 중 한 가지 이상의 요소 투입량이 고정된 상태의 생산함수로, 단기에 고정된 생산 요소는 자본이며, 노동은 가변요소가 된다. 재화 시장이 완전 경쟁 시장인 경우 이윤이 극대화되는 고용량을 구하기 위해서는 노동 1단위를 추가로 투입할 때의 총수입 증가분인 한계생산물가치(VMP_L)가 임금(W)과 동일해야 한다. 이때 한계생산물가치(VMP_L)는 노동을 1단위 추가로 투입할 때의 재화 생산량 증가분인 노동의 한계생산성(MP_L)과 가격(P)을 곱한 값이므로 임금(W)은 노동의 한계생산성(MP_L) × 가격(P)으로 구할 수 있다. 노동의 한계생산성(MP_L)은 565 – 10L이고, 가격(P)은 2, 임금(W)은 10이므로 각각 대입하면 $W = MP_L \times P \rightarrow 10 = (565 - 10L) \times 2 \rightarrow 10 = 1,130 - 20L \rightarrow 20L = 1,120 \rightarrow L = 56$이 된다.

따라서 이윤극대화 고용량(L)은 56이다.

25 직무상식 – 금융·경제상식 정답 ③

총비용(TC)함수가 $Q^2 - 6Q + 30$일 때, 한계비용(MC)함수는 $2Q - 6$, 평균비용(AC)함수는 $Q - 6 + \frac{30}{Q}$임을 적용하여 구한다. 먼저 생산량(Q) = 6일 때, 총비용(TC)은 $Q^2 - 6Q + 30 \rightarrow 6^2 - (6 \times 6) + 30 = 30$이다. 또한, 생산량(Q) = 3일 때, 한계비용(MC)은 $2Q - 6 \rightarrow (2 \times 3) - 6 = 0$이며, 생산량(Q) = 6일 때, 평균비용(AC)은 $Q - 6 + \frac{30}{Q} \rightarrow 6 - 6 + \frac{30}{6} = 5$이다.

따라서 ㉠에는 30, ㉡에는 0, ㉢에는 5가 들어간다.

26 직무상식 – 디지털상식   정답 ①

첫 번째는 공개키 암호화 방식, 두 번째는 전자 서명, 세 번째는 해시함수에 대한 설명이다.

🔍 더 알아보기

- **OTP(One Time Password)**: 무작위로 생성된 일회용 비밀번호를 이용하는 사용자 인증 방식
- **비밀키 암호화 방식**: 암호화할 때 사용하는 키와 암호를 해석할 때 사용하는 키가 동일한 정보 암호화 방식
- **블록체인(Blockchain)**: 네트워크에 참여하는 모든 사용자가 열람할 수 있는 장부에 거래 정보를 투명하게 기록하고, 여러 대의 컴퓨터에 이를 분산 저장하는 데이터 분산 처리 기술

27 직무상식 – 금융·경제상식   정답 ③

명목 이자율을 R, 실질 이자율을 r, 기대 인플레이션율을 π^e, 국내 물가 수준을 P, A 국 물가 수준을 P_f라 할 때, 피셔 방정식은 $R = r + \pi^e$, 구매력 평가설은 $P = eP_f$임을 적용하여 구한다. 구매력 평가설 $P = eP_f$를 변화율로 나타내면 국내 물가 상승률 $(\frac{\triangle P}{P}) = \frac{\triangle e}{e} + \frac{\triangle P_f}{P_f}$이며, $\pi = \frac{\triangle P}{P}$이다. 이때 국내의 명목 이자율 $(R) = r + \pi^e$으로, A 국의 명목 이자율$(R_f) = r_f + \pi^e_f$이므로 국내의 명목 이자율과 A 국의 명목 이자율의 차$(R - R_f) = \pi^e - \pi^e_f = \frac{\triangle e}{e} = 4 - 3 = 1\%p$임을 알 수 있다.

따라서 국내와 A 국의 기대 인플레이션율의 차이는 1%p이며, 인플레이션으로 환율이 상승했다는 것은 국내 통화가 평가절하되었음을 의미하므로 가장 적절하다.

🔍 더 알아보기

- **기대 인플레이션**: 장기간 물가가 상승하는 인플레이션이 지속되어 경제 주체들이 앞으로도 물가가 계속 상승할 것이라고 기대하는 것을 의미함
- **구매력 평가설**: 자국 통화와 외국 통화의 교환 비율은 각각의 국내에서 양국의 통화가 갖는 구매력의 비율에 따라 정해진다는 학설로, 1916년 스웨덴의 경제학자인 카셀이 주창하였음

28 직무상식 – 금융·경제상식   정답 ③

총수요(AD) – 총공급(AS)곡선에 대한 설명으로 적절한 것은 ㉡, ㉢이다.

오답 체크

㉠ 총수요곡선은 각각의 물가 수준에서 총수요의 크기를 나타내는 곡선으로, IS-LM 모형에서의 균형 국민소득이 총수요를 의미하여 IS-LM곡선에서 총수요곡선이 유도되며, 총공급곡선은 각각의 물가 수준에서 기업 전체가 팔고자 하는 총생산의 크기를 나타내는 곡선으로, 노동시장과 총생산함수로부터 유도되므로 적절하지 않다.

㉢ 물가 수준이 상승하면 총생산량이 증가하여 단기 총공급곡선이 오른쪽으로 이동하므로 적절하지 않다.

㉣ 노동공급의 결정에 있어 여가가 정상재인 경우에 임금 변화에 따른 소득효과와 대체효과가 항상 상쇄된다면 총공급곡선은 수직선으로 나타나므로 적절하지 않다.

29 직무상식 – 금융·경제상식   정답 ②

오랫동안 지속된 낮은 실질금리는 BIS가 제시한 글로벌 금융위기의 거시적 요인에 해당한다.

오답 체크

①, ③, ④, ⑤는 모두 BIS가 제시한 글로벌 금융위기의 미시적 요인에 해당한다.

30 직무상식 – 농업·농촌상식   정답 ③

NH농협은행이 은행 최초로 종이 없는 미래형 금융점포인 스마트브랜치를 개설한 해는 2013년이며, 은행권 최초로 P2P 금융 증서 블록체인 서비스를 출시한 해는 2019년이므로 가장 적절하지 않다.

31 직무능력 – 의사소통능력   정답 ④

3문단에서 일반 고가의 제품을 사고팔 때는 거래 전문 기업이나 협회 서비스를 이용해야 하지만, NFT는 제품의 공급량, 판매 방법, 결제 방법 등 모두 개인이 결정할 수 있어 디지털 자산 거래소를 통해 쉽고 자유로운 거래가 가능하다고 하였으므로 단순 고가의 작품과 달리 값비싼 NFT 작품을 거래하는 경우에는 거래 전문 기업을 필수로 이용해야 하는 것은 아님을 알 수 있다.

오답 체크

① 3문단에서 연봉을 암호화폐로 받거나 자신의 NFT를 발행하는 운동선수가 증가하고 있어 NFT는 예술 분야뿐 아니라 스포츠 분야에 미치는 영향력도 높아지고 있다고 하였으므로 적절한 내용이다.

② 1문단에서 각 토큰의 가치가 동일해 일대일 교환이 가능하다는 이유로 대체 가능한 토큰이라 불리는 비트코인과 달리 NFT는 각 토큰이 저마다 고유한 인식 값을 부여받아 토큰의 교환과 복제가 불가능하다고 하였으므로 적절한 내용이다.

③ 2문단에서 NFT 대중화에 기여했던 크립토키티 게임에서 가장 비싸게 거래되었던 고양이 캐릭터 크립토키티 드래곤의 가격은 약 13억 원이었으며, 트위터 창업자 잭 도시의 첫 번째 트위터 게시물은 원화 가치로 약 42억 원에 낙찰되었다고 하였으므로 적절한 내용이다.

⑤ 3문단에서 NFT는 비트코인과 마찬가지로 블록체인에 소유권과 출처가 기록되고 암호화되어 변경되지 않는다고 하였으므로 적절한 내용이다.

32 직무능력 – 정보능력　　　　　정답 ④

[화물 관리 코드 생성 방식]에 따르면 화물 관리 코드는 1) 제출 연도 코드: 2023년(23) → 2) 운항선사 코드: 금강상선 (KKCM) → 3) 항차 코드: 131항차(0131) → 4) 적하 목록 구분 코드: 출항(E) → 5) 선사별 컨테이너 코드: 금강3 43번 (0043) → 6) 화주별 코드: 8번째로 적하 신청한 여성 화주 (0208) 순으로 생성하므로 2023년 금강상선의 131항차 선박에 실려있는 컨테이너 중 금강3 43번 컨테이너 속 8번째로 적하 신청한 여성 화주의 출항 화물 관리 코드는 '23KKCM0131E–0043–0208'이 가장 적절하다.

33 직무능력 – 수리능력　　　　　정답 ③

소금의 양 $= \frac{소금물의 농도}{100} \times$ 소금물의 양임을 적용하여 구한다.

처음 A컵과 B컵에 들어있던 소금물의 양을 각각 x, y라고 하면 가열한 후 소금물의 양은 가열하기 전 두 컵을 섞은 소금물의 양보다 300g 줄어들었으므로 가열하기 전 두 컵을 섞은 소금물의 양은 300 + 300 = 600g이다.

$x + y = 600 \rightarrow x = 600 - y \cdots$ ⓐ

또한, 처음 A컵에 들어있던 소금의 양은 $\frac{15}{100}x$이고, B컵에 들어있던 소금의 양은 $\frac{21}{100}y$이다.

이때, 소금물을 가열하면 물만 증발되므로 가열하기 전과 후의 소금의 양은 동일하다.

$\frac{15}{100}x + \frac{21}{100}y = \frac{36}{100} \times 300 \rightarrow 5x + 7y = 3,600 \cdots$ ⓑ

ⓐ를 ⓑ에 대입하면

$5(600 - y) + 7y = 3,600 \rightarrow y = 300$

따라서 처음 B컵에 들어있던 소금물의 양은 300g이다.

34 직무능력 – 수리능력　　　　　정답 ②

n명을 한 줄로 세우는 경우의 수는 n! = n × (n - 1) × ⋯ × 2 × 1 임을 적용하여 구한다.

5개 국가의 대표 중 A 국가와 B 국가의 대표는 이웃하여 앉았으므로 A 국가와 B 국가의 대표를 한 사람으로 보면 4개 국가의 대표가 일렬로 앉는 경우의 수는 4! = 24가지이다. 이때, A 국가와 B 국가의 대표가 서로 자리를 바꾸는 경우를 고려하면 경우의 수는 24 × 2 = 48가지이다. 또한, A 국가와 C 국가의 대표는 이웃하여 앉지 않았으므로 A 국가와 B 국가의 대표가 이웃하여 앉는 경우의 수에서 A 국가와 C 국가의 대표가 이웃하여 앉는 경우의 수를 제외해 주어야 한다. 이에 따라, A 국가의 대표를 사이에 두고 B 국가와 C 국가의 대표가 양옆에 이웃하여 앉는 경우의 수 1가지, B 국가와 C 국가의 대표가 서로 자리를 바꾸는 경우의 수 1가지로, 총 2가지이고, A 국가와 B 국가, C 국가의 대표를 한 사람으로 보면 3개 국가의 대표가 일렬로 앉는 경우의 수는 3! = 6가지이므로 A 국가와 C 국가의 대표가 이웃하여 앉는 경우의 수는 2 × 6 = 12가지이다.

따라서 각 국가의 대표가 탁자에 앉을 수 있는 경우의 수는 48 - 12 = 36가지이다.

35 직무능력 – 문제해결능력　　　　　정답 ⑤

첫 번째 명제에 의해 1번과 2번은 모두 정답이거나 모두 정답이 아니고, 세 번째 명제와 여섯 번째 명제에 의해 1번이 정답이 아니라면 4번과 5번도 정답이 아니다. 이때, 1번과 2번이 모두 정답이 아닐 경우 4번이 정답이 아니라면 1번이 정답이라는 두 번째 명제에 모순되므로 1번과 2번은 모두 정답이 된다. 이에 따라 다섯 번째 명제에 의해 3번도 정답이고, 두 번째 명제 대우에서 3번이 정답이면 4번도 정답이므로 4번은 정답이며, 일곱 번째 명제 대우에 의해 4번이 정답이므로 5번은 정답이 아니다.

따라서 A 위원이 제작한 문제의 정답은 1번, 2번, 3번, 4번이므로 정답이 되는 개수는 총 4개이다.

제시된 조건에 따르면 정은 두 번째 순서로 번호표를 발행받았고, 정은 기와 연달아 번호표를 발행받았으므로 기는 첫 번째 또는 세 번째 순서로 번호표를 발행받았다. 경이 번호표를 발행받은 순서는 네 번째가 아니고, 정이 번호표를 발행받은 순서는 경이 번호표를 발행받은 순서와 이웃하지 않으므로 경이 번호표를 발행받은 순서는 첫 번째 또는 세 번째 순서가 아니다. 또한, 무가 번호표를 발행받은 순서는 가장 마지막이 아니고, 경은 무보다 먼저 번호표를 발행받았으므로 경은 다섯 번째, 무는 여섯 번째로 번호표를 발행받았다. 이때, 을은 경보다 늦은 순서로 번호표를 발행받았으므로 가장 마지막 순서로 번호표를 발행받았다. 앱으로 번호표를 발행받은 사람은 모두 경 보다 먼저 번호표를 발행받았으며, 앱으로 번호표를 발행받은 사람들 사이에 한 명이 지점에서 번호표를 발행받았으므로 앱으로 번호표를 발행받은 사람은 첫 번째와 세 번째 순서 또는 두 번째 네 번째 순서로 번호표를 발행받았다. 이때, 기는 앱으로 번호표를 발행받은 두 명보다 먼저 번호표를 발행받았으므로 기는 첫 번째 순서로 번호표를 발행받았음을 알 수 있다.

구분	1	2	3	4	5	6	7
고객	기	정	갑 또는 병	갑 또는 병	경	무	을
발행 방법	지점	앱	지점	앱	지점	지점	지점

따라서 갑이 지점에서 세 번째 순서로 번호표를 발행받았을 때, 병은 네 번째 순서로 앱으로 번호표를 발행받았으므로 항상 옳은 설명이다.

오답 체크

① 갑은 세 번째 또는 네 번째 순서로 번호표를 발행받았고, 기는 첫 번째 순서로 번호표를 발행받았으므로 항상 옳지 않은 설명이다.

② 무는 지점에서 번호표를 발행받았으나 갑은 지점 또는 앱으로 번호표를 발행받았으므로 항상 옳은 설명은 아니다.

③ 정과 경 사이 순서로 번호표를 발행받은 사람은 갑과 병 두 사람이므로 항상 옳지 않은 설명이다.

⑤ 을은 가장 마지막 순서로 번호표를 발행받았으므로 항상 옳지 않은 설명이다.

[채무자 A의 상황]에 따르면 3년 동안 72,000,000원을 연 4.5%의 금리로 대출하였고, 원금 및 이자상환 방식은 원리금균등분할상환이므로 매월 상환해야 하는 금액은 원금이 72,000,000 / 36 = 2,000,000원, 이자가 (72,000,000 × 0.045) / 12 = 270,000원이므로 총 2,000,000 + 270,000 = 2,270,000원이다. 이때 A는 연체가 발생하였으므로 [N 은행 △△대출 상품 안내문]에 따라 납부일에 상환하지 않은 금액에 대한 지연배상금과 대출기간 만료일에 상환하지 못한 대출금 잔액에 대한 지연배상금이 부과된다. A는 대출기간 만료일인 36회차에 이자와 분할상환원리금을 납부하지 못했고 해당 금액에 대한 연체일수는 73일이므로 지연배상금률은 73 × (4.5 + 3) / 365 = 1.5%이다. 이는 15% 미만이므로 지연배상금률 1.5%를 36회차에 납부해야 할 금액에 적용하면 2,270,000원에 대한 지연배상금은 2,270,000 × 0.015 = 34,050원이다. 또한 대출기간 만료일에 채무를 이행하지 않은 경우, 그다음 날부터 대출금 잔액에 대하여 지연배상금이 부과되므로 대출금 잔액인 72,000,000 – (2,000,000 × 35) = 2,000,000원에 대한 지연배상금은 2,000,000 × 0.015 = 30,000원이다.

따라서 연체가 발생한 지 73일째 되는 날 A가 납부해야 할 지연배상금은 34,050 + 30,000 = 64,050원이다.

철승이가 원화를 달러로 환전할 때의 환율은 1달러당 1,450원, 달러를 원화로 환전할 때의 환율은 1달러당 1,425원임을 적용하여 구한다.

철승이는 미국으로 여행을 떠나기 전 원화 580만 원 = 5,800,000원을 달러로 환전하였으므로 철승이가 환전하여 받은 달러는 5,800,000 / 1,450 = 4,000달러이고, 미국에서 3,325달러를 사용하였으므로 남은 달러는 4,000 – 3,325 = 675달러이다.

따라서 철승이가 한국에 돌아와 달러를 환전하여 받은 원화는 675 × 1,425 = 961,875원이다.

2문단에서 후원형은 펀딩 후원에 대한 보상 의무는 없지만 모금 활성화를 위해 일정 금액 이상을 후원하면 후원금에 따라 보상해주는 것이 보편적이라고 하였고, 기부형은 보상을 조건으로 하지 않고 공익 목적으로 순수하게 기부하는 형태라고 하였으므로 기부형은 펀딩 후원에 따른 보상 의무가 없지만 후원형은 펀딩 금액별로 보상 의무가 있다는 것은 아님을 알 수 있다.

① 4문단에서 자금 수요자는 펀딩에 대한 진입장벽을 낮추기 위해 펀딩 가격을 낮게 설정하는 경우도 있다고 하였으므로 적절한 내용이다.

② 3문단에서 대출형과 투자형은 모두 금전적 보상을 기대하는 펀딩 방식이며, 대출형은 자금이 있는 개인이 돈을 빌려줌으로써 이자를 받아 수익을 올릴 수 있고 투자형도 투자자가 투자에 따른 지분 획득 등을 통해 수익을 낼 수 있다고 하였으므로 적절한 내용이다.

③ 1문단에서 세계 최초의 크라우드 펀딩은 2005년 영국에서 시작한 대출형 크라우드 펀딩이라고 하였고, 3문단에서 대출형은 개인과 개인 사이에 이루어지는 P2P 금융 방식이라고 하였으므로 적절한 내용이다.

④ 1문단에서 만일 목표 금액을 달성하지 못하면 참여자는 모금한 돈을 모두 돌려받는다고 하였으므로 적절한 내용이다.

40 직무능력 – 정보능력   정답 ⑤

제시된 조건에 따르면 sum은 0부터 시작하고, count는 1부터 시작하며, count가 20 이상이거나 sum이 30 이상인 경우까지 while문을 반복한다. 이때 sum은 기존 sum 값에 count 값을 더하여 새로운 sum 값이 되고, count는 기존 count 값에 3을 더하여 새로운 count 값이 된다. 이에 따라 회차별 count 값과 sum 값은 다음과 같다.

구분	0회 차	1회 차	2회 차	3회 차	4회 차	5회 차
sum	0	1	5	12	22	35
count	1	4	7	10	13	16
부울값	True	True	True	True	True	False

이때, sum 값은 25가 나오지 않으므로 break문은 발동되지 않으며, 5회 차에 while문의 특정 조건인 sum이 30 이상이 되어 부울값이 False가 되므로 whlie문은 종료되고, 출력 함수인 print에 따라 sum 값이 출력된다.
따라서 파이썬 3의 출력값은 35이다.

41 직무능력 – 수리능력   정답 ④

2023년 두 곡물 생산량의 총합이 2t(= 2,000kg)이며 2023년 쌀과 귀리의 생산 비율이 각각 75%, 25%이므로 쌀의 생산량은 2,000 × 0.75 = 1,500kg이고, 귀리의 생산량은 2,000 × 0.25 = 500kg이다. 또한, 2023년 쌀 생산량의 전년 대비 증감률은 20%이므로 2022년 쌀의 생산량은 1500 / 1.2 = 1,250kg이고, 2023년 귀리 생산량의 전년 대비 증감률은 −20%이므로 2022년 귀리의 생산량은 500 / 0.8 = 625kg이다.

따라서 2022년 쌀 생산량은 1,250kg, 귀리 생산량은 625kg이다.

42 직무능력 – 문제해결능력   정답 ⑤

면접 전형은 지원자의 50%가 합격하므로 지원자 12명 중 면접 점수와 보훈 점수를 합친 최종 점수가 높은 순으로 6명이 합격한다.
이때, 평가 방법과 지원자별 면접관 점수를 토대로 도출한 면접 점수와 최종 점수는 다음과 같다.

지원자 코드	보훈 점수	면접 점수	최종 점수
A0823	3점	(90 + 83 + 82) / 3 = 85점	3 + 85 = 88점
B0915	8점	(81 + 83 + 82) / 3 = 82점	8 + 82 = 90점
A1017	5점	(75 + 83 + 73) / 3 = 77점	5 + 77 = 82점
C0530	10점	(69 + 74 + 79) / 3 = 74점	10 + 74 = 84점
A0715	8점	(81 + 87 + 75) / 3 = 81점	8 + 81 = 89점
B0321	3점	(89 + 85 + 90) / 3 = 88점	3 + 88 = 91점
B0930	5점	(83 + 85 + 78) / 3 = 82점	5 + 82 = 87점
C0518	0점	(78 + 84 + 81) / 3 = 81점	0 + 81 = 81점
A0810	1점	(89 + 88 + 84) / 3 = 87점	1 + 87 = 88점
C1205	0점	(74 + 80 + 83) / 3 = 79점	0 + 79 = 79점
B1121	10점	(75 + 69 + 78) / 3 = 74점	10 + 74 = 84점
C1211	3점	(71 + 80 + 80) / 3 = 77점	3 + 77 = 80점

이에 따라 최종 점수가 높은 순서대로 91점인 B0321, 90점인 B0915, 89점인 A0715, 88점인 A0823과 A0810, 87점인 B0930이 면접에 합격하며, 최종 점수가 동점인 A0823과 A0810의 경우 면접 점수가 87점으로 더 높은 A0810의 순위가 더 높다. 따라서 면접에 합격하는 지원자 코드를 높은 순위부터 차례로 나열하면 B0321 – B0915 – A0715 – A0810 – A0823 – B0930이다.

> ⏱ 빠른 문제 풀이 Tip
>
> 선택지에 제시된 지원자 순서로 최종 점수를 계산한다.
> 가장 먼저 제시된 A0823, B0915, B0321의 최종 점수를 계산하면 A0823이 88점, B0915가 90점, B0321이 91점으로 B0321이 가장 높다. 이에 따라 선택지 ④, ⑤의 다른 부분인 네 번째로 제시된 A0823과 A0810의 최종 점수를 계산하면 둘 다 88점임에 따라 면접 점수가 더 높은 A0810에게 더 높은 순위가 매겨지므로 지원자별 최종 점수를 모두 구하지 않고 문제를 풀이할 수 있다.

43 직무능력 – 문제해결능력 정답 ⑤

대출 상품의 한도를 높여 가계대출 자산을 확대하고, 해당 자산을 통해 기본자본을 확충하는 전략은 낮은 기본자본비율이라는 약점을 보완하여 대출금리 상승으로 인한 가계대출 자산 감소라는 위협을 회피하는 WT 전략이므로 가장 적절하다.

오답 체크

① 전국적인 영업망 구축이라는 강점을 살려 고난도 금융상품 녹취·숙려제도라는 위협을 회피하는 ST 전략이므로 적절하지 않다.

② 낮은 기본자본비율이라는 약점을 보완하여 예금 등 수신 규모의 감소 추세라는 위협을 회피하는 WT 전략이므로 적절하지 않다.

③ 높은 순이자 마진이라는 강점을 살려 마이데이터 하위 카테고리 신설이라는 기회를 포착하는 SO 전략이므로 적절하지 않다.

④ 수익 포트폴리오의 상당 부분을 이자이익에 의존하고 있다는 약점을 보완하여 고난도 금융상품 녹취·숙려제도라는 위협을 회피하는 WT 전략이므로 적절하지 않다.

44 직무능력 – 수리능력 정답 ①

주가순자산비율 = 주가 / 1주당 순자산가치, 주가수익률 = 주가 / 1주당 순이익임을 적용하여 구한다.
2023년 기업별 주가순자산비율 및 주가수익률은 다음과 같다.

구분	주가순자산비율	주가수익률
A 기업	$56{,}200 / 55{,}610 ≒ 1.01$	$56{,}200 / 5{,}700 ≒ 9.86$
B 기업	$48{,}800 / 49{,}180 ≒ 0.99$	$48{,}800 / 4{,}100 ≒ 11.90$
C 기업	$72{,}400 / 71{,}020 ≒ 1.02$	$72{,}400 / 6{,}900 ≒ 10.49$
D 기업	$66{,}500 / 66{,}000 ≒ 1.01$	$66{,}500 / 6{,}700 ≒ 9.93$
E 기업	$80{,}300 / 81{,}300 ≒ 0.99$	$80{,}300 / 7{,}200 ≒ 11.15$

2023년 주가순자산비율을 기준으로 자산가치가 증시에서 고평가되고 있는 기업은 주가순자산비율이 1보다 큰 A, C, D 기업이다.
따라서 A, C, D 기업 중 2023년 주가수익률이 가장 높은 C 기업의 주가수익률은 약 10.49이다.

⏱ 빠른 문제 풀이 Tip

주가순자산비율(PBR) = 주가 / 1주당 순자산가치이고, PBR이 1보다 클 때 자산가치가 고평가되는 것으로 해석할 수 있으므로 주가와 1주당 순자산가치를 비교한다.

주가가 1주당 순자산가치보다 클 경우 PBR이 1보다 크므로 주가가 1주당 순자산가치보다 큰 A 기업, C 기업, D 기업이 주가순자산비율을 기준으로 증시에서 고평가되고 있음을 알 수 있다. 이에 따라 A 기업, C 기업, D 기업의 주가수익률을 구하면 A 기업이 $56{,}200 / 5{,}700 ≒ 9.86$, C 기업이 $72{,}400 / 6{,}900 ≒ 10.49$, D 기업이 $66{,}500 / 6{,}700 ≒ 9.93$으로 2023년 주가수익률이 가장 높은 C 기업의 주가수익률은 약 10.49임을 알 수 있다.

45 직무능력 – 수리능력 정답 ②

수학 학원의 강의실 개수를 x라고 하면
한 반에 70명씩 나누면 10명이 강의실에 들어갈 수 없으므로 수강생은 총 $70x + 10$명이다. 또한, 한 반에 85명씩 나누면 하나의 강의실에는 60명이 있고, 다른 하나의 강의실은 비어 있으며, 나머지 $x - 2$개의 강의실에만 수강생이 85명씩 가득 차 있으므로 수강생은 총 $85(x - 2) + 60$명이다.
$70x + 10 = 85(x - 2) + 60 \rightarrow x = 8$
따라서 수학 학원의 총수강생은 $(70 \times 8) + 10 = 570$명이다.

46 직무능력 – 의사소통능력 정답 ②

중도해지 시 신규일에 결정된 퇴직연금 정기적금의 약정이율을 적용하는 것은 제12조 제9호에 해당하며, 위탁자의 사업 폐업의 사유로 적금을 중도해지 하는 경우는 제12조 제6호에 해당하여 신규일 당시 결정된 퇴직연금 정기적금의 특별중도해지이율을 적용하므로 위탁자의 사업이 폐업하여 적금을 중도해지 했을 때 신규일에 정해진 적금의 약정이율을 적용한다는 것은 가장 적절하지 않다.

오답 체크

① 제9조에서 이 적금은 모든 회차의 납입 여부와 상관없이 만기일에 해지 처리하며 만기일이 휴일인 경우에는 익영업일에 해지한다고 하였으므로 적절한 내용이다.

③ 제6조에서 이 적금의 신규 적용이율은 매월 1일의 3영업일 전에 영업점 및 인터넷 홈페이지에 고시한다고 하였으므로 적절한 내용이다.

④ 제3조에서 이 적금의 계약 기간은 12개월 이상 36개월 이내에서 은행과 고객이 별도로 정한 기간으로 한다고 하였으며, 월정액 납입식인 이 적금은 매월의 계약일 상당일에 저축금을 납입하여야 하지만 상당일이 없는 경우에는 그 월의 말일을 저축금 납입일로 한다고 하였으므로 적절한 내용이다.

⑤ 제12조에서 적금 만기 이전의 특별중도해지 시에 적용되는 특별중도해지이율은 신규일 이후에 예치기간이 1년 이상 2년 미만이라면 이 적금의 가입 당시 1년제 약정이율을 적용한다고 하였으므로 적절한 내용이다.

해커스 농협은행 6급 NCS+직무상식 기출동형모의고사

47 직무능력 – 정보능력　정답 ⑤

제시된 자료에 따르면 부울 연산자는 비교 연산자보다 우선순위가 낮으므로 비교 연산을 먼저 실행한 후 부울 연산을 실행하여 최종 부울값을 반환한다. 이에 따라 x에 7을 대입하여 도출되는 각 식의 부울값과 최종 부울값은 다음과 같다.

구분	1번 식 부울값	2번 식 부울값	부울 연산자	최종 부울값
㉠	7 != 5 → True	7+4 < 10 → False	or	True
㉡	7+3 >= (2×7)−4 → True	8+6 != 14 → False	and	False
㉢	0 == 7−7 → True	29−(4×7) <= 3 → True	and	True
㉣	23+(2×7) != 39 → True	23−8 = 12 → False	or	True

따라서 최종 부울값이 True인 것은 ㉠, ㉢, ㉣이다.

48 직무능력 – 수리능력　정답 ⑤

자전거보행자겸용도로가 자전거전용도로의 1,360.82 / 106.10 ≒ 12.8배인 강원도와 1,339.10 / 15.40 ≒ 87.0배인 제주특별자치도 중 자전거전용도로의 길이가 가장 긴 지역은 강원도이다.

따라서 강원도의 전체 자전거도로가 전국의 전체 자전거도로에서 차지하는 비중은 {(106.10+1,360.82+61.25+152.16) / (3,683.70+18,954.93+867.82+1,742.67)} × 100 ≒ 6.7%이다.

⏱ 빠른 문제 풀이 Tip

자전거전용도로의 10배와 자전거보행자겸용도로의 길이를 비교한다.

구분	자전거전용도로 ×10(km)	길이 비교	자전거보행자 겸용도로(km)
서울특별시	1,809.6	>	843.46
부산광역시	446.2	>	444.80
대구광역시	1,185.1	>	936.37
인천광역시	2,677.2	>	772.62
광주광역시	1,286.4	>	510.60
대전광역시	1,267.7	>	655.67
울산광역시	1,252.2	>	529.07
세종특별자치시	499.6	>	130.58
경기도	6,497.1	>	4,646.32
강원도	1,061.0	<	1,360.82
충청북도	2,486.3	>	807.64
충청남도	2,725.1	>	1,171.61
전라북도	2,745.9	>	1,238.39
전라남도	2,280.4	>	926.85
경상북도	4,126.9	>	1,398.22
경상남도	4,336.3	>	1,242.81
제주특별자치도	154.0	<	1,339.10

따라서 자전거보행자겸용도로가 자전거전용도로의 10배 이상인 강원도와 제주특별자치도 중 자전거전용도로의 길이가 더 긴 강원도의 전체 자전거도로가 전국의 전체 자전거도로에서 차지하는 비중은 {(106.10+1,360.82+61.25+152.16) / (3,683.70+18,954.93+867.82+1,742.67)} × 100 ≒ 6.7%이다.

49 직무능력 – 수리능력　정답 ④

지역구시·도의회의원선거의 여성추천보조금 총액은 20억 원이고 전국지역구총수는 250석이며, 제2항을 통해 전국지역구총수 중 여성후보자 추천 비율에 따라 적용되는 조항이 다름을 알 수 있다. 여성후보자를 전국지역구총수의 100분의 30 이상인 250×0.3=75석 이상 추천한 정당이 없으므로 제2항 제2호가 적용된다. 여성후보자를 전국지역구총수의 100분의 15 이상 100분의 30 미만 추천한 甲 정당과 乙 정당은 여성추천보조금 총액의 50%인 10억 원을, 여성후보자를 전국지역구총수의 100분의 5 이상 100분의 15 미만 추천한 丙 정당은 여성추천보조금 총액의 30%인 6억 원을 정당별 국회의석수의 비율에 따라 지급받는다. 이때, 국회의석수에 따른 보조금만 지급받으므로 정당별 정보는 다음과 같다.

구분	甲 정당	乙 정당	丙 정당
전국지역구 총수 대비 여성후보자 추천 비율	(50 / 250) × 100 = 20%	(40 / 250) × 100 = 16%	(30 / 250) × 100 = 12%
정당별 국회의석수 비율	(100 / 250) × 100 = 40%	(80 / 250) × 100 = 32%	(40 / 250) × 100 = 16%
적용 조항	제26조 제2항 제2호 가목	제26조 제2항 제2호 가목	제26조 제2항 제2호 나목
지급받을 여성추천 보조금	10 × 0.4 = 4 원	10 × 0.32 = 3억 2,000만 원	6 × 0.16 = 9,600만 원

따라서 甲~丙 정당이 지역구시·도의회의원선거에서 국회의석수에 따라 지급받을 보조금을 바르게 연결한 것은 ④이다.

50 직무능력 - 문제해결능력   정답 ④

[갑의 대출 정보]에 따르면 갑은 N 은행 직장인대출로 1억 2천만 원을 1년 만기일시상환으로 대출받았고, 금리 우대 조건 중 급여 이체와 N 신용카드 보유를 만족하여 (0.30 + 0.20) = 0.50%p의 우대금리를 적용받아 대출금리는 0.92 + 2.02 - 0.50 = 2.44%이다.

따라서 '3. 이자계산방법'에 따라 갑이 146일간 이자 납부를 연체하였다면 연체이자율은 146 × (2.44 + 3) / 365 = 2.176%이므로 옳은 내용이다.

오답 체크

① '1. 상품설명 - 7)'에 따르면 계약철회는 대출 실행일로부터 14일 이내에 신청 가능하며, 갑의 경우 대출금 수령일로부터 2주가 초과하더라도 대출금 수령일보다 늦은 계약서류 발급일로부터 2주 이내라면 계약 철회신청이 가능하므로 옳지 않은 내용이다.

② '3. 이자계산방법'에 따르면 갑이 1년 만기 이자를 연체 없이 납부했을 때 매월 {120,000,000 × 0.0244 × (365 / 365)} / 12 = 244,000원의 대출이자를 납부해야 하므로 옳지 않은 내용이다.

③ '1. 상품설명 - 5)'에 따르면 중도상환해약금 없이 중도상환이 가능하므로 옳지 않은 내용이다.

⑤ '1. 상품설명 - 6)'에 따르면 대출금이 1억 원을 초과하는 경우 75,000원의 인지세를 납부해야 하므로 옳지 않은 내용이다.

51 직무능력 - 수리능력   정답 ④

2019년 업무상 손상건수가 많은 순서대로 발생 형태를 나열하면 전도 - 신체반응·과도한 힘동작 - 충돌·접촉 - 기타 - 협착·감김 순으로 협착·감김이 5번째로 많고, 2020년 업무상 손상건수가 많은 순서대로 발생 형태를 나열하면 전도 - 신체반응·과도한 힘동작 - 충돌·접촉 - 기타 - 수산 / 동물에 의한 상해 순으로 수산 / 동물에 의한 상해가 5번째로 많으므로 업무상 손상건수가 5번째로 많은 발생 형태가 협착·감김인 해는 2019년이다.

따라서 2019년 전체 어업인의 업무상 손상 발생률은 {(1,907 + 842) / (48,646 + 36,336)} × 100 ≒ 3.2%이다.

52 직무능력 - 문제해결능력   정답 ④

[팀 인원 정보]에 따르면 기획팀의 재직 인원은 4명이고, [회의실 정보]에 따르면 3 회의실은 10명까지 수용할 수 있으므로 10/11(수) 기획팀은 적절한 회의실을 예약하였지만, [10월 팀별 일정]에 따르면 기획팀의 옥외 광고물 기획 회의 일정은 10/11(수) 오후 1시~오후 2시이고, [10월 회의실 예약 일정]에서 10/11(수) 일정이 11:00~12:00로 작성되어 있다.

따라서 팀별 일정과 다르게 작성되어 수정이 필요한 날짜는 10/11(수)이다.

53 직무능력 - 의사소통능력   정답 ⑤

이 글은 에스키모인들의 주거 시설인 이글루를 소개하고, 이글루의 건축 과정과 이글루의 실내 온도를 유지하는 과학적 원리를 설명하는 내용이므로 이 글의 주제로 가장 적절한 것은 ⑤이다.

오답 체크

① 4문단에서 더운 여름철 도로에 물을 뿌려 온도를 떨어뜨리는 것과 이글루 바닥에 물을 뿌려 실내 온도를 높이는 것은 물의 물리적 변화 과정에서 나타나는 열의 흡수와 방출 원리로 설명할 수 있다고 하였지만, 글 전체를 포괄할 수 없으므로 적절하지 않은 내용이다.

② 2문단에서 에스키모인들이 이글루를 건축하는 방법에 대해 서술하고 있지만, 글 전체를 포괄할 수 없으므로 적절하지 않은 내용이다.

③ 2문단에서 이글루를 건축하는 과정에서 눈 사이 사이에 있던 공기가 외부로 방출되지 못하고 얼음 속에 갇히게 되는데, 이때 빛이 방출되지 못한 기체에 부딪혀 여러 방면으로 흩어지기 때문에 이글루 내부가 뿌옇게 보인다고 하였지만, 글 전체를 포괄할 수 없으므로 적절하지 않은 내용이다.

④ 글 전체에서 단파와 장파의 장단점에 대해서는 다루고 있지 않으므로 적절하지 않은 내용이다.

54 직무능력 - 정보능력   정답 ③

Windows 10의 드라이브 오류 문제가 발생했을 경우 손상된 시스템 파일 스캔을 통해 자주 발생하는 드라이브 오류를 복구할 수 있는 DISM과 SFC 스캔을 실행함으로써 복구할 수 있으므로 가장 적절하다.

오답 체크

① Windows 시스템 파일 검사기 도구를 실행하는 것은 Windows 10이 종료되지 않는 문제 발생 시 이를 해결하는 방법이므로 적절하지 않다.

②, ⑤ 다른 SATA 포트를 사용하는 것과 Windows 10 설치 미디어에서 부팅하는 것은 Windows 10 설치에서 감지되지 않는 하드 디스크를 수정하는 방법이므로 적절하지 않다.

④ 명령 프롬프트에서 레지스트리를 복원하는 것은 Windows 10에서 PC에 발생한 문제로 인해 PC를 다시 시작해야 할 때 사용하는 방법이므로 적절하지 않다.

55 직무능력 - 문제해결능력   정답 ①

투자금액이 5,000,000원인 갑이 ○○은행에서 판매하는 5개의 펀드에 1년간 투자한다고 할 때, 펀드별 실투자금과 총 보수율에 따른 예상 순수익은 다음과 같다.

구분	실투자금	총 보수율	예상 순수익
A 펀드	5,000,000원	$0.54 + 0.33 + 0.02 + 0.01$ $= 0.9\%$	$(5,000,000 \times 0.337)$ $- (5,000,000 \times 0.009)$ $= 1,640,000$원
B 펀드	5,000,000원	$0.14 + 0.14 + 0.01 + 0.01$ $= 0.3\%$	$(5,000,000 \times 0.316)$ $- (5,000,000 \times 0.003)$ $= 1,565,000$원
C 펀드	5,000,000원	$0.41 + 0.35 + 0.03 + 0.01$ $= 0.8\%$	$(5,000,000 \times 0.327)$ $- (5,000,000 \times 0.008)$ $= 1,595,000$원
D 펀드	5,000,000원	$0.44 + 0.52 + 0.03 + 0.01$ $= 1.0\%$	$(5,000,000 \times 0.334)$ $- (5,000,000 \times 0.01)$ $= 1,620,000$원
E 펀드	$(1 - 0.005) \times$ $5,000,000$ $= 4,975,000$원	$0.64 + 0.52 + 0.03 + 0.01$ $= 1.2\%$	$\{5,000,000 \times$ $(0.342 - 0.005)\}$ $- (4,975,000 \times 0.012)$ $= 1,625,300$원

따라서 갑이 투자할 펀드는 예상 순수익이 가장 높은 A 펀드이다.

56 직무능력 - 수리능력   정답 ②

2018년부터 2021년까지 인터넷쇼핑 총거래액의 전년 대비 증가량은 2018년에 $4,411 - 4,128 = 283$백억 원, 2019년에 $4,924 - 4,411 = 513$백억 원, 2020년에 $4,925 - 4,924 = 1$백억 원, 2021년에 $5,156 - 4,925 = 231$백억 원으로 2019년에 가장 많이 증가했고, 모바일쇼핑 총거래액의 전년 대비 증가량은 2018년에 $6,921 - 5,291 = 1,630$백억 원, 2019년에 $8,736 - 6,921 = 1,815$백억 원, 2020년에 $10,807 - 8,736 = 2,071$백억 원, 2021년에 $13,552 - 10,807$ $= 2,745$백억 원으로 2021년에 가장 많이 증가하였으므로 옳지 않은 설명이다.

오답 체크

① 2021년 인터넷쇼핑의 총거래액에서 컴퓨터 및 주변기기의 거래액이 차지하는 비중은 $(456 / 5,156) \times 100 ≒ 8.8\%$로 9% 미만이므로 옳은 설명이다.

③ 기타 상품을 제외하고 2021년 인터넷쇼핑 거래액이 같은 해 모바일쇼핑 거래액보다 큰 상품군은 컴퓨터 및 주변기기, 서적 2개이므로 옳은 설명이다.

④ 2021년 모바일쇼핑 거래액은 음식서비스가 e쿠폰서비스의 $2,498 / 533 ≒ 4.7$배로 4배 이상이므로 옳은 설명이다.

⑤ 2018년 이후 인터넷쇼핑의 총거래액이 처음으로 5,000백억 원을 넘은 2021년에 모바일쇼핑의 총거래액은 전년 대비 $\{(13,552 - 10,807) / 10,807\} \times 100 ≒ 25.4\%$ 증가하였으므로 옳은 설명이다.

57 직무능력 - 문제해결능력   정답 ⑤

'6. 프로그램 운영기관'에 따르면 상담 가능 지역이 서울이면서 상반기에 진행하는 곳은 B 평생 교육원, D 컨설팅 두 곳이므로 옳지 않은 내용이다.

오답 체크

① '3. 지원 내용'에 따르면 출석률이 80% 미만이 되어 상담 프로그램을 수료하지 못한 사람은 상담 비용의 10%를 자비로 부담해야 하고, 10번의 상담 프로그램 중 6회를 참여했다면 출석률이 60%임에 따라 $700,000 \times 0.1 = 70,000$원을 자비로 부담해야 하므로 옳은 내용이다.

② '2. 지원 대상'에 따르면 지원 대상은 내일배움카드를 발급받은 자 중에서 1,000인 미만의 중소기업에 재직 중인 만 45세 이상의 재직자이므로 옳은 내용이다.

③ '5. 추진 절차 및 담당 기관'에 따르면 프로그램 진행은 운영기관, 비용·수료 처리는 고용정보원, 비용 지급은 고용센터에서 담당하므로 옳은 내용이다.

④ '4. 운영 방식'에 따르면 맞춤형 설계 상담 프로그램의 경우 총 5차시까지 진행되고, 차시별로 2시간의 상담을 제공하여 프로그램 진행 기간 동안 총 $5 \times 2 = 10$시간의 상담이 진행되므로 옳은 내용이다.

58 직무능력 - 문제해결능력   정답 ⑤

제시된 조건에 따르면 민지는 40일 동안 매일 하루 10시간씩 자유석 또는 스터디룸에서 공부할 예정이다. 먼저 공부 1일 차부터 4일 간격으로 4인 스터디룸을 5시간씩 이용할 예정이므로 40일 동안 4인 스터디룸은 총 $1 + (40 - 1) / 4 = 10.75 →$ 10회 이용함에 따라 민지가 스터디룸에서 공부하는 시간은 $10 \times 5 = 50$시간이다. [독서실 이용 안내]에 따르면 4인실은 시간당 8,000원이므로 40일 동안의 스터디룸 이용 요금은 총 $50 \times 8,000 = 400,000$원이고, 이때 정액권을 사용하면 더 저렴하므로 20만 원권을 2개 구입하여 $190,000 \times 2 = 380,000$원에 스터디룸을 이용할 수 있다. 다음으로 자유석 이용 시 시간권, 정액권, 정기권 모두 사용할 수 있으며, 자유석을 이용하여 공부할 시간은 1일 중 자유석과 스터디룸에서 5시간씩 공부하는 10일과 1일 10시간을 모두 자유석에서 공부하는 $40 - 10 = 30$일에 해당하는 $(5 \times 10) + (10 \times 30) = 350$시간이다. 이에 따라 시간권 사용 시 이용 요금은 200시간권, 100시간권, 50시간권의 합인 $160,000 + 85,000 + 45,000 =$

290,000원이고, 당일 사용 시 자유석 이용 요금은 기본 1시간당 2,000원, 초과 1시간당 1,000원이며, 10시간에 10,000원임에 따라 자유석에서 5시간씩 공부하는 10일과 10시간씩 공부하는 30일의 이용 요금의 합은 {2,000 + (1,000 × 4)} × 10 + (10,000 × 30) = 360,000원이다. 이에 따라 정액권 사용 시 이용 요금은 20만 원권, 10만 원권, 5만 원권의 합인 190,000 + 95,000 + 48,000 = 333,000원과 정액권을 사용하지 않는 10,000원의 합인 343,000원이고, 정기권 사용 시 이용 요금은 14일권과 28일권을 사용하여 130,000 + 220,000 = 350,000원이므로 시간권이 가장 저렴하다. 또한 개인 사물함은 30일 단위로 이용할 수 있으므로 8,000원인 30일권 2장을 구입해야 한다.

따라서 민지가 40일 동안 독서실을 가장 저렴하게 이용한다고 할 때 지불해야 하는 최소 금액은 380,000 + 290,000 + (8,000 × 2) = 686,000원이다.

59 직무능력 – 의사소통능력 정답 ④

4문단에서 선물환은 환율변동의 위험부담을 덜기 위해 미래의 특정 외화의 가격을 현재 거래에서 미리 계약하고 미래 특정 시점에 외환을 이행하며 매도자와 매수자 모두에게 이행 의무가 있다고 하였고, 예시에서 대금 지급일의 환율과 상관없이 계약한 환율로 원화 대금을 받는다고 하였으므로 8만 달러의 수출품에 대하여 한화로 9천 600만 원을 지급받게 되는 것은 아님을 알 수 있다.

오답 체크

① 1문단에서 옵션거래에서 매수자는 일정한 프리미엄을 미리 지불하여 본인에게 유리한 경우에 권리를 행사하여 이익을 누린다고 하였으며, 매도자는 권리행사에 응하는 대신 매수자로부터 프리미엄을 취득하게 된다고 하였으므로 적절한 내용이다.

② 4문단에서 선물환은 미래의 특정 외화 가격을 현재 거래에서 미리 계약하고 미래의 특정 시점에 외환을 이행하는 것이라고 하였으며, 5문단에서 매도 포지션은 환율이 상승하더라도 계약한 환율로 매도하기 때문에 받게 되는 원화의 액수가 적어져 손해를 보게 된다고 한 것을 통해 매도자의 입장에서 계약 당시보다 환율이 하락하더라도 과거에 계약된 환율에 따라 매도하기 때문에 받게 될 원화가 적어지지 않는다는 것을 알 수 있으므로 적절한 내용이다.

③ 2문단에서 풋옵션은 특정 자산을 팔 수 있는 권리라고 하였으며, 3문단에서 풋옵션 매수자는 시장에서 해당 상품이 행사가격보다 높게 거래될 때 자산을 시장가격에 파는 것이 유리하여 권리를 포기하면 된다고 하였으므로 적절한 내용이다.

⑤ 1문단에서 옵션거래에서 매도자는 매수자의 권리행사에 응하는 의무를 가진다고 하였으며, 4문단에서 옵션은 매수자에겐 의무가 아니라 손실에 따라 권리 포기가 가능하다고 하였으므로 적절한 내용이다.

60 직무능력 – 정보능력 정답 ③

제시된 코드에서 i에 80을, j에 50을 입력하면 System.out.println((i + j) / 2.0); (80 + 50) / 2.0 = 65.0이므로 출력값으로 가장 적절한 것은 65.0이다.

61 직무능력 – 수리능력 정답 ④

2016년 4,428.6루블은 4,428.6 / 67.1 = 66달러이고, 66달러로 환전할 수 있는 폴란드 화폐는 66 × 3.9 = 257.4즈워티이므로 옳지 않은 설명이다.

오답 체크

① 2018년 211.2위안은 211.2 / 6.6 = 32달러, 3,201.6엔은 3,201.6 / 110.4 = 29달러로 211.2위안이 3,201.6엔보다 32 - 29 = 3달러 더 많은 금액이므로 옳은 설명이다.

② 2017년 49,764원을 달러로 환전한 금액은 49,764 / 1,131.0 = 44달러이고 이를 3년 뒤인 2020년에 다시 한국 화폐로 환전하면 44 × 1,180.3 = 51,933.2원으로 그 차이는 51,933.2 - 49,764.0 = 2,169.2원이므로 옳은 설명이다.

③ 제시된 국가 중 2017년 이후 1달러당 환율이 매년 전년 대비 상승한 국가는 터키 1개국이므로 옳은 설명이다.

⑤ 2019년 1달러당 환율의 전년 대비 감소율은 필리핀이 {(52.7 - 51.8) / 52.7} × 100 ≒ 1.7%, 태국이 {(32.3 - 31.0) / 32.3} × 100 ≒ 4.0%이므로 옳은 설명이다.

⏱ 빠른 문제 풀이 Tip

⑤ 감소율의 분자와 분모의 크기를 비교하여 계산한다.
2019년 1달러당 환율의 전년 대비 감소율에서 분자에 해당하는 감소량은 필리핀이 52.7 - 51.8 = 0.9, 태국이 32.3 - 31.0 = 1.3으로 필리핀이 태국보다 작고, 분모에 해당하는 2018년 환율은 필리핀이 52.7, 태국이 32.3으로 필리핀이 태국보다 크므로 감소율은 태국이 필리핀보다 큼을 알 수 있다.

62 직무능력 – 문제해결능력 　　정답 ②

고객이 원하는 차량 정보에 따르면 차종은 최소 준중형이어야 하며, 연식은 2020년식 이상이어야 하고, 애견을 동반할 수 있어야 하므로 경형인 A 차량, 연식이 2019년식인 D 차량, 애견 동반이 불가능한 C 차량은 제외한다. 남은 B 차량과 E 차량 중 렌트비가 가장 저렴한 차량을 선택하므로 1일 렌트비가 더 저렴한 'B 차량'을 선택한다. 이때 1일은 24시간을 기준으로 계산하므로 9월 5일 오후 4시에 대여해서 9월 8일 오후 4시에 반납하는 경우 렌트비와 카시트 대여비는 3일 기준으로 계산한다. 이에 따라 고객이 지불할 비용은 총 (36,400 × 3) + (5,900 × 3) = 126,900원이다.

따라서 고객이 여행 기간 동안 선택할 차량은 B 차량이고, 지불할 비용은 126,900원이다.

63 직무능력 – 문제해결능력 　　정답 ③

'4. 지원 내용 – 1)'에 따르면 채무보다 많은 재산을 가진 차주의 경우 원금 조정에 대한 지원은 없으므로 옳은 내용이다.

오답 체크

① '3. 지원 한도'에 따르면 1인당 신청 횟수는 1회로 제한되므로 옳지 않은 내용이다.

② '5. 유의 사항'에 따르면 기초생활수급자 등의 취약계층은 원금 감면이 최대 90%까지 가능하므로 옳지 않은 내용이다.

④ '2. 지원 대상'에 따르면 90일 이상 장기 연체 등으로 부실이 이미 발생한 대출자 외에도 부실로 이어질 가능성이 큰 대출자도 지원 대상에 포함되므로 옳지 않은 내용이다.

⑤ '4. 지원 내용 – 2)'에 따르면 부실 우려 차주의 거치 기간은 최대 3년이므로 옳지 않은 내용이다.

[64 – 65]

64 직무능력 – 수리능력 　　정답 ⑤

귀농·귀촌 온라인 교육을 이수했다고 응답한 응답자 수는 2019년에 2,081 × 0.215 ≒ 447명, 2020년에 2,038 × 0.205 ≒ 418명, 2021년에 3,000 × 0.242 = 726명으로 2021년이 가장 많고 2020년이 가장 적다.

이때 귀농·귀촌 온라인 교육을 이수하지 않았다고 응답한 응답자의 수는 2020년에 2,038 × 0.795 ≒ 1,620명, 2021년에 3,000 × 0.758 = 2,274명이다.

따라서 2020년과 2021년에 귀농·귀촌 온라인 교육을 이수하지 않았다고 응답한 응답자 수의 차이는 2,274 – 1,620 ≒ 654명이다.

65 직무능력 – 수리능력 　　정답 ②

귀농·귀촌 오프라인 교육을 이수했다고 응답한 응답자는 오프라인 교육을 주로 받은 기관에 응답함에 따라 오프라인 교육을 주로 받은 기관에 응답한 응답자 수는 2019년에 2,081 × 0.566 ≒ 1,178명, 2020년에 2,038 × 0.438 ≒ 893명, 2021년에 3,000 × 0.425 = 1,275명으로 2020년에 가장 적다.

따라서 2020년에 오프라인 교육을 주로 농촌진흥청·농업기술원에서 받았다고 응답한 응답자 수는 893 × 0.244 ≒ 218명이다.

66 직무능력 – 정보능력 　　정답 ④

보조기억장치는 주기억장치보다 상대적으로 속도가 느리지만, 다량의 자료를 저장할 수 있으므로 가장 적절하지 않다.

🔍 더 알아보기

보조기억장치의 특징

· 주기억장치보다 속도는 느리지만, 다량의 자료를 영구적으로 저장할 수 있음

· 주기억장치의 한정된 기억용량을 보조하기 위해 사용하는 것으로, 전원이 차단되어도 기억된 내용이 상실되지 않음

· 자료 접근 방법에 따라 정보를 순차적으로 읽고 쓰기만 하는 순차접근 방식과 순차적으로 또는 필요한 위치에서 직접 읽고 쓰기를 하는 직접접근 방식으로 구분됨

· 순차접근 방식은 기록 밀도가 좋으나 직접접근 방식보다 정보 검색에 많은 시간이 소요되며, 자료의 삽입 및 삭제 시 재구성해야 함

· 보조기억장치에는 자기테이프, 자기디스크 등과 같이 자기를 이용하거나 레이저 디스크와 같이 빛을 이용하는 것, 광자기디스크처럼 자기와 빛을 모두 이용하는 것이 포함됨

· 개인용 컴퓨터에 보조기억장치로 사용되는 것에는 플로피디스크, 하드 디스크, CD-ROM 등이 포함됨

67 직무능력 – 정보능력 　　정답 ⑤

리스트의 자리표는 0번부터 시작하며, remove(x) 함수를 이용할 경우 리스트 내 첫 번째 순서로 등장하는 x 값이 삭제됨에 따라 A.remove(3)은 A 리스트의 요소 2인 3을, A.remove(1)은 A 리스트의 요소 1인 1을 삭제하여 A 리스트는 A = [2, 1, 5, 4, 3, 2]가 된다. 이때 insert(a, b) 함수를 이용할 경우 리스트 내 A[a]가 가리키는 요소 a + 1의 위치에 b가 삽입되므로 A.insert(2, 5)에 따라 A 리스트는 A = [2, 1, 5, 5, 4, 3, 2]가 되며, A[-4]는 A 리스트의 네 번째 마지막 요소를 가리키므로 요소 4인 5를 가리킨다.

따라서 파이썬 3의 출력값은 5이다.

68 직무능력 – 의사소통능력   정답 ④

3문단에서 치유농업에 관한 연구 결과에서 경도인지장애 노인의 인지기능은 치유농업 프로그램 진행 전보다 19.4% 향상된 수치를 기록하였고 기억장애 문제는 40.3%로 줄어 정상 범위로 회복되었다고 하였으므로 경도인지장애 노인의 기억장애 문제가 치유농업으로 60% 이상 감소하여 수치가 정상 범위로 회복되었다는 것은 아님을 알 수 있다.

오답 체크

① 3문단에서 국민들의 건강증진에 긍정적인 영향을 주는 치유농업은 관련 법 제정에 따라 다양한 프로그램이 연구 및 개발되고 있으며 전문 인력을 지원하는 등 보급에 힘쓰고 있어 그 가치는 앞으로 더욱 확산될 것으로 보여진다고 하였으므로 적절한 내용이다.

② 1문단에서 도시는 농업을 중심으로 형성되었으며, 이후에 도시가 점차 거대해지고 산업화가 진행되면서 농업이 도시와 분리되는 모습을 보였지만 현대에 다시 도시로 들어오는 모습을 보였다고 하였으므로 적절한 내용이다.

③ 2문단에서 원예 활동은 식물의 모든 생장 단계에 참여하는 가장 보편적인 치유농업 유형이라고 하였으므로 적절한 내용이다.

⑤ 1문단에서 도시 및 근교의 텃밭이나 주말농장에서 먹거리를 키우는 도시농업에 치유의 개념을 더한 것이 치유농업이라고 하였으며, 2문단에서 치유농업은 신체적 건강은 물론 정서적, 심리적, 인지적 건강 등을 회복하고 증진하기 위해 농업을 활용하는 것이라고 하였으므로 적절한 내용이다.

[69 - 70]
69 직무능력 – 문제해결능력   정답 ③

'2. 연회장 이용 요금'에 따라 전일 이용 요금이 200만 원을 초과하는 B 연회장과 D 연회장은 제외하고, 나머지 연회장 중 '1. 연회장 정보'에 따라 이용 가능 장비에 LED 디스플레이가 없는 A 연회장과 수용 인원이 50명 미만인 E 연회장은 제외하므로 귀하가 안내할 연회장은 'C 연회장'이다. 이때 '3. 9월 4주 차 연회장 예약 현황'에 따라 C 연회장을 전일 예약할 수 있는 날짜는 9/21(수), 9/22(목) 2일이지만, 고객이 가능한 한 가장 빠른 날짜로 확인해 줄 것을 요청하였으므로 귀하가 안내할 날짜는 9/21(수)이다.

따라서 귀하가 안내할 연회장과 날짜가 바르게 연결된 것은 C 연회장 – 9/21(수)이다.

70 직무능력 – 문제해결능력   정답 ④

'2. 연회장 이용 요금'에 따라 C 연회장을 오전 9시부터 오후 9시까지 예약하였으므로 C 연회장의 전일 이용 요금인 1,940,000원을 지불하게 되고, '[참고] 추가 이용 시 장비별 1대당 가격'에 따라 빔프로젝터 2대와 LED 디스플레이 1대를 추가로 이용할 경우 연회장 이용 요금에 (50,000 × 2) + 70,000 = 170,000원을 더하여 지불해야 하므로 총이용 요금은 1,940,000 + 170,000 = 2,110,000원이다.

따라서 고객이 지불해야 하는 총이용 요금은 2,110,000원이다.

4회 기출동형모의고사

정답

p.168

01	②	직무상식	금융·경제상식	31	⑤	직무능력	의사소통능력	61	③	직무능력	문제해결능력
02	⑤	직무상식	금융·경제상식	32	②	직무능력	정보능력	62	④	직무능력	문제해결능력
03	③	직무상식	디지털상식	33	③	직무능력	수리능력	63	④	직무능력	의사소통능력
04	⑤	직무상식	금융·경제상식	34	④	직무능력	수리능력	64	③	직무능력	의사소통능력
05	②	직무상식	금융·경제상식	35	④	직무능력	문제해결능력	65	④	직무능력	정보능력
06	②	직무상식	디지털상식	36	⑤	직무능력	문제해결능력	66	④	직무능력	수리능력
07	②	직무상식	농업·농촌상식	37	②	직무능력	의사소통능력	67	⑤	직무능력	수리능력
08	③	직무상식	금융·경제상식	38	④	직무능력	정보능력	68	③	직무능력	문제해결능력
09	③	직무상식	금융·경제상식	39	③	직무능력	수리능력	69	②	직무능력	문제해결능력
10	②	직무상식	금융·경제상식	40	②	직무능력	수리능력	70	④	직무능력	문제해결능력
11	①	직무상식	디지털상식	41	②	직무능력	수리능력				
12	⑤	직무상식	금융·경제상식	42	④	직무능력	수리능력				
13	③	직무상식	금융·경제상식	43	⑤	직무능력	의사소통능력				
14	③	직무상식	금융·경제상식	44	②	직무능력	정보능력				
15	①	직무상식	농업·농촌상식	45	①	직무능력	문제해결능력				
16	②	직무상식	디지털상식	46	②	직무능력	문제해결능력				
17	④	직무상식	금융·경제상식	47	②	직무능력	수리능력				
18	④	직무상식	금융·경제상식	48	③	직무능력	수리능력				
19	①	직무상식	금융·경제상식	49	②	직무능력	문제해결능력				
20	⑤	직무상식	디지털상식	50	①	직무능력	의사소통능력				
21	④	직무상식	금융·경제상식	51	⑤	직무능력	정보능력				
22	⑤	직무상식	금융·경제상식	52	④	직무능력	수리능력				
23	①	직무상식	디지털상식	53	②	직무능력	문제해결능력				
24	②	직무상식	농업·농촌상식	54	④	직무능력	문제해결능력				
25	③	직무상식	금융·경제상식	55	⑤	직무능력	수리능력				
26	②	직무상식	금융·경제상식	56	③	직무능력	문제해결능력				
27	①	직무상식	금융·경제상식	57	⑤	직무능력	정보능력				
28	②	직무상식	디지털상식	58	②	직무능력	의사소통능력				
29	④	직무상식	금융·경제상식	59	④	직무능력	수리능력				
30	⑤	직무상식	농업·농촌상식	60	⑤	직무능력	수리능력				

실력 점검표

제한 시간 내에 푼 문제 수	맞힌 문제 수	정답률
/70	/70	%

※ 정답률(%) = (맞힌 개수/전체 개수) × 100

해설

01 직무상식 - 금융·경제상식   정답 ②

월평균 물가상승률이 50%를 초과할 정도로 물가가 극단적으로 상승하는 현상인 초인플레이션은 과도한 통화공급과 물가가 계속해서 급증할 것이라는 경제주체의 기대심리로 인해 촉발된다.

ⓒ 초인플레이션 상태에서 경제주체는 저축하려고 하기보다 물가가 더 상승하기 전에 지출하려고 하기 때문에 시중에 유통되는 통화량을 증가시켜 물가가 더 오르게 되므로 적절하지 않다.

02 직무상식 - 금융·경제상식   정답 ⑤

수출입 물가비율은 경기선행지수를 구성하는 경제지표에 해당한다.

🔍 더 알아보기

경기종합지수

경기선행지수	재고순환지표, 경제심리지수, 기계류 내수 출하지수(선박 제외), 건설 수주액, 장단기 금리차, 코스피 지수, 수출입 물가비율 등의 지표로 구성됨
경기동행지수	광공업 생산지수, 서비스업 생산지수, 소매 판매액지수, 비농림어업 취업자 수, 수입액, 내수 출하지수 등의 지표로 구성됨
경기후행지수	취업자 수, 소비자 물가지수 변화율, 소비재 수입액, 생산자제품 재고지수, 회사채 유통 수익률 등의 지표로 구성됨

03 직무상식 - 디지털상식   정답 ③

제시된 내용은 하나의 애플리케이션을 설치하여 사용함으로써 별도의 다른 애플리케이션을 추가로 설치하지 않아도 주문, 결제, 검색, 예매 등의 다양한 서비스를 모두 이용할 수 있는 '슈퍼앱'에 대한 설명이다.

[오답 체크]

① 하이브리드 앱: 기본 기능은 HTML 등의 웹 기술로 구현하고, 패키징은 모바일 운영 체제별로 구현하는 애플리케이션
② 웹 앱: 단말기의 기종과 상관없이 모든 단말기에서 같은 콘텐츠를 볼 수 있도록 하는 시스템
④ 네이티브 앱: 각 운영 체제에 적합한 언어로 애플리케이션을 개발하는 것을 의미하는 용어
⑤ 크로스 플랫폼: 응용 소프트웨어 및 하드웨어를 다양한 운영 체제에서 공통으로 사용할 수 있다는 것을 의미하는 용어

04 직무상식 - 금융·경제상식   정답 ⑤

휘발유 가격이 크게 오르면 단기에는 가격 변화에 대응할 시간적 여유가 없어 수요의 가격탄력성이 낮지만, 기간이 길어질수록 이를 대체할 수 있는 다른 방안을 찾을 수 있어 수요의 가격탄력성이 높아지므로 적절하지 않다.

[오답 체크]

① 대체재가 많을수록 가격의 변화에 대한 수요량의 변동이 탄력적이기 때문에 마땅한 대체재가 없는 달걀에 비해 대체재가 많이 존재하는 버터가 수요의 가격탄력성이 더 높으므로 적절하다.
② 필수재는 수요가 비탄력적이나 사치재는 수요가 탄력적이기 때문에 사치재인 골프채는 필수재인 쌀에 비해 수요의 가격탄력성이 더 높으므로 적절하다.
③ 시장의 범위를 넓게 정의할수록 대체재를 찾기 어려워 수요의 가격탄력성이 낮아지기 때문에 사이다 가격 인상에 따른 수요의 가격탄력성을 측정할 때 시장의 범위를 탄산음료 시장으로 한정할 때보다 음료수 시장 전체로 확대할 때 수요의 가격탄력성이 더 낮아지므로 적절하다.
④ 가계소득에서 재화에 대한 지출액이 차지하는 비중이 클수록 수요의 가격탄력성이 높아지므로 연필은 텔레비전에 비해 재화에 대한 지출액이 작아 수요의 가격탄력성이 더 낮으므로 적절하다.

🔍 더 알아보기

수요의 가격탄력성: 가격 변화에 따라 상품의 수요량이 변화하는 정도를 측정하는 지표

05 직무상식 - 금융·경제상식   정답 ②

재무 활동으로 현금이 유입되도록 하는 활동에는 차입금 조달, 사채 발행, 주식 발행, 자기주식 처분 등이 있으므로 (주)한국의 재무 활동에서 현금이 유입되는 활동은 보통주 발행, 사채 발행이다.
따라서 (주)한국의 재무 활동으로 인한 현금유입액은 ₩2,000,000 + ₩2,350,000 = ₩4,350,000이다.

06 직무상식 – 디지털상식 정답 ②

에지 컴퓨팅은 데이터를 클라우드로 보내기 전에 필터링하여 데이터 전송에 대한 네트워크 비용 및 클라우드나 스토리지 구축 비용이 감소됨에 따라 클라우드 컴퓨팅에 비해 네트워크 및 인프라 구축 비용이 저렴하므로 적절하지 않다.

오답 체크

① 에지 컴퓨팅은 처리해야 하는 데이터와 가깝게 위치하여 응답속도가 빠르고, 실시간으로 데이터를 처리할 수 있으므로 적절하다.

③ 에지 컴퓨팅은 스스로 주요 데이터를 처리하고, 중앙에 있는 메인 서버에 필요한 자료만 전송함에 따라 중앙에 있는 서버의 동작이 중단되더라도, 자체적으로 연속적인 서비스를 제공할 수 있으므로 적절하다.

④ 에지 컴퓨팅은 네트워크를 통해 중앙 서버로 전달되는 데이터양을 줄이고, 데이터를 여러 곳에 분산시킴에 따라 클라우드 컴퓨팅에 비해 잠재적 보안에 대한 위험이 적으므로 적절하다.

⑤ 에지 컴퓨팅은 필요한 데이터만 클라우드와 같은 원격 서버로 전송하여 네트워크를 효율적으로 운영할 수 있으므로 적절하다.

07 직무상식 – 농업·농촌상식 정답 ②

4차 산업혁명 시대에 부응하는 디지털 혁신으로 농업·농촌·농협의 미래 성장동력을 창출하므로 적절하지 않다.

🔍 더 알아보기

농협의 5대 핵심가치

농업인과 소비자가 함께 웃는 유통 대변화	소비자에게 합리적인 가격으로 더 안전한 먹거리를, 농업인에게 더 많은 소득을 제공하는 유통개혁 실현
미래 성장동력을 창출하는 디지털 혁신	4차 산업혁명 시대에 부응하는 디지털 혁신으로 농업·농촌·농협의 미래 성장동력 창출
경쟁력 있는 농업, 잘사는 농업인	농업인 영농지원 강화 등을 통한 농업 경쟁력 제고로 농업인 소득 증대 및 삶의 질 향상
지역과 함께 만드는 살고 싶은 농촌	지역사회의 구심체로서 지역사회와 협력하여 살고 싶은 농촌 구현 및 지역경제 활성화에 기여
정체성이 살아 있는 든든한 농협	농협의 정체성 확립과 농업인 실익 지원 역량 확충을 통해 농업인과 국민에게 신뢰받는 농협 구현

08 직무상식 – 금융·경제상식 정답 ③

실물적 경기변동이론에서 설명하는 경기변동의 주요 원인에는 기술 혁신, 생산성의 변화 등이 있으므로 적절하다.

오답 체크

①은 정치적 경기변동이론에서 설명하는 경기변동의 주요 원인, ②, ④, ⑤는 화폐적 경기변동이론에서 설명하는 경기변동의 주요 원인이므로 적절하지 않다.

09 직무상식 – 금융·경제상식 정답 ③

소득제약조건하에서 X 재 1원어치의 한계효용과 Y 재 1원어치의 한계효용이 균등할 때 효용이 극대화됨을 적용하여 구한다. 동현이는 10,000원으로 1개당 2,000원인 핫도그와 1개당 1,000원인 어묵을 구매하므로 핫도그와 어묵 구매 개수에 따른 한계효용은 다음과 같다.

구분	핫도그 1원어치의 한계효용	어묵 1원어치의 한계효용
핫도그 1개, 어묵 8개를 구매하는 경우	$400 / 2,000 = 0.20$	$140 / 1,000 = 0.14$
핫도그 2개, 어묵 6개를 구매하는 경우	$380 / 2,000 = 0.19$	$160 / 1,000 = 0.16$
핫도그 3개, 어묵 4개를 구매하는 경우	$360 / 2,000 = 0.18$	$180 / 1,000 = 0.18$
핫도그 4개, 어묵 2개를 구매하는 경우	$340 / 2,000 = 0.17$	$200 / 1,000 = 0.20$

따라서 동현이가 효용 극대화를 위해 구매해야 하는 핫도그의 개수는 3개이다.

10 직무상식 – 금융·경제상식 정답 ②

주택 임대료는 소비자 물가지수에 포함되지만, 생산자 물가지수에는 포함되지 않으므로 적절하지 않다.

11 직무상식 – 디지털상식 정답 ①

⊙은 고립성(Isolation), ⓒ은 일관성(Consistency), ⓒ은 원자성(Atomicity), ⓔ은 영속성(Durability)에 대한 설명이다.

12 직무상식 – 금융·경제상식 정답 ⑤

지문의 빈칸에는 주요사항 보고서가 들어간다.

오답 체크

① 투자 설명서: 투자 전에 투자자가 읽어봐야 하는 발행시장 공시

② 증권 신고서: 증권 모집 및 매출 시 금융위원회에 제출하는 발행시장 공시

③ 사업 보고서: 일정 기간의 사업 현황과 실태를 상부에 알리기 위한 유통시장 공시

④ 공개매수 신고서: 매수 기간 및 가격, 공개매수 및 대리인에 관한 사항 등을 기재한 서류로, 증권관리위원회에 제출하기 위한 유통시장 공시

13 직무상식 – 금융·경제상식 　　　　정답 ③

IS – LM곡선의 기울기 결정 요인에 따른 재정정책의 효과에 대한 설명으로 적절한 것은 ㉠, ㉡, ㉣로 총 3개이다.

오답 체크

㉢ 한계소비성향이 작을수록 재정정책의 효과는 커지므로 적절하지 않다.

㉤ 화폐유통속도가 느릴수록 재정정책의 효과는 작아지므로 적절하지 않다.

🔍 더 알아보기

재정정책의 효과

커지는 경우	· 화폐수요의 이자율 탄력성이 클수록 · 화폐유통속도가 빠를수록 · 투자의 이자율 탄력성이 작을수록 · 한계소비성향이 작을수록 · 유발투자 계수가 작을수록 · 세율이 클수록
작아지는 경우	· 화폐수요의 이자율 탄력성이 작을수록 · 화폐유통속도가 느릴수록 · 투자의 이자율 탄력성이 클수록 · 한계소비성향이 클수록 · 유발투자 계수가 클수록 · 세율이 작을수록

14 직무상식 – 금융·경제상식 　　　　정답 ③

T – bill은 위험성이 가장 적고 만기가 1년 이하인 초단기 국채로, 액면가격보다 낮은 가격으로 발행하여 만기에 액면가격을 지급받게 되고 이자는 지급되지 않으며, 보통 할인채로 발행되므로 일정 기간마다 이자를 지급받게 되는 이표채가 아닌 할인채에 해당한다.

오답 체크

① 고정금리채: 고정된 이자를 지급예정일에 지급하고 원금은 만기에 지급하는 일반적인 채권

② 재무성채권(T – bond): 일정 기간마다 확정 이자를 지급하는 만기가 10년 이상인 이표채

④ T – note: 일정 기간마다 확정 이자를 지급하는 만기가 1~10년인 가장 일반적인 이표채

⑤ TIPS(물가연동채권): 원금에 물가상승률을 반영하여 그에 대한 이자를 지급하는 채권

15 직무상식 – 농업·농촌상식 　　　　정답 ①

우리나라에서는 1963년 국제협동조합연맹에 가입한 농협중앙회가 1972년 정회원으로 승격된 이후 수협, 신협, 새마을금고, 산림조합중앙회, iCOOP 생협 등이 회원으로 가입하였으므로 적절하지 않다.

16 직무상식 – 디지털상식 　　　　정답 ②

보조기억장치는 순차접근 방식과 직접접근 방식으로 나뉘며, 직접접근 방식에 속하는 자기 드럼의 처리속도는 순차접근 방식에 속하는 자기 테이프보다 빠르지만, 자기 테이프의 기억 용량은 자기 드럼보다 크므로 적절하지 않다.

17 직무상식 – 금융·경제상식 　　　　정답 ④

㉠ 원/달러 환율이 상승하면 국내 물가가 상승하고, 환율이 하락하면 국내 물가가 하락하므로 국내 물가 안정은 환율 하락의 영향이다.

㉡ 교역조건은 수출품 가격을 수입품 가격으로 나눈 것으로 원/달러 환율이 상승하면 교역조건이 악화되고, 환율이 하락하면 교역조건이 개선되므로 교역조건 악화는 환율 상승의 영향이다.

㉢ 원/달러 환율이 상승하면 수출이 증가하고 수입이 감소하여 경상수지가 개선되고, 환율이 하락하면 수출이 감소하고 수입이 증가하여 경상수지가 악화되므로 경상수지 개선은 환율 상승의 영향이다.

㉣ 원/달러 환율이 상승하면 외채를 상환할 때 지불해야 하는 원화 액수가 증가하고, 환율이 하락하면 외채를 상환할 때 지불해야 하는 원화 액수가 감소하므로 외채 상환 부담 감소는 환율 하락의 영향이다.

따라서 ㉠~㉣을 환율 변동의 방향이 같은 것끼리 올바르게 짝지으면 ㉠, ㉣과 ㉡, ㉢이다.

18 직무상식 – 금융·경제상식 　　　　정답 ④

기준금리를 인상하면 상장기업의 수익성이 감소하고, 대체 투자상품인 채권 수익률이 상승하여 국내 주가지수가 하락하므로 적절하지 않다.

오답 체크

①, ③ 기준금리를 인상하면 기업은 이자 상환 부담이 커져 투자를 줄이게 되며, 경제 성장 둔화 및 물가 하락이 이어지므로 적절하다.

② 다른 나라의 금리 변동 없이 국내 금리만 상승하면 국내 원화 표시 자산의 수익률이 상대적으로 높아져 해외 자본이 유입됨에 따라 원화 가치가 상승하며, 원화 표시 수입품의 가격이 하락하여 수입품에 대한 수요가 증가하므로 적절하다.

⑤ 기준금리를 인상하면 예금 이자수입이 증가하고, 대출 이자가 늘어나 가계는 저축을 늘리고, 소비를 줄이게 되므로 적절하다.

19 직무상식 – 금융·경제상식　　　　정답 ①

제시된 내용은 진입과 퇴거가 자유로운 시장에서 다수의 기업이 차별화된 재화를 생산하는 시장 형태인 독점적 경쟁 시장에 대한 설명이다.

① 영화 상영 시장을 지배하는 소수의 기업이 담합하듯 동일한 가격대를 유지하고 있는 과점 시장의 사례에 해당한다.

20 직무상식 – 디지털상식　　　　정답 ⑤

제시된 사례는 소비자가 별도의 프로그램 설치 없이 간편하게 필요 기능을 쓸 수 있도록 클라우드 환경에서 소프트웨어를 서비스하는 방식인 'SaaS(Software as a Service)'와 관련 있다.

오답 체크

① BaaS: 'Blockchain as a Service'의 약자로, 블록체인 기반 소프트웨어의 개발 환경을 클라우드로 서비스하는 방식

② IaaS: 'Infrastructure as a Service'의 약자로, 소비자가 필요로 하는 인프라를 클라우드로 서비스하는 방식

③ MBaaS: 'Mobile Backend as a Service'의 약자로, 모바일 앱 개발에 필요한 백엔드 작업을 클라우드로 서비스하는 방식

④ PaaS: 'Platform as a Service'의 약자로, 소프트웨어 개발에 필요한 플랫폼을 클라우드로 서비스하는 방식

21 직무상식 – 금융·경제상식　　　　정답 ④

요소 공급의 가격탄력성이 완전 탄력적인 경우에는 요소 소득이 모두 전용 수입이 되어 경제적 지대는 0이 되며, 요소 공급의 가격탄력성이 완전 비탄력적인 경우에는 요소 소득이 모두 경제적 지대가 되어 전용 수입은 0이 되므로 적절하지 않다.

22 직무상식 – 금융·경제상식　　　　정답 ⑤

기축통화는 자유로운 교환 및 대체가 제한되지 않아야 하므로 적절하지 않다.

23 직무상식 – 디지털상식　　　　정답 ①

제시된 내용은 '규제(Regulation)'와 '기술(Technology)'의 합성어로, ICT 기술을 활용하여 법규를 준수하거나 블록체인 및 빅데이터 등을 통해 실시간 규제 대응을 자동화할 수 있게 도와주는 기술인 '레그테크'에 대한 설명이다.

오답 체크

② 인슈어테크: '보험(Insurance)'과 '기술(Technology)'의 합성어로, 정보기술을 활용한 혁신적인 보험 서비스

③ 규제 샌드박스: 새로운 제품이나 서비스가 출시될 때 일정 기간 기존의 규제를 면제 혹은 유예시켜주는 제도

④ 로보어드바이저: '로봇(Robot)'과 '투자전문가(Advisor)'의 합성어로, 고도화된 알고리즘과 빅데이터를 통해 투자자가 맡긴 자산을 대신 운용하거나 투자자의 자산운용을 자문해주는 서비스

⑤ 섭테크: '감독(Supervision)'과 '기술(Technology)'의 합성어로, 최신 기술을 활용해 금융회사를 감독하고, 규정 위반 여부나 소비자 권익 침해 여부 등을 분석하는 기술

24 직무상식 – 농업·농촌상식　　　　정답 ②

고객을 감동시키며 성과를 창출하고 시장에서의 경쟁력을 갖추기 위해 노력하는 인재는 농협이 제시하는 인재상으로 적절하지 않다.

🔍 더 알아보기

· 농협의 인재상

시너지 창출가	항상 열린 마음으로 계통 간, 구성원 간에 존경과 협력을 다하여 조직 전체의 성과가 극대화될 수 있도록 시너지 제고를 위해 노력하는 인재
행복의 파트너	프로다운 서비스 정신을 바탕으로 농업인과 고객을 가족처럼 여기고 최상의 행복 가치를 위해 최선을 다하는 인재
최고의 전문가	꾸준히 자기 계발을 통해 자아를 성장시키고, 유통·금융 등 맡은 분야에서 최고의 전문가가 되기 위해 지속적으로 노력하는 인재
정직과 도덕성을 갖춘 인재	매사에 혁신적인 자세로 모든 업무를 투명하고 정직하게 처리하여 농업인과 고객, 임직원 등 모든 이해관계자로부터 믿음과 신뢰를 받는 인재
진취적 도전가	미래지향적 도전 의식과 창의성을 바탕으로 새로운 사업과 성장동력을 찾기 위해 끊임없이 변화와 혁신을 추구하는 역동적이고 열정적인 인재

· NH농협은행의 인재상

최고의 금융전문가	최고의 금융서비스를 제공하기 위해 필요한 금융전문지식을 갖추고 부단히 노력하는 사람
소통하고 협력하는 사람	고객 및 조직구성원을 존중하고 소통과 협력에 앞장서는 사람
사회적 책임을 실천하는 사람	도덕성과 정직성을 근간으로 고객과의 약속을 끝까지 책임지는 사람
변화를 선도하는 사람	다양성과 변화를 적극 수용하여 독창적 아이디어와 혁신을 창출하는 사람
고객을 먼저 생각하는 사람	항상 고객의 입장에서 고객을 먼저 생각하고 고객만족에 앞장서는 사람

25 직무상식 – 금융·경제상식   정답 ③

일반적으로 경기 침체 시 정부는 정부 지출 확대, 조세 인하 등과 같은 확대 재정정책을 취해 총수요를 증가시키며, 중앙은행은 지급준비율 인하, 국·공채 매입, 기준금리 인하, 금융중개지원대출 자금 확대 등과 같은 확대 통화정책을 취해 통화량을 증가시킨다.
ⓒ 중앙은행이 지급준비율을 인상하면 시중은행이 적립해두어야 할 자금이 많아져 통화량이 감소하므로 적절하지 않다.

🔎 **더 알아보기**

지급준비율: 시중은행이 예금자들의 인출 요구에 대비하여 총예금액 중 의무적으로 자체 금고에 보유하거나 중앙은행에 예탁해야 하는 비율

26 직무상식 – 금융·경제상식   정답 ②

재고 관리의 효율성 상승은 비용 절감의 효과를 가져와 비용 곡선을 의미하는 단기 총공급곡선을 우측으로 이동시키므로 적절하다.

오답 체크

① 단기적으로 봤을 때 물가와 총생산물의 공급량은 양(+)의 관계를 갖게 돼 단기 총공급곡선은 우상향하므로 적절하지 않다.
③ 원유 가격 상승에 따른 생산 비용의 증가는 단기 총공급곡선을 왼쪽으로 이동시키므로 적절하지 않다.
④ 명목 임금의 상승은 기업의 생산 비용을 증가시켜 단기 총공급곡선을 왼쪽으로 이동시키므로 적절하지 않다.
⑤ 신기술이 개발될 경우 기업은 이전과 동일한 노동과 자본으로 더 많은 양을 생산할 수 있게 되어 단기 총공급곡선을 오른쪽으로 이동시키므로 적절하지 않다.

27 직무상식 – 금융·경제상식   정답 ①

· 가은: 환율 상승으로 인해 국내 수출품의 해외 가격이 하락했음에도 해외 소비자들의 구매 반응이 느릴 경우 수출량을 늘릴 수 없어 단기적으로 무역수지가 악화되며, 악화된 무역수지를 회복하는 데 시간이 오래 걸리므로 적절하지 않다.
· 나영: 환율 상승으로 인해 국내 수출품의 해외 가격이 하락했음에도 이전의 수출입 물량이 계속해서 유지된다면 환율 상승 직후의 무역수지는 악화되므로 적절하지 않다.

오답 체크

· 다빈: 환율 상승으로 수입품의 가격이 올랐음에도 국내 소비자들이 기존의 소비량을 유지할 경우 단기적으로 무역수지가 악화되며, 악화된 무역수지를 회복하는 데 시간이 오래 걸리므로 적절하다.
· 라희: 환율 상승으로 인해 국내 수출품의 해외 가격이 하락했음에도 수출품 생산자들이 생산량을 늘리는 데 많은 시간이 소요될수록 단기적으로 무역수지가 악화되며, 악화된 무역수지를 회복하는 데 시간이 오래 걸리므로 적절하다.

28 직무상식 – 디지털상식   정답 ②

온 디맨드 컴퓨팅은 모든 IT 자원이 수요에 따라 능동적으로 배분된다는 특징이 있으므로 적절하지 않다.

29 직무상식 – 금융·경제상식   정답 ④

기회비용은 선택으로 인하여 실제 지불해야 하는 비용인 명시적(회계적) 비용과 포기해야 하는 대안 중 가장 가치가 큰 묵시적(암묵적) 비용의 합이다. 갑은 마스크 공장을 설립하고 운영하며 1년 동안 기계와 공장부지 임대료로 각각 7천만 원, 1천만 원, 임금으로 $3 \times 3 = 9$천만 원, 재료비로 2천만 원, 대출 이자로 $10 \times 0.1 = 1$천만 원을 사용하므로 명시적 비용은 $7 + 1 + 9 + 2 + 1 = 20$천만 원이 발생하고, 포기한 연봉은 5천만 원, 포기한 이자 수입은 $10 \times 0.1 = 1$천만 원이므로 묵시적 비용은 $5 + 1 = 6$천만 원이 발생한다.
따라서 갑의 마스크 공장 설립과 운영에 대한 기회비용은 $20 + 6 = 26$천만 원 = 2억 6천만 원이다.

30 직무상식 – 농업·농촌상식   정답 ⑤

NH농협은행은 NH 디지털 챌린지 플러스를 통해 스타트업 기업을 지원하고 있으므로 적절하지 않다.

3문단에서 장기적 관점에서 봤을 때 소비의 소득 탄력성은 1에 가까워 소득이 증가하면 소비도 증가하고, 소득이 감소하면 소비도 함께 감소한다고 하였으므로 소비의 소득 탄력성이 1에 가까워 소득의 변동과 소비의 변동이 반비례 관계에 있는 것은 아님을 알 수 있다.

오답 체크

① 2문단에서 시차론에 따르면 환율 상승 초기 단계에서는 수출품의 가격은 내려가고, 수입품의 가격은 오르기 때문에 무역수지 악화 현상이 나타난다고 하였으므로 적절한 내용이다.

② 3문단에서 시간이 흐름에 따라 환율 상승은 결국 수입량 감소 및 수출량 증가 현상을 불러일으켜 교역 조건 호전 및 경상수지 회복이라는 긍정적인 결과를 가져온다고 하였으므로 적절한 내용이다.

③ 1문단에서 수출액이 수입액을 초과할 때는 무역 흑자가, 수입액이 수출액을 초과할 경우에는 무역 적자가 난다고 하였으므로 적절한 내용이다.

④ 4문단에서 역(逆) J 커브 효과는 환율이 떨어지기 시작하는 초기 단계에서 경상수지의 흑자를 보이다가 일정 기간이 흐른 뒤에는 경상수지가 적자로 돌아서는 현상을 의미한다고 하였으므로 적절한 내용이다.

32 직무능력 - 정보능력 정답 ②

제시된 자료에 따르면 찾으려는 단어가 문장의 맨 처음에 위치할 경우 해당 단어를 반환하는 match()를 사용하여 '없음'을 출력하기 위해서는 찾으려는 단어가 문장의 맨 처음에 위치하지 않아야 하므로 "별"을 제외한 다른 단어를 입력해야 한다. 또한 찾으려는 단어가 문장의 어디에 있든 상관없이 문장 안에 위치하기만 하면 해당 단어를 반환하는 search()를 사용하여 '없음'을 출력하기 위해서는 찾으려는 단어가 문장 안에 위치하지 않아야 하므로 문장에서 사용되지 않은 단어를 입력해야 한다.

따라서 '?'에 적합한 입력값으로 가장 적절한 것은 ②이다.

오답 체크

① 제시된 자료에 따르면 찾으려는 단어가 문장의 맨 처음에 위치할 경우 해당 단어를 반환하는 match()를 사용하여 '없음'을 출력하기 위해서는 찾으려는 단어가 문장의 맨 처음에 위치하지 않아야 하므로 적절하지 않다.

③, ④, ⑤ 제시된 자료에 따르면 찾으려는 단어가 문장의 어디에 있든 상관없이 문장 안에 위치하기만 하면 해당 단어를 반환하는 search()를 사용하여 '없음'을 출력하기 위해서는 문장에서 사용되지 않은 단어를 입력해야 하므로 적절하지 않다.

33 직무능력 - 수리능력 정답 ③

거리 = 속력 × 시간임을 적용하여 구한다.

A는 15시에 출발하여 16시 20분까지 80분 동안 75m/분의 속력으로 걸었으므로 A의 이동 거리는 $75 \times 80 = 6,000$m이다.

이때, B는 A가 출발한 지 50분 뒤인 15시 50분에 출발하여 16시 20분에 A와 만났으므로 이동 시간은 30분이고, 두 사람 집 사이의 절반인 지점에서 만났으므로 B와 A의 이동 거리와 같아 6,000m이다.

따라서 B가 탄 자전거의 속력은 $\frac{6,000}{30} = 200$m/분이다.

34 직무능력 - 수리능력 정답 ④

작년 A 회사의 영업이익을 x라고 하면

올해 A 회사의 영업이익은 작년 대비 20% 증가하였으므로 $1.2x$, B 회사의 영업이익은 올해 A 회사의 $\frac{1}{2}$배이므로 $1.2x \times \frac{1}{2} = 0.6x$이다.

이때, 작년 두 회사의 영업이익의 합은 12,000억 원이고, 올해 두 회사 영업이익의 합은 작년 대비 4,200억 원이 증가하였으므로 $12,000 + 4,200 = 16,200$억 원이다.

$1.2x + 0.6x = 16,200 \rightarrow x = 9,000$

이에 따라 올해 B 회사의 영업이익은 $0.6 \times 9,000 = 5,400$억 원이고, 작년 B 회사의 영업이익은 $12,000 - 9,000 = 3,000$억 원이다.

따라서 올해 B 회사 영업이익의 작년 대비 증가율은 $(\frac{5,400 - 3,000}{3,000}) \times 100 = 80\%$이다.

35 직무능력 - 문제해결능력 정답 ④

첫 번째 명제와 여섯 번째 명제에서 A 위원이 발언하면 F 위원이 발언하고, A 또는 F 위원 중 발언하지 않는 위원이 있다. 이때, A 위원이 발언한 위원이라면 F 위원이 항상 발언하므로 A 또는 F 위원 중 발언하지 않는 위원이 있다는 조건에 모순되어 A 위원은 발언하지 않는다. 또한 여섯 번째 명제에서 D 위원은 발언하지 않고, 다섯 번째 명제의 대우에서 D 위원이 발언하지 않으면 E 위원도 발언하지 않는다. 이때, 두 번째 명제의 대우에서 E 위원이 발언하지 않으면 B 위원도 발언하지 않으며, 네 번째 명제의 대우에서 B 위원이 발언하지 않으면 C 위원이 발언하지 않는다. F 위원의 발언 여부에 따라 가능한 경우는 다음과 같다.

경우 1. F 위원이 발언한 경우

구분	A	B	C	D	E	F
발언 여부	X	X	X	X	X	O

경우 2. F 위원이 발언하지 않은 경우

구분	A	B	C	D	E	F
발언 여부	X	X	X	X	X	X

따라서 B 위원은 발언하지 않으므로 항상 옳지 않은 설명이다.

[오답 체크]

① 경우 1, 2에 따르면 C 위원은 발언하지 않으므로 항상 옳은 설명이다.

② 경우 1, 2에 따르면 A 위원은 발언하지 않으므로 항상 옳은 설명이다.

③ 경우 1에 따르면 F 위원이 발언할 수도 있으므로 항상 옳지 않은 설명은 아니다.

⑤ 경우 2에 따르면 F 위원이 발언하지 않는 경우, E 위원도 발언하지 않으므로 항상 옳은 설명이다.

36 직무능력 – 문제해결능력　　　정답 ⑤

제시된 조건에 따르면 직급이 낮은 직원보다 직급이 높은 직원이 먼저 발표하고, 직급이 같은 경우 직책이 있는 직원이 직책이 없는 직원보다 먼저 발표하므로 8명의 직원을 직급과 직책 유무에 따라 먼저 발표하는 직원을 왼쪽에서부터 정리한다.
직급: (다) – (나), (마) – (라), (아) – (사) – (가), (바)
직책 유무: (가), (다), (마), (아) – (나), (라), (바), (사)
8명의 직원을 직급과 직책 유무를 고려하여 발표 순서를 정리하면 다음과 같다.

구분	월	화	수	목	금
오전	–	(마)	(아)	(사)	(바)
오후	(다)	(나)	(라)	(가)	–

이때, 홍보팀 직원인 (다), (라)는 오전 시간대에 발표하지 않으며, 같은 시간대에 같은 부서 직원이 연달아 발표하지 않는다.
따라서 수요일 오전 발표자는 (아)이다.

37 직무능력 – 의사소통능력　　　정답 ②

3문단에서 수처리 과정 중 세 번째 순서로 거치는 시설물인 포기조에서 유입된 하수에 공기를 주입함으로써 생성된 미생물이 하수에 남아있는 오염물질을 먹도록 하는 과정이 이어진다고 하였지만, 4문단에서 슬러지처리 과정 중 두 번째 순서로 거치는 시설물인 소화조에서 농축된 슬러지를 혐기성 미생물을 이용하여 분해시킨다고 하였으므로 수처리 과정과 슬러지처리 과정 모두 세 번째 순서로 거치는 시설물에서 미생물을 이용한 하수처리 과정이 진행되는 것은 아님을 알 수 있다.

[오답 체크]

① 4문단에서 슬러지처리 과정 중 탈수기에서는 탈수 작업을 통해 액체성 슬러지의 부피와 무게를 줄이고 액체성 슬러지에 응집 약품을 투여하여 고체성 케익으로 재생산한다고 하였으므로 적절한 내용이다.

③ 4문단에서 농축조에서 진행되는 슬러지 농축은 슬러지처리 시설뿐만 아니라 수처리 시설에도 영향을 미치기 때문에 충분한 관리가 필요하다고 하였으므로 적절한 내용이다.

④ 2문단에서 수처리 과정 중 첫 번째 순서로 거치는 침사지에서는 스크린을 이용해 하수에 포함된 플라스틱, 비닐, 종이류 등의 이물질을 걸러낸다고 하였으므로 적절한 내용이다.

⑤ 3문단에서 수처리 과정 중 포기조에서 처리한 하수를 최종적으로 침전시키는 최종침전지에서는 하수처리 과정에서 생긴 침전물인 슬러지가 물과 분리되며, 이 중 바닥에 가라앉은 슬러지의 일부는 포기조로, 일부는 농축조로 가게 된다고 하였으므로 적절한 내용이다.

38 직무능력 – 정보능력　　　정답 ④

파이썬의 람다 표현식은 함수에 매개변수를 지정하고, 콜론 뒤에 반환값으로 사용할 식을 지정함에 따라 for문이 시작되는 줄의 ';'은 ':'으로 수정되어야 하므로 가장 적절하다.

[오답 체크]

① 변수의 이름은 영문자, 숫자, 언더스코어만 사용될 수 있으므로 적절하지 않다.

② range 함수의 범위는 앞의 수 이상, 뒤의 수 미만을 나타내므로 적절하지 않다.

③ 'sum100 += i'는 for문에 포함됨에 따라 들여쓰기하여야 하므로 적절하지 않다.

⑤ 파이썬의 출력 함수는 'print'이므로 적절하지 않다.

39 직무능력 – 수리능력 　　　　정답 ③

정기적금의 복리(기말불) = $\frac{\text{월 납입금} \times \{(1 + \text{월 이자율})^{\text{기간}} - 1\}}{(1 + \text{월 이자율}) - 1}$ 임을 적용하여 구한다.

호령이는 연 이자율이 6%인 월 복리 비과세 적금 상품에 가입하여 매월 마지막 날에 100만 원씩 3년 동안 적립하므로 매월 마지막 날에 적립하는 월 납입금은 1,000,000원이고, 월 이자율은 6 / 12 = 0.5%이며, 기간은 3 × 12 = 36개월이다. 이때 매월 마지막 날에 적립하므로 기말불 공식이 적용된다.

따라서 3년 후 호령이가 만기해지하며 받을 수 있는 총금액은

$\frac{1,000,000 \times \{(1 + 0.005)^{36} - 1\}}{(1 + 0.005) - 1} = \frac{1,000,000 \times 0.2}{0.005} = 40,000,000$원

이다.

40 직무능력 – 수리능력 　　　　정답 ②

기말불로 할부금을 균등 상환하며 매회 상환하는 금액을 x라고 할 때, 구입가격 × (1 + 이자율)^{기간} = $\frac{x \times \{(1 + \text{이자율})^{\text{기간}} - 1\}}{(1 + \text{이자율}) - 1}$ 임을 적용하여 구한다.

윤진이는 정가가 210만 원인 냉장고를 이달 초에 연이율이 15%인 카드 할부로 결제하여 이달부터 매월 말에 일정한 금액으로 10개월 동안 결제 금액을 모두 상환한다. 이에 따라 월 이율은 15 / 12 = 1.25%이고, 정가가 210만 원인 냉장고의 10개월 뒤 가격은 총 210 × (1 + 0.0125)^{10} = 210 × 1.1 = 231만 원이며, 231만 원을 10개월 동안 일정한 금액으로 상환하므로 매달 상환하는 금액 x는

$231 = \frac{x \times \{(1 + 0.0125)^{10} - 1\}}{(1 + 0.0125) - 1} \rightarrow \frac{x \times (1.1 - 1)}{0.0125}$

$\rightarrow x = \frac{231 \times 0.0125}{0.1} = 28.875$

따라서 윤진이가 매달 상환해야 하는 금액은 28.875만 원 = 288,750원이다.

41 직무능력 – 수리능력 　　　　정답 ②

양 주임은 출장비로 100만 원을 선지급받아 600달러와 200유로로 환전하였으므로 환전 후 남은 원화는 1,000,000 − (600 × 1,150) − (200 × 1,360) = 38,000원이다. 이때, 출장 중 500달러와 160유로를 사용하고 남은 잔액을 다시 모두 원화로 환전하였으므로 남은 잔액은 100달러와 40유로이고, 이를 원화로 환전한 금액은 (100 × 1,110) + (40 × 1,310) = 163,400원이다.

따라서 양 주임이 반납할 원화의 총액은 38,000 + 163,400 = 201,400원이다.

42 직무능력 – 수리능력 　　　　정답 ④

전체 근로자 수 = 55세 이상 근로자 수 / (전체 근로자 수에서 55세 이상 근로자 수가 차지하는 비중 / 100)임을 적용하여 구한다.

제시된 기간 동안 A 업종과 B 업종의 전체 근로자 수는 다음과 같다.

구분	A 업종	B 업종
2016년	1,815 / 0.15 = 12,100명	18,800 / 0.08 = 235,000명
2017년	1,353 / 0.11 = 12,300명	27,720 / 0.12 = 231,000명
2018년	1,638 / 0.13 = 12,600명	25,245 / 0.11 = 229,500명
2019년	1,116 / 0.09 = 12,400명	28,992 / 0.12 = 241,600명
2020년	1,233 / 0.1 = 12,330명	32,130 / 0.135 = 238,000명

따라서 B 업종의 전체 근로자 수가 가장 많은 2019년에 A 업종 전체 근로자 수의 전년 대비 증감량은 12,400 − 12,600 = −200명이다.

43 직무능력 – 의사소통능력 　　　　정답 ⑤

이 글은 국민과 농민의 이익을 보호하기 위해 농산물 가격 지지 제도가 시행되고 있으며, 이처럼 정부가 시장 가격에 개입하여 의도적으로 가격을 통제하는 가격 정책은 실효성을 얻기 위해 시장 균형가격보다 낮거나 높은 수준에서 최고 가격과 최저 가격이 형성되어 의도와 달리 각종 부작용을 유발할 수 있다는 내용이므로 이 글의 중심 내용으로 가장 적절한 것은 ⑤이다.

[오답 체크]

① 가격 정책의 실효성 제고와 원활한 기능 수행을 위한 보조 제도의 필요성에 대해서는 다루고 있지 않으므로 적절하지 않은 내용이다.

② 농산물 가격을 일정하게 유지하는 농산물 가격 지지 제도에 대해 서술하고 있지만, 글 전체를 포괄할 수 없으므로 적절하지 않은 내용이다.

③ 최고 가격제와 최저 가격제의 이해득실을 따져 실행 여부를 결정해야 하는지에 대해서는 다루고 있지 않으므로 적절하지 않은 내용이다.

④ 실효성을 얻고자 시장 균형가격을 고려한 가격 형성에 대해 서술하고 있지만, 글 전체를 포괄할 수 없으므로 적절하지 않은 내용이다.

44 직무능력 – 정보능력 　　　　정답 ②

Alt + W는 창 메뉴를 보는 단축키이고, 수식 메뉴를 보는 단축키는 Alt + M이므로 적절하지 않다.

ⓐ Alt + $F2$ 는 다른 이름으로 저장하는 단축키이고, 차트를 삽입하는 단축키는 Alt + $F1$ 이므로 적절하지 않다.

ⓞ Alt + $Page Down$ 은 한 화면 오른쪽으로 이동하는 단축키이고, 한 화면 왼쪽으로 이동하는 단축키는 Alt + $Page Up$ 이므로 적절하지 않다.

ⓩ $Ctrl$ + K 는 하이퍼링크를 삽입하는 단축키이고, 표를 만드는 단축키는 $Ctrl$ + L 이므로 적절하지 않다.

따라서 Excel 단축키에 대한 설명으로 적절하지 않은 것의 개수는 4개이다.

🔍 **더 알아보기**

Excel 단축키

· Ctrl

$Ctrl$ + $F1$	탭 메뉴 닫기	$Ctrl$ + F	찾기 및 바꾸기
$Ctrl$ + $F2$	인쇄 미리 보기	$Ctrl$ + A	전체 선택하기
$Ctrl$ + $F3$	이름 정의하기	$Ctrl$ + C	복사하기
$Ctrl$ + $F4$	창 닫기	$Ctrl$ + V	붙여넣기
$Ctrl$ + $F5$	창 최소화하기	$Ctrl$ + K	하이퍼링크 삽입하기
$Ctrl$ + $F9$	창 내리기	$Ctrl$ + L	표 만들기
$Ctrl$ + $F11$	새 매크로 시트 실행하기	$Ctrl$ + $Home$	A1 셀로 이동하기
$Ctrl$ + $F12$	다른 이름으로 저장하기	$Ctrl$ + $Space Bar$	열 전체 선택하기

· Alt

Alt + $F1$	차트 삽입하기	Alt + M	수식 메뉴 보기
Alt + $F2$	다른 이름으로 저장하기	Alt + P	페이지 레이아웃 보기
Alt + $F4$	종료하기	Alt + W	창 메뉴 보기
Alt + N	삽입하기	Alt + $Page Up$	한 화면 왼쪽으로 이동하기
Alt + H	홈 메뉴 보기	Alt + $Page Down$	한 화면 오른쪽으로 이동하기

· Shift

$Shift$ + $F2$	메모 편집하기	$Shift$ + $F10$	바로가기 메뉴 보기
$Shift$ + $F3$	함수 마법사 사용하기	$Shift$ + $F11$	새 시트 삽입하기
$Shift$ + $F4$	다음 내용 찾기	$Shift$ + $F12$	다른 이름으로 저장하기

· 기타

$Ctrl$ + $Shift$ + $;$	현재 시간 나타내기	$Ctrl$ + $Shift$ + $←$	왼쪽 방향으로 데이터가 있는 셀까지 선택하기
$Ctrl$ + $Shift$ + $F12$	인쇄하기	$Ctrl$ + $Shift$ + $→$	오른쪽 방향으로 데이터가 있는 셀까지 선택하기
$Ctrl$ + $Shift$ + $↑$	위쪽 방향으로 데이터가 있는 셀까지 선택하기	$Ctrl$ + $Shift$ + $Space Bar$	아래쪽 데이터 모두 선택하기
$Ctrl$ + $Shift$ + $↓$	아래쪽 방향으로 데이터가 있는 셀까지 선택하기	$Ctrl$ + $Shift$ + O	메모가 있는 셀 전체 선택하기

45 직무능력 - 문제해결능력   정답 ①

정 씨의 나이는 18세, 연간 근로소득은 600만 원, 종합소득은 1,200만 원이므로 개인종합자산관리계좌의 비과세 한도가 400만 원이다. 정 씨가 개인종합자산관리계좌 내 상품을 모두 해지했을 때 얻는 순이익은 (2,000 – 2,200) + (3,000 – 2,800) + (2,500 – 2,000) = 500만 원이고, 비과세 한도는 400만 원임에 따라 400만 원을 초과한 500 – 400 = 100만 원에 대해 9.9%의 분리과세가 적용된다.

따라서 정 씨가 납부해야 하는 상품에 대한 세금은 100 × 0.099 = 9.9만 원 = 99,000원이다.

46 직무능력 - 문제해결능력   정답 ②

'4. 대출 한도'에 따르면 김지성 씨의 가구는 2자녀 이상 가구에 해당하여 수도권 내 주택이 대출 대상 주택인 가구의 대출 한도는 최대 2억 원이고, '5. 대출 금리'에 따르면 부부 합산 연간 총소득이 3천 8백만 원, 임차보증금이 2억 5천만 원인 가구의 대출 금리는 연 2.2%이다. 이때 부동산전자계약의 0.1%p 우대 금리가 적용되어 김지성 씨가 1년의 기간 동안 최고 한도로 대출받았다면 월 대출 이자는 {200,000,000 × (0.022 – 0.001) × (365 / 365)} / 12 = 350,000원 = 35만 원이므로 옳은 내용이다.

오답 체크

① '5. 대출 금리'에 따르면 부부 합산 연간 총소득이 3천 8백만 원, 임차보증금이 2억 5천만 원인 가구의 대출 금리는 연 2.2%이고, '6. 우대 금리'에 따르면 부동산전자계약의 0.1%p 우대 금리와 주거 안정 월세자금대출 성실납부자의 0.2%p 우대 금리가 함께 적용될 수 있다. 이에 따라 대출 금리로 연 2.2 – 0.1 – 0.2 = 1.9%가 적용되므로 옳지 않은 내용이다.

③ '4. 대출 한도'에 따르면 2자녀 이상 가구의 대출 한도는 수도권 내 지역이 최대 2억 원이고, 수도권 외 지역이 최대 1억 8천만 원임에 따라 2천만 원 감액되므로 옳지 않은 내용이다.

④ '2. 대상 고객'에 따르면 2자녀 이상 가구는 부부 합산 연간 총소득 6천만 원 이하인 가구까지 대상 고객에 포함되므로 옳지 않은 내용이다.

⑤ [김지성 씨 대출 정보]에 따르면 현재 임차보증금이 2억 5천만 원이므로 임차보증금이 지금의 50%인 곳으로 대출 대상 주택을 변경한다면 임차보증금이 1억 2천 5백만 원인 곳으로 대상 주택을 변경한 것이고, '5. 대출 금리'에 따르면 나머지 조건이 동일하였을 때 임차보증금이 1억 원을 초과하는 경우 대출 금리는 변경되지 않으므로 옳지 않은 내용이다.

47 직무능력 – 수리능력   정답 ②

2017년부터 2021년까지 중 조미 채소 생산량이 전년 대비 증가한 연도는 2018년, 2019년, 2021년이고, 해당 연도의 조미 채소 생산량의 전년 대비 증가량은 2018년에 26,291 − 22,163 = 4,128백 톤, 2019년에 27,251 − 26,291 = 960백 톤, 2021년에 18,853 − 15,917 = 2,936백 톤으로 2018년에 가장 많이 증가했다.

따라서 2018년 조미 채소 재배면적 1ha당 조미 채소 생산량은 26,291 / 109,304 ≒ 0.24백 톤이다.

48 직무능력 – 수리능력   정답 ③

남성 대표자 19,000명과 여성 대표자 4,000명을 대상으로 조사하였을 때, 재배 품목별로 성별 대표자 수와 그 차이는 다음과 같다.

구분	남성 대표자 수	여성 대표자 수	차이
농산물 생산	19,000 × 0.295 = 5,605명	4,000 × 0.253 = 1,012명	5,605 − 1,012 = 4,593명
축산물 생산	19,000 × 0.067 = 1,273명	4,000 × 0.044 = 176명	1,273 − 176 = 1,097명
농축산물 가공업	19,000 × 0.198 = 3,762명	4,000 × 0.270 = 1,080명	3,762 − 1,080 = 2,682명
농축산물 유통업	19,000 × 0.306 = 5,814명	4,000 × 0.324 = 1,296명	5,814 − 1,296 = 4,518명
농업 서비스업	19,000 × 0.030 = 570명	4,000 × 0.007 = 28명	570 − 28 = 542명
농어촌 관광	19,000 × 0.037 = 703명	4,000 × 0.042 = 168명	703 − 168 = 535명
기타	19,000 × 0.067 = 1,273명	4,000 × 0.060 = 240명	1,273 − 240 = 1,033명

따라서 재배 품목별 남성 대표자 수와 여성 대표자 수의 차이가 가장 큰 재배 품목의 성별 대표자 수의 차이는 4,593명이다.

⏱ 빠른 문제 풀이 Tip
전체 남성 대표자 수와 전체 여성 대표자 수의 배수로 계산한다. 전체 남성 대표자 수는 19,000명, 전체 여성 대표자 수는 4,000명으로 전체 남성 대표자 수가 전체 여성 대표자 수의 19,000 / 4,000 = 4.75배이다. 이에 따라 근삿값인 5배로 계산하면 남성 대표자의 재배 품목 비중을 5배 한 값과 여성 대표자의 재배 품목 비중의 차이는 농산물 생산이 (29.5 × 5) − 25.3 ≒ 122.2%이고, 농축산물 유통업이 (30.6 × 5) − 32.4 ≒ 120.6%이다. 이때 나머지 재배 품목은 남성 대표자의 재배 품목 비중에서 5배를 한 값이 100%를 넘지 못하므로 남성 대표자 수와 여성 대표자 수의 차이도 100% 미만이다.

따라서 농산물 생산과 농축산물 유통업의 성별 대표자 수 차이를 각각 구하면 농산물 생산이 (19,000 × 0.295) − (4,000 × 0.253) = 4,593명, 농축산물 유통업이 (19,000 × 0.306) − (4,000 × 0.324) = 4,518명으로 농산물 생산의 성별 대표자 수 차이가 4,593명으로 가장 큼을 알 수 있다.

49 직무능력 – 문제해결능력   정답 ②

ⓔ 해외주식 실시간 소수점거래 서비스 개발을 통해 소비자 유입을 유도하며 리테일 점유율을 확보하는 전략은 MZ세대의 해외주식 투자에 대한 관심 증가라는 기회를 포착하여 리테일 점유율 10% 하락이라는 약점을 보완하는 WO 전략이므로 윤 과장이 분석한 결과에 대응하는 전략으로 가장 적절하지 않다.

[오답 체크]

ⓐ 국내 증권사 중 ESG 채권 발행 1위라는 강점을 살려 ESG 채권 발행의 성장세라는 기회를 포착하는 SO 전략이므로 적절하다.

ⓑ MZ세대의 해외주식 투자에 대한 관심 증가라는 기회를 포착하여 이자수익에 편중된 수익구조라는 약점을 보완하는 WO 전략이므로 적절하다.

ⓒ 범증화권 네트워크를 활용한 글로벌 네트워크 확보라는 강점을 살려 MTS 수요 증가에 증권사 대거 참여라는 위협을 회피하는 ST 전략이므로 적절하다.

50 직무능력 – 의사소통능력   정답 ①

J주임은 9/21(화) 오전 11시부터 12시까지 금융교육 홍보 이벤트 기획 관련 부서별 담당자 회의에 참석해야 하며, E사원이 9/21(화) 12시까지 금융교육 홍보 자료 인쇄물 제작을 요청할 수 있도록 오전 중으로 최종 검토를 완료해야 한다고 하였으므로 오전 11시부터 12시까지 진행되는 회의에 참석하기 전에 'E 사원이 제작한 금융교육 홍보 자료 초안을 최종 검토하는 업무'를 제일 먼저 완료하는 것이 가장 적절하다.

51 직무능력 – 정보능력   정답 ⑤

제시된 코드의 A에 13, B에 4를 입력하였을 때, 나올 수 있는 출력값으로 가장 적절하지 않은 것은 '2'이다.

오답 체크

① System.out.println(A%B); 13 / 4 = 3 ··· 1 = 1

② System.out.println(A*B); 13 × 4 = 52

③ System.out.println(A/B); 13 / 4 = 3 ··· 1 = 3

④ System.out.println(A+B); 13 + 4 = 17

52 직무능력 – 수리능력   정답 ④

2021년 발급 건수가 가장 적은 주택보증은 주상복합주택분양이고, 주상복합주택분양의 2019~2021년 평균 주택보증 발급 금액은 (54,324 + 47,714 + 40,837) / 3 = 47,625억 원이므로 옳은 설명이다.

오답 체크

① 2021년 주택분양의 주택보증 발급 금액은 전년 대비 감소하였으므로 옳지 않은 설명이다.

② 2021년 주택구입자금의 주택보증 발급 금액은 2019년 대비 {(305,822 – 227,099) / 227,099} × 100 ≒ 34.7% 증가하였으므로 옳지 않은 설명이다.

③ 정비사업자금의 주택보증 발급 금액은 조합주택시공의 주택보증 발급 금액의 2019년에 126,076 / 61,652 ≒ 2.0배, 2020년에 134,139 / 55,373 ≒ 2.4배, 2021년에 108,700 / 49,229 ≒ 2.2배이므로 옳지 않은 설명이다.

⑤ 2021년 하자보수의 주택보증 발급 건수당 주택보증 발급 금액은 6,852 / 461 ≒ 14.9억 원으로 전년 11,346 / 676 ≒ 16.8억 원 대비 16.8 – 14.9 ≒ 1.9억 원 감소하였으므로 옳지 않은 설명이다.

53 직무능력 – 문제해결능력   정답 ②

[S 카드 전월 실적별 당월 할인 한도]에 따르면 S 카드는 전월 실적 산정 시 할인 대상 업종 이용액은 50%만 반영되므로, 수빈이의 8월 S 카드 사용 내역 중 할인 대상 업종인 편의점, 반려동물용품, 외식, 세탁, 영화, 의류(온라인쇼핑) 사용 금액은 전월 실적에 50%만 반영되고, 문화상품권, 강의 수강 사용 금액은 100% 반영되어 8월 실적은 {(150,000 + 250,000 + 240,000 + 40,000 + 40,000 + 200,000) / 2} + (50,000 + 240,000) = 750,000원이다. 이에 따라 수빈이는 9월에 전월 실적 '70만 원 이상 120만 원 미만'에 해당하는 할인 한도의 혜택을 받을 수 있다. 이때 9월 S 카드 사용 내역 중 강의 수강은 할인 혜택에 해당하지 않는 업종이고, 무이자할부 서비스 이용 시와 상품권 구매 시에는 할인서비스가 제공되지 않으므로 문화상품권과 반려동물용품 사용 금액은 할인 혜택이 제공되지 않는다. 9월

S 카드 사용 내역 중 할인 대상 업종의 사용 금액에 대한 할인 금액은 다음과 같다.

구분	사용 금액	할인 그룹	할인 금액
편의점	60,000원	3그룹	60,000 × 0.05 = 3,000원
외식	120,000원	4그룹	120,000 × 0.03 = 3,600원
세탁	20,000원	1그룹	20,000 × 0.12 = 2,400원
영화	25,000원	2그룹	25,000 × 0.10 = 2,500원
의류 (온라인쇼핑)	120,000원	4그룹	120,000 × 0.03 = 3,600원

전월 실적 '70만 원 이상 120만 원 미만'에 해당하는 할인 한도는 1, 2그룹이 각각 6,000원, 3, 4그룹이 각각 4,000원이고, 9월 S 카드 사용 내역에서 각 그룹별 사용 금액에 대한 할인 금액은 1그룹에 해당하는 세탁에서 2,400원, 2그룹에 해당하는 영화에서 2,500원, 3그룹에 해당하는 편의점에서 3,000원이고, 4그룹에 해당하는 외식, 의류에서 3,600 + 3,600 = 7,200원이지만, 4그룹에 해당하는 외식, 의류는 4,000원을 초과하였으므로 할인 한도인 4,000원에 해당하는 금액만 할인된다.

따라서 9월에 할인받을 수 있는 금액은 2,400 + 2,500 + 3,000 + 4,000 = 11,900원이다.

54 직무능력 – 문제해결능력   정답 ④

9월 21일까지 두 가지 소스를 모두 보유하여 감정소비비용은 적용되지 않으며, 9월 22일에 M 카드로 케첩을 구매하면 30% 할인이 적용되어 160,000 × (1 – 0.3) = 112,000원이다. 또한, 9월 28일에 마요네즈를 소진하여 10월 10일에 마요네즈를 추가 구매하면 9월 28일부터 10월 9일까지 총 12일 동안 마요네즈의 감정소비비용 12 × 8,000 = 96,000원이 적용되며, 10월 10일에 Q 카드로 마요네즈를 추가 구매하면 20% 할인이 적용되어 250,000 × (1 – 0.2) = 200,000원임에 따라 총비용은 112,000 + 96,000 + 200,000 = 408,000원이므로 옳지 않은 설명이다.

오답 체크

① 8월 15일에 케첩을 소진하여 8월 22일에 케첩을 구매하면 8월 15일부터 8월 21일까지 총 7일 동안 케첩의 감정소비비용 7 × 6,000 = 42,000원이 적용되며, 8월 22일에 M 카드로 케첩을 구매하면 30% 할인이 적용되어 160,000 × (1 – 0.3) = 112,000원이다. 또한, 9월 8일까지 두 가지 소스를 모두 보유하여 감정소비비용은 적용되지 않으며, 9월 9일에 Q 카드로 두 가지 소스를 모두 추가 구매하면 20% 할인이 적용되어 (160,000 + 250,000) × (1 – 0.2) = 328,000원임에 따라 총비용은 42,000 + 112,000 + 328,000 = 482,000원이므로 옳은 설명이다.

② 4월 6일에 두 가지 소스를 모두 소진하여 4월 12일에 케첩을 구매하면 4월 6일부터 4월 11일까지 총 6일 동안 케첩의 감정소비비용 6 × 6,000 = 36,000원이 적용되며, 4월 12일에 Q 카드로 케첩을 구매하면 할인이 적용되지 않아 160,000원이다. 또한, 4월 22일에 마요네즈를 추가 구매하면 4월 6일부터 4월 22일까지 총 16일 동안 마요네즈의 감정소비비용 16 × 8,000 = 128,000원이 적용되며, 4월 22일에 M 카드로 마요네즈를 추가 구매하면 30% 할인이 적용되어 250,000 × (1 − 0.3) = 175,000원임에 따라 총비용은 36,000 + 160,000 + 128,000 + 175,000 = 499,000원이므로 옳은 설명이다.

③ 11월 3일에 마요네즈를 소진하여 11월 11일에 두 가지 소스를 모두 구매하면 11월 3일부터 11월 10일까지 총 8일 동안 마요네즈의 감정소비비용 8 × 8,000 = 64,000원이 적용되며, 11월 11일에 Q 카드로 두 가지 소스를 모두 구매하면 20% 할인이 적용되어 (160,000 + 250,000) × (1 − 0.2) = 328,000원이다. 또한, 12월 11일까지 두 가지 소스를 모두 보유하여 감정소비비용은 적용되지 않으며, 12월 12일에 Q 카드로 마요네즈를 추가 구매하면 20% 할인이 적용되어 250,000 × (1 − 0.2) = 200,000원임에 따라 총비용은 64,000 + 328,000 + 200,000 = 592,000원이므로 옳은 설명이다.

⑤ 7월 16일까지 두 가지 소스를 모두 보유하여 감정소비비용은 적용되지 않으며, M 카드로 마요네즈를 구매하면 할인이 적용되지 않아 250,000원이다. 또한, 7월 21일까지 두 가지 소스를 모두 보유하여 감정소비비용은 적용되지 않으며, 7월 22일에 M 카드로 두 가지 소스를 모두 추가 구매하면 30% 할인이 적용되어 (160,000 + 250,000) × (1 − 0.3) = 287,000원임에 따라 총비용은 250,000 + 287,000 = 537,000원이므로 옳은 설명이다.

55 직무능력 – 수리능력 정답 ⑤

쌀보리가 1톤 이상 생산된 지역의 쌀보리 재배 면적 1ha당 생산량은 다음과 같다.

구분	쌀보리 재배 면적 1ha당 생산량
대구광역시	14 / 4 ≒ 3.5톤
인천광역시	21 / 8 ≒ 2.6톤
광주광역시	1,230 / 346 ≒ 3.6톤
경기도	96 / 35 ≒ 2.7톤
강원도	13 / 4 ≒ 3.3톤
충청도	246 / 80 ≒ 3.1톤
전라도	74,773 / 17,418 ≒ 4.3톤
경상도	4,980 / 1,431 ≒ 3.5톤
제주특별자치도	524 / 175 ≒ 3.0톤

따라서 쌀보리 재배 면적 1ha당 생산량이 가장 많은 전라도의 전체 보리 생산량은 16,627 + 74,773 + 20,402 = 111,802톤이다.

56 직무능력 – 문제해결능력 정답 ③

'2. N 은행 승진 평가 기준'에 따라 승진 후보자의 항목별 등급과 최종등급은 다음과 같다.

구분	성과 기여도	조직 협조도	업무 달성도	업무 난이도	사내 평가	최종등급
갑	1	3	4	4	1	1 + 3 + 4 + 4 + 1 = 13
을	1	4	2	2	2	1 + 4 + 2 + 2 + 2 = 11
병	2	2	2	2	3	2 + 2 + 2 + 2 + 3 = 11
정	3	3	1	1	3	3 + 3 + 1 + 1 + 3 = 11
무	2	1	3	3	3	2 + 1 + 3 + 3 + 3 = 12

'1. N 은행 승진 대상자 선정 기준 – 2)'에 따라 최종등급이 동일한 경우 정량항목 평가 점수의 합이 가장 높은 사람이 승진하므로 최종등급이 동일한 을, 병, 정의 정량항목 평가 점수의 합은 다음과 같다.

구분	성과 기여도	조직 협조도	업무 달성도	업무 난이도	합계
을	20	6	19	10	20 + 6 + 19 + 10 = 55
병	18	15	22	9	18 + 15 + 22 + 9 = 64
정	14	11	24	15	14 + 11 + 24 + 15 = 64

'1. N 은행 승진 대상자 선정 기준 – 2)'에 따라 정량항목 평가 점수의 합이 동점인 경우 연차가 가장 높은 사람이 승진하므로 정량항목 평가 점수의 합이 동점인 병의 연차는 14년, 정의 연차는 13년임에 따라 승진 대상자는 병이다.
따라서 승진하는 사람은 병이다.

57 직무능력 – 정보능력 정답 ⑤

제시된 자료에 따르면 11월 출생 고객을 대상으로 한 이벤트 수혜자 수를 구하므로 패턴과 소스가 중첩에 상관없이 일치하는 모든 객체를 반환하는 findall() 메서드를 이용해야 하며, 생년월일 6자리 중 앞 두 자리와 뒤 두 자리는 0부터 9까지의 숫자 중 임의로 선택해야 하므로 []를 이용하고, 가운데 두 자리는 숫자 11을 출력해야 하므로 11을 입력해야 한다.

따라서 '?'에 적합한 입력값은 m = re.findall('[0−9][0−9]11[0−9][0−9]', source)이다.

58 직무능력 - 의사소통능력　　　　정답 ②

5문단에서 정책 당국은 수수료 적정성 심사 제도를 활용하여 수수료의 타당성을 검토하되, 가격 교섭권이 약한 일부 소매 고객을 위한 별도의 정책적 방안으로서 기능할 수 있도록 지속적으로 검토할 필요가 있다고 하였으므로 정책 당국의 수수료 적정성 심사 제도가 가격 교섭권이 약한 고객에게는 배려 차원의 제도로 작용할 것임을 알 수 있다.

[오답 체크]

① 2문단에서 수익에서 이자이익이 차지하는 비중이 높다는 것은 금리 변동과 대출 규제의 영향을 많이 받는다는 의미와 같다고 하였으므로 적절하지 않은 내용이다.

③ 1문단에서 단기 부동화한 유동성이 은행으로 몰릴 경우 자금 조달 비용이 줄어든다는 장점이 있으나 대출 금리 감소로 인한 은행 수익성이 더 큰 비율로 감소한다고 하였으므로 적절하지 않은 내용이다.

④ 4문단에서 성과급제 및 직무급제와 같은 경영 환경에 유연하게 대처할 수 있는 경영관리 및 인력관리체계를 도입함으로써 비용 구조의 유연성을 강화해야 한다고 하였으므로 적절하지 않은 내용이다.

⑤ 3문단에서 금융시장에서 국내 은행이 수익성을 회복하기 위해서는 자산 성장보다 이익 성장에 중점을 둔 경영전략 수립이 필요하다고 하였으므로 적절하지 않은 내용이다.

59 직무능력 - 수리능력　　　　정답 ④

수요의 가격탄력성 $= -\dfrac{\text{수요량 변화율}}{\text{판매가 변화율}}$, 판매 이익 = (판매가 - 원가) × 수요량임을 적용하여 구한다.

상품별 수요의 가격탄력성과 2021년 판매 이익은 다음과 같다.

구분	수요의 가격탄력성	판매 이익
A	$-\dfrac{\frac{1,500-1,000}{1,000}\times100}{\frac{400-500}{500}\times100}=2.5$	$(400-180)\times1,500$ $=330,000$원
B	$-\dfrac{\frac{200-220}{220}\times100}{\frac{6,600-6,000}{6,000}\times100}\fallingdotseq0.9$	$(6,600-5,000)\times200$ $=320,000$원
C	$-\dfrac{\frac{760-800}{800}\times100}{\frac{750-600}{600}\times100}=0.2$	$(750-400)\times760$ $=266,000$원
D	$-\dfrac{\frac{1,050-1,250}{1,250}\times100}{\frac{750-600}{600}\times100}\fallingdotseq0.6$	$(750-500)\times1,050$ $=262,500$원
E	$-\dfrac{\frac{700-500}{500}\times100}{\frac{2,400-3,000}{3,000}\times100}=2.0$	$(2,400-2,100)\times700$ $=210,000$원

수요가 비탄력적인 상품은 수요의 가격탄력성이 1보다 작은 상품이므로 수요가 비탄력적인 상품은 B, C, D이다.

따라서 상품 B, C, D 중 2021년 판매 이익이 가장 큰 상품인 B의 판매 이익은 320,000원이다.

60 직무능력 - 수리능력　　　　정답 ⑤

2019년 ROE는 A 기업이 (5,000 / 50,000) × 100 = 10%, C 기업이 (3,000 / 20,000) × 100 = 15%이고, ROE가 높은 기업은 투자된 자본을 효율적으로 사용하는 기업으로 평가됨에 따라 C 기업이 A 기업보다 투자된 자기자본을 더 효율적으로 사용했으므로 옳은 설명이다.

[오답 체크]

① A 기업의 PER은 2019년에 {400 / (5,000 / 100)} = 8, 2020년에 {600 / (3,000 / 120)} = 24로 2020년에 전년 대비 24 / 8 = 3배 증가하였으므로 옳지 않은 설명이다.

② 2019년 PBR은 B 기업이 {2,000 / (8,000 / 3)} ≒ 0.75, C 기업이 {1,200 / (20,000 / 30)} ≒ 1.8이므로 옳지 않은 설명이다.

③ B 기업의 ROE는 2019년에 (1,500 / 8,000) × 100 = 18.75%, 2020년에 (2,000 / 10,000) × 100 = 20%로 2020년에 전년 대비 증가하였으므로 옳지 않은 설명이다.

④ 2020년 C 기업의 PBR은 {2,000 / (30,000 / 30)} = 2이고, 기업 청산 시 PBR이 1보다 크다면 투자자는 투자금을 일부만 회수할 수 있으므로 옳지 않은 설명이다.

61 직무능력 - 문제해결능력　　　　정답 ③

오 대리는 오전 8시에 집에서 출발하여 본사에서 1시간 동안 회의를 하고, 오전 10시까지 A 지점에 방문해야 하므로 집에서 출발해 본사를 들러 A 지점까지 이동하는 데 소요되는 시간이 1시간 이하여야 한다. 이에 따라 도보로 본사에서 A 지점까지 이동하는 경우 67분이 소요되므로 본사에서 A 지점까지 도보로 이동하지 않는다. 또한, 10시에 A 지점에서 거래처 담당 직원을 만나 거래처에 10시 30분까지 도착해야 하므로 A 지점에서 거래처까지 이동하는 데 이동 소요 시간은 30분 이하여야 한다. 이에 따라 버스로 A 지점에서 거래처까지 이동하는 경우 45분이 소요되므로 A 지점에서 거래처까지 버스로 이동하지 않는다. 이때 모든 이동 구간에서 택시의 이동 거리가 가장 짧지만, 교통비 한도가 15,000원이고, 집 → 본사, 본사 → A 지점, A 지점 → 거래처 이동 구간별 택시 교통비가 각각 5,300원, 8,800원, 10,000원이며, A 지점 → 거래처 이동 구간의 최소 교통비가 2,350원이므로 택시는 최대 1번 탈 수 있다. 각 이동 구간별 택시를 1번 이용하여 최단 거리로 이동할 때 교통비 및 이동 거리는 다음과 같다.

집 → 본사	본사 → A 지점	A 지점 → 거래처	교통비	거리
택시 (14분)	지하철 (12분)	지하철 (21분)	5,300 + 1,250 + 2,350 = 8,900원	2.0 + 4.3 + 14.4 = 20.7km
도보 (37분)	택시 (8분)	지하철 (21분)	8,800 + 2,350 = 11,150원	2.1 + 4.0 + 14.4 = 20.5km
도보 (37분)	지하철 (12분)	택시 (18분)	1,250 + 10,000 = 11,250원	2.1 + 4.3 + 13.2 = 19.6km

따라서 오 대리가 사용할 수 있는 교통비 한도 15,000원 내에서 최단 거리로 이동하는 경우는 도보, 지하철, 택시 순으로 이동하는 경우이므로 총 이동 소요 시간은 37 + 12 + 18 = 67분이다.

62 직무능력 – 문제해결능력   정답 ④

'4. 중도해지 가능 여부'에 따르면 국민연금의 경우 국외 이주 등으로 연금을 받을 수 없는 상황에서는 납부한 연금보험료에 이자를 적용하여 일시금으로 지급하므로 옳은 설명이다.

오답 체크

① '2. 지급 금액 비교'에 따르면 개인연금은 약정 금액을 기준으로 지급되고, 물가상승률이 반영된 연금으로 지급하는 것은 국민연금이므로 옳지 않은 설명이다.

② '4. 중도해지 가능 여부'에 따르면 국민연금은 노후소득보장제도로서 중도해지가 불가능하며, 개인의 선택에 따라 중도해지를 할 수 있는 것은 개인연금이므로 옳지 않은 설명이다.

③ '3. 지급 기간 비교'에 따르면 개인연금은 일정 기간 지급받는 방법과 평생 지급받는 방법 중 한 가지 방법을 택하여 받을 수 있으므로 옳지 않은 설명이다.

⑤ '3. 지급 기간 비교'에 따르면 개인연금 수급자가 사망한 후에는 지정인 또는 법정 상속인에게 약정 금액이 지급되므로 옳지 않은 설명이다.

[63 - 64]

63 직무능력 – 의사소통능력   정답 ④

이 글은 생산 요소인 노동과 자본의 요소집약도가 달라 타국보다 보유량이 상대적으로 풍부한 생산 요소를 집약적으로 사용하는 재화의 생산에 비교우위를 갖게 된다는 헥셔-오린 정리와 함께 자본이 풍부한 미국이 노동 집약적인 재화를 수출한다는 사례를 통해 헥셔-오린 정리와 모순되는 내용을 제시한 레온티예프의 역설을 이야기하며, 생산 요소를 보는 관점에 따라 두 이론이 다양하게 해석된다는 내용이므로 이 글의 중심 내용으로 가장 적절한 것은 ④이다.

오답 체크

① 글 전체에서 레온티예프의 역설이 헥셔-오린 정리로 그 타당성을 입증했는지에 대해서는 다루고 있지 않으므로 적절하지 않은 내용이다.

② 글 전체에서 헥셔-오린 정리와 레온티예프의 역설을 하나의 이론으로 볼 수 있도록 해석해야 한다는 내용에 대해서는 다루고 있지 않으므로 적절하지 않은 내용이다.

③ 글 전체에서 대부분의 국가가 자국의 생산연관표를 통해 요소부존비율 검증을 거친 후 수출할 재화를 결정하는지에 대해서는 다루고 있지 않으므로 적절하지 않은 내용이다.

⑤ 글 전체에서 헥셔-오린 정리에 따라 자국에 상대적으로 풍부한 생산 요소를 이용하여 재화를 생산해야 하는지에 대해서는 다루고 있지 않으므로 적절하지 않은 내용이다.

64 직무능력 – 의사소통능력   정답 ③

2문단에서 헥셔-오린 정리가 성립하기 위해서는 국제적으로 생산 요소는 이동할 수 없고 재화만이 이동 가능하다는 조건이 반드시 성립해야 한다고 하였으므로 생산 요소와 생산 요소를 사용한 국가 간 재화의 이동이 가능해야 한다는 조건은 헥셔-오린 정리가 성립하기 위한 조건 중 하나라는 것은 아님을 알 수 있다.

오답 체크

① 1문단에서 상대적으로 노동이 풍부한 국가는 노동의 상대적 가격이 더 저렴하여 노동 집약적인 재화를 생산하며, 자본이 풍부한 국가는 자본의 상대적 가격이 더 저렴하여 자본 집약적인 재화를 생산한다고 하였고, 3문단에서 레온티예프의 역설에서는 상대적으로 자본이 풍부한 미국과 같은 나라는 헥셔-오린 정리에 의해 자본 집약적인 재화를 수출해야 하지만 실제로 자본 집약적인 재화는 수입하고 노동 집약적인 재화는 수출한다고 하였으므로 적절한 내용이다.

② 1문단에서 상대적으로 자본이 풍부한 국가는 자본의 상대적 가격이 더 저렴하여 비교우위를 가지게 되는 자본 집약적인 재화를 생산한다고 하였고, 4문단에서 인적 자본을 자본으로 본다면 수출하는 재화를 자본 집약적인 재화라고 판단할 수 있다고 하였으므로 적절한 내용이다.

④ 1문단에서 상대적으로 노동이 풍부한 국가는 노동의 상대적 가격이 더 저렴하여 노동 집약적인 재화를 수출한다고 하였고, 2문단에서 해당 내용은 헥셔에 의해 처음 연구가 이루어졌으며, 이후 오린이 더욱 발전시켜 이를 헥셔-오린 정리라고 부르게 되었다고 하였으므로 적절한 내용이다.

⑤ 2문단에서 헥셔-오린 정리가 성립되기 위한 조건에서 두 개의 국가, 두 개의 재화, 두 개의 생산 요소가 존재해야 한다고 하였으므로 적절한 내용이다.

65 직무능력 – 정보능력　정답 ④

D 고객은 중국 충칭 생산 제품의 정장바지 40벌과 면바지 30벌을 주문하였다. 주문이 들어온 순서대로 주문 내역에 따른 제품을 우선 생산함에 따라 정장바지 40벌의 시리얼 넘버는 CH806 – PA02 – 220001~CH806 – PA02 – 220040이고, 면바지 30벌의 시리얼 넘버는 CH806 – PA03 – 220001~CH806 – PA03 – 220030이므로 시리얼 넘버 CH806 – PA03 – 220033은 D 고객의 주문 내역에 따라 생성될 수 있는 시리얼 넘버로 적합하지 않다.

따라서 A~E 각 고객이 2022년 12월에 수령한 제품 중 한 제품의 시리얼 넘버로 가장 적절하지 않은 것은 ④이다.

오답 체크

① A 고객은 캄보디아 씨엠립 생산 제품의 롱스커트 500벌을 주문하였으며, 주문 수량의 2%를 추가 증정받음에 따라 A 고객이 수령한 롱스커트는 총 500 × 1.02 = 510벌이고 시리얼 넘버는 CA109 – SK03 – 220001~CA109 – SK03 – 220510이므로 적절하다.

② B 고객은 후드 티셔츠 50벌을 주문하였으며, 그중 30벌은 일본 도쿄 생산 제품을, 20벌은 중국 시안 생산 제품을 수령함에 따라 일본 도쿄 생산 제품인 후드 티셔츠 30벌에 대한 시리얼 넘버는 JA502 – TO04 – 220001~JA502 – TO04 – 220030이고, 중국 시안 생산 제품인 후드 티셔츠 20벌에 대한 시리얼 넘버는 CH804 – TO04 – 220001~CH804 – TO04 – 220020이므로 적절하다.

③ C 고객은 베트남 하이퐁 생산 제품의 내의 1,200벌을 주문하였으며, 주문 수량의 3%를 추가 증정받음에 따라 C 고객이 수령한 내의는 총 1,200 × 1.03 = 1,236벌이고 시리얼 넘버는 VI412 – UN02 – 220001~VI412 – UN02 – 221236이므로 적절하다.

⑤ E 고객은 캄보디아 씨엠립 생산 제품의 미디스커트 20벌, 롱스커트 40벌을 주문함에 따라 미디스커트 20벌에 대한 시리얼 넘버는 CA109 – SK02 – 220001~CA109 – SK02 – 220020이다. 이때 시리얼 넘버의 뒤 4자리는 각 생산 지역에서 생산하는 제품 종류의 소분류별 생산 순서대로 4자리의 번호가 매겨지고, 주문이 들어온 순서대로 주문 내역에 따른 제품을 우선 생산하므로 E 고객이 수령한 제품의 시리얼 넘버 중 뒤 4자리의 숫자는 A 고객이 수령한 롱스커트 510벌에 대한 시리얼 넘버 뒤 4자리 숫자보다 커야 한다. 따라서 E 고객이 수령한 롱스커트 40벌에 대한 시리얼 넘버는 CA109 – SK03 – 220511~CA109 – SK03 – 220550이므로 적절하다.

66 직무능력 – 수리능력　정답 ④

V_0를 현재가치, I_t를 t기의 이자, F를 액면가, n을 만기까지의 기간, r을 만기수익률이라고 하면 $V_0 = \frac{I_1}{(1+r)} + \frac{I_2}{(1+r)^2} + \cdots + \frac{I_n + F}{(1+r)^n}$임을 적용하여 구한다.

채권 A는 액면가가 10,000원, 표면금리가 연 8.8%, 만기가 3년, 만기수익률이 10%이고, 1년마다 이자가 지급되므로 $I_t = 10,000 \times 0.088 = 880$, F = 10,000, n = 3, r = 0.1이다.

따라서 채권 A의 현재가치는 $V_0 = \frac{880}{(1+0.1)} + \frac{880}{(1+0.1)^2} + \frac{880 + 10,000}{(1+0.1)^3} ≒ 800.0 + 727.3 + 8,174.3 ≒ 9,701.6$원이다.

67 직무능력 – 수리능력　정답 ⑤

2017년부터 2020년까지 매년 전국 노후주택 수의 전년 대비 증가량은 2017년에 28,894 − 28,047 = 847백 호, 2018년에 30,843 − 28,894 = 1,949백 호, 2019년에 32,912 − 30,843 = 2,069백 호, 2020년에 35,967 − 32,912 = 3,055백 호로 전국 노후주택 수의 전년 대비 증가량이 가장 적은 2017년에 전국 노후주택 비율은 (28,894 / 171,226) × 100 ≒ 16.9%로 15% 이상이므로 옳지 않은 설명이다.

오답 체크

① 2020년 노후주택 비율은 서울이 (5,883 / 30,153) × 100 ≒ 19.5%, 인천이 (1,939 / 10,328) × 100 ≒ 18.8%이므로 옳은 설명이다.

② 2017년부터 2020년까지 전국 노후주택 수와 전국 전체주택 수는 모두 전년 대비 매년 증가했으므로 옳은 설명이다.

③ 2020년 노후주택 수는 부산이 광주의 3,074 / 954 ≒ 3.2배이므로 옳은 설명이다.

④ 2020년 전국 전체주택 수에서 대전 전체주택 수가 차지하는 비중은 (4,969 / 185,259) × 100 ≒ 2.7%, 전국 노후주택 수에서 대전 노후주택 수가 차지하는 비중은 (953 / 35,967) × 100 ≒ 2.6%이므로 옳은 설명이다.

68 직무능력 – 문제해결능력　정답 ③

'3. 평가 기준'에 따르면 내포 가능성 부문의 평가 항목에 재량 규정의 구체성 및 객관성이 포함되므로 옳은 내용이다.

오답 체크

① '4. 평가 내용'에 따르면 국민권익위원회에서 행정기관의 법령 개정 시 법령안의 부패 유발요인을 법제처 심사 이전 단계에서 평가하므로 옳지 않은 내용이다.

해커스 잡 public.Hackers.com 6급 NCS+직무상식 기출동형모의고사

② '1. 개요'에 따르면 부패영향평가 제도의 추진 근거는 부패방지권익위법 제28조 및 같은 법 시행령 제30조, 제31조, 제32조이므로 옳지 않은 내용이다.

④ '2. 평가 대상'에 따르면 법령 외에도 행정규칙, 자치법규 등이 평가 대상이 되므로 옳지 않은 내용이다.

⑤ '3. 평가 기준'에 따르면 작용 가능성 부문에서 3개의 항목, 내포 가능성 부문에서 3개의 항목, 발생 개연성 부문에서 2개의 항목, 통제 준비성 부문에서 3개의 항목을 평가하여 총 3 + 3 + 2 + 3 = 11개의 항목을 평가하므로 옳지 않은 내용이다.

[69 - 70]
69 직무능력 – 문제해결능력　　　　　정답 ②

[광고 수단 선정 매뉴얼]에 따르면 매달 첫째 주는 3백만 원 한도 내에서 광고 수단을 선정해야 하므로 주당 광고 비용이 5백만 원인 동영상 플랫폼은 제외한다. 이에 따라 동영상 플랫폼을 제외한 나머지 광고 수단의 주당 광고 효과를 계산하면 다음과 같다.

구분	주당 광고 효과
블로그	$(20 \times 3,000) / 1,000,000 = 0.06$
소셜 미디어	$(35 \times 10,000) / 2,000,000 = 0.175$
인터넷 카페	$(140 \times 500) / 500,000 = 0.14$
이메일	$(350 \times 100) / 700,000 = 0.05$

따라서 A 회사가 7월 1주 차에 선정하는 광고 수단은 주당 광고 효과가 0.175로 가장 높은 소셜 미디어이다.

70 직무능력 – 문제해결능력　　　　　정답 ④

[광고 수단 선정 매뉴얼]에 따르면 매달 첫째 주는 3백만 원 한도 내에서 광고 수단을 선정하며, 주당 1백만 원씩 한도가 올라가므로 7월 3주 차는 5백만 원 한도 내에서 광고 수단을 선정한다. 또한 같은 달에 이미 선정된 광고 수단은 중복하여 선정할 수 없으므로 7월 1주 차에 선정된 소셜 미디어는 선정할 수 없다. 이에 따라 소셜 미디어를 제외한 나머지 광고 수단의 주당 광고 효과를 계산하면 다음과 같다.

구분	주당 광고 효과
블로그	$(20 \times 3,000) / 1,000,000 = 0.06$
동영상 플랫폼	$(70 \times 10,000) / 5,000,000 = 0.14$
인터넷 카페	$(140 \times 500) / 500,000 = 0.14$
이메일	$(350 \times 100) / 700,000 = 0.05$

7월 2주 차에는 한도가 4백만 원이므로 주당 광고 비용이 5백만 원인 동영상 플랫폼을 제외하고 주당 광고 효과가 가장 큰 인터넷 카페를 선정하며, 7월 3주 차에는 한도가 5백만 원이므로 7월 2주 차에 선정된 인터넷 카페를 제외하고 주당 광고 효과가 가장 큰 동영상 플랫폼을 선정한다.

따라서 A 회사가 7월 3주 차에 선정하는 광고 수단인 동영상 플랫폼의 주당 광고 효과는 0.14이다.